BFL 총서 ⑩

신탁법의 쟁점(제2권)

BFL 총서 ⑩

신탁법의 쟁점 (제2권)

정순섭 · 노혁준 편저

小花

머리말

주지하듯이 2011년 신탁법 개정은 법 제정 후 50년 만에 처음 이루어진 것인바, 이로 인하여 조문의 숫자도 두 배 이상 증가하는 등 신탁법은 그야말로 환골탈태하게 되었다. 사해신탁요건의 정비, 수익증권발행신탁 및 유한책임신탁의 도입, 신탁사채 허용 등 다양한 부분이 개정됨으로써 신탁을 통한 자산관리의 편의성이 증대되는 등 신탁이 재도약할 수 있는 계기가 마련되었다고 할 수 있다. 신탁은 이미 부동산 및 금융상품 등에서 필수적인 도구로 인식되고 있는바, 나아가 개정 신탁법은 신탁을 자산의 승계 도구 또는 하나의 기업조직 수단으로 활용할 가능성도 열어 두고 있다.

그동안 서울대학교 금융법센터는 신탁의 중요성을 감안하여 2006년(제17호 '신탁의 법률문제'), 2010년(제39호 '신탁제도 개혁의 과제와 전망') 및 2013년(제62호 '개정 신탁법의 실무상 쟁점') 등 세 번에 걸쳐 신탁관련 특집 BFL저널을 발간한 바 있다. 이번 BFL총서는 위 발간된 주요 논문들을 기본으로 구성된 것이다.

신탁제도는 영미의 형평법에 터 잡고 있는바, 우리 법의 원류인 대륙법적 사고방식과는 상당한 차이가 있다. 여기에 상속, 유언 등과 밀접하게 관련되는 민사신탁 · 영업활동 및 투자의 수단적 성격이 강한 상사신탁이 함께 얽히면, 기존의 우리 민법 · 상법 법리를 그대로 적용하기 어려운 쟁점이 많이 발생한다. 우리나라에서 본격적으로 신탁법을 연구한 기간은 상대적으로 짧고 개정 신탁법이 시행된 지도 얼마 되지 않은지라, 아직 다양한 법적 문제점이 정리되지 않은 상태로 남아 있다. 이론적 · 실무적으로 중요한 여러 쟁점을 빠뜨리지 않고 다루려다 보니 원래의 기획과 달리 책의 분량이 크게 늘어나게 되었다. 이에 이번 총서는 제1 · 2권으로 나누어 발간하였다. 여기에 실리는 글 대부분은 BFL저널에 게재되었던 것을 개정 · 보완한 것이지만, 제1 · 2권 발간에 따른 지면의 여유와 쟁점들의 충분한 정리 측면을 고려하여 저널에 게재되지 않았던 4편의 논문도 포함하였다. 그중 일부는 편집자들의 의뢰를 받은 필자가 본 총서를 위하여 새로이 집필한 것이다.

이 책은 크게 네 부분, 즉 「제1부 총설」, 「제2부 신탁의 성립」, 「제3부 신탁의 전개」, 「제4부 관련 문제」로 구성되어 있다. 제1권에는 제1부와 제2부가, 제2권에는 제3부와 제4부가 각기 나뉘어 수록되었다. 제1권 중의 「제1부 총설」에는 신탁의 기본 구조 및 개정 신탁법을 개관하는 두 편의 글이 포함되어 있다. 「제2부 신탁의 성립」에 실린 일곱 편의 글은 신탁설정의사, 신탁재산, 신탁등기 등 신탁이 성립하기 위하여 필요한 여러 요건 및 절차뿐 아니라 신탁선언, 사해신탁의 취소, 수탁자의 지위 등 신탁의 적법성에 관련된 여러 쟁점들을 다루고 있다. 제2권 중의 「제3부 신탁의 전개」에 실린 일곱 편의 글은 유한책임신탁, 수익증권발행신탁, 부동산신탁, 유언대용신탁, 특정금전신탁, 신탁변경, 자산유동화 등 다양한 유형의 신탁운영에 따른 쟁점을 다루고 있다. 마지막 「제4부 관련 문제」에는 신탁의 세무적 · 국제적 측면과 함께 일본 신탁법제와의 비교를 다룬 세 편의 글이 실려 있다.

이 두 권의 책에는 도합 19편의 글이 담겨 있는바, 기고하여 주신 필자들은 신탁법의 최고 전문가로서 분주한 가운데에도 논문을 작성 · 기고하신 데에 이어, 다시 최근의 상황에 맞게 이를 업데이트하는 등 귀한 시간을 할애해 주셨다. 필자들께 감사의 말씀을 드린다. 서울대학교 금융법센터의 설립 이래 동 센터와 BFL의 발전에 크게 공헌하신 김건식 교수님을 비롯하여 금융법센터의 전 · 현직 센터장으로서 본 총서의 발간을 물심양면으로 적극 도와주신 박 준, 한기정 교수님께 심심한 사의를 표하고 싶다. 이 책의 출간과정에서 번거로운 일을 도맡아 처리해 준 도서출판 소화의 관계자들과 서울대학교 금융법센터의 이경희 씨에게도 깊이 감사드린다.

2014년 10월

공동편저자 정순섭 · 노혁준

차례

제3부 신탁의 전개

제4부 관련 문제

【제1권】

제1부 총설

제2부 신탁의 성립

03

신탁의 전개

10

유한책임신탁*

오영준**

I. 유한책임신탁제도의 도입

1. 현행 신탁법상 수탁자의 책임

(1) 신탁재산의 독립성과 신탁재산의 법 주체성 유무

신탁재산은 형식상은 수탁자가 그 명의인으로서 완전한 권리를 보유한 것으로 되어 있지만, 타인을 위한 관리제도라는 신탁의 본질상 실체적으로 수탁자의 고유재산과 신탁재산은 분별되어 관리할 의무가 부과되어 있고, 양자는 별개 독립의 것으로서 취급되고 있다. 이것

---

* 이 논문은 BFL 제39호(2010. 1)에 게재된 글을 수정 · 보완한 것이다.

** 대법원 재판연구관

이 이른바 '신탁재산의 독립성'이다.[1)]

신탁재산에 대하여 독립성이 인정된다 하더라도 그것에 대하여 수탁자와 구별되는 법인격을 별도로 인정할 수 있는지 문제 된다. 일부 학설(실질적 법 주체설)은 이를 긍정하지만 통설은 이를 부정한다. 최근의 대법원 2007. 9. 20. 선고 2005다48956 판결은 "신탁재산 독립의 원칙은… 신탁재산 자체가 그 소유자 내지 명의자인 수탁자와 구별되는 별개의 법인격을 가진다는 것까지 의미하는 것은 아니므로"라고 통설과 같은 입장을 취하고 있다. 이와 같이 신탁재산 자체가 법인격을 갖지 못한다면, 신탁재산과 관련하여 발생하는 거래나 불법행위로 생긴 권리 · 의무관계가 귀속해야 할 자가 있어야 할 것인데, 현행 신탁법(이하 '신탁법')은 바로 그와 같이 채권 · 채무관계의 귀속 주체로 수탁자를 상정하고 있다. 그 결과 수탁자가 법인격을 갖는 권리 · 의무의 주체로서 신탁재산의 소유 명의인이 되고, 신탁사무의 처리를 위하여 대외적으로 채권 · 채무의 귀속 주체가 되는 구조를 취하게 된다. 이는 전통적인 영미법의 신탁법리와 동일하다.

신탁법상 수탁자가 지는 책임은 '수익자'에 대한 책임과 '거래 상대방 등 제3자에 대한 책임'으로 나누어 볼 수 있고, 양자는 그 책임의 내용이 다르다.

(2) 수탁자의 수익자에 대한 책임

1) 신탁법 제32조의 의의

신탁법 제32조는 "수탁자가 신탁행위로 인하여 수익자에 대하여

1) 新井誠, 信託法, 有斐閣, 2002, 44면 ; 四宮和夫, 信託法(新版), 有斐閣, 2002, 181면.

부담하는 채무에 관하여는 신탁재산의 한도 내에서 이행의 책임을 진다"고 규정하고 있다. 수탁자는 법형식상 신탁재산의 명의인이기는 하나, 그 실질은 타인인 수익자를 위한 재산관리인이다. 따라서 신탁재산에서 생긴 경제적인 실질적 이익/불이익은 원칙적으로 수익자에게 귀속한다. 이러한 의미에서 신탁법 제32조가 규정하는 수탁자의 물적 유한책임은 신탁법 제29조가 규정하는 '이익향수금지의 원칙'과 표리를 이룬다고 볼 수 있다. 신탁법 제32조는 신탁이 본질적으로 '실적배당주의' 내지 '자기책임주의'를 채택하였다고 보는 근거조항이다.[2)]

2) 신탁법 제32조의 적용 범위

신탁법 제32조의 적용 범위는 수탁자에게 의무 위반이 인정되지 아니한 경우에 한한다. 수탁자가 부당한 관리를 하는 등 의무 위반을 하여 수익자에게 손해를 끼친 경우에는 신탁법 제38조 등의 규정에 의하여 별도로 수탁자의 고유재산으로 손해배상책임을 져야 하기 때문이다.

(3) 수탁자의 제3자(거래 상대방)에 대한 책임

신탁법 제32조의 적용 범위는, 그 문언에 비추어 보더라도 수탁자와 수익자 간의 관계에 한정되고, 수탁자와 신탁 외의 제3자 간의 관계에는 신탁법이 적용되지 않는다. 즉 수탁자가 신탁사무를 처리하면

2) 증권투자신탁과 관련하여 실적배당주의 내지 자기책임주의원칙에 근거한 판례로는 대법원 2003. 11. 28. 선고 2001다67171 판결 ; 대법원 2004. 2. 27. 선고 2002다63572 판결 ; 대법원 2004. 2. 27. 선고 2002다63572 판결 ; 대법원 2006. 12. 8. 선고 2002다19018 판결 등이 있다. 특정금전신탁에 관하여 실적배당주의 내지 자기책임주의를 취한 판례로는 대법원 2007. 11. 29. 선고 2005다64552 판결이 있다.

서 제3자에 대하여 채무를 부담한 경우에는 수탁자의 책임은 신탁재산의 범위 내에 한정되지 아니한다. 이 경우 수탁자의 제3자에 대한 책임은 '무한책임'이라고 해석된다. 대법원 판례도 같은 입장을 취하고 있다.[3)]

수탁자가 제3자에 대한 채무를 자신의 고유재산으로 이행한 경우에는 수탁자는 신탁재산으로부터 보상받을 권리가 있다. 또한 이 보상청구권을 확보하기 위해 신탁재산을 매각하고 그 대금에서 우선변제받을 수 있는 권리, 즉 자조매각권이 인정된다(신탁법 제42조 제1항).

수탁자가 무한책임을 지는 이상, 수탁자와 신탁에 관하여 거래를 한 제3자는 신탁재산만으로 만족하기 어려운 경우에는 수탁자의 고유재산에 대하여 집행을 할 수 있다.[4)] 그 법률구성으로는 수탁자는 제3자에 대하여 이른바 부담 부분이 없는 연대채무와 유사한 채무를 부담하는 것이 된다고 설명하는 학설이 있다.[5)] 따라서 수탁자에 대하여 '신탁사무의 처리상 발생한 권리'를 가진 채권자는 신탁재산에 대하여 강제집행을 할 수 있는 이외에도(신탁법 제21조 제2항 단서) 수탁자의 고유재산에 대하여 강제집행을 할 수 있고, 수탁자가 파산한 경우에는 파산선고 당시의 채권 전액을 가지고 수탁자의 고유재산으로 구성된 파산재단에 대하여 파산채권자로서 권리를 행사할 수 있다.[6)]

한편 신탁법상 '신탁사무의 처리상 발생한 권리'의 예로는 신탁재산을 수리한 경우의 보존비용에 기한 채권 등이 전형적인 예이나, 신탁

---

3) 대법원 2004. 10. 15. 선고 2004다31883 판결 ; 대법원 2004. 10. 15. 선고 2004다31883, 31890 판결.

4) 四宮和夫, 앞의 책(주 1), 73면.

5) 四宮和夫, 앞의 책(주 1), 73면, 287면.

6) 대법원 2004. 10. 15. 선고 2004다31883, 31890 판결 ; 대법원 2006. 11. 23. 선고 2004다3925 판결.

재산 자체에서 유래하는 권리, 예컨대 신탁재산에 관한 조세 · 공과금 채권, 신탁재산에 속하는 토지공작물의 하자 등으로부터 생긴 피해자 측의 손해배상청구권, 신탁재산과 타인의 재산의 첨부에 의하여 생긴 물건이 수탁자에 귀속한 경우 상대방의 구상권(민법 제261조), 신탁 목적의 수행을 위하여 적법하게 차용한 경우의 상대방의 채권, 수익자의 급부청구권 등도 '신탁사무의 처리상 발생한 권리'에 포함될 수 있다.[7)]

대법원 판례에서 인정된 예로는, 분양계약상 입점 지연에 따른 지체상금을 지급할 의무,[8)] 수탁자가 신탁사업의 수행으로 신탁재산인 토지 위에 건물을 신축하기 위하여 공사를 도급하는 등 신탁재산을 관리 또는 처분하는 과정에서 발생된 부당이득반환채권[9)] 등을 들 수 있다.

한편 종래 수탁자가 신탁사무의 수행과정에서 불법행위를 한 경우 그 수탁자의 책임이 수탁자의 고유재산 이외에 신탁재산에도 미치는가에 관하여 부정설[10)]과 긍정설[11)]이 대립하였다. 최근 대법원 판례[12)]

7) 四宮和夫, 앞의 책(주 1), 183-184면.

8) 대법원 2004. 10. 15. 선고 2004다31883 판결.

9) 대법원 2005. 5. 27. 선고 2005다5454 판결.

10) 四宮和夫, 앞의 책(주 1), 67면, 205-206면. 신탁자와 수탁자 사이의 신뢰를 고려할 때 신탁재산에 대하여 강제집행할 수 있는 권리는 신탁사무의 적법한 처리과정에서 생긴 채무에 한하고, 신탁자는 신탁계약을 하면서 불법행위를 요구한 바 없고, 또 수탁자 지위의 독립성을 고려할 때 수탁자의 불법행위는 그 자체로 권한 밖의 행위인 것이므로 수탁자의 불법행위에 대해 신탁재산(최종적으로는 신탁자 또는 수익자의 재산)으로 책임을 부담하는 것은 부당하다는 것을 이유로 한다.

11) 能見善久, 現代信託法, 有斐閣, 2004, 231-232면 ; 최동식, 신탁법, 법문사, 2006, 297-298면.

12) 대법원 2007. 6. 1. 선고 2005다5843 판결 : "'신탁사무의 처리상 발생한 채권'을 가지고 있는 채권자는 수탁자의 일반 채권자와는 달리 신탁재산에 대하여 강제집행을 할 수 있는데(신탁법 제21조 제1항), 여기서 말하는 '신탁사무의 처리상 발생한 채권'에는 신탁재산의 관리 또는 처분 등 신탁업무를 수행하는 수탁자의 통상적인 사업활동상의 행위로 인하여 제3자에게 손해가 발생한 경우 피해자인 제3자가 가지는 불법행위에 기한 손해배상채권도 포함되는 것으로 봄이 상당하다. 왜냐하

는 분양형 토지신탁계약에서 수탁자가 허위 내지 과장 분양광고를 하여 수분양자인 채권자가 정신적 손해를 입었다며 위자료를 청구한 사안에서, 긍정설을 취하여 수탁자의 통상적인 사업과정상의 행위로 수분양자인 신청인들에게 손해가 발생한 경우 그것이 비록 위자료청구권이라 할지라도 신탁법 제21조 제1항 단서 소정의 '신탁사무의 처리상 발생한 채권'으로 보아야 한다고 판시하였다.

(4) 유한책임특약

실무상 수탁자의 전문적인 능력, 시장 및 기술동향의 변화를 신속하게 판단하는 능력이 필요한 사업, 자산유동화사업 등의 분야에서 수탁자가 제3자에 대하여 부담하는 채무의 책임재산을 신탁재산에 한정하는 취지의 거래가 이루어지고 있었는데, 그 유효성이 문제 되었다. 종래 학설은 이를 '수탁자가 신탁사무로서 부담하는 채무에 관하여는 신탁재산의 범위만으로 책임을 부담하는 계약, 즉 수탁자의 책임재산이 신탁재산에 한정된다고 하는 집행제한계약'이라고 해석하고 그 유효성을 인정하였다.[13)]

면 신탁자 또는 수탁자의 고유재산으로부터 신탁재산의 독립성을 보장하려는 것이 신탁법의 고유한 목적임을 감안한다 하더라도, 오늘날 수탁자의 사무가 전통적인 영역인 단순한 재산관리의 수준을 넘어서서 활발한 대외적인 활동을 수반하기에 이른 만큼 그에 상응하여 피해자에 대한 보호방안의 필요성을 외면하기 어렵고, 다른 한편으로 대리인이나 고용인이 그 자신의 일반적인 권한 내에서 행동한 경우 본인이나 사용자에게 책임을 귀속시킬 수 있듯이 그 자신의 일반적인 권한 내에서 행동하는 수탁자는 비록 신탁자 개인에게 책임을 귀속시킬 수는 없다고 하더라도 신탁재산에 대하여는 책임을 귀속시킬 수 있다고 보는 것이 공평에 부합한다고 할 것이기 때문이다."

13) 中西英人, "第三者に對する受託者責任の限定," 信託法硏究 제20호(1996. 6), 信託法學會, 59면 ; 新井誠, 앞의 책(주 1), 173면에서 재인용.

그러나 이와 같이 신탁재산만을 책임재산으로 한정하게 되면, 첫째 신탁재산 자체가 채무초과에 빠진 경우에는 채권자 간의 공평을 담보하기 위하여 '신탁재산'에 대하여 파산절차의 개시를 인정할 필요가 있는 것이 아닌가 문제 된다. 즉 채무자 회생 및 파산에 관한 법률 제389조[14]에서 상속재산에 파산능력을 인정하고 있는 것과 마찬가지로 신탁재산에도 파산능력을 인정하여야 한다는 논의가 생기는 것이다.

둘째, 수탁자의 의무 위반으로 신탁재산이 감소하였으나 수익자 등이 손실전보 또는 복구의 청구를 수탁자에게 하지 아니한 경우에는 수탁자에게 유한책임만을 추궁하는 것으로는 채권자보호에 미흡하게 된다. 따라서 이를 위한 별도의 조치가 필요한 것이 아니냐 하는 것이 문제 된다. 이는 특히 수탁자가 불법행위를 하였을 경우에 문제 된다.[15]

2. 유한책임신탁제도의 도입

(1) 유한책임신탁제도

법무부가 2009. 10. 27. 입법예고한 신탁법 전면 개정안(이하 '개정안'이라고 한다)은 제115조 제1항에서 "신탁행위로 수탁자가 신탁재산에

14) 제389조(상속재산의 파산)
① 상속재산에 대하여 파산선고가 있는 때에는 이에 속하는 모든 재산을 파산재단으로 한다.
② 상속재산에 대하여 파산선고가 있는 경우 피상속인이 상속인에 대하여 가지는 권리와 상속인이 피상속인에 대하여 가지는 권리는 소멸하지 아니한다.
③ 상속재산에 대하여 파산선고가 있는 때에는 상속인은 한정승인한 것으로 본다. 다만 민법 제1026조 제3호에 의하여 상속인이 단순승인한 것으로 보는 때에는 그러하지 아니하다.

15) 新井誠, 앞의 책(주 1), 173면.

속하는 채무에 대하여 신탁재산만으로 책임진다는 취지의 신탁을 설정할 수 있다(이하 '유한책임신탁'이라 한다). 이 경우 제127조에 따라 유한책임신탁의 등기를 하여야 그 효력이 발생한다"고 규정하고 있다. 이는 유한책임신탁의 요건으로서 '유한책임신탁 설정의 신탁행위'와 '등기'가 필요함을 규정하고 있는 것이다.

(2) 도입의 필요성

법무부 신탁법개정위원회는 유한책임신탁의 도입 이유에 관하여 "신탁을 이용한 거래구조에서 수탁자의 신용보다는 신탁재산 자체의 가치를 더 중요시하거나 수탁자가 신탁재산을 운용하는 데에 따르는 대외적인 책임이 과거에 비하여 거액에 달하는 경우가 증가하여, 기존의 '수탁자 무한책임'원칙을 수정하여야 할 필요성이 실무에서 강하게 제기되었다. 이에 따라 개정위원회는 책임재산을 신탁재산의 범위로 제한하는 유한책임형태인 새로운 신탁제도[16]를 도입하고, 거래 안전 및 상대방 보호를 위하여 또 제도의 악용, 남용을 방지하기 위하여 유한책임의 신탁임이 외부로 공시되는 등기제도를 도입하기로 하였다"고 설명하고 있다.[17] 유한책임신탁제도는 주로 상사신탁을 염두에 두고 제정된 것임은 분명하나 반드시 상사신탁에 그 이용이 한정되는 것은 아니다.

향후 개정안이 국회에서 통과되어 시행되면, 수탁자가 신탁의 수탁

16) 유한책임신탁 이외에도 신탁법 개정안이 도입하려는 새로운 유형의 신탁으로는 (i) 수익증권발행신탁, (ii) 자기신탁, (iii) 사익목적신탁, (iv) 유언대용신탁, (v) 수익자연속신탁 등이 있다.

17) 이중기, "「신탁법」의 개정방향,「신탁법」 총칙의 개정, 신탁관계인제도의 개정, 새로운 신탁의 도입," 신탁법 공청회 자료집, 2009, 해당 연도 21면.

에 따른 위험을 부담하는 것이 곤란한 재산을 관리하는 경우에 유한책임신탁이 활용될 것으로 전망되고, 이러한 의미에서 부동산관리신탁의 경우 그 이용이 증대될 것으로 보인다. 여기서 위험을 부담하는 것이 곤란한 경우라는 것은, 수탁자의 고의 · 과실을 불문하고 수탁자가 부담할 수밖에 없는 부동산소유자로서의 무과실책임을 가리킨다. 실무상 상세 실사(due diligence)를 통하여 수탁자는 이러한 위험을 상당 부분 회피할 수 있지만, 토지오염 등의 경우에서 알 수 있듯이 숨은 하자나 위험 등은 반드시 외부에서 보아 용이하게 발견할 수 있는 것은 아니다. 따라서 이러한 위험이 있는 부동산을 신탁재산으로 하는 경우에는, 유한책임신탁의 이용이 고려될 수 있을 것이다.

또한 특허권과 같이 신탁의 인수 시에는 다른 특허권 등 지적 재산권을 침해하였다는 사정을 알거나 알기 어려운 자산을 신탁받은 경우 등에도 그 이용이 고려될 수 있을 것이다.[18] 다만 후술하듯이 특허권 침해로 인한 손해배상청구권은 침해자의 과실을 추정하기는 하지만 법률에서 명문으로 침해자의 과실을 요건으로 삼고 있다는 점에서, 그 과실 없음을 증명하지 못한 수탁자가 개인 책임을 면할 수 있는지 여부가 개정안 제119조 제1항의 해석과 관련하여 문제 된다.

그리고 수탁자가 위험에 대한 지배가 곤란하여 유한책임신탁을 이용할 것으로 예상할 수 있는 또 다른 유형으로는, 해외 재산의 투자 · 보유를 하는 신탁의 경우를 들 수 있다. 유전개발, 플랜트개발 등 종래 회사의 형태를 통하여 이루어졌던 사업에 관해서도, 유한책임신탁이 이용될 수 있을 것이고, 특히 해당 개발사업을 집행 · 관리하는 자와 자금을 출연하는 자가 서로 다른 경우에는 신탁의 구조는 매우 유용

18) 佐久間亨, "限定責任信託," 金融 · 商事判例 제1261호(2007), 増刊 : 新しい信託法の理論と實務, 經濟法令硏究會, 188면.

할 것이다. 또한 국내에서도 차입 등을 수반하는 사업의 신탁 및 부당산과 같은 가치의 변동이 심한 자산의 투자 · 보유를 목적으로 하는 신탁, 외국환 및 파생상품거래 등과 같이 고위험을 수반하는 거래, 자산유동화거래 등에서도 유한책임신탁은 유용하게 이용될 수 있을 것이다.[19)]

(3) 사원이 유한책임을 지는 회사제도와의 차이점

개정안의 유한책임신탁제도는 '명칭사용의 제한', '공시(등기)제도', '수탁자의 제3자에 대한 책임', '회계서류작성의무', '신탁재산의 수익자에 대한 급부제한', '청산절차' 등에 관한 규정들을 두고 있다. 이들 규정에서는 상법상 회사 관련 규정들과의 유사성을 쉽게 발견할 수 있다. 종래 신탁은 사원(구성원)의 책임이 한정되는 주식회사 등과 경쟁관계에 있다고 보는 견해도 있었는바, 이와 같이 사원의 유한책임이 인정되는 회사제도와는 별도로 유한책임신탁제도를 도입하는 취지는, 제도에 관한 국민의 선택의 폭을 넓히기 위한 것이라고 볼 수 있다.

회사제도와 유한책임신탁제도는 모두 출자자 내지 경영자의 유한책임제도를 통하여 출자재산 혹은 신탁재산의 운영과정에서 생기는 위험에서 해방되어 공격적이고 진취적인 사업을 할 수 있다는 점에서 공통된다. 그러나 양 제도는 차이점 또한 존재한다.

첫째, 유한책임의 의미가 동일하지 않다. 먼저 회사의 경우 별개의 법인격을 갖는 회사 자신은 대외적인 거래의 귀속 주체로서 그 거래에 대하여 무한책임을 지지만, 출자자(사원)는 자신의 출자한도로 유

19) 佐久間亨, 앞의 논문(주 18), 188면.

한책임을 진다. 하지만 유한책임신탁에 있어서 유한책임의 의미는, 대외적인 거래행위를 하고 그에 따른 권리관계의 귀속 주체가 되는 수탁자가 그 거래로 인한 채무에 대하여 유한책임을 지는 것이다.[20)]

둘째, 회사는 법인격을 가진 새로운 회사를 설립하고 이를 등기하는 절차가 필요하지만, 유한책임신탁의 설정은 수탁자라고 하는 기존의 법인격을 이용하기 때문에, 새로운 법인의 설립을 필요로 하지 않는다.[21)]

셋째, 회사의 경우 대외적인 거래행위를 하는 데에, 회사의 의사결정과정을 거치는 것이 필요하지만, 유한책임신탁의 경우에는 출자자나 수익자의 지시를 받지 않고 신속하고 유연하게 의사결정을 할 수 있고, 이에 따라 수탁자의 전문적인 지식과 능력을 보다 신속하게 활용하여 시장 동향에 빠르게 대처함으로써 고위험 · 고수익의 관리행위를 더 효율적으로 수행할 수 있다.[22)]

넷째, 신탁과 회사제도는 세법상의 조세 문제에 있어서도 차이가 있다. 회사의 경우 세전순이익에 대하여 법인세가 부과되고 출자자인 사원에 대한 이익배당에 대해서도 소득세가 부과된다. 하지만 신탁은 신탁도관설에 따라 조세회피 등의 목적이 없는 한 수익자에게만 과세하는바, 이는 유한책임신탁의 경우에도 동일할 것이다.[23)]

---

20) 鈴木正具/大患淳子 編, コンメンタール「信託法」, ぎょうせい, 2008, 522면.

21) 鈴木正具/大患淳子 編, 앞의 책(주 20), 522면.

22) 中田直茂, "限定責任信託の受託者の負う不法行爲責任 : 他の組織體との競爭可能性," 旬間 金融法務事情 제1828호(2008. 3), 金融財政事情硏究會, 39면 ; 今泉邦子, "各論 : 限定責任信託の特例," 金融 · 商事判例 제1261호(2007), 增刊 : 新しい信託法の理論と實務, 經濟法令硏究會, 92면.

23) 우리 소득세법 및 법인세법도 신탁도관설에 따라 신탁재산에 귀속되는 소득의 귀속자를 수익자로 규정하고 있다(임승순, 조세법, 박영사, 2009, 57면).
소득세법 제2조 제6항 신탁재산에 귀속되는 소득은 그 신탁의 수익자(수익자가

(4) 유한책임특약의 한계

한편 유한책임특약을 통하여 수탁자가 무한책임의 위험에서 벗어날 수 있는 방법이 있음은 앞서 본 바와 같은데, 이와 별도로 유한책임신탁이라는 제도를 본격적으로 도입한 취지가 무엇인지 살펴볼 필요가 있다.

유한책임특약은 거래 상대방인 채권자와의 사적인 계약에 의존하는 것이기 때문에, 그와 같은 특약의 효력은 그 거래 상대방에 한정될 수밖에 없다. 만일 거래의 상대방이 그러한 특약체결에 동의하지 않는다면 그와 같은 효력은 발생하지 아니한다. 또한 후술하는 바와 같이 공작물책임이나 토지오염책임 등과 같이 경우에 따라서는 교섭을 할 여지도 없이 수탁자가 신탁재산을 가지고 있다는 이유로 제3자에 대한 손해배상책임을 부담하게 되는 경우도 있을 수 있다.[24)]

따라서 위와 같이 계약의 체결 여부에 의존하는 유한책임특약의 한계를 극복하고, 수탁자가 귀책사유가 없다면 굳이 수탁자의 고유재산으로 책임을 부담할 이유가 없다고 볼 수 있는 채무에 대해서는, '상업등기에 의한 공시의 효력'[25)](상법 제37조 제1항)에 의하여, 그 책임을

특정되지 아니하거나 존재하지 아니하는 경우에는 신탁의 위탁자 또는 그 상속인)에게 해당 소득이 귀속되는 것으로 본다.

법인세법 제5조

① 신탁재산에 귀속되는 소득은 그 신탁의 이익을 받을 수익자(수익자가 특정되지 아니하거나 존재하지 아니하는 경우에는 그 신탁의 위탁자 또는 그 상속인)가 그 신탁재산을 가진 것으로 보고 이 법을 적용한다.

② 자본시장과 금융투자업에 관한 법률의 적용을 받는 법인의 신탁재산(같은 법 제251조 제1항에 따른 보험회사의 특별계정을 제외한다. 이하 같다)에 귀속되는 수입과 지출은 그 법인에 귀속되는 수입과 지출로 보지 아니한다.

24) 佐久間亨, 앞의 논문(주 18), 185면 ; 鈴木正具/大患淳子 編, 앞의 책(주 20), 521면.

25) 상업등기의 일반적 효력이라 함은, 원칙적으로 등기사항인 이미 성립한 법률관계

신탁재산에 한정시키고, 이에 따라 신탁의 이용을 확대하기 위하여 유한책임신탁제도의 도입이 필요하다고 볼 수 있다. 그러나 유한책임신탁제도는 합의에 의하지 아니한 유한책임을 인정하는 것이므로, 채권자의 보호를 위한 여러 조치가 전제되어야 함은 물론이다.

또한 앞서 살펴본 바와 같이, 유한책임특약만으로는 신탁재산에 속하는 자산보다 부채가 많은 경우에는 그 처리가 곤란하고, 수탁자가 불법행위를 한 경우에도 유한책임특약이 적용되는가에 관하여 논란이 있을 수 있다. 따라서 이러한 논란을 불식시키기 위해서는 유한책임신탁제도를 정면으로 도입함으로써, 이에 관한 처리기준을 명시적으로 밝힐 필요가 있는 것이다.

II. 유한책임신탁의 요건 및 구조

1. 개요

개성안은 수탁자가 신탁채무에 대하여 신탁재산만으로 책임을 지는 유한책임신탁을 설정할 수 있도록 하되, 유한책임신탁은 등기를

를 전제로 하고 이것을 공시하기 위해 등기함으로서 제3자에 대하여 대항할 수 있는 효력을 말한다(상법 제37조 제1항). 상업등기부에 등기할 사항을 등기한 후에는 원칙적으로 당사자는 악의의 제3자에게는 물론 선의의 제3자에 대하여도 대항할 수 있다. 즉 등기가 됨으로써 제3자는 등기사항을 알 수 있는 상태가 되기 때문에 악의가 의제된다. 이를 적극적 공시력 또는 적극적 공시원칙이라고 한다. 그러나 정당한 사유로 인하여 이를 알지 못하게 된 경우에까지 악의를 의제하는 것은 부당하므로, 이러한 제3자에 대하여는 예외적으로 당사자는 등기사항을 대항할 수 없다(상법 제37조 제2항). 이때의 '정당한 사유'란 등기부의 열람 또는 등본이나 초본의 교부 등을 방해하는 따위의 사정이 있는 경우를 말한다.

해야만 효력이 발생하는 것으로 함으로써 '공시'를 통한 거래의 안전을 도모하고 있다. 나아가 유한책임신탁과 거래하는 제3자 보호를 위하여 유한책임신탁 명칭사용의 제한, 수탁자의 거래 상대방에 대한 명시 · 교부의무, 회계서류작성의무, 수탁자의 제3자에 대한 책임, 고유재산에 대한 강제집행의 금지, 수익자에 대한 초과지급의 금지 및 초과지급의 전보책임 등에 관하여 새로운 규정들을 신설하였다. 또한 유한책임신탁은 채무에 대한 이행책임이 신탁재산으로 한정되므로 신탁종료 시 잔여재산을 공정하게 분배하는 것이 중요한바, 일반 신탁의 경우 당사자가 원하는 경우에만 청산절차를 이용할 수 있도록 하면서, 유한책임신탁의 경우에는 신탁종료 시 반드시 법정절차에 따라 청산을 하도록 의무를 부과하고, 이에 따라 구체적인 청산절차 및 권리분배순위 등을 규정하고 있다.

2. 유한책임신탁의 요건

(1) 개요

유한책임신탁은 신탁행위에 의하여 수탁자가 신탁재산만으로 신탁재산에 속하는 채무를 이행한다는 취지를 정함으로써 성립하고, 유한책임신탁의 등기를 해야만 그 효력이 발생한다(개정안 제115조 제1항).

(2) 신탁행위

신탁행위는 계약, 유언 기타 서면(전자적 기록에 의한 경우도 포함한다)에 의한 의사표시에 의한 경우를 모두 포함한다(개정안 제3조

제1항). 신탁행위의 종류에 관하여 개정안 제115조 제2항은 제한을 두고 있지 않기 때문에, 자기신탁이나 유언신탁에 있어서도 유한책임신탁을 설정하는 것이 가능하다고 해석된다.[26)]

신탁행위를 하는 데에는 유한책임신탁의 목적(개정안 제115조 제2항 제1호), 유한책임신탁의 명칭(동항 제2호), 위탁자 및 수탁자의 성명 또는 명칭 및 주소(동항 제3호), 유한책임신탁의 신탁사무를 처리하는 주된 사무소(동항 제4호), 신탁재산의 관리 또는 처분 등의 방법(동항 제5호), 그 밖에 필요한 사항으로서 대통령령으로 정하는 사항(동항 제6호)을 정해야 한다.

위 제1호 소정의 '유한책임신탁의 목적'은 '일정한 목적'을 정한 것이라고 인정하면 어느 정도 개괄적으로 정해도 족하다고 할 것이다. 위 제5호 소정의 '신탁재산의 관리 또는 처분 등의 방법'은, 거래 상대방의 예측 가능성을 확보하기 위하여 이를 기재하도록 한 규정의 취지상, 어떠한 종류의 자산 및 거래에 신탁재산을 운용할 것인지 여부와 운용상 어떠한 위험이 발생하는지 여부 등을 어느 정도 알 수 있는 정도의 구체성이 필요하다고 본다.[27)]

(3) 등기

유한책임신탁의 등기에 관한 사무는 신탁사무처리지를 관할하는 지방법원, 그 지원 또는 등기소를 관할 등기소로 한다(개정안 제125조 제1항).

---

26) 鈴木正具 / 大患淳子 編, 앞의 책(주 20), 525면.
27) 鈴木正具 / 大患淳子 編, 앞의 책(주 20), 525-526면.

유한책임신탁등기를 하기 위해서는 신탁재산관리인이 선임된 경우를 제외하고는 수탁자 또는 관공서의 촉탁에 의하며(개정안 제126조 제1항), 신청서에는 대법원규칙이 달리 정하는 경미한 사항을 등기하는 경우를 제외하고는, 유한책임신탁을 설정한 신탁행위를 증명하는 서면, 수탁자가 법인인 때에는 해당 법인의 상업등기법 제10조에 따른 등기사항증명서, 외부감사인을 두어야 하는 때에는 그 선임 및 취임승낙을 입증하는 서면, 감사인이 법인인 경우에는 해당 법인의 상업등기법 제10조에 따른 등기사항증명서를 첨부하여야 한다(개정안 제127조 제3항). 유한책임신탁등기는, 유한책임신탁의 목적, 유한책임신탁의 명칭, 수탁자의 성명 또는 명칭 및 주소, 신탁재산관리인이 있는 경우 신탁재산관리인의 성명 또는 명칭 및 주소, 신탁사무처리지, 그 밖에 대통령령으로 정한 사항을 등기해야 하고(개정안 동조 제1항), 유한책임신탁을 설정한 때부터 2주 내에 하여야 한다(개정안 동조 제2항).

수탁자는 고의나 과실로 사실과 다르게 된 유한책임신탁의 등기로 선의의 제3자에게 대항하지 못한다(개정안 제131조).

(4) 유한책임신탁의 명칭사용과 유한책임신탁의 취지 명시 및 서면 교부의무

1) 명칭사용

거래의 안전을 위하여 유한책임신탁의 명칭에는 반드시 유한책임신탁의 문자를 사용하여야 한다(개정안 제116조 제1항). 이를 위반하여 유한책임신탁의 명칭 중에 유한책임신탁이라는 문자를 사용하지 않은 자에게는 300만 원 이하의 과태료가 부과된다(개정안 제147조 제2항).

유한책임신탁이 아닌 신탁은 유한책임신탁, 그 밖에 이와 유사한 문자를 사용하지 못한다(개정안 제116조 제2항). 이를 위반하여 유한책임신탁, 그 밖에 이와 유사한 명칭을 사용한 자에 대해서는 100만 원 이하의 과태료가 부과된다(개정안 제147조 제3항 제1호).

또한 누구든지 부정한 목적으로 다른 유한책임신탁으로 오인할 수 있는 명칭을 사용하지 못한다(개정안 제116조 제3항). 이를 위반하여 다른 유한책임신탁으로 오인할 수 있는 명칭을 사용한 자에 대하여는 100만 원 이하의 과태료가 부과되고(개정안 제147조 제3항 제2호), 그로 인하여 이익이 침해되거나 또는 침해될 우려가 있는 유한책임신탁의 수탁자는 그 명칭사용의 정지 또는 예방을 청구할 수 있다(개정안 제116조 제4항).

2) 유한책임신탁의 명시 및 서면 교부의무

유한책임신탁의 등기가 있으면, 상업등기의 공시력에 의하여(상법 제37조 제1항), 거래 상대방인 제3자가 유한책임신탁이라는 것을 알지 못하였더라도 원칙적으로 유한책임신탁에 대항할 수 없게 될 것이다.

그러나 이렇게 되면 선의의 제3자의 이익을 해할 우려가 있으므로, 개정안은 수탁자로 하여금 거래 상대방에게 유한책임신탁이라는 뜻을 명시하고 그 내용을 서면으로 교부하도록 규정하고 있다(개정안 제117조 제1항). 그리고 수탁자가 이러한 명시 및 서면 교부의무를 위반한 경우에는 해당 거래 상대방은 그 법률행위를 한 날부터 1개월 내에 이를 취소할 수 있도록 하고 있다(동조 제2항). 취소할 수 있는 기간을 1개월이라는 비교적 단기간으로 정한 것은 거래 상대방의 보호와 법적 안정성의 균형을 도모하고자 한 것으로 보인다.

한편 유한책임신탁의 등기는 유한책임신탁의 효력발생요건이므로, 그러한 등기가 없는 경우에는 수탁자가 제3자와 거래를 하는 데 해당 거래가 유한책임신탁에 관한 것이라는 점을 명시하고 서면을 교부하더라도, 해당 거래의 책임재산을 신탁재산에 한정하는 효과가 발생할 수 없음은 당연하다. 다만 해당 명시 및 서면 교부가 수탁자와 해당 제3자 사이의 책임재산한정특약이라는 취지의 합의라고 인정될 수 있는 경우에는, 수탁자가 해당 책임재산이 해당 신탁의 신탁재산에 한정됨을 주장할 수 있는 것은 가능할 것이다.[28] 그러나 이러한 법률행위의 해석은 신중하고 엄격하게 할 필요가 있다고 본다.

3. 유한책임신탁으로의 변경 또는 유한책임신탁의 폐지

개정안 제115조 제1항의 문언상 유한책임신탁의 설정은 반드시 신탁설정 시의 신탁행위에 의해야만 하는 것은 아니라고 해석된다. 따라서 신탁의 변경(개정안 제89조)으로 이미 설정되어 있는 신탁에 관하여도 유한책임신탁으로 변경할 수 있다. 다만 그 효력은 등기 후에 발생하므로, 그 등기 전에 기존 거래를 한 상대방에 대하여 유한책임신탁의 효력을 주장할 수 없을 것이다.[29]

또한 유한책임신탁의 정함을 폐지하고 그 취지의 등기를 완료한 경우에는 이후 유한책임신탁에 관한 규정은 해당 신탁에 적용되지 아니하게 된다. 유한책임신탁의 폐지 이후 거래 상대방이 갖는 신탁채권의 책임재산은 수탁자의 고유재산에까지 확대되는 관계로, 해당 거래 상대방의 이익을 해할 우려는 없기 때문이다. 유한책임신탁을 폐지하는 변경이 있는 때에는 2주 내에 종료등기를 하여야 한다(개정안 제129조).

28) 佐藤勤, "限定責任信託," 銀行法務21 제52권 제9호 통권 제692호(2008. 9), 經濟法令硏究會, 82면.

29) 佐藤勤, 앞의 논문(주 28), 84면.

III. 유한책임신탁의 효과

1. 개요

개정안에 의할 경우 일반신탁의 수탁자는 신탁행위로 인하여 수익자에게 부담하는 채무에 대하여 신탁재산만으로 책임을 질 뿐이다(개정안 제38조). 이는 신탁법과 다르지 아니하다. 따라서 유한책임신탁이 특별히 의미가 있는 것은 신탁사무의 처리상 발생한 권리에 의하여 채권을 취득한 제3자에 대한 수탁자의 책임이라고 할 수 있다. 유한책임신탁에 의하여 수탁자는 제3자에 대하여 신탁재산으로만 채무를 이행하면 족하고, 수탁자의 고유재산으로부터 채무를 이행할 책임은 지지 아니한다.[30)]

이러한 유한책임신탁의 설정으로 유한책임신탁이 수탁자의 인적 책임과 분리되고, 나아가 신탁재산 자체에 대한 청산 및 파산이 행해진다는 점에서 그 독립성이 강화되는 것은 분명하다. 그러나 이는 어디까지나 유한책임신탁은 그 신탁사무처리상 발생한 채권의 책임재산을 신탁재산으로 한정한다는 취지일 뿐, 유한책임신탁 자체에 별도

30) 구 간접투자자산운용업법(2008. 8. 3. 법률 제8635호로 제정된 자본시장과 금융투자업에 관한 법률에 의하여 폐지) 제90조 제2항은 "자산운용회사 또는 수탁회사가 자산의 취득 · 매각 등의 거래를 한 경우 해당 거래에 대한 이행책임은 투자신탁재산을 한도로 부담한다"라고 하여 펀드의 금융거래상 수탁회사의 책임이 신탁재산에 한정된다고 명문의 규정을 두고 있었다. 그러나 이에 대응되는 자본시장과 금융투자업에 관한 법률 제80조 제1항은 "투자신탁의 집합투자업자(그 투자신탁재산을 보관 · 관리하는 신탁업자를 포함한다. 이하 이 항에서 같다)는 제1항에 따라 투자대상자산의 취득 · 처분 등을 한 경우 그 투자신탁재산으로 그 이행 책임을 부담한다. 다만 그 집합투자업자가 제64조 제1항에 따라 손해배상책임을 지는 경우에는 그러하지 아니하다"고 규정하여, 수탁자의 책임이 신탁재산에 한정된다는 취지인지 명확하지 아니하게 되었다.

의 법인격이나 법 주체성을 부여하는 것은 아니라고 할 것이다.

한편 유한책임신탁의 경우에도 책임재산이 신탁재산으로 한정되는 효과가 언제나 발생하는 것은 아니다. 개정안은 채권자보호를 위하여 일정한 경우 유한책임의 적용을 배제하고 수탁자의 고유재산으로 제3자에 대하여 책임을 지도록 하고 있다. 즉 (i) 수탁자의 고의 또는 중과실의 임무해태가 있고, 그로 인하여 제3자가 손해를 입은 경우(개정안 제119조 제1항), (ii) 수탁자가 신탁사무를 처리하는 데 고의 · 과실로 위법행위를 하고 그로 인하여 제3자가 손해를 입은 경우(동조 제2항), (iii) 회계서류에 기재 또는 기록해야 할 중요한 사항을 사실과 달리 기재 또는 기록하거나 사실과 다른 등기 또는 공고를 한 경우(동조 제3항) 등이 여기에 해당한다. 그리고 위와 같은 경우 제3자에게 손해를 배상할 책임이 있는 수탁자가 여럿인 경우에는 연대하여 책임을 부담한다(동조 제4항).

2. 유한책임신탁의 효과

(1) 책임재산을 신탁재산으로 한정

개정안 제120조는 유한책임신탁의 효과에 관하여 규정하고 있다. 동조 제1항은 '고유재산에 대한 강제집행 등의 금지'라는 제하에 "유한책임신탁의 경우 신탁채권에 기하여 수탁자의 고유재산에 대하여 강제집행, 경매, 보전처분 또는 국세 등 체납처분을 할 수 없다. 다만 제119조에 따른 수탁자의 손해배상채무에 대하여는 그러하지 아니하다"고 규정하고 있다. 이 규정의 본문과 단서가 바로 유한책임신탁의 효과 및 적용 범위를 정하고 있는 것이다. 이는 개정안 제22조가 '강제집행 등의 금지'라는 제하로 "신탁재산에 대하여는 강제집행, 경매, 보전처분(이하 '강제집행 등'이라 한다) 또는 국세 등 체납처분을 할 수 없다. 다만 신탁 전의 원인으로 발생한 권리 또는 신탁사무의 처리상 발생한 권리에 기한 경우에는 그러하지 아니하다"고 규정한 것과 명백히 대비된다.

한편 개정안 제120조 제2항은 "수탁자나 수익자는 제1항을 위반한 강제집행, 경매 또는 보전처분에 대하여 이의할 수 있다. 이 경우 민사집행법 제48조를 준용한다"고 규정하고, 동조 제3항은 "수탁자나 수익자는 제1항을 위반한 국세 등 체납처분에 대하여 이의할 수 있다. 이 경우 국세 체납처분에 대한 불복절차를 준용한다"고 규정하고 있다. 이는 유한책임신탁의 책임재산 한정에 위반하여 수탁자의 고유재산에 대하여 한 강제집행 등에 대하여 수탁자나 수익자가 취할 수 있는 불복수단으로 제3자 이의의 소 등을 규정한 것이다.

(2) 신탁의 상계에 대한 특칙

1) 신탁의 상계에 대한 원칙

신탁법 제20조는 "신탁재산에 속하는 채권과 신탁재산에 속하지 아니하는 채무와는 상계하지 못한다"고 규정하고 있다. 종래 위 규정의 근거에 관하여, 신탁재산은 수탁자의 고유재산 및 수탁자의 명의로 된 다른 신탁재산과는 독립된 재산이어서 상계의 요건을 갖추지 못하고 있기 때문이라는 견해가 주장되기도 하였지만, 학설의 다수는 상계를 인정하면 수탁자가 신탁재산으로부터 이익을 받아서는 아니된다는 충실의무의 원칙에 반하기 때문이라고 보았다. 즉 이 경우 상계를 허용하면 신탁재산의 수탁자는 수탁자 자신에게 구상권을 행사하여야 하는데, 만일 수탁자 개인의 고유재산이 부족한 경우에는 신탁재산이 손실을 입게 되어 수탁자와 신탁재산 사이의 이익상반이 발생하기 때문에, 양자의 상계는 허용할 수 없는 것이라고 보았다.

개정안 제25조 제1항은 "신탁재산에 속하는 채권과 신탁재산에 속하지 아니하는 채무는 상계하지 못한다. 그러나 제3자가 양 채권 · 채무가 동일한 재산에 속하지 아니함에 대하여 선의이며 과실 없이 알지 못한 때에는 그러하지 아니하다"고 규정함으로써, 본문에서 신탁법 제20조의 규정을 그대로 이어받되, 그 단서에서 제3자 보호규정을 추가하고 있다. 이 제3자 보호규정의 신설 배경은 다음과 같다. 예컨대 수탁자(신탁은행)에 대하여 예금을 한 갑이 그 수탁자로부터 신탁재산(대부신탁)에서 자금이 출연된 대출을 받은 경우, 갑은 그 자금원을 인식하지 못한 채 단순히 대출채권자가 신탁은행으로 알고 대출을 받는 경우가 있을 수 있다. 그런데 나중에 수탁자가 파산한 경우 갑이 자신의 예금채권과 신탁재산에 속하는 갑에 대한 대출채권을 상계하려 하는데 신탁재산에 불이익이 발생한다는 이유로 상계를 부정당하면, 갑의 입장에서는 예측하지 못하는 손해를 입게 된다. 따라서 이러한 부당한 경우가 발생하는 것을 방지하기 위하여 갑의 선의 · 무과실을 요건으로 갑의 상계를 허용하도록 한 것이다.

한편 신탁법 제20조는 '신탁재산에 속하는 채무'와 '신탁재산에 속하지 않는 채권' 사이에 상계가 허용되는지와 관련해서는 아무런 규정을 두고 있지 않다. 그러나 통설은 이러한 경우에는 상계가 허용된다고 해석하였다. 예컨대 갑이 신탁재산에 부동산을 매각하면서 매매대금채권 등을 취득하는 한편, 갑이 수탁자 개인 을로부터 금원을 대출받은 경우, 갑의 매매대금청구에 대하여 수탁자 개인 을이 갑에 대한 개인적인 대출금채권을 가지고 상계할 수 있는지가 문제 된다. 통설은 긍정설을 취하면서, 이 경우는 신탁법 제20조가 명시적으로 금지하지 않고 있는 것이고, 여기서 이루어지는 상계의 실질은 수탁자가 자신의 재산(채권)으로 신탁재산의 채무를 변제하는 것과 다름없기 때문에, 신탁재산의 입장에서는 하등의 불이익을 입지 않고, 또한 상대방의 입장에서 보더라도 신탁재산에 대한 대출채권이 반드시 신탁재산에서 변제를 받아야 한다고 고집할 이익은 없다는 점을 이유로 들었다.[31)]

대법원 판례[32)]도 위와 같은 입장을 취하고 있다. 즉 판례는 "신탁법 제20조가 "신탁재산에 속하는 채권과 신탁재산에 속하지 아니하는 채무와는 상계하지 못한다"고 규정한 취지는 수탁자가 신탁의 수탁자로서 상대방에 대하여 갖고 있는 채권은 상대방이 수탁자 개인에 대하여 갖고 있는 반대채권과 법형식상으로는 상계 가능한 대립관계에 있는 것처럼 보이지만, 이 경우 수탁자에 의한 상계를 허용하게 되면 수탁자 고유의 채무를 신탁재산으로 소멸시켜 수탁자가 신탁재산으로부터 이익을 향수하는 결과를 초래하므로, 이를 금지함으로써 신탁재산의 감소를 방지하고 수익자를 보호하기 위함이다"라고 판시한 다음, "수탁자 개인이 수익자에 대하여 갖는 고유의 채권을 자동채권으로 하여 수익자가 신탁종료 시 수탁자에 대하여 갖는 원본반환채권 내지 수익채권 등과 상계하는 것은, 우선 신탁법 제20조가 금지하는 상계의 유형에 해당하지 아니할 뿐만 아니라 위와 같은 상계로 인하여 신탁재산의 감소가 초래되거나 초래될 위험이 전혀 없는 점, 수익

---

31) 三菱信託銀行信託研究, 信託の法務と實務, 金融財政事情研究會, 1995, 48-51면.

32) 대법원 2007. 9. 20. 선고 2005다48956 판결. 이에 대하여는 오영준, "가. 신탁법 제20조의 규정 취지 및 신탁재산 독립의 원칙의 의미, 나. 수탁자 개인이 수익자에 대하여 갖는 고유의 채권을 자동채권으로 하여 수익자가 신탁종료 시 수탁자에 대하여 갖는 원본반환채권 내지 수익채권 등과 상계하는 것이 허용되는지 여부," 대법원 판례해설 제72호(2008. 7), 법원도서관, 21면 이하 참조.

자는 상계로 소멸하는 원본반환채권 등과 대등액의 범위 내에서 자신의 채무를 면하는 경제적 이익을 향수하게 되는 점, 신탁법 제42조 자체가 수탁자에게 자기의 고유재산으로 일단 신탁재산에 속하는 채무를 변제한 다음 그 비용을 신탁의 이익이 귀속하는 신탁재산 또는 수익자로부터 보상받을 수 있는 권리를 인정하고 있는 점, 수탁자가 수익자와의 거래로 생긴 채권 등을 자동채권으로 하여 수익자의 수탁자에 대한 원본반환채권 등과 상계할 것을 기대하는 것이 거래통념상 법적으로 보호받을 가치가 없는 비합리적인 기대라고 볼 수 없는 점 등에 비추어 볼 때, 수탁자의 위와 같은 상계는 수익자의 반대채권과의 상계를 통한 채권회수를 둘러싸고 신탁재산에 속하는 채권과 수탁자 고유의 채권이 경합하는 관계에 있어 이익상반행위에 해당한다거나 일반 민법상의 권리남용에 해당한다는 등의 특별한 사정이 없는 한 적법 · 유효한 것으로서 허용된다"고 판시하였다.

이러한 통설과 판례의 해석론은 개정안이 입법화되어 시행될 경우에도 원칙적으로 유효할 것이다.

2) 유한책임신탁의 상계에 대한 특칙

그러나 책임재산이 신탁재산으로 한정되는 유한책임신탁에서 앞서 본 일반신탁의 경우와 같이 '신탁재산에 속하는 채무'와 '신탁재산에 속하지 않는 채권' 사이의 상계를 일반적으로 허용하면, 책임재산이 신탁재산을 넘어서서 수탁자의 고유재산(수탁자가 개인적으로 취득한 채권)에 대해서까지 확대되는 것을 용인하는 결과가 된다. 이는 유한책임신탁의 취지에 반하므로 금지시킬 필요가 있다.

그리하여 개정안 제25조 제2항은 "신탁재산에 속하는 채무에 대한 책임이 신탁재산만으로 한정되는 경우에는 신탁재산에 속하지 아니하는 채권과 신탁재산에 속하는 채무는 상계하지 못한다. 그러나 제3자가 양 채권 · 채무가 동일한 재산에 속하지 아니함에 대하여 선의이며 과실 없이 알지 못한 때에는 그러하지 아니하다"고 규정하고 있다. 여기서 단서조항을 둔 것은, 신탁재산에 속하는 채무와 신탁재산에 속하지 않는 채권이 동일한 재산에 속하지 아니함에 대하여 선의이며 과실이 없는 제3자에 대하여 상계에 대한 기대를 보호할 필요가 있기 때문이다. 이는 앞서 본 개정안 제25조 제1항 단서의 취지와 다르지 않다.

다만 개정안 제25조 제2항에도 불구하고, 유한책임신탁의 수탁자의 고유재산에 속하는 수동채권이 있는 경우, 수탁자가 신탁재산에 속하는 채무와 이러한 채권을 상계하는 것을 스스로 용인하는 것은 허용될 수 있다. 이러한 경우 수탁자는 비용상환청구권을 행사하여 신탁재산 또는 수익자로부터 보상받을 수 있을 것이다(개정안 제46조).

3. 고의 · 과실의 불법행위로 인한 제3자에 대한 책임

유한책임신탁의 수탁자와 거래관계를 맺게 된 상대방은 자신이 갖는 권리가 신탁재산에서만 만족을 받을 수 있다는 점을 알거나 알 수 있는 기회를 갖는다. 그러나 불법행위의 피해자는 이와 같은 거래를 통하여 채권을 취득한 자가 아님에도 불구하고 계약상의 채권자와 동일하게 책임제한을 받도록 한다면 이는 불합리하고, 또한 수탁자가 귀책사유가 있는 불법행위를 한 경우에까지 유한책임신탁의 법적 효과를 누리게 하는 것은 유한책임신탁의 취지를 벗어나기 때문에 문제가 있다.

그리하여 개정안은 유한책임신탁의 수탁자가 신탁사무를 처리하는데 고의나 과실로 위법행위를 한 때에는 그 수탁자는 유한책임신탁임에도 불구하고 제3자에게 그로 인하여 입은 손해를 배상할 책임이 있다고 규정하고 있다(개정안 제119조 제2항). 이 경우 신탁재산 역시 손해배상책임을 부담하는 것은 당연한 전제로 되어 있다고 할 것이다.[33)]

하지만 유한책임신탁의 수탁자가 불법행위책임에 관하여 개인적인 책임을 면할 수 있는지 아닌지는 그리 명확한 것은 아니다. 이는 특히 수탁자가 불법행위책임의 중간책임이라고 일컬어지는 책임을 지는 경우와 제조물책임 등의 경우에 문제 된다.

원론적으로 말하자면, 수탁자가 그 고유재산으로도 책임을 지게 되는 경우라 함은, 수탁자가 어떠한 귀책사유가 존재하는 것이 책임발생의 요건으로 되어 있거나 귀책사유가 존재하지 않는 것이 면책요건으로 되어 있는 경우라고 할 수 있다. 이러한 경우 수탁자는 귀책사유가 있는 한 또는 귀책사유가 없음을 주장 · 증명하지 못하는 한 책임제한의 효과를 누리지 못한다고 할 수 있다.[34)] 예컨대 일반 불법행위책임(민법 제750조), 사용자책임(동법 제756조), 공작물 점유자의 책임(동법 제758조 본문) 등이 여기에 해당한다고 할 것이다.

그러나 공작물책임 중 민법 제758조 단서의 공작물 소유자의 책임에 관하여는 신탁재산만이 책임재산이 된다고 할 것이다. 공작물책임을 부담하는 자는 점유자와 소유자가 있으나, 점유자는 손해의 발생을 방지하기에 필요한 주의를 해태하지 아니한 경우에는 면책되고, 소유자는 점유자가 면책되는 경우에 2차적인 책임을 지게 된다. 이러한 공작물 소유자의 책임은 면책을 인정하지 않는 무과실책임이기 때문에, 수탁자는 신탁재산인 공작물을 소유함으로써 발생되는 책임에

33) 대법원 2007. 6. 1. 선고 2005다5843 판결.

34) 佐藤勤, 앞의 논문(주 28), 84면.

관하여 유한책임신탁의 책임제한효과를 주장할 수 있다고 할 것이다. 다만 해당 공작물의 관리에 있어서 수탁자에게 악의 또는 중대한 과실이 있고, 그것이 원인이 되어 제3자에게 손해를 가한 경우에는 후술하는 개정안 119조 제2항의 책임을 질 수도 있다. 또한 토지오염 등의 경우에도 오염이 인근 토지 등에 확산되어 인근 토지소유자로부터 오염물질의 방해배제청구를 받는다든가, 행정관청으로부터 토지환경보전법에 의하여 토양오염개선사업 실시명령 또는 토양오염물질의 제거 · 시설의 철거 등의 명령을 받은 경우에는, 그러한 의무를 면할 수 있는 것은 아니라고 할 것이다.[35)]

그리고 개별 법률의 구체적인 적용단계에서 보면, 앞서 본 원론적인 구별기준을 어디까지 적용할 수 있는지도 논란이 있을 수 있다. 특히 특별법 중 법률상 과실이 추정되고, 무과실의 증명에 의한 면책이 인정된다는 취지의 규정이 있으나, 판례상 무과실의 반증이 사실상 불가능한 경우에는 이를 어떻게 볼 것인지 문제 된다. 예컨대 특허 등 공시가 이루어지는 지적 재산권에 관하여는 침해자의 과실을 추정하는 규정이 있는바(특허법 제130조, 실용신안법 제30조, 상표법 제68조, 디자인보호법 제65조), 무과실의 항변을 사실상 받아들이는 경우는 상정하기 어렵다. 이러한 경우 법률규정상 '과실'이 요건으로 되어 있는 것이라고 보아 무과실의 증명에 실패한 수탁자에 대하여 유한책임신탁에 따른 책임제한을 배제할 것인지, 사실상 그 운용이 무과실책임으로 운용된다는 점 및 수탁자 자신은 단순한 관리자일 뿐 신탁의 운용에 따른 손익의 귀속 주체가 아니라는 점 등을 중시하여, 수탁자의 책임

35) 鈴木正具/大患淳子 編, 앞의 책(주 20), 536면. 이 문제에 관하여 상세히 다룬 논문으로는 令泉邦子, "限定責任信託の諸問題," 信託法研究 제32호(2007. 12), 信託法研究, 61-89면.

제한을 인정해야 하는지 등의 판단은 쉽지 않다. 예를 들면 운행자책임(자동차손해배상보장법 제3조)과 제조물책임(제조물책임법 제3조)의 경우에도 동일한 문제가 발생한다. 학설은 통일되어 있지 않다.[36)]

이 문제는 결국 불법행위 등의 피해자보호와 유한책임신탁설정을 통한 사업의 효율화 등의 상반된 이익을 어느 선에서 조정할 것인지의 문제로 귀착될 것인바, 이 문제에 관하여 본고에서 상론하는 것은 적절하지 않다고 생각되므로 상세한 검토는 다음 기회로 미루기로 한다.

4. 수탁자의 고의 또는 중과실의 임무해태로 인한 제3자에 대한 책임

개정안 제119조 제2항은 "수탁자가 신탁사무를 처리함에 있어서 고의나 과실로 위법행위를 한 때에는 그 수탁자는 유한책임신탁임에도 불구하고 제3자에게 그로 인하여 입은 손해를 배상할 책임이 있다"고 규정하고 있다. 위 요건에 해당하는 경우에는 유한책임신탁의 수탁자는 신탁재산뿐만 아니라 자신의 고유재산으로도 제3자에 대한 손해를 배상할 책임을 져야 한다.

위 규정은 유한책임신탁이 회사법과 유사한 구조를 갖고 있는 점에 착안하여, 수탁자의 책임을 인정한 것이다. 상법 제401조 제1항은 "이사

36) 제조물책임법상의 제조물책임에 대하여 수탁자에게 귀책성이 인정되는 경우에는 유한책임신탁의 책임제한의 효과가 미치지 않는다는 견해로는 佐藤勤, 앞의 논문(주 28), 84면. 반면 제조물책임법상의 제조물책임에 대하여는, 일반적으로 제조물책임은 과실을 요건으로 하지 않고 하자를 책임요건으로 하는 불법행위책임으로 이해되고, 또한 수탁자는 신탁재산의 책임재산의 손익의 귀속 주체가 아니기 때문에 수탁자가 개인책임을 부담하더라도 불합리하지 아니한 점 등을 이유로, 제조물책임법의 제조물책임에 관하여도 수탁자의 책임제한이 인정되어야 한다는 견해로는 鈴木正具/大患淳子 編, 앞의 책(주 20), 533면.

가 악의 또는 중대한 과실로 인하여 그 임무를 해태한 때에는 그 이사는 제3자에 대하여 연대하여 손해를 배상할 책임이 있다"고 규정하고 있다. 상법상 이사의 행위에 대해서는 회사가 책임을 지는 것이 원칙이고, 불법행위가 아니면 이사가 직접 제3자에 대하여 책임을 질 이유는 없다. 그런데도 상법이 이러한 책임을 인정하는 이유는 회사가 배상능력이 없는 경우에 회사의 채권자와 거래 상대방을 보호하기 위하여 경영자의 개인 재산을 회사의 책임재산으로 확대시키기 위한 것이다.[37)]

현재 판례[38)]는, 이사가 부담하는 책임의 범위에 관하여 직접손해에 대하여만 책임을 진다는 입장이다. 직접손해는 이사의 행위로 제3자가 직접 개인적으로 받은 손해를 말하는 것으로서, 예컨대 이사가 회사의 채무초과 상태로 지급능력이 없음에도 약속어음을 발행하였다든가, 이사의 허위표시로 취득한 주식의 주가가 하락하여 입은 손해 등을 말한다. 이에 반하여 학설의 다수는, 제3자의 직접손해뿐만 아니라 임무해태행위와 상당인과관계 있는 간접손해(회사의 재산감소 등)에 대해서도 책임을 진다고 본다. 간접손해는 이사의 행위로 회사에 손해가 생긴 결과 제3자에게 생긴 손해를 말한다. 즉 이사의 직무집행에 대한 악의 또는 중과실로 인하여 회사의 재산 상태가 악화되어 주가의 하락으로 생긴 제3자의 손해 등을 말한다.[39)]

위와 같은 회사법의 영역에서 전개된 논의가 신탁법의 유한책임신탁에 어떻게 적용될지는 시간을 두고 학설과 판례의 전개를 지켜보아야 할 것이다.

---

37) 최기원, 상법학신론(제18판), 박영사, 2009, 965면.

38) 대법원 1993. 1. 26. 선고 91다36903 판결.

39) 최기원, 앞의 책(주 37), 969면.

5. 허위 기재 · 기록, 허위 등기 · 공고로 인한 제3자에 대한 책임

유한책임신탁의 수탁자가 대차대조표 등 회계서류에 기재 또는 기록하여야 할 중요한 사항에 관하여 사실과 다른 기재 또는 기록을 하거나(개정안 제119조 제3항 본문 제1호), 사실과 다른 등기를 하거나(동항 본문 제2호), 사실과 다른 공고(동항 본문 제3호)를 한 때에는, 수탁자는 유한책임신탁임에도 불구하고 제3자에게 그로 인하여 입은 손해를 배상할 책임이 있다. 다만 수탁자가 주의를 게을리하지 아니하였음을 증명한 경우에는 그 책임을 면할 수 있다(동항 단서).

IV. 그 밖의 신탁채권자의 보호를 위한 제도

1. 수탁자의 회계서류작성의무

유한책임신탁의 수탁자는 신탁채권자의 보호를 위하여 대차대조표(개정안 제118조 제1항 제1호), 손익계산서(동항 제2호), 이익잉여금처분계산서나 결손금처리계산서(동항 제3호), 그 밖에 대통령령으로 정하는 회계서류(동항 제4호)를 작성하여야 한다. 위탁자나 수익자는 수탁자나 신탁재산관리인에게 신탁사무의 처리와 계산에 관한 장부 및 그 밖의 서류의 열람 또는 복사를 청구하거나 신탁사무의 처리와 계산에 관하여 설명을 요구할 수 있으므로(개정안 제40조 제1항), 위와 같은 회계서류의 열람 및 복사를 청구하고 그 설명을 요구할 수 있을 것이다.

또한 위탁자와 수익자를 제외한 이해관계인은 수탁자나 신탁재산관리인에게 신탁의 계산에 관한 장부 및 그 밖의 서류의 열람 또는 복사를 청구할 수 있으므로(동조 제2항), 역시 위와 같은 회계서류의 열람 또는 복사를 청구할 수 있다고 보아야 한다. 그러나 책임재산이 신탁재산으로 한정되는 유한책임신탁에서는, 해당 신탁의 재산 상황에 대하여 보다 상세하고 적절한 시기에 개시를 할 필요가 있기 때문에, 유한책임신탁의 수탁자와 거래하는 제3자는 해당 거래의 기본 계약서 등에 신탁재산의 상황에 관한 조사권과 수탁자의 보고의무 등을 규정할 필요가 있을 것이다.[40)]

2. 수익증권발행 유한책임신탁에 대한 외부감사제도

신탁법은 수익권을 유가증권화할 수 있다는 규정을 두고 있지 않고, 다만 자본시장과 금융투자업에 관한 법률 제110조(금전신탁의 수익증권), 제189조(투자신탁의 수익증권) 등과 같이 특별법에서 개별적으로 수익권의 유가증권화에 관하여 규정하고 있다. 그리하여 종래 신탁법상으로도 수익권을 유가증권화하는 것이 허용되는지에 관하여 특히 '유가증권 법정주의 위반' 여부를 둘러싸고 학설상 논란이 있었다. 개정안은 신탁행위로 수익권을 표시하는 수익증권을 발행하는 것으로 정할 수 있도록 하고 있고(개정안 제79조), 나아가 유한책임신탁인 수익증권발행신탁 중 수탁자가 상법상 주식회사나 그 밖의 법률에 따라 사채를 발행할 수 있는 자인 경우에는 신탁사채를 발행할 수 있도록 하고 있다(개정안 제88조).

수익증권발행신탁과 유한책임신탁이 결합하여 이루어진 이른바 '수익증권발행 유한책임신탁'은 새로운 유형의 신탁이라고 볼 수는

---

40) 佐藤勤, 앞의 논문(주 28), 85면.

없고 외부감사인에 관한 규정 이외에는 유한책임신탁과 수익증권발행신탁에 관한 규정의 적용을 받는 신탁이라고 보면 된다.

수익증권발행신탁에서는 수익자명부가 작성되고(개정안 제80조), 수익증권이 발행되지만(개정안 제79조), 거래의 안전을 위하여 그 수익증권발행신탁이 유한책임신탁인 경우, 수익자명부 및 수익증권에 모두 유한책임신탁의 명칭 및 신탁사무처리지를 기재할 필요가 있다고 본다.

수익증권발행 유한책임신탁은, (i) 신탁수익권이 수익증권에 화체되어 양도됨으로써 전전유통되는 것이 용이해지므로(개정안 제82조 제1항), 투자가의 범위가 넓어지고, 또한 투하자본의 회수가 용이하여 다액의 출자를 모집하는 것이 용이한 수익증권발행신탁의 특징을 갖고 있고, 이와 아울러 (ii) 책임재산이 신탁재산에 한정된다는 점에서 수탁자를 모집하기 쉽고, 또한 신탁사업의 범위를 확대할 수 있다는 점에서 유한책임신탁의 특징도 갖고 있다. 이 때문에 수익증권발행 유한책임신탁은 신탁의 이용을 촉진하는 기능을 원활히 수행할 수 있을 것으로 기대된다. 반면 수익증권발행 유한책임신탁은 책임재산이 신탁재산에 한정되기 때문에 신탁채권자의 보호를 위해서 신탁재산의 보전에 특별한 조치를 취할 필요가 있다. 그러나 수익권이 소액화된 수익증권의 형태로 전전유통되는 관계로 수익자의 수탁자에 대한 감독권한의 행사는 사실상 기대하기 어려운 문제점이 있다.[41)]

그리하여 개정안은, 일반 주식회사와 유사하게, 수익증권발행신탁으로서 직전 사업연도 말의 신탁재산의 자산총액 또는 부채 규모가 대통령령이 정하는 기준 이상인 유한책임신탁은 주식회사의 외부감사에 관한 법률의 예에 따라 감사를 받도록 규정하고 있다(개정안 제118조

41) 鈴木正具/大患淳子 編, 앞의 책(주 20), 557-558면.

제2항). 수익증권발행 유한책임신탁의 외부감사인 등의 의무 위반행위에 대해서는 주식회사의 외부감사에 관한 법률과 동 시행령을 준용하여 벌칙 및 과태료가 가해진다(개정안 제148조).

3. 수익자에 대한 급부의 제한과 초과급부에 대한 전보책임

개정안은 채권자보호를 위하여 유한책임신탁의 수익자에 대한 수탁자의 급부를 제한하고 초과급부에 대한 수탁자와 수익자의 전보책임에 관한 규정을 두고 있다.

유한책임신탁의 수탁자는 수익자에게 신탁재산의 순자산액의 한도내에서 대통령령으로 정한 방법에 따라 산정한 '급부 가능 범위'를 초과하여 급부할 수 없다(개정안 제121조 제1항, 제2항). 수탁자가 수익자에게 위와 같은 급부 가능 범위를 초과하여 급부한 경우, 수탁자가 주의를 게을리하지 아니하였음을 증명하지 않는 한 수탁자와 이를 받은 수익자는 연대하여 초과된 부분을 신탁재산에 전보할 책임이 있다(개정안 제122조 제1항).

이 초과 부분을 전보한 수탁자는 악의의 수익자에게 구상권을 행사할 수 있지만, 선의의 수익자에게는 구상권을 행사할 수 없다(개정안 제122조 제2항). 여기서 수익자의 선의 · 악의의 기준일은 수탁자의 급부를 수령한 날을 기준으로 하여야 할 것이다.

신탁채권자가 위와 같은 청구를 할 수 있는지 문제 될 수 있으나, 명문 규정이 없는 이상 부정할 수밖에 없다. 그러나 신탁채권자는 유한책임신탁의 수탁자가 채무초과 상태에서 수익자에게 일방적으로 위와 같은 급부를 하였다면, 채권자취소권을 행사하여 수익자를 상대로 급부한 재산의 반환을 구할 수 있을 것이다.

Ⅴ. 신탁재산의 청산 및 파산

1. 유한책임신탁의 청산

(1) 의무적인 청산

개정안 제133조 내지 제140조는 유한책임신탁의 청산에 관하여 규정하고 있다. 개정안은 신탁의 청산에 관한 절차를 도입하면서, 일반신탁에 관하여는 신탁행위 또는 위탁자와 수익자의 합의로 청산절차에 따라 신탁을 종료하기로 한 경우에 한하여 청산절차를 밟도록 규정하고 있다(개정안 제105조). 그러나 유한책임신탁에 관하여는 신탁이 종료한 경우 신탁이 합병된 때(개정안 제99조 제2호) 및 신탁재산에 대한 파산선고가 있는 때(동조 제3호)를 제외하고는 반드시 신탁을 청산하도록 규정하고 있다(개정안 제133조 제1항). 그리고 청산이 완료할 때까지 유한책임신탁은 청산의 목적 범위 내에서 존속하는 것으로 보고 있다(동조 제2항).

(2) 청산수탁자의 임무

유한책임신탁이 종료한 때에는 신탁행위로 달리 정한 바가 없으면 종료 당시의 수탁자 또는 신탁재산관리인이 청산인(이하 '청산수탁자')이 된다(개정안 제134조 제1항). 개정안 제134조 제1항은 청산수탁자의 임무로서 현존 사무의 종결(제1호), 신탁재산에 속한 채권의 회수 및 신탁채무의 변제(제2호), 수익채권(잔여재산의 급부를 내용으로 한 것을 제외한다)에 대한 채무의 변제(제3호), 잔여재산의 급부(제4호), 재산의 환가처분(제5호)을 규정하고 있다. 이 경우 청산수탁자는 제2호 및 제3호의 채무를 변제하지 아니하면 제4호의 직무를 수행할 수 없도록 함으로써, 신탁채권자와 잔여재산의 급부를 내용으로 하는 채권이 아닌 수익채권을 가진 자를 보호하도록 하고 있다(동조 제3항). 이 급부 순서를 위반한 청산수탁자에 대하여는 500만 원 이하의 과태료가 부과된다(개정안 제147조 제1항 제27호).

(3) 채권자보호절차

유한책임신탁의 청산절차는 반드시 채권자보호절차를 거쳐야 하며, 그 절차는 주식회사의 청산절차와 유사하게 진행된다. 즉 청산수탁자는 취임한 후 지체 없이 신탁채권자에게 일정한 기간 내에 그 채권을 신고할 것과 그 기간 내에 신고하지 아니하면 청산에서 제외된다는 뜻을 일반 일간신문에 공고함으로써(다만 수탁자가 법인인 경우에는 해당 법인의 공고방법에 따라야 한다) 최고하여야 한다. 다만 위 기간은 2개월 이상이어야 한다(개정안 제136조 제1항).

그리고 청산수탁자는 알고 있는 채권자에게 개별적으로 그 채권의 신고를 최고하여야 하며, 그 채권자가 신고하지 아니한 경우에도 이를 청산에서 제외하지 못한다(동조 제2항). 이의를 제출한 채권자가 있는 때에는 청산수탁자는 그 채권자에게 변제 또는 상당한 담보를 제공하거나 이를 목적으로 하여 상당한 담보를 신탁회사에 신탁하여야 한다. 다만 청산절차로 채권자를 해할 우려가 없는 때에는 그러하지 아니하다(개정안 제136조 제3항, 제93조 제3항). 청산 중인 유한책임신탁의 신탁채권자가 신고 기간 내에 그 채권을 신고하지 않은 때에는 그 채권은 청산에서 제외된다. 이 경우 청산에서 제외된 채권자는 분배되지 아니한 잔여재산에 대해서만 변제를 청구할 수 있다(개정안 제138조). 즉 가장 후순위의 채권자가 된다.

청산수탁자는 신고 기간 내에는 신탁채권자에게 변제하지 못한다. 그러나 변제의 지연으로 손해배상의 책임을 면하지 못한다(개정안 제137조 제1항). 다만 소액의 채권, 담보가 있는 신탁채권, 그 밖에 변제로 다른 채권자를 해할 우려가 없는 채권의 경우 법원의 허가를 얻어 이를 변제할 수 있다(동조 제2항).

(4) 청산의 종결

유한책임신탁의 청산이 종결한 때에는 청산수탁자는 제104조에 따른 최종의 계산을 하고 이에 관하여 승인을 받은 때부터 2주 내에 종결의 등기를 하여야 한다(개정안 제140조). 이 등기를 해태하면 500만원 이하의 과태료가 부과된다(개정안 제147조 제1항 제26호).

2. 유한책임신탁의 파산

신탁법상 신탁재산에 대한 독립성은 인정되고 있지만, 신탁재산이 채무초과 상태가 되더라도 신탁재산 자체에 대한 파산선고는 인정되지 아니한다. 그러나 개정안이 유한책임신탁을 도입함으로써 신탁재산만을 책임재산으로 하는 이상에는, 신탁채권자의 보호를 위하여 파산상태에 있는 신탁재산의 청산에 대한 절차를 별도로 마련할 필요가 있다. 또한 유한책임신탁을 이용한 사업활동을 보다 원활하게 촉진한다는 측면에서도 신탁재산에 대한 파산절차를 마련할 필요성이 있다.

그리하여 개정안 제139조는 청산 중인 유한책임신탁의 신탁재산이 그 채무를 완제하기에 부족한 것이 분명한 때에는 청산수탁자는 즉시 신탁재산에 대하여 파산신청을 해야 한다고 규정하고, 개정안 제199조 제3호는 신탁재산에 대하여 파산선고가 있는 때에는 신탁을 종료하도록 규정하고 있다. 파산신청을 게을리한 청산수탁자에 대해서는 500만 원 이하의 과태료가 부과된다(개정안 제147조 제1항 제28호).

신탁재산에 대한 파산절차는 수탁자 개인에 대한 파산절차와는 구별된다. 수탁자 개인이 파산되는 경우에는 수탁자의 고유재산에 대해서만 파산선고의 효력이 미치고, 신탁재산은 수탁자의 고유재산이 된 것을 제외하고는 수탁자의 파산재단을 구성하지 아니하므로(개정안 제23조) 이는 파산관재인에 의한 환가 · 배당의 대상에서 제외된다. 반면 신탁재산에 대한 파산선고가 있는 경우에는, 수탁자 개인에 대하여 파산선고의 효력이 미치지 아니하므로 수탁자의 고유재산은 파산재단을 구성하지 아니하고, 신탁재산만이 파산재단을 구성하여 여기에 대한 환가 · 배당절차가 진행된다.

신탁재산에 대한 파산절차는 채무자 회생 및 파산에 관한 법률 제399조 소정의 상속재산에 대한 파산절차와 유사성을 갖고 있지만, 위 법률에는 신탁재산에 대한 파산절차를 규율하는 규정이 존재하지 아니하므로, 이에 관한 입법이 수반되어야 할 것이다. 특히 유의할 것은 신탁채권자와 수익자의 우열관계를 규율할 필요가 있다는 점이다. 수익자는 수탁자의 신탁사무처리결과 생긴 과실에서 신탁재산의 분배를 받는 자로서 일반 회사의 주주와 유사한 지위에 있는 것으로 보아, 파산배당의 우선순위에서 신탁채권자에 뒤지는 것으로 규율하는 것이 상당할 것이다. 그리고 같은 수익자 중에서도 개정안 제134조 제3항과 같이 잔여재산의 급부를 내용으로 하는 채권을 가진 자와 그렇지 아니한 수익채권자 사이에서도 파산배당에 있어서 우선순위가 그대로 적용되어야 할 것이다. 또한 수탁자의 비용보상청구권(개정안 제48조)에 대하여 부여된 우선변제권이 파산절차에서 그대로 인정되는지 및 파산배당에 있어서 우선순위가 어떻게 되는지 등에 관하여도 명확하게 규율할 필요가 있을 것이다.

11

신탁과 수익증권발행[*]

심인숙[**]

I. 머리말

구 신탁법은 1961년 제정 이래 내용 개정이 전혀 없어 경제수요를 반영하지 못하고 있었는데, 2011. 7. 25. 전면개정되어 신탁의 활성화를 위한 법적 기반을 마련하였다. 이 글에서는 이와 같이 전부개정된 신탁법(법률 제10924호, 2012. 7. 26. 시행, 이하 '개정법' 또는 '법'이라고 한다)에 도입된 수익증권발행신탁제도에 관하여 검토해 보고자 한다.

구법상은 은행 불특정금전신탁, 투자신탁, 유동화증권(ABS) 등과 같이 특별법상 정함이 있는 경우에 한해 수익증권의 발행이 허용되었

---

* 이 논문은 BFL 제39호(2010. 1)에 "신탁과 수익증권 발행"이라는 제목으로 게재한 글〔심인숙, "수익권에 관한 신탁법 개정시안," 선진상사법률연구 통권 제48호(2009. 10), 법무부, 53면 이하에서 발췌하여 수정 · 보완한 것〕을 바탕으로, 동 게재 이후 입법진전 상황을 반영하는 데 필요한 최소한도 내에서 수정한 것이다.

** 중앙대학교 법학전문대학원 교수

다. 그러나 수익권의 유통성 증대와 거래비용 감소의 필요성은 신탁 일반에도 마찬가지이므로, 개정법에서는 신탁에서 수익증권의 발행을 일반적으로 허용하고 그와 관련된 법률관계를 명확히 하기 위하여 구체적인 규정을 다수 신설하였다. 먼저 수익증권의 발행, 유통 및 권리행사단계로 나누어 개정법의 내용을 살펴보고, 신탁과 관련한 증권화의 또 다른 측면인 신탁사채에 대한 개정법 규정을 간략히 언급하기로 한다.

II. 수익증권발행

1. 수익증권발행 적격

개정법은 신탁의 수익권을 유가증권화하여 수익증권을 발행할 것인지 여부를 신탁행위로 정할 수 있도록 하였다(법 제78조 제1항 본문).[1] 신탁행위에 의한 정함 이외에 수익증권발행을 위한 별도의 적격요건은 두지 아니하였으므로,[2] 신탁행위의 당사자가 수익증권을 발행하기로 결정하면[3] 수익증권을 발행할 수 있다. 다만 수익증권을 발행

1) 신탁행위로 수익증권을 발행하기로 정한 신탁을 '수익증권발행신탁'이라 한다(법 제78조 제2항).

2) 개정법은 위탁자, 수탁자, 신탁재산, 신탁행위방식, 유한책임신탁 여부 등에 관하여 아무런 제한을 두고 있지 아니하다. 그러나 수익증권발행의 방법과 모습에 따라서는 자본시장과 금융투자업에 관한 법률(이하 '자본시장법')상 제한규정의 적용대상이 될 수도 있을 것이다. 자본시장법 관련 논의는 아래 VI. 참조.

3) 신탁계약에 의하여 신탁이 설정되는 경우(법 제3조 제1항 제1호)에는 위탁자와 수탁자의 합의로, 유언신탁이나 신탁선언에 의한 경우(법 제3조 제1항 제2호, 제3호)에는 위탁자의 선택에 따라 수익증권발행 여부가 결정된다.

하는 신탁으로 구성할 것인지 여부는 신탁설정 당시에 결정해야 하고 그 결정을 사후적으로 변경하는 것은 허용되지 아니한다. 즉 일단 설정 당시에 수익증권을 발행하기로 하지 아니하였다면 사후적으로 수익증권을 발행하는 것은 허용되지 아니하며 그 역(逆)도 마찬가지이다. 개정법 제88조 제1항에 따른 신탁변경절차(위탁자, 수탁자, 수익자 모두가 변경에 합의하는 경우)에 의하더라도 그러한 변경은 허용되지 아니한다(법 제78조 제7항).[4)]

2. 수탁자의 권한과 의무

신탁행위에 의하여 수익증권을 발행하기로 하는 정함이 없는 경우에는 수탁자가 그 재량으로 수익증권을 발행할 수는 없다. 다른 한편 신탁행위로 수익증권을 발행할 것을 정한 경우에는 수탁자는 신탁법과 신탁행위에서 정한 바에 따라 지체 없이 수익증권을 발행하여야 할 의무를 진다(법 제78조 제2항).[5)]

3. 부분적 유가증권화

각 수익권의 내용이 균등하지 아니한 경우, 즉 수종의 수익권이 존재하는 신탁의 경우에는 모든 종류의 수익권을 유가증권화할 것인지 아니면 일부 종류의 수익권에 대해서만 수익증권을 발행할 것인

4) 사후적인 권리관계의 혼란을 방지하고 거래 안전을 꾀하기 위한 것이다.
5) 수익증권발행신탁에서 수익증권이 발행되지 아니하면 수익자는 그 수익권을 양도할 수 없고 질권설정을 할 수도 없으므로(법 제81조 제1항, 제83조 제1항) 수탁자에게 지체 없이 수익증권을 발행할 의무를 부과하는 것이다.

지도 신탁행위로 선택할 수 있다(법 제78조 제1항 단서). 예를 들어 우선수익권과 후순위수익권이 존재하는 신탁에서 우선수익권에 대해서만 수익증권을 발행하여 투자가에게 매각하여 자금조달을 하고 후순위수익권은 증권화하지 아니한 채 위탁자가 계속 보유할 수 있을 것이다.[6)]

그러나 동일한 종류의 수익권 중 일부만 분리하여 유가증권화하는 것은 허용되지 아니한다. 신탁행위로 일부 종류의 수익권에 대해서만 수익증권을 발행하기로 한 신탁도 '수익증권발행신탁'이므로(법 제78조 제2항), 수익증권발행신탁에 적용되는 규정상 모든 종류의 수익권을 유가증권화한 신탁과 마찬가지로 취급된다.

4. 수익증권의 형식과 요식증권성

수익증권을 기명식으로 할 것인지 아니면 무기명식으로 할 것인지도 신탁행위로 자유로이 정할 수 있다(법 제78조 제3항 본문). 다만 담보권을 신탁재산으로 하여 설정된 신탁의 경우에는 기명식으로만 하여야 한다(동항 단서). 일단 수익증권이 발행된 이후에는 수익자는 수탁자에 대한 청구로 기명식과 무기명식 간에 자유롭게 전환할 수 있다. 그러나 신탁행위로 이러한 전환을 금지할 수도 있다(동조 제4항).

수익증권은 주권이나 사채권, 자본시장법상 수익증권 등 다른 유가증권과 마찬가지로 요식증권이다. 즉 수익자보호를 위하여 신탁의 수익권에 관한 중요 사항[7)]을 수익증권에 반드시 기재하도록 하고 수탁

6) 물론 이와 같이 증권화하지 아니한 종류의 수익권도 양도할 수 있다(법 제81조 제3항). 아래 III. 1. (1), (2)의 내용 참조.

7) 법 제78조 제15항 각 호 : 1. 수익증권발행신탁의 수익증권인 뜻, 2. 위탁자 및 수

자(수탁자가 법인인 경우에는 그 대표자)가 기명날인 또는 서명하도록 하였다(법 제78조 제5항).

5. 수익증권의 부동화 · 무권화—수익증권은 반드시 실물로 발행하여야 하는지 여부

(1) 수익증권의 불소지

우선 개정법은 상법상 주권의 불소지제도(상법 제358조의2)에 유사한 취지로 수익증권의 불소지제도를 도입하였다(법 제80조). 기명수익증권의 수익자는 수탁자에게 불소지 신고를 할 수 있다(동조 제1항 본문).[8] 이 규정은 임의규정이므로 신탁행위로 수익증권불소지제도를 채택하지 아니할 수도 있다(동항 단서). 불소지 신고를 받은 수탁자는 지체 없이 신고를 받은 수익권에 해당하는 수익증권을 발행하지 아니한다는 취지를 수익자명부에 기재하고 수익자에게 그 사실을 통지하여야 한다(동조 제2항 제1문). 불소지 신고는 수익증권의 발행 전후를 불문하고 가능하며, 수익증권발행 전에 불소지 신고를 받은 수탁자는 수익증권을 발행할 수 없다. 이미 발행된 수익증권이 있는 경우에는

탁자의 성명 또는 명칭 및 주소, 3. 기명수익증권의 경우에는 해당 수익자의 성명 또는 명칭, 4. 각 수익권에 관한 수익채권의 내용 및 그 밖의 다른 수익권의 내용, 5. 수익자의 수탁자에 대한 보수지급의무 또는 비용 등의 상환의무 및 손해배상의무에 관하여 신탁행위의 정함이 있는 경우에는 그 뜻 및 내용, 6. 수익자의 권리행사에 관한 신탁행위의 정함(신탁관리인에 관한 사항을 포함한다)이 있는 경우에는 그 뜻 및 내용, 7. 제114조 제1항에 따른 유한책임신탁인 경우에는 그 뜻 및 내용, 8. 신탁사채발행에 관한 신탁행위의 정함이 있는 경우에는 그 뜻 및 내용, 9. 그 밖에 수익권에 관한 중요한 사항으로서 대통령령으로 정하는 사항(신탁법 시행령 제6조).

8) 무기명수익증권의 경우에는 수익자명부로 수익자를 확인할 수 없고 수익자 확인에 수익증권의 존재가 필수적이므로 수익증권 불소지제도를 적용할 수 없다.

수익자는 불소지 신고 시에 이를 수탁자에게 제출하여야 하고 수탁자가 수익자명부에 수익증권불발행 기재를 한 때에 무효가 된다(동조 제3항). 일단 불소지 신고를 한 수익자라도 장래 언제든지 다시 수익증권 발행을 청구할 수 있다(동조 제4항).[9)]

(2) 수익증권의 예탁

개정법에 명시적인 규정은 없지만, 현재 자본시장법상 예탁제도를 이용한 부동화도 가능하다. 개정법의 수익증권은 자본시장법상 '증권 등'에 포함되므로(동법 제4조, 제294조 제1항), 한국예탁결제원(이하 '예탁결제원')에서 예탁 대상으로 지정하면 자본시장법상 예탁제도에 포섭될 수 있다(동법 제308조).[10)] 예탁제도에 포섭되면 수익증권의 실물 없이도 계좌부상 기재 또는 계좌 간 대체만으로 수익증권의 보유, 양도 · 질권설정 등이 가능하다(동법 제311조 이하).

(3) 수익증권의 전자등록

개정법은 수익증권의 전자등록을 허용하는 근거조항을 마련하여

---

9) 예를 들어 수익증권 불소지 신고를 한 수익자가 해당 수익권을 양도하기 위해서는 수익증권을 발행받아야 할 필요가 있다. 즉 수익증권 불소지제도는 수익자가 원하는 경우에만 적용되고 또 유통을 위해서는 실물발행이 필요하다는 점에서 매우 제한적인 부동화만이 가능하게 된다.

10) 한국예탁결제원의 증권 등 예탁업무규정에 의하면, 수익증권의 발행인(수탁자)이 해당 수익증권을 예탁대상증권 등으로 지정받고자 하는 경우에는 예탁결제원에 지정신청을 하여야 하고 예탁결제원은 지정요건을 심사하여 지정 여부를 결정 · 통지한다(동 규정 제6조, 제7조). 현행 규정상 수익증권의 지정요건에 관하여 별도의 명시적인 규정이 없다.

신탁행위로 전자등록을 인정하는 경우 수탁자가 수익증권 실물을 발행하는 대신에 전자등록부에 등록할 수 있도록 하였다(법 제78조 제6항 제1문). 이 경우 전자등록의 절차 · 방법 및 효과, 전자등록기관의 지정 · 감독 등 수익증권의 전자등록에 관한 상세한 사항은 특별법에서 정하는 바에 따르도록 하였다(동항 제2문).[11] 개정법은 수익증권을 대상으로 포섭하는 전자등록에 관한 특별법을 통하여 수익증권의 완전무권화가 가능하도록 기본적인 토대를 제공하고 있다.

6. 수익자명부

수익증권발행신탁의 경우 수익권이 증권화되어 유통성이 높아지므로 수익자의 수가 많아지고 그 변동 가능성도 높아지게 된다. 이러한 다수의 변동 가능한 수익자 간의 법률관계를 획일적으로 원활하게 처리하기 위하여 개정법은 수익자명부제도를 도입하였다(법 제79조).[12]

수익증권발행신탁의 수탁자는 지체 없이 수익자명부를 작성하고 법정 사항을 기재해야 한다(법 동조 제1항). 수익자명부에 기재해야 할 법정 사항에는 수익권과 수익증권에 관한 내용이 공통적으로 포함되며 그 외에 수익증권이 기명식인지 또는 무기명식인지에 따라 달라진다.

수익자명부는 수탁자에게 면책적 효력을 부여하여 수탁자의 업무 편의를 제공하는 데 수익증권이 기명식인지 또는 무기명식인지에 따

11) 현재까지 이에 관한 특별법은 제정되지 아니하였다. 한편 2011. 4. 14. 개정 상법(법률 제10600호, 2012. 4. 15. 시행, 이하 '개정 상법'이라 한다)에서는 주식 및 사채 등의 전자등록제를 도입하면서 기본적인 사항은 상법에 규정하되 전자등록제도 시행에 필요한 상세한 사항은 대통령령으로 정하도록 하고 있는데(동법 제356조의2, 제478조 제3항 등) 현재까지 이에 관한 대통령령은 제정되지 아니하였다.

12) 상법상 주주명부제도에 유사한 기능을 하도록 설계되었다.

라 그 효력이 달라진다. 수익증권발행신탁의 수탁자는 기명수익증권의 수익자 또는 질권자에 대한 통지 또는 최고는 수익자명부에 기재되어 있는 주소(또는 수익자 등이 수탁자에게 통지한 주소)로 하면 충분하다(법 동조 제2항 본문).[13] 그러나 무기명수익증권의 경우에는 수익자명부상 수익자의 성명과 주소가 기재되지 아니하므로 위의 방법에 의한 통지 등은 할 수 없고 전국단위 일간신문[14]에 공고하고(수탁자가 법인인 경우에는 해당 법인의 공고방법에 따라야 함)[15] 수탁자가 알고 있는 자에 대해서는 직접 통지 등을 하여야 한다(동항 단서).

수익자명부의 작성 · 관리업무는 신탁사무에 포함되므로 수익증권발행신탁의 수탁자는 직접 이 업무를 수행하여야 한다. 그러나 신탁행위로 허용된 경우에는 수익자명부 관리인을 선임하여 수익자명부 관련 사무를 위탁할 수 있다(법 제79조 제4항).[16] 수탁자는 수익자명부를 비치할 의무가 있고(동조 제5항), 정당한 사유가 없는 한 위탁자, 수익자, 기타 이해관계인의 수익자명부 열람 · 복사청구에 응하여야 한다(동조 제6항).

13) 이러한 통지 또는 최고는 보통 그 도달할 시기에 도달한 것으로 본다(법 제79조 제3항).

14) 신문 등의 자유와 기능보장에 관한 법률에 따른 일반 일간신문 중 전국을 보급지역으로 하는 신문(법 제79조 제2항 제1호).

15) 수탁자가 법인인 경우에는 해당 법인에 관한 사항과 신탁에 관한 사항의 공고방법을 법인의 공고방법으로 일원화하여 혼란을 막고자 한 것이다. 특히 수탁자가 주식회사인 신탁의 경우에는 개정 상법에서 도입된 전자공고제도(동법 제289조 제3항부터 제6항 및 동법 시행령 제6조)를 신탁과 관련해서도 이용할 수 있다.

16) 상법상 주주명부에 관한 명의개서대리인에 유사한 제도이다(제337조 제2항 참조).

III. 수익증권의 유통

1. 수익증권의 양도

개정법은 수익증권발행신탁 수익권의 양도방법 및 대항요건 등을 명시적으로 규정하고 있다(법 제81조).

(1) 성립요건

개정법은 수익증권발행신탁의 경우 수익증권을 발행하는 정함이 있는 수익권의 양도는 수익증권의 교부에 의하도록 하였다(법 제81조 제1항). 양도인 · 양수인 간에 수익권 양도의 합의가 있어야 함은 물론이지만 수익증권을 교부하지 아니하면 수익권 양도의 효력이 발생하지 아니한다.[17)]

이 조항은 수익증권을 발행하는 정함이 있는 수익권을 전제로 한 것이다. 따라서 수종의 수익권이 존재하는 경우 신탁행위로 일부에 대해서 수익증권을 발행하지 아니하는 경우(법 제78조 제1항 제2문), 그러한 종류의 수익권의 경우에는 이 규정은 적용되지 아니하고 양도인 · 양수인 간의 양도 합의만으로 수익권 양도의 효력이 발생한다. 또한 당사자 간 의사표시에 의한 '양도'가 아니라 법률의 규정에 의한

17) 기명식이든 무기명식이든 불문하고 수익증권의 교부만으로 당사자 간에는 수익증권 양도의 효력이 발생한다. 유가증권의 일반 법리상 기명증권의 양도는 배서 · 교부에 의함이 원칙이지만(민법 제508조 및 제523조), 기명식주권의 경우와 마찬가지로(상법 제336조 제1항) 기명수익증권의 경우에도 배서를 요구하지 아니하고 교부만으로 양도의 효력이 발생하도록 하였다. 이 한도에서는 기명수익증권이 무기명화한 것이다.

'이전'의 경우(상속, 합병 등)에도 법률의 규정으로 당연히 수익권이 이전되며 수익증권의 교부는 요구되지 아니한다.

(2) 대항요건

개정법은 기명수익증권으로 표시된 수익권의 이전은 수익자명부에 명의개서하여야 수탁자에게 대항할 수 있도록 하였다(법 제81조 제2항). 수시로 변동하는 다수의 수익자에 의한 계속적 · 반복적인 권리행사에 대하여 집단적 · 획일적인 처리를 가능하게 하기 위하여 수익자명부에 의하여 수익자를 확정할 수 있도록 하려는 것이다. '양도'의 경우뿐만 아니라 법률의 규정에 의한 이전의 경우에도 수탁자에게 대항하려면 명의개서를 하여야 한다. 이는 수탁자에 대한 대항요건일 뿐이므로 수탁자 이외의 제3자에 대해서는 수익증권의 점유만으로 대항할 수 있다. 수익자명부에 수익자 명의가 기재되지 아니하는 무기명수익증권의 경우에는 수탁자 및 제3자에 대하여 수익증권의 점유만으로 대항할 수 있다.

개정법은 수종의 수익권이 존재하는 경우 신탁행위로 일부에 대해서 수익증권을 발행하지 아니하는 경우(법 제78조 제1항 제2문), 수익증권을 발행하지 아니하기로 정해진 수익권의 이전은 명의개서를 하여야 수탁자 및 제3자에게 대항할 수 있도록 하였다(법 제81조 제3항). 따라서 수익증권발행신탁의 경우에는 수익증권이 발행되는 종류인지를 불문하고 모든 수익권의 양도에 대하여 수익권양도에 관한 일반적인 대항요건조항(법 제65조 제1항, 제2항)[18]은 적용되지 아니한다.[19]

18) 민법상 지명채권양도의 법리와 마찬가지로(제450조), 수익권의 양도는 수탁자에

(3) 수익증권발행 전 양도

수익증권발행신탁에서 수익권을 표시하는 수익증권을 발행하는 정함이 있는 수익권의 경우 수익증권을 발행하기 전에 한 수익권양도는 수탁자에 대하여 효력이 없다(법 제81조 제4항 본문).[20] 그러나 수탁자가 부당하게 수익증권의 발행을 지체하면 수익권을 양수한 자는 수탁자에 대하여 수익권을 행사할 수 없는 손해를 입게 되므로 수탁자가 수익증권발행을 해태할 경우 수익자를 보호할 필요가 있다. 이에 개정법에서는 신탁행위에 따라 수탁자가 수익증권을 발행해야 하는 날로부터 6개월이 경과하여도 수익증권을 발행하지 아니하고 있으면, 수익자는 당사자 간은 물론 수탁자에 대해서도 유효하게 수익권을 양도할 수 있도록 하고 있다(동항 단서).

대한 양도 통지 또는 수탁자의 승낙으로 수탁자와 제3자에게 대항할 수 있고, 확정일부증서로 하는 경우에는 제3자에 대해서도 대항할 수 있다〔다만 양도 통지권한을 가지는 자를 양도인뿐만 아니라 양수인(양수인이 수익권양수 사실을 입증하는 경우에 한한다)에까지 확대한 점에서는 민법상 법리와 차이가 있다〕.

19) 수익증권발행신탁의 수익권양도의 대항요건을 명의개서방식으로 단순화하여서, 거래의 안전과 수탁자의 사무처리상 편의를 도모하고자 한 것이다.

20) 수익권의 양도 자체가 금지되는 것은 아니고〔수익권양도에 관한 일반 법리(법 제65조)에 따라 양도할 수 있음〕, 다만 수탁자에 대하여 그 효력을 주장할 수 없을 뿐이다. 증권화가 예정되어 있는 수익권인데 증권화가 되기 이전 단계에서 수익권의 양도를 수탁자에 대해서도 대항할 수 있도록 하면 증권화 이후의 법률관계가 번잡하게 될 우려가 있기 때문이다. 다만 수탁자가 수익증권발행의무를 현저히 지체하는 경우(6개월 이상 경과)에는 수익자보호를 위하여 이러한 제한을 두지 아니하였다. 증권화가 예정되어 있는 수익권의 경우에는 정책적으로 주권발행이 강제되는 주식의 경우와 마찬가지로 취급할 필요성이 있다고 보아 주권발행 전 주식양도에 관한 상법상 법리(제335조 제3항)를 따르고 있다.

2. 수익증권에 대한 질권설정

개정법은 수익증권으로 표시된 수익권에 대한 질권설정방법 및 대항요건을 규정하여 법률관계를 명확히 하였다.

(1) 성립요건

개정법은 수익증권발행신탁의 경우 수익권을 표시하는 수익증권을 발행하는 정함이 있는 수익권에 대한 질권의 설정은 수익증권의 교부에 의하도록 하였다(법 제83조 제1항). 수익자(질권설정자)와 질권자 간에 수익권에 대한 질권설정의 합의가 있어야 함은 물론이지만 수익증권의 교부가 없으면 질권설정은 효력을 발생하지 아니한다.[21]

이 조항은 수익증권을 발행하는 정함이 있는 수익권을 전제로 한 것이다. 따라서 수종의 수익권이 존재하는 경우 신탁행위로 일부에 대해서 수익증권을 발행하지 아니하는 경우(법 제78조 제1항 제2문), 그러한 종류의 수익권의 경우에는 이 규정은 적용되지 아니하고 수익자(질권설정자)와 질권자 간의 합의만으로 수익권에 대한 질권설정의 효력이 발생한다.

(2) 대항요건

수익증권으로 표시된 수익권에 대한 질권의 대항요건은 수익증권의 계속 점유이다(법 제83조 제2항). 수탁자 및 제3자에 대하여도 마찬

21) 수익증권이 기명식이든 무기명식이든 불문하고 마찬가지이다.

가지이다. 수익증권이 기명식인가 무기명식인가에 따른 구별은 없다.[22] 수익증권양도의 경우와는 달리,[23] 기명수익증권의 경우에도 명의개서는 불필요하고 수익증권의 점유만을 입질의 대항요건으로 하고 있다.[24] 상법상 주식의 등록질에 대해서는 질권의 효력 범위(배당청구권 등)와 행사절차(압류 필요 여부)에 있어서 약식질보다 우월한 효력을 인정하고 있지만,[25] 실제 적용에 있어서 등록질에 관한 해석론이 통일되어 있지 아니하고 주식의 배당청구권에 상응하는 수익권의 수익채권을 질권이 미치는 범위에서 제외하게 되면 수익권 입질의 효용이 크게 감소할 것이라는 점을 감안하여, 상법상 등록질에 상응하는 제도는 따로 두지 아니하되 질권(점유만으로 대항력을 인정받는다는 점에서 상법상 약식질에 상응한다)의 효력이 미치는 범위에 수익채권을 포함시킴으로써[26] 입질에 관한 법률관계를 명확하게 하였다.

수 종의 수익권 중 일부에 대해서는 수익증권을 발행하지 아니하는 경우(법 제78조 제1항 제2문) 해당 수익권에 대한 질권설정은 수익자명부에 기재하여야 수탁자 및 제3자에게 대항할 수 있다(법 제83조 제3항). 따라서 수익증권발행신탁의 경우에는 수익증권이 발행되는 종류인지를 불문하고 수익권을 목적으로 하는 질권설정의 대항요건에 관한 일반 조항(법 제66조 제3항)[27]은 적용되지 아니한다.[28]

22) 상법상 주식의 경우에도 회사 및 제3자에 대하여 주권의 계속점유만으로 대항할 수 있다.

23) 수익증권양도의 경우에는 기명식의 경우에만 명의개서가 대항요건이고(법 제81조 제2항), 무기명식의 경우에는 계속 점유이다. 위 III. 1. (2) 참조.

24) 정책적으로 입질의 편의를 도모하기 위한 것으로 주식의 경우에도 약식질이 일반적으로 이용되는 점을 감안한 것이다(상법 제338조 제2항 참조).

25) 상법 제340조 참조.

26) 개정법 제66조 제4항 참조.

27) 수익권을 목적으로 하는 질권설정의 대항요건에 관하여 수익권의 양도에 관한 규

〈표 1〉 개정법의 수익권 · 수익증권의 양도 및 입질요건 대비표[29]

<table>
<tr><th colspan="2" rowspan="3"></th><th>非수익증권발행신탁</th><th colspan="3">수익증권발행신탁</th></tr>
<tr><th rowspan="2">수익권</th><th colspan="2">수익증권 발행 종목</th><th rowspan="2">수익증권 非발행 종목</th></tr>
<tr><th>기명식</th><th>무기명식</th></tr>
<tr><td rowspan="2">양도</td><td>성립요건</td><td>합의</td><td colspan="2">합의＋교부
(법 제83조 제1항)</td><td>합의</td></tr>
<tr><td>대항요건</td><td>· 수탁자 : 통지 등
· 제3자 : 확정 일부 통지 등(법 제65조)</td><td>· 수탁자 : 명의개서(법 제81조 제2항)
· 제3자 : 점유</td><td>점유</td><td>· 수탁자 및 제3자 : 명의개서(법 제81조 제3항)</td></tr>
<tr><td rowspan="2">입질</td><td>성립요건</td><td>합의</td><td colspan="2">합의＋교부
(법 제83조 제1항)</td><td>합의</td></tr>
<tr><td>대항요건</td><td>· 수탁자 : 통지 등
· 제3자 : 확정 일부 통지 등(법 제66조 제3항)</td><td colspan="2">점유
(법 제83조 제2항)</td><td>· 수탁자 및 제3자 : 명의개서(법 제83조 제3항)</td></tr>
</table>

(3) 수익증권발행 전 질권설정

수익증권발행신탁에서 수익권을 표시하는 수익증권을 발행하는 정함이 있는 수익권의 경우 수익증권을 발행하기 전에 한 수익권에 대한 질권설정은 수탁자에 대하여 효력이 없다(법 제83조 제4항 본문).[30]

정(법 제65조)을 준용하고 있다.

28) 수익권에 관한 법률관계를 수익자명부를 중심으로 통일적으로 이루어지도록 하여 거래의 안전과 수탁자의 사무처리상 편의를 도모하고자, 증권화하지 아니하기로 한 수익권양도의 경우와 마찬가지로(법 제81조 제3항) 입질의 대항요건으로 수익자명부에의 기재를 규정한 것이다.

29) 이 표는 이해의 편의를 위하여 일반적인 양도 및 입질요건을 간략하게 정리한 것일 뿐이므로 구체적 상황에서 적용될 정확한 법리는 본문의 설명을 참조하여야 한다.

30) 상법상 주식입질의 경우에는 주식양도의 경우와 달리 주권발행 전의 입질에 대한 명시규정이 없다. 그러나 수익권양도와 입질을 달리 취급할 특별한 이유가 없으므로, 개정법은 수익증권발행 전 양도제한법리와 마찬가지 취지에서 명시규정을 두고 있다.

그러나 신탁행위에 따라 수탁자가 수익증권을 발행하여야 하는 날로부터 6개월이 경과하여도 수익증권을 발행하지 아니한 경우에는 수익자는 유효하게 수익권에 대하여 질권을 설정할 수 있다(동항 단서).

3. 권리추정력 및 선의취득

개정법은 수익증권의 유통성을 강화하기 위하여, 수익증권 소지자의 실질적 권리를 조사할 필요 없이 권리의 외관만을 신뢰하고 거래할 수 있도록 수익증권발행신탁의 수익증권의 점유자에 대하여 자격수여적 효력을 인정하고(법 제82조 제1항) 그 선의취득을 인정하고 있다(동조 제2항).[31)]

따라서 수익증권의 점유자는 적법한 소지인으로 추정되므로 실질적 권리를 주장 · 증명함이 없이 수탁자에 대하여 명의개서 청구를 할 수 있다. 또한 개정법은 상법상 주권의 경우와 마찬가지로 수표법 제21조를 준용하고 있으므로, 상법상 주권의 선의취득과 마찬가지 법리에 따라 수익증권의 선의취득이 인정될 것이다.

Ⅳ. 수익증권발행 시 수익자의 권리행사

개정법은 수익권이 증권화된 신탁의 특성을 반영하여 수익자의 권리행사에 관하여 일반 규정에 대한 특례를 인정하고 있다.

31) 상법상 주권의 점유추정력과 선의취득에 관한 법리(제336조, 제359조) 참조.

1. 무기명수익증권

개정법은 무기명수익증권의 소지자는 그 수익증권을 제시하여야 권리행사가 가능하도록 하였다(법 제85조 제1항).[32] 무기명수익증권을 가진 자는 수익자명부로 자신이 권리자임을 주장할 수 없으므로, 수익증권 점유의 자격수여적 효력(법 제82조 제1항)을 전제로 하여 수탁자 및 그 이외의 자에게 수익자로서 권리를 행사하려면 수익증권을 제시하여야 한다.

2. 수익증권의 공유

개정법은 수익증권발행신탁의 수익권이 2인 이상의 공유에 속하는 경우에는 수탁자가 동의하지 아니하는 한 공유자 중 1인을 대표로 정해야만 수익자로서의 권리를 행사할 수 있도록 하였다. 수탁자가 수익자에게 하는 통지 또는 최고에 있어서도 공유자 대표 1인에게만 하면 되고, 만약 수탁자가 공유자 대표를 통지받지 못한 경우에는 수탁자는 공유자 중 1인에게 통지하면 된다(법 제85조 제2항).[33]

수익권이 2인 이상의 공유에 속하는 경우에는 기본적으로 민법 제262조부터 제270조까지의 규정이 준용된다(민법 제278조). 그러나 수탁자가 수인의 공유자를 개별적으로 상대하는 것은 번잡하고 공유자 간

32) 구 상법(2014. 5. 20. 개정 이전 법)상 무기명주권의 소지자가 주주의 권리를 행사하려면 주권을 회사에 '공탁'하여야 하였던 것과는 차이가 있다(동법 제358조 참조).

33) 수익권이 증권화되어 다수의 수익자가 존재하고, 또 수시로 변동하는 상황에서 하나의 수익권에 대하여 수인이 권리를 행사함으로써 생길 법률관계의 혼란을 막고 수탁자의 사무처리의 효율성을 높이기 위한 제한이다. 상법상 주식 · 사채의 공유에 관한 법리(제333조, 제489조 제2항) 참조.

에 의사가 일치되지 아니할 경우 등 효율적인 사무처리가 곤란하고 분쟁의 위험을 피하기 어려운 상황이 발생할 수 있다. 이에 개정법에서는 공유자 중 1인을 대표로 정하여[34] 수익자로서의 권리(능동적 권리뿐만 아니라 수탁자로부터 통지 등을 수령할 수동적 권리를 포함)를 행사할 수 있도록 한 것이다(법 제85조 제2항). 만약 수탁자에게 대표를 통지하지 아니하면 수탁자가 동의하지 아니하는 한 수익자로서의 권리를 행사하지 못하고, 수탁자는 공유자 중 아무에게나 1인에게만 통지 · 최고하면 면책된다(동조 제3항).

3. 수익자의 의사결정

수익증권발행신탁에서 2인 이상의 수익자가 있는 경우 수익자의 의사는 어떻게 결정되는가. 개별 수익자의 의사에 따르는지 아니면 집단적 의사결정을 따라야 하는가.

개정법은 수익증권발행신탁의 수익자가 2인 이상인 경우 의사결정 방법에 관하여 일반 규정에 대한 특례를 인정하고 있다(법 제85조 제4항 및 제6항). 일반 규정과 이 특례 규정을 함께 감안하면, 우선 수익자이 의사결정 대상이 되는 사안이 무엇인가에 따라 전혀 다른 법리가 적용된다.

(1) 개별 수익자에 의한 의사결정

수익자의 본질적 권리에 해당하는 사항(법 제61조 각 호에 열거된

34) 공유자 중 1인을 대표로 정하는 행위는 공유물의 관리에 관한 사항이므로 공유자 지분의 과반수로 결정한다(민법 제278조, 제265조).

것,[35] 이하 '수익자의 본질적 권리'라고 한다)은 신탁행위로도 제한할 수 없으며(법 제61조)[36] 단독수익자권의 대상으로서 각 수익자가 개별적으로 행사할 수 있다(법 제71조 제1항 단서). 이 조항은 강행규정으로서 신탁행위로도 달리 정할 수 없다(동조 제3항).

그러나 수익권이 증권화되어 다수의 수익자가 존재하게 될 가능성이 높은 수익증권발행신탁의 경우에도 위 규정을 그대로 적용하면 신탁사무의 원활한 수행이 어렵고 다른 수익자의 이익이 침해될 우려가 있다. 이에 개정법에서는 일정한 범위에서 신탁행위로 단독수익자권에 대한 예외를 정할 수 있도록 허용하고 있다. 즉 일정한 권리에 대해서는 신탁행위로 특별한 정함을 두는 경우 (i) 단독수익자권이 아니라 일정 비율(3퍼센트 또는 그보다 낮은 비율) 이상의 수익권을 가진 수익자[37] 또는 (ii) 일정 기간(6개월 또는 그보다 단기간) 계속하여 수익권을 가진 자[38]에 한하여 그 권리를 행사할 수 있는 것으로 제한할 수 있다(법 제85조 제6항).

35) 1. 신탁법에 따라 법원에 청구할 수 있는 권리, 2. 제22조 제2항 또는 제3항에 따라 강제집행 등 또는 국세 등 체납처분에 대하여 이의를 신청할 수 있는 권리, 3. 제40조 제1항에 따라 신탁재산 장부 등의 열람 또는 복사를 청구할 수 있는 권리, 4. 제43조 및 제45조 규정에 따라 원상회복 또는 손해배상 등을 청구할 수 있는 권리, 5. 제57조 제1항에 따라 수익권을 포기할 수 있는 권리, 6. 제75조 제1항에 따라 신탁 위반의 법률행위를 취소할 수 있는 권리, 7. 제77조에 따라 유지를 청구할 수 있는 권리 8. 제89조, 제91조 제3항 및 제95조 제3항에 따라 수익권의 매수를 청구할 수 있는 권리, 9. 그 밖에 신탁의 본질에 비추어 수익자 보호를 위하여 필요하다고 대통령령으로 정한 권리.

36) 이 규정은 강행규정으로서 신탁행위로 수익자의 본질적 권리를 제한하는 내용을 정하더라도 무효이다.

37) 신탁서류의 열람 · 복사청구권(법 제40조 제1항), 수익자취소권(법 제75조 제1항), 신탁변경청구권(법 제88조 제3항), 신탁종료명령청구권(법 제100조)의 경우가 이에 해당한다(법 제86조 제5항 제1호).

38) 유지청구권(법 제78조 제1항)의 경우가 이에 해당한다(법 제85조 제6항 제2호).

(2) 집단적 의사결정

개정법은 수익자의 본질적 권리에 해당하지 아니하는 사항[39]에 대한 수익자의 의사결정방법을 신탁행위로 자유롭게 정할 수 있도록 하고 있다(법 제71조 제3항 제85조 제4항 단서). 이 점에 있어서는 수익증권발행신탁인지 여부에 불문하고 마찬가지이다.

그러나 다른 한편 개정법은 신탁행위로 특별한 정함을 두지 아니한 신탁에 적용될 법리(default rule)를 규정하고 있는데, 수익증권발행신탁과 아닌 경우를 달리 취급하고 있다. (i) 먼저 수익증권발행신탁이 아닌 경우에는 신탁행위로 아무런 정함이 없으면 수익자 전원의 만장일치로 의사결정을 하여야 한다(법 제71조 제1항 본문). 그러나 앞서 언급한 바와 같이 이 규정은 임의규정이므로(동조 제3항), 신탁행위로 전원합의 원칙을 배제하고 수익자집회에서의 다수결, 일정 요건을 충족하는 통지, 기타 다른 방법으로 수익자의 의사를 결정하도록 정할 수 있고, 또 사안별로 의사결정방법을 달리 정할 수도 있다. 만약 신탁행위로 수익자집회를 두기로 한 경우라면 그 소집권자 및 소집방법과 절차, 의결권, 결의방법, 의사진행 등 수익자집회에 관한 법률관계도 신탁행위로 자유롭게 정할 수 있다. 만약 신탁행위로 따로 정하지 아니한 부분이 있다면 그 부분에 대해서는 개정법 제72조부터 제74조까지

39) 개정법은 이에 해당하는 사항을 열거하고 있지는 아니하지만, 신탁법상 인정되는 수익자의 권리 중에서 수익자의 본질적 권리에 해당하는 것을 제외한 나머지 모두라고 해석할 수 있다. 예를 들면 수탁자 사임승인권(법 제14조 제1항), 수탁자 해임합의권(법 제16조 제1항), 신수탁자 선임합의권(법 제21조 제1항), 수탁자의 이익상반행위승인권(법 제34조 제2항 제2호), 신탁변경합의권(법 제88조 제1항), 신탁합병승인권(법 제91조 제2항), 신탁분할승인권(법 제95조 제2항), 신탁종료합의권(법 제99조 제1항), 신탁의 계산승인권(법 제103조 제1항) 등.

의 규정[40]이 보충적으로 적용된다(default rule, 법 제71조 제2항, 제3항).

한편 (ii) 수익증권발행신탁의 경우에는 신탁행위로 아무런 정함이 없으면 수익자집회에서 다수결로 의사결정을 하여야 한다(법 제85조 제4항 본문). 이 경우 수익자집회의 소집권자 및 소집방법과 절차, 의결권, 결의방법, 의사진행 등에 관하여는 개정법 제72조부터 제74조까지의 규정이 적용된다. 수익증권발행신탁의 경우에는 수익권이 증권화되어 유통되는 것을 전제로 하므로, 원활한 의사결정을 위하여 수익자집회에서의 다수결을 원칙적인 의사결정방법으로 한 것이다. 그러나 앞서 언급한 바와 같이 이 규정은 임의규정이므로 신탁행위로 달리 정할 수 있음은 물론이다(법 제85조 제4항 단서). 신탁행위로 만장일치방식을 비롯한 다른 방법을 채택할 수도 있고, 수익자집회를 두기로 하는 경우에도 그 법률관계를 개정법 제72조부터 제74조까지의 규정내용과는 전부 또는 일부 달리 정할 수 있다.

4. 위탁자의 권리제한

개정법은 신탁법상 인정되는 위탁자의 권리 중 일부에 대해서는 위탁자는 그 권리를 행사하지 못하고 수익자만이 권리를 행사할 수 있도록 하였다(법 제85조 제5항). 위탁자가 수익자의 지위를 갖는 자익신탁의 경우, 위탁자가 수익권만 양도하면 위탁자로서의 지위는 여전히 양도인이 갖게 되는데, 수익권이 증권화되어 전전유통되는 경우 법률관계가 번잡해지는 것을 방지하기 위함이다.

---

40) 개정법 제72조부터 제74조까지의 수익자집회 관련 규정에 대한 상세한 내용으로는 심인숙, "수익권에 관한 신탁법 개정시안," 선진상사법률연구 통권 제48호 (2009. 10), 법무부, 60-65면 참조.

위탁자가 행사할 수 없는 권리는 다음과 같다. 수탁자 해임동의권 및 해임청구권(법 제16조), 신수탁자 선임동의권 등(법 제21조 제1항), 신탁관리인 선임청구권(법 제67조 제1항), 신탁변경청구권(법 제88조 제3항), 신탁종료명령청구권(법 제100조), 신탁서류 열람청구권 및 설명요구권(법 제40조), 수익자명부 열람 · 복사청구권(법 제79조 제6항).

5. 수익자의 책임

개정법은 수익증권발행신탁의 경우 수익자는 수탁자에 대한 비용상환 및 보수지급의무를 지지 아니함을 원칙으로 하고 있다(법 제85조 제7항 본문). 예외적으로 신탁행위로 수익자에게 부담을 지우기로 정한 경우에만 수익자에게 이러한 책임을 지울 수 있도록 하고 있다(동항 단서).[41]

수익증권발행신탁이 아닌 경우와는 원칙과 예외를 전환한 것이다. 수익증권발행신탁이 아닌 경우, 신탁재산만으로는 수탁자에게 비용상환과 보수를 지급하기 어려운 경우에는 수익자가 그 수익 범위 내에서 수탁자에게 지급책임을 지는 것이 원칙이고(법 제46조 제1항 및 제5항, 제47조 제4항), 예외적으로 신탁행위로 달리 규정한 경우에만 이러한 부담을 면할 수 있다(법 제46조 제6항, 제47조 제4항).

6. 기준일제도 도입

수익증권이 유통됨에 따라 수익자명부상 수익자가 수시로 변동되

41) 만약 신탁행위로 이러한 부담을 지우기로 한 경우에는 수익증권에 그 내용을 기재하여야 한다(법 제78조 제5항 제5호).

므로, 구체적 수익채권에 대한 금원 지급 또는 수익자집회의 소집과 같이 수익권을 행사할 자를 시기적으로 특정할 필요가 있다. 이를 위한 기술적 방법으로서 개정법은 상법상 주식에 대한 기준일제도(제354조)와 유사하게 일정한 날 수익자명부에 수익자로 등재된 자를 그 이후의 변동에도 불구하고 수익권을 행사할 자로 확정하는 기준일제도를 도입하고 있다(법 제84조).[42)]

수익증권발행신탁의 수탁자는 기명수익증권[43)]에 대한 수익자[44)]로서 일정한 권리를 행사할 자를 정하기 위하여 기준일을 정하고 그날 수익자명부에 등재된 자를 권리자로 취급할 수 있다(법 제84조 제1항). 기준일제도를 채택할 것인지 여부는 수탁자가 재량껏 결정할 수 있음이 원칙이지만, 신탁행위로 기준일제도 채택 여부를 강제할 수도 있다(동조 제4항).

기준일은 행사할 날에 앞선 3월 이내의 날이어야 한다(법 제84조 제2항). 기준일과 행사일이 너무 벌어지면 실제 수익자와 수익자명부상 수익자의 괴리가 지나치게 발생하지 아니하도록 하기 위함이다. 기준일을 정한 수탁자는 해당 기준일의 2주 전에 전국단위 일간지에 공고하여야 한다(수탁자가 법인인 경우에는 해당 법인의 공고방법에 의한다. 동

42) 한편 상법상 주주명부 폐쇄제도(제354조)에 상당한 제도는 도입하지 아니하였다. 기준일제도만으로도 제도도입 목적을 달성할 수 있다는 점, 주주명부 폐쇄는 주로 결산기부터 결산승인(배당결의)을 위한 정기주주총회까지 사이에 이용되는 것이 일반적이므로 정기주주총회 개념이 없는 신탁의 경우에는 이를 인정할 만한 현실적인 필요성이 적을 것이라는 점 등을 고려할 때 불필요한 거래제한으로만 작동할 우려가 있기 때문이다.

43) 무기명수익증권의 경우에는 수익자명부에 수익자 등의 성명이 기재되지 아니하므로 기준일제도는 당연히 적용되지 아니한다.

44) 상법상 기준일제도(제354조)와는 달리, '질권자'에 대해서는 기준일제도를 도입하지 아니하였다. 수익권에 대한 등록질을 인정하지 아니하므로 질권자에 대한 기준일제도 도입의 실익이 크지 않을 것이기 때문이다.

조 제3항). 기준일제도에 관한 규정은 임의규정이므로 신탁행위로 전부 또는 일부 그 적용을 배제할 수 있다(동조 제4항).

7. 기타

(1) 수익증권의 상실

개정법은 수익증권을 상실한 수익자를 구제하는 한편 상실된 수익증권을 둘러싸고 새로운 법률관계가 창설되는 것을 예방하기 위한 절차를 마련하였다(법 제86조).[45)]

수익증권은 공시최고절차에 의하여 무효로 할 수 있다(법 제86조 제1항). 공시최고 기간 내에 권리신고가 없을 때에는 제권판결을 하고 제권판결로 수익증권은 효력을 상실한다. 수익증권을 상실한 자는 제권판결을 얻지 아니하면 수탁자에 대하여 수익증권의 재발행을 청구할 수 없다(동조 제2항).

(2) 수익채권과의 우선 관계

개정법은 신탁채권이 수익채권(수익자가 수탁자에게 신탁재산에 속한 재산의 인도와 그 밖에 신탁재산에 관한 급부를 요구하는 청구권)에 우선함을 명시적으로 규정하고 있다(법 제62조).[46)·47)] 개정법은 수익증권발행

45) 상법상 주권의 상실에 관한 법리(제360조) 참조.

46) 이 조항은 강행규정이므로 신탁행위로도 달리 정할 수 없다. 그러나 개별 거래 시 수탁자가 해당 신탁채권의 채권자와 후순위특약(해당 신탁채권자가 수익채권자 또는 다른 신탁채권자보다 후순위가 되기로 하는 합의)을 하는 것은 일반적으로 유효하다.

신탁의 경우에 관하여 특례를 규정하지 아니하므로, 수익증권으로 표시된 수익권에 기한 수익채권의 경우에도 동일한 법리가 적용된다.

(3) 소멸시효

개정법은 수익채권의 소멸시효에 관한 규정을 신설하였다(법 제63조). 수익채권은 원칙적으로 채권의 소멸시효에 관한 규정을 적용받지만(동조 제1항), 소멸시효의 기산점과 시효완성에 관하여는 신탁의 특성을 반영하여 수익자보호장치를 두고 있다(동조 제2항, 제3항). 개정법은 수익증권발행신탁의 경우에 관하여 특례규정이 없으므로, 수익증권으로 표시된 수익권에 기한 수익채권의 경우에도 동일한 법리가 적용된다.

V. 신탁사채 도입

신탁의 수익권을 유가증권화한 것이 수익증권이라면 신탁이 부담하는 지급채무를 유가증권화한 것이 신탁사채이다. 수익권과 직접 관련은 없지만, 신탁과 관련한 증권화라는 측면에서 함께 언급하기로 한다.

---

47) 신탁채권과 수익채권 간의 우열관계가 극명하게 드러나는 경우는 신탁재산의 파산 시일 것이므로, 이를 명확히 하기 위하여 도산법령에 이를 반영할 필요가 있다. 이러한 취지를 반영하며 2013. 5. 28. 개정된 채무자 회생 및 파산에 관한 법률(법률 제11828호, 같은 날 시행)은 유한책임신탁재산에 대하여 파산선고가 있는 경우 신탁채권은 수익채권보다 우선함을 명시하고 있다(동법 제578조의16 제1항 참조).

개정법은 수익증권발행신탁으로써 유한책임신탁의 경우 회사채에 유사한 채권(債券)발행을 허용하여 신탁의 대규모 자금조달을 가능하도록 하였다(법 제87조).

수탁자가 사채(社債)를 발행할 수 있는 자〔상법상 주식회사 기타 다른 법률에 의하여 사채를 발행할 수 있는 자〕이고 수익증권발행신탁이면서 유한책임신탁인 경우, 수탁자는 신탁행위로 허용된 경우에는 신탁을 위하여 사채를 발행할 수 있다(동조 제1항). 신탁행위에 정함이 없는 경우에는 수탁자가 그 재량으로 신탁사채를 발행할 수는 없다.

신탁사채의 발행에 관하여는 상법상 주식회사의 사채에 관한 규정을 준용하되 신탁의 특수성을 반영하여 일부 규정을 보완 · 수정하였다. 수탁자가 고유재산을 책임재산으로 하여 발행하는 사채와 신탁재산만을 책임재산으로 하여 발행하는 사채를 구분할 수 있도록 사채청약서(상법 제474조 제2항), 채권(동법 제478조 제2항), 사채원부(동법 제488조) 등에 신탁사채임을 명시하여야 한다(법 제87조 제2항). 또한 상법 제469조 및 제470조의 적용을 배제하고 있으므로, 신탁사채 발행 시 수탁자 이사회의 결의는 불필요하다(법 제87조 제4항).

그러나 개정 상법상 사채발행한도제한이 폐지된 것과는 달리(구 상법 제470조), 개정법상 신탁사채의 발행한도는 총액제한을 받는다(법 제87조 제3항). 즉 최종의 대차대조표에 의하여 유한책임신탁에 현존하는 순자산액의 4배로 제한된다. 다만 최종 대차대조표가 없는 경우에는 사채발행 시점에 현존하는 순자산액을 기준으로 한다(신탁법 시행령 제8조). 신설 신탁의 경우에도 신탁사채발행이 가능하도록 하기 위하여 예외를 인정하고 있는 것이다.

VI. 자본시장법 개정논의

개정법이 시행됨에 따라 수익증권발행신탁 등 관련 규제를 마련하기 위하여, 2012. 8. 6. 정부는 자본시장법 개정안(의안번호 제1057호)을 국회에 제출하여 현재 계류 중이다. 동 개정안에 의하면, 현행 법상 금전신탁만 허용되던 신탁업자의 수익증권발행을 모든 신탁재산에 대하여 발행할 수 있도록 확대하고, 신탁업자가 수익증권발행신탁의 수익증권을 발행할 때에는 기명식으로 제한하고 예탁결제원에 일괄예탁하도록 하며 펀드재산의 평가방법과 동일하게 평가하고 그 발행총액은 신탁재산의 순재산가액을 초과할 수 없도록 하고 있다(동 개정안 제110조). 또한 신탁업자가 아닌 자(유사신탁업자)가 자산유동화 등을 위하여 수익증권발행신탁의 수익증권을 발행하는 경우에는 그 유사신탁업자에 대해서도 신탁업자에게 적용되는 수익증권의 발행규제 및 영업행위규제 등을 일부 적용하도록 하고 있다(동 개정안 제110조의3).

VII. 맺는말

위에서 살펴본 바와 같이, 개정법에서는 수익증권발행신탁에 관한 조항을 다수 신설하여 신탁수익권의 유가증권화에 관련된 법률관계를 명확히 하고 있다. 신탁법상 수익증권발행신탁제도를 일반적으로 도입함으로써 신탁의 활성화와 현대화에 기여하고, 특히 상사신탁의 선진화를 가속화하는 계기가 되기를 바란다.

12

부동산신탁의 쟁점[*]

신영수** · 윤소연***

I. 서론

부동산신탁이란 부동산을 신탁재산으로 하여 설정하는 신탁을 말하는데, 실무상 다양한 종류의 부동산신탁이 활용되고 있다.

부동산신탁의 활용을 크게 다음 셋으로 나누어 보면, 즉 (i) 토지의 효율적 개발을 통한 수익 실현을 위하여 토지 소유자가 토지를 수탁자에게 신탁하고, 수탁자는 개발자금의 조달, 건축물의 건설 및 임대, 분양, 건축물의 유지 · 관리 등을 수행하며, 그로 인하여 발생하는 신탁수익을 수익자에게 교부하는 토지신탁(개발신탁 또는 토지개발신탁),[1)]

---

* 이 논문은 BFL 제62호(2013. 11)에 게재된 글을 수정 · 보완한 것이다.

** 법무법인(유) 율촌 변호사

*** 법무법인(유) 율촌 변호사

1) 토지신탁 중 (i) 차입형 토지신탁의 경우 수탁자인 신탁회사가 사업비의 조달의무

(ii) 토지 소유자가 토지를 담보 목적으로 신탁하는 담보신탁,[2] (iii) 부동산의 처분을 목적으로 부동산 소유자가 수탁자에게 부동산을 신탁하고, 수탁자가 다양한 처분활동을 수행한 후 그 처분수익을 수익자에게 교부하는 처분신탁[3] 및 (iv) 부동산의 효율적인 관리를 목적으로, 부동산 소유자가 부동산을 수탁자에게 신탁하고, 수탁자가 부동산에 대한 소유권 관리, 세무 관리 등 관리업무를 이행하고 그로 인하여 발생하는 신탁수익을 수익자에게 교부하는 관리신탁[4]이 활용되고 있다.[5]

이 중 도산절연(bankruptcy remoteness),[6] 이중청구(dual recourse)[7] 및 담

를 부담하고, (ii) 관리형 토지신탁의 경우 위탁자가 사업비의 조달의무를 부담하며, 건설회사가 수탁자에 대하여 위탁자의 사업상 의무이행을 보증하게 된다. 토지신탁의 수탁자는 부동산 전업사만 가능하고, 은행, 증권사 및 보험사는 토지신탁의 수탁자가 될 수 없다.

2) 담보신탁의 경우 부동산 전업사 및 은행은 수탁자가 될 수 있으나 증권사 및 보험사는 수탁자가 될 수 없다.

3) 처분신탁은 부동산 전업사, 은행, 증권사 및 보험사 모두 수탁자가 될 수 있다.

4) 관리신탁에는 (i) 소유권관리, 임대차관리, 시설유지관리, 세무관리 등 부동산을 종합적으로 관리 · 운용하는 갑종 관리신탁과 (ii) 부동산의 소유권만 수탁자 명의로 이전해 두는 을종 관리신탁이 있다. 실무상 개발사업에서 부동산 소유권을 보존할 목적으로 많이 이용되고 있다. 한편 (iii) 건축물의 분양에 관한 법률은 선분양을 하기 위해서는 신탁업자와 신탁계약을 맺거나 금융기관 등으로부터 분양보증을 받도록 하고 있다(건축물의 분양에 관한 법률 제4조 제1항 제1호). 이는 분양사업에 있어 수탁자가 신탁부동산의 소유권을 보전 · 관리하여 피분양자를 보호하고 위탁자가 채무를 이행하지 않을 경우 신탁부동산을 환가처분하여 정산할 수 있도록 하기 위한 것으로서, 이러한 형태의 신탁을 분양관리신탁이라고 한다. 부동산전업사, 은행, 증권사 및 보험사 모두 관리신탁을 영위할 수 있지만, 증권사 및 보험사는 분양관리신탁은 영위할 수 없다.

5) 최동식, 신탁법, 법문사, 2006, 47면 ; 법률연구회, 신부동산 신탁법 실무, 법률정보센터, 2012, 145면.

6) 아래 II. 4.에서 살펴보듯이 도산절연효과는 담보 목적 부동산신탁의 활용유형에 따라 다르게 나타난다.

7) 즉 채권자는 자신의 채권을 담보목적물이나 수익권으로부터 회수할 수도 있고, 채무자의 일반 책임재산으로부터도 회수할 수 있다.

보권자들의 이해관계 조절의 편의성 등의 이유로 부동산담보신탁이 빈번히 이용되어 왔는데, 2011. 7. 25. 법률 제10924호로 전면 개정된 신탁법[8)]에서 담보권신탁, 자기신탁 및 수익증권발행신탁 등 새로운 제도를 도입함으로써 부동산신탁을 담보 목적으로 활용할 수 있는 방안이 보다 다양해졌다. 이에 본고에서는 부동산신탁의 담보 목적 활용방안에 관하여 검토해 보기로 한다.

그 외에도 수동신탁의 문제, 미등기건물의 담보신탁, 소유권이전등기청구권의 신탁, 분양형 토지신탁에서 분양자지위승계약정의 효력, 분양형 토지신탁의 수익권 포기, 부동산신탁과 배임죄, 그리고 부동산신탁에 관한 조세 문제 등 부동산신탁과 관련하여 실무상 접하게 되는 다양한 법률적 쟁점을 검토하기로 한다.

II. 부동산신탁의 담보 목적 활용

1. 담보 목적 부동산신탁의 필요성과 장점

신탁을 담보 목적으로 활용할 경우, 채권자의 입장에서는 도산절연 및 이중청구가 가능하고, 신뢰성 있는 신탁회사에 의한 담보관리가 가능하며 또한 담보권설정자에 의한 담보목적물의 임의처분이 불가하다는 등의 장점이 있다.

그리고 담보신탁을 설정하면서 수탁자가 추후 담보부동산의 처분

8) 이하 본고에서 2011. 7. 25. 법률 제10924호로 전면 개정된 신탁법을 '신탁법'이라 하고, 그 개정 전의 신탁법을 '개정 전 신탁법'이라고 한다.

방법을 임의로 결정하거나 우선수익자 또는 위탁자에게 담보부동산에 대한 우선매수권을 부여하는 등 담보부동산의 처분방법을 유연하게 할 수 있다.

또한 신탁을 활용하면 수익권을 계층화하여 선순위, 중순위 및 후순위 간의 이해관계를 반영할 수 있고, 피담보채권자가 복수인 경우에도 담보부동산의 일원적인 관리 · 처분이 가능해지는 등 담보권자들 간의 복잡한 이해관계를 적절히 조율할 수 있다.

그뿐 아니라 담보신탁을 활용하게 되면 담보목적물과 관련된 현금흐름을 신탁회사를 통하여 일괄적으로 통제할 수 있고, 또한 피담보채권이전 시에도 수익권을 양도함으로써 별도로 담보이전등기절차를 거칠 필요가 없는 장점이 있다.

2. 신탁법상 새로운 신탁제도의 담보 목적 활용

부동산신탁을 담보 목적으로 활용하는 방안에는 여러 가지가 있는데, 신탁법이 개정되기 전에도 실무에서는 채무자(위탁자)가 수탁자(신탁회사)에게 부동산의 소유권을 이전하여 신탁하면서 채권자를 수익자로 정하고 채무자의 채무불이행 시 수탁자가 신탁된 부동산을 처분하여 채무를 변제하는 방식이나, 채무자(위탁자)가 수탁자에게 부동산의 소유권을 이전하여 신탁하면서 채무자 자신을 위탁자로 정하고 수탁자가 발행한 수익권증서를 채권자에게 담보로 제공하고 채무자의 채무불이행 시 수탁자가 신탁재산인 부동산을 처분하여 채권자에게 변제하여 주는 방식으로 신탁을 담보 목적으로 활용하였다. 이와 같이 채권담보의 목적으로 위탁자가 수탁자에게 부동산의 소유권을 이전하는 방식으로 신탁을 설정하는 것을 '부동산담보신탁'이라고

하였다.[9)]

개정 신탁법에서 담보권신탁, 자기신탁 및 수익증권발행신탁을 새로이 도입함에 따라 담보 목적 부동산신탁의 활용방안이 더욱 다양해졌다. 이하에서 활용방안을 유형별로 검토해 보도록 한다.

3. 담보 목적 부동산신탁의 활용방안

(1) 타익신탁형 담보신탁에 의한 경우

타익신탁형 담보신탁은 채무자(위탁자)가 수탁자에게 부동산을 신탁재산으로 하여 담보신탁을 설정하면서 담보의 목적으로 채권자를 수익자로 지정하는 구조를 취하게 된다. 즉 (i) 채무자는 신탁회사와 신탁계약을 체결하여 부동산담보신탁을 설정하고, (ii) 채권자를 수익자로 지정하며, (iii) 채권자에게 수익권증서를 발행하고, (iv) 신탁등기를 하게 된다.

만약 채무자가 피담보채무를 불이행할 경우 신탁회사는 신탁부동산을 처분하여 채권자(수익자)의 피담보채권을 변제하고, 잔여액이 있으면 이를 채무자(위탁자)에게 지급한다. 그러나 채무자가 피담보채무를 변제할 경우 신탁회사는 신탁부동산을 채무자에게 반환하고 신탁을 종료하게 된다([그림 1]).

9) 담보신탁이 되려면 (i) 채권담보의 목적일 것, (ii) 채권자가 수익자가 되는 타익신탁일 것, (iii) 수익자에게 처분요청권이 부여될 것이 필수적으로 요구된다고 보아, 자익신탁형 담보신탁은 엄밀한 의미에서 담보신탁이 아니라고 보는 견해도 있다. 양진섭, "부동산담보신탁에 관한 소고," BFL 제52호(2012. 3), 서울대학교 금융법센터, 76-77면.

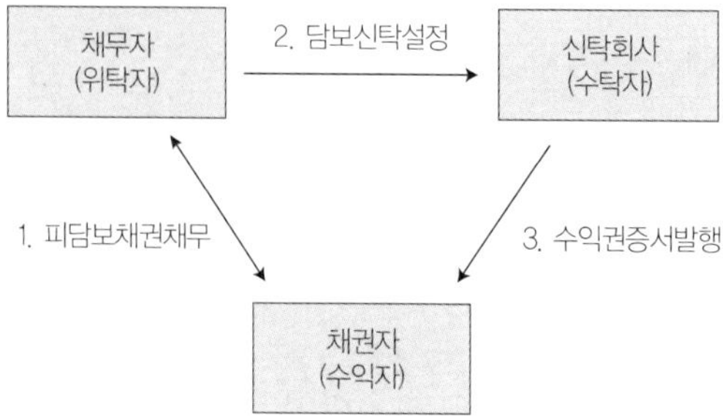

〔그림 1〕 타익신탁형 부동산담보신탁

(2) 타익신탁 및 자익신탁 결합형 담보신탁에 의한 경우

타인신탁 및 자익신탁 결합형 담보신탁은 채무자(위탁자)가 수탁자에게 부동산을 신탁재산으로 하여 담보신탁을 설정하면서 담보의 목적으로 채권자를 우선수익자로 지정하고, 채무자를 수익자를 지정하는 구조를 취하게 된다. 즉 (i) 채무자는 신탁회사와 신탁계약을 체결하여 부동산담보신탁을 설정하고, (ii) 채권자를 우선수익자로, 채무자를 수익자로 각 지정하며, (iii) 채권자에게는 우선수익권증서를, 그리고 채무자에게는 수익권증서를 각 발행하고, (iv) 신탁등기를 완료한다. 판례도 이러한 유형의 담보신탁을 인정하고 있다(대법원 2001. 7. 13. 선고 2001다9267 판결).

만약 채무자가 피담보채무를 불이행할 경우 신탁회사는 신탁부동산을 처분하여 채권자(우선수익자)의 피담보채권을 변제하고, 잔여액이 있으면 이를 채무자(수익자)에게 지급하게 된다. 그러나 채무자가 피담보채무를 변제할 경우 신탁회사는 신탁부동산을 채무자(위탁자)에게 반환하고 신탁을 종료하게 된다(〔그림 2〕).

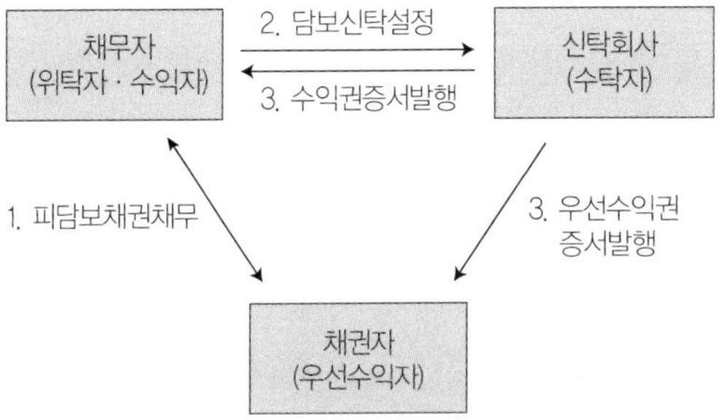

〔그림 2〕 타익신탁 및 자익신탁 결합형 부동산담보신탁

(3) 자익신탁형 처분신탁 또는 토지신탁(개발신탁)에 의한 경우

1) 자익신탁형 처분신탁 또는 토지신탁설정 후 수익권을 양도하는 방법

채무자(위탁자)가 수탁자에게 부동산을 신탁재산으로 하여 부동산 처분신탁 또는 토지신탁(개발신탁)을 설정하면서 채무자 자신을 수익자로 지정한 후 담보 목적으로 수익권을 채권자에게 양도하는 방식도 취할 수 있다(신탁법 제64조 제1항). 이러한 구조의 신탁을 이용하기 위해서는 우선 (i) 채무자(위탁자)가 부동산처분신탁 또는 토지신탁을 설정하고, (ii) 채무자(위탁자)를 수익자로 지정하며, (iii) 수익권증서를 발행하고, (iv) 신탁등기를 완료한 후, (v) 채무자와 채권자 사이에 담보 목적의 수익권양도계약을 체결하여 (vi) 변경된 수익권증서를 발행하고, (vii) 신탁의 변경등기를 완료하여야 한다(〔그림 3〕).

수익권 양도와 관련하여, 개정 전 신탁법에는 수익권 양도에 관한 규정을 두고 있지 않았고, 다만 학설[10] 및 판례[11]는 수익권 양도를 지

10) 법무부, 신탁법해설, 2012, 513면.

11) 개정 전 신탁법하에서 대법원은, 수익자는 신탁이익을 향수할 권리를 포함하여 신

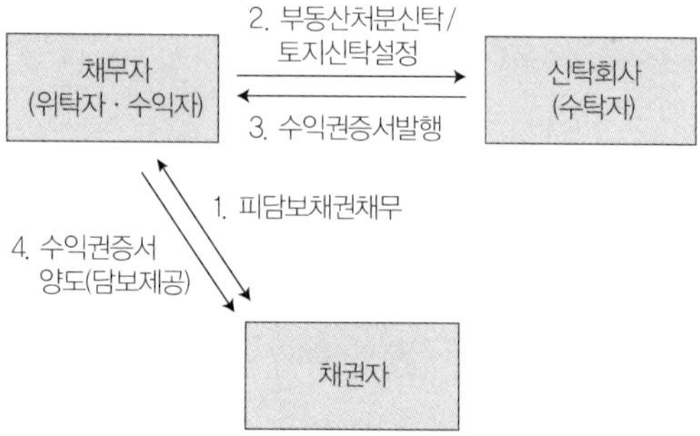

〔그림 3〕 자익신탁형 부동산처분신탁/토지신탁설정 후 수익권을 양도하는 방법

명채권의 양도에 준하는 것으로 보았는데, 신탁법에서는 이를 입법적으로 수용하여 수익권의 양도성과 수익권 양도의 대항요건 등에 관한 규정을 신설하였다. 즉 신탁법 제64조 제1항에서 수익자는 원칙적으로 수익권을 자유롭게 양도할 수 있음을 규정하고 있다. 다만 수익권의 성질이 양도를 허용하지 않거나 신탁행위로 달리 정하는 경우에는 수익권 양도가 제한되는데(제64조 제1항 단서, 제2항), 실무상 신탁약관상 수탁자가 동의한 경우에 한하여 수익권을 양도할 수 있도록 규정하고 있다.

또한 신탁법은 지명채권양도의 대항요건과 마찬가지로 수익권의 양도는 양도인이 수탁자에게 통지하거나 수탁자가 승낙한 경우에만 수탁자와 제3자에게 대항할 수 있으며, 수익권양도의 통지나 승낙은

탁법상의 여러 가지 권리 · 의무를 갖게 되므로, 이러한 지위에 있게 되는 수익자를 정하는 것은 위탁자와 수탁자 간의 신탁계약 내용의 중요한 요소에 해당한다 할 것이어서, 수익자의 변경에는 계약 당사자인 위탁자와 수탁자의 합의가 있어야 하고, 미리 신탁계약에서 위탁자에게 일방적인 변경권을 부여하는 취지의 특약을 하지 않은 한 수탁자의 동의 없이 위탁자가 일방적으로 수익자를 변경할 수는 없다 할 것이라고 하여, 수익권 양도에 수탁자의 동의가 필요하다는 취지로 판시한 바 있다(대법원 2007. 5. 31. 선고 2007다13312 판결).

확정일자 있는 증서로 하지 않으면 수탁자 외의 제3자에게 대항할 수 없도록 하고 있다(제65조). 이때 수익권 양도의 통지는 민법상 지명채권양도의 경우와 마찬가지로 양수인이 양도인의 사자 또는 대리인으로서 수익권양도의 통지를 하는 것도 가능하다고 보아야 할 것이다(대법원 2004. 2. 13. 선고 2003다43490 판결).

이와 같은 신탁구조에서 피담보채무의 변제기 전까지는 후순위수익권자(채무자)에게 신탁이익이 지급되고, 채무자가 피담보채무를 불이행할 경우 수탁자는 신탁부동산을 처분하여 채권자(수익자)에게 신탁수익을 지급하게 되는데, 신탁부동산 처분의 방법에 있어서 수탁자는 신탁계약에서 정한 바에 따라 신탁부동산을 분양 또는 기타의 방법으로 처분하게 되고, 채권자(수익자)는 피담보채무의 변제 충당 후 남는 금액을 채무자에게 반환하여야 한다. 만약 채무자가 피담보채무를 변제한다면 채권자는 수익권, 즉 수익자로서의 지위를 채무자에게 반환하고 채무자가 수익자로서 수탁자로부터 신탁수익을 지급받게 된다.

이와 관련하여 수탁자가 채무자(위탁자 겸 수익자)에 대한 채권을 담보하기 위하여 채무자로부터 수익권을 양도받는 것이 신탁법 제36조(수탁자의 이익향수금지)[12]에 반하는지가 문제 될 수 있다. 수탁자가 담보 목적으로 수익권을 취득하는 것도 신탁의 이익을 누리는 것이므로 수탁자가 담보 목적으로 수익권을 취득하는 것도 신탁법 제36조에 위반되어 허용되지 않는다고 판단된다. 그러나 다른 수익자가 있는 경우, 예컨대 선순위수익권 및 후순위수익권이 있는 경우에 수탁자가

12) 신탁법 제36조(수탁자의 이익향수금지) 수탁자는 누구의 명의로도 신탁의 이익을 누리지 못한다. 다만 수탁자가 공동수익자의 1인인 경우에는 그러하지 아니하다.

선순위수익권을 담보 목적으로 취득하는 것은 신탁법 제36조 단서에 따라 허용된다고 판단된다.

2) 자익신탁형 처분신탁 또는 토지신탁설정 후 수익권에 대한 질권을 설정하는 방법

개정 전 신탁법에서는 수익권에 대한 질권설정에 관한 근거규정이 없었지만, 실무상 부동산처분신탁에서의 수익권, 개발신탁에서의 수익권 등 수익권에 대하여 질권을 설정하였고, 판례도 수익권에 대한 질권을 권리질권으로 보아 인정하고 있었다.[13)]

신탁법에서는 수익권양도의 경우와 마찬가지로 수익권에 대한 질권설정이 원칙적으로 가능함을 명시하고(제66조 제1항), 질권설정의 대항요건에 관하여 수익권양도에 관한 규정을 준용하도록 하였다(제66조 제3항).

이에 따라 채무자(위탁자)가 수탁자에게 부동산을 신탁재산으로 하여 부동산처분신탁 또는 토지신탁을 설정하면서 채무자 자신을 수익자로 지정한 후 담보 목적으로 수익권에 대하여 채권자를 질권자로 하는 질권을 설정하는 방식의 신탁도 가능하다(제66조 제1항). 이를 위해서는 (i) 채무자(위탁자)가 부동산처분신탁 또는 토지신탁을 설정하고, (ii) 채무자(위탁자)를 수익자로 지정하며, (iii) 수익권증서를 발행하고, (iv) 신탁등기를 마친 후, (v) 채무자와 채권자 간에 수익권에 대한 질권설정계약을 체결하여야 한다.

이와 같은 신탁구조에서 채무자가 피담보채무를 불이행할 경우 수

---

13) 대법원 2010. 1. 14. 선고 2006다17201 판결 ; 대법원 2011. 4. 28. 선고 2010다89036 판결 ; 대법원 2010. 8. 26. 선고 2010도4613 판결 ; 최수정, "개정 신탁법상의 수익권," 선진상사법률연구 제59호(2012. 7), 148면.

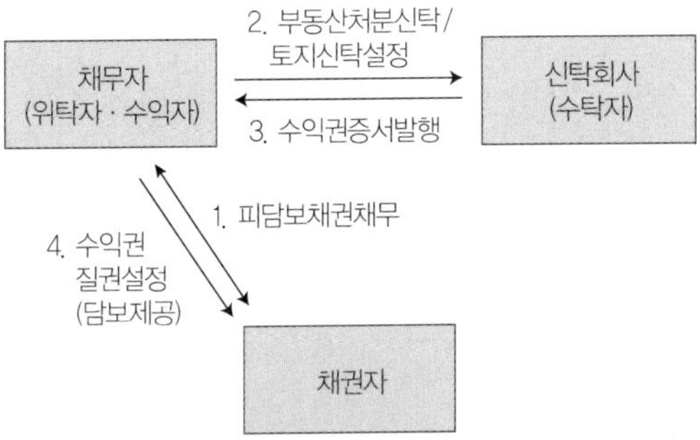

〔그림 4〕 자익신탁형 부동산처분신탁/토지신탁설정 후 수익권에 대한 질권을 설정하는 방법

탁자는 수익권에 대한 질권자(채권자)에게 신탁수익을 지급하고, 채무자가 피담보채무를 이행할 경우에는 채권자는 수익권에 대한 질권을 해제하고 수익권증서를 채무자에게 반환하며, 채무자가 수익자로서 수탁자로부터 신탁수익을 지급받게 된다(〔그림 4〕).

이와 관련하여 수탁자가 채무자(위탁자 겸 수익자)에 대한 채권을 담보하기 위하여 수익권에 대한 질권을 설정받는 것이 신탁법 제34조(이익상반행위금지)[14] 및 제36조(수탁자의 이익향수금지)[15]에 반하는지

14) 신탁법 제34조(이익에 반하는 행위의 금지)

① 수탁자는 누구의 명의로도 다음 각 호의 행위를 하지 못한다.

1. 신탁재산을 고유재산으로 하거나 신탁재산에 관한 권리를 고유재산에 귀속시키는 행위
2. 고유재산을 신탁재산으로 하거나 고유재산에 관한 권리를 신탁재산에 귀속시키는 행위
3. 여러 개의 신탁을 인수한 경우 하나의 신탁재산 또는 그에 관한 권리를 다른 신탁의 신탁재산에 귀속시키는 행위
4. 제3자의 신탁재산에 대한 행위에서 제3자를 대리하는 행위
5. 그 밖에 수익자의 이익에 반하는 행위

② 제1항에도 불구하고 수탁자는 다음 각 호의 어느 하나에 해당하는 경우 제1항 각 호의 행위를 할 수 있다. 다만 제3호의 경우 수탁자는 법원에 허가를 신청함과 동시에 수익자에게 그 사실을 통지하여야 한다.

1. 신탁행위로 허용한 경우

에 대한 논의가 있다. 이에 관하여 (i) 수탁자가 수익권에 대한 질권자가 되면 그 질권을 통하여 당연히 신탁재산에 대한 지배권을 갖게 되는 것이고, 따라서 신탁법 제34조 및 제36조에 위반된다는 견해[16)]와 (ii) 수탁자가 수익권에 대한 질권을 취득하는 것은 신탁법 제36조에는 위반되나, 신탁계약에 수탁자의 수익권에 대한 질권 취득을 허용하는 취지를 명시한다면 신탁법 제34조에는 위반되지 아니하며, 이 경우 제34조를 제36조보다 우선 적용함으로써 수탁자의 수익권에 대한 질권 취득이 허용되는 것으로 해결할 수 있다는 견해가 있다.[17)] 한편 일본 판례와 우리나라 대법원 판례(대법원 2005. 6. 10. 선고 2004다42296 판결)는 모두 수탁자가 수익권에 대한 질권을 취득하는 것을 긍정하고 있다고 해석하는 견해가 있다.[18)]

우선 신탁법 제34조에 위반되는 것인지와 관련해서는, 제34조 제2항에 따르면 수익자에게 그 행위에 관련된 사실을 고지하고 수익자의 승인을 받은 경우에는 이해상반행위가 가능한데, 수탁자가 수익권에 대한 질권을 취득하는 것은 수익자의 동의를 당연한 전제로 하는 것이므로, 설령 신탁계약에 수탁자의 수익권에 대한 질권 취득을 허용하는 취지가 명시되지 않는다고 하더라도 제34조에는 위반되지 않

2. 수익자에게 그 행위에 관련된 사실을 고지하고 수익자의 승인을 받은 경우
3. 법원의 허가를 받은 경우

15) 신탁법 제36조(수탁자의 이익향수금지) 수탁자는 누구의 명의로도 신탁의 이익을 누리지 못한다. 다만 수탁자가 공동수익자의 1인인 경우에는 그러하지 아니하다.

16) 임채웅, "신탁수익권에 관한 민사집행의 연구," 서울대학교 법학 제50권 제4호(2009. 12), 서울대학교 법학연구소, 301면.

17) 안성포, "채권금융기관에 의한 담보신탁의 활용," 증권법연구 제13권 제3호(2012), 305-306면.

18) 임채웅, 앞의 논문(주 16), 301면.

는다고 보는 것이 타당하다. 다음으로 신탁법 제36조에 위반되는 것인지에 관해서는, 수탁자가 수익권에 대한 질권을 취득하는 것도 그 실질이 제36조 제1항에서 금지하는 신탁의 이익향수에 해당하는 것으로 보아야 하며, 따라서 제36조에 위반된다고 판단된다. 다만 다른 수익자가 있는 경우에는 수탁자가 수익권에 대한 질권을 취득하더라도 제36조 단서에 따라 허용되는 것으로 보인다.

(4) 타익신탁 및 자익신탁 결합형 처분신탁 또는 토지신탁에 의한 경우

채무자(위탁자)가 수탁자에게 부동산을 신탁재산으로 하여 부동산처분신탁 또는 토지신탁(개발신탁)을 설정하면서 담보의 목적으로 채권자를 우선수익자로 지정하고 채무자를 수익자로 지정하는 경우도 있다.

이 경우 (i) 채무자는 부동산처분신탁 또는 토지신탁(개발신탁)을 설정하고, (ii) 채권자를 우선수익자로, 채무자를 수익자로 각 지정하며, (iii) 우선수익권증서 및 수익권증서를 발행하고, (iv) 신탁등기를 경료하게 된다([그림 5]).

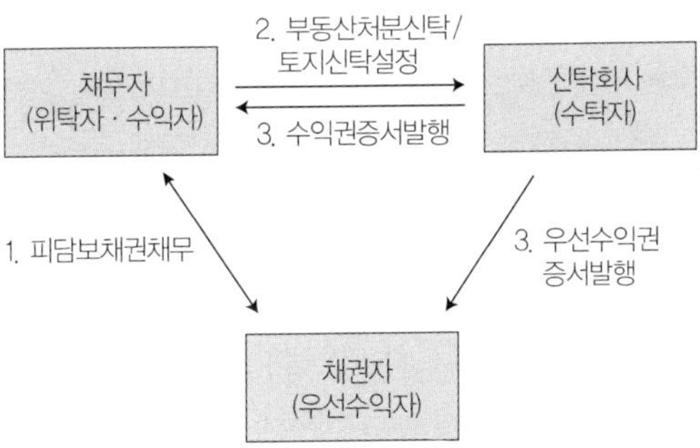

[그림 5] 타익신탁 및 자익신탁 결합형 부동산처분신탁/토지신탁

신탁부동산의 처분에 있어서 수탁자는 신탁계약에서 정한 바에 따라 신탁부동산을 분양 또는 기타의 방법으로 처분하게 되는데, 채무자의 피담보채무 불이행 시, 수탁자는 우선수익자(채권자)에게 신탁수익을 지급하고 잔여액은 수익자(채무자)에게 지급하게 된다. 한편 채무자가 피담보채무를 이행할 경우 수탁자는 신탁수익을 수익자(채무자)에게 지급하게 된다.

⑸ 자익신탁설정 후 수탁자로 하여금 신탁재산에 대하여 근저당권을 설정하게 하는 경우

채무자(위탁자)가 자기 소유의 부동산을 신탁재산으로 하여 부동산관리신탁을 설정하여 수탁자 앞으로 신탁을 원인으로 한 소유권이전등기를 완료하여 대내외적으로 신탁부동산에 관한 소유권을 수탁자에게 이전한 후, 수탁자로 하여금 신탁부동산에 관하여 다시 신탁자의 채권자의 채권을 위하여 근저당권설정등기를 완료하도록 하는 경우도 있다.[19)]

⑹ 부동산담보권신탁에 의한 경우

개정 전 신탁법은 신탁설정방법을 재산권을 이전하거나 기타의 처분을 하는 것으로 규정하고 있었으나(개정 전 신탁법 제1조 제2항), 신탁법에서는 담보권의 설정을 신탁재산 설정방법에 포함하여 담보권신탁을 명문으로 인정하였다(신탁법 제2조). 이에 따라 기존의 '부동산담

19) 대법원 2003. 5. 30. 선고 2003다18685 판결.

보신탁'과 달리 채무자(위탁자)가 수탁자(신탁회사)에게 자기 소유 부동산의 소유권을 이전하지 않고 수탁자를 저당권자로 하여 저당권을 설정하는 방식으로 신탁을 설정하고 채권자를 수익자로 지정하는 방식으로 부동산을 담보 목적으로 활용하는 것이 가능하게 되었다. 이를 '부동산담보권신탁'이라고 한다.[20]

담보권신탁이 민법상 담보권의 부종성원칙에 위반되는 것인지 여부가 문제 될 수 있다. 이에 대하여 (i) 담보권신탁은 형식상 담보권자와 채권자가 분리되는 것처럼 보이나, 실질적으로는 수탁자는 수익자를 위하여 담보권을 보유하는 것이므로 이를 동일인으로 파악할 수 있고, 수익권양도 시 채권의 양도절차를 거쳐야 하므로 담보권자와 채권자 간의 분리현상이 발생하지 않아 저당권의 부종성에 반하지 않는다고 보는 견해가 있고,[21] (ii) 신탁법 제2조가 부종성의 예외를 인정한 것이라고 보아 피담보채권이 없는 담보권신탁도 가능하다는 견해도 있다.[22] 신탁법 제2조가 저당권의 부종성을 완전히 배제한 것으로 보기는 어렵고, 다만 신탁의 특수성을 고려하여 저당권의 피담보채권에 대한 부종성 대신에 담보권신탁 수익권의 피담보채권에 대한 부종성을 묵시적으로 규정한 것으로 해석하는 것이 타당해 보인다. 따라서 담보권신탁의 경우 수익권은 피담보채권과 분리하여 양도될 수 없다고 보아야 한다.[23] 대법원은 담보권의 수반성이란 피담보채권의 처분이 있으면 언제나 담보권도 함께 처분된다는 것이 아니라 채권담보라

20) 오창석, "개정 신탁법이 신탁실무에 미치는 영향," BFL 제39호(2010. 1), 서울대학교 금융법센터, 55면.

21) 법무부, 앞의 책(주 10), 8면 ; 한 민, "신탁제도 개혁과 자산유동화," BFL 제50호(2011. 11), 서울대학교 금융법센터, 52면, 59면.

22) 임채웅, 신탁법 2, 박영사, 2011, 47면.

23) 안성포, "담보권신탁의 기본적 법률관계," 선진상사법률연구 제59호(2012. 7), 133면.

고 하는 담보권제도의 존재 목적에 비추어 볼 때 특별한 사정이 없는 한 피담보채권의 처분에는 담보권의 처분도 당연히 포함된다고 보는 것이 합리적인 것일 뿐이므로, 피담보채권의 처분이 있음에도 불구하고, 담보권의 처분이 따르지 않는 특별한 사정이 있는 경우에는 채권양수인은 담보권이 없는 무담보의 채권을 양수한 것이 되고 채권의 처분에 따르지 않는 담보권은 소멸한다고 판시하고 있는데,[24] 이는 담보권신탁의 경우에도 동일하게 적용될 수 있을 것이다.

1) 타익신탁형 부동산담보권신탁

타익신탁형 부동산담보권신탁은 채무자(위탁자)가 자기 소유의 부동산에 대하여 수탁자를 저당권자로 하는 저당권을 설정하고 채권자를 수익자로 지정하는 신탁방식이다(신탁법 제2조). 이를 위해서는 (i) 채무자(위탁자)가 목적부동산에 대한 저당권을 설정하여 수탁자에게 신탁하고, (ii) 채권자를 수익자로 지정하며, (iii) 수탁자가 채권자에게 수익권증서를 발행하고, (iv) 저당권신탁등기를 완료하여야 한다([그림 6]).

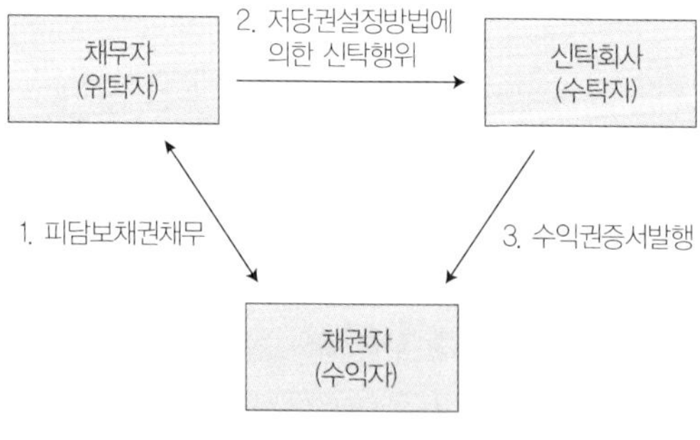

〔그림 6〕 타익신탁형 부동산담보권신탁

24) 대법원 1999. 2. 5. 선고 97다33997 판결.

타익신탁형 담보권신탁을 설정하기 위해서는 위탁자와 수탁자 사이의 신탁계약으로 충분한지 아니면 피담보채권자(수익자)의 동의를 필요로 하는지에 관하여 (i) 담보권신탁은 위탁자와 수탁자의 신탁계약만으로 유효하게 성립하고 수익자가 될 피담보채권의 채권자의 동의는 필요 없다는 부정설과 (ii) 담보권신탁이 유효하게 성립하기 위해서는 피담보채권의 채권자의 동의가 필요하다는 긍정설이 대립하고 있다.[25)] 그러나 신탁법상 신탁의 성립에는 수익자의 동의가 필요하지 않으며(다만 수익자는 신탁법 제57조에 따라 수익권을 소급적으로 포기할 수 있다), 담보권신탁을 달리 취급할 특별한 사정도 없으므로 수익자의 동의 없이도 담보권신탁이 유효하게 성립한다는 부정설이 타당하다고 생각된다. 다만 실무상으로는 채권자(수익자)의 동의 없이 담보권신탁이 설정되는 경우는 찾기 어려울 것으로 보인다.

이와 같은 신탁구조에서 채무자가 피담보채무를 불이행할 경우에는 수탁자가 저당권을 실행하여 신탁수익을 채권자(수익자)에게 지급하고, 채무자(위탁자)가 피담보채무를 변제할 경우에는 저당권신탁등기를 말소하게 된다. 이때 피담보채권의 변제수령권자 및 피담보채무의 이행을 청구하는 소제기권자는 수탁자가 아니라 피담보채권자라고 보아야 한다.[26)]

2) 자익신탁형 부동산담보권신탁

자익신탁형 부동산담보권신탁은 저당권부채권을 가지고 있는 채권자(위탁자)가 수탁자에게 피담보채권과 분리하여 저당권만을 신탁하

25) 안성포, 앞의 논문(주 23), 128-129면.
26) 안성포, 앞의 논문(주 23), 129-131면.

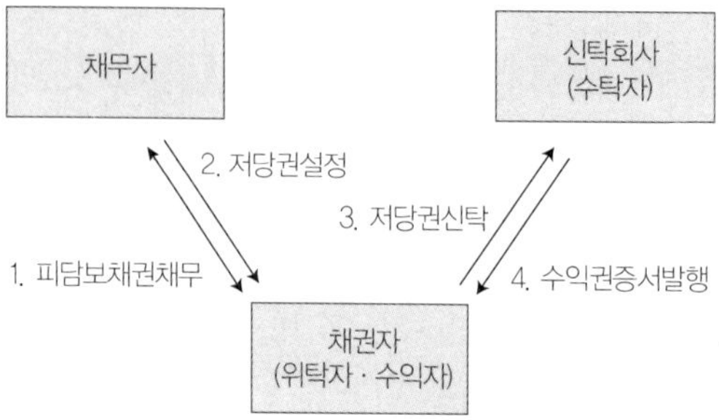

〔그림 7〕 자익신탁형 부동산담보권신탁

고 그 자신을 수익자로 지정하는 신탁방식이다. 이를 위해서는 (i) 채권자(위탁자)가 피담보채권과 분리하여 저당권을 수탁자에게 신탁하고, (ii) 채권자 자신을 수익자로 지정하며, (iii) 수탁자는 채권자에 대하여 수익권증서를 발행하고, (iv) 저당권신탁등기를 완료하여야 한다(〔그림 7〕).

이와 같이 이미 설정된 담보권을 이전하는 방식의 담보권신탁이 현행 법상 허용되는지 여부에 대하여 의문을 제기하는 견해도 있지만, 담보권의 설정뿐 아니라 담보권의 이전도 신탁의 정의에 포함된다고 보아 허용된다고 해석하는 것이 타당하다. 다만 이때 채권자가 저당권을 신탁하기 위해서는 저당권설정자(채무자)의 동의가 필요하다고 보아야 할 것이다.[27)]

이와 같은 신탁구조에서 채무자가 피담보채무를 불이행할 경우에는 수탁자가 저당권을 실행하여 신탁수익을 채권자(수익자)에게 지급하고, 채무자가 피담보채무를 변제할 경우에는 저당권신탁등기를 말소하게 된다. 이때 피담보채권의 변제수령권자는 수탁자가 아니라 피

27) 안성포, 앞의 논문(주 23), 122-123면.

담보채권자가 되고, 피담보채무에 관한 채무의 이행을 청구하는 소제기권자도 수탁자가 아닌 피담보채권자가 된다.

(7) 신탁선언(자기신탁)에 의한 경우

자기신탁은 자산유동화에 관한 법률 제16조 제2항에서 인정되고 있었으나, 개정 전 신탁법에서는 신탁선언에 의한 신탁설정을 명시적으로 규정하고 있지 않아서 그 허용 여부에 논란이 있었고, 통설적 견해는 신탁법상 자기신탁이 허용되지 않는 것으로 보았다. 그러나 신탁법은 신탁선언에 의한 신탁, 즉 자기신탁을 명시적으로 허용하고(제3조 제1항 제3호), 다만 집행면탈 등 자기신탁을 악용할 위험을 방지하기 위하여 자기신탁설정에 일정한 제한을 두었다.

즉 (i) 수익자가 없는 특정의 목적을 위한 신탁, 즉 목적신탁은 공익신탁을 제외하고는 신탁선언에 의한 신탁설정을 할 수 없고(신탁법 제3조 제1항 단서),[28] (ii) 공증인법에 따른 공정증서를 작성하는 방법으로 설정하여야 하며, (iii) 위탁자가 신탁을 해지할 수 있는 권한을 유보할 수 없고(제3조 제2항), (iv) 이해관계인이 법원에 신탁의 종료를 청구할 수 있다(제3조 제3항).

신탁법상 신탁선언에 의한 신탁설정이 허용됨에 따라 신탁선언에 의하여도 담보신탁(담보권신탁 포함)을 설정할 수 있게 되었다(제3조 제1항 제3호). 다만 이 경우 수탁자의 이익향수금지규정(제36조)에 따라

28) 법무부 신탁법 해설서에서는 자기신탁의 경우 채무자는 자신의 재산을 직접 관리하게 되고, 채무자의 신탁사무를 감독할 다른 이해관계인이 없어서 채무자가 집행면탈 등의 목적으로 악용할 가능성이 높으므로 목적신탁은 신탁선언의 방법으로 설정할 수 없도록 한 것이라고 밝히고 있다. 법무부, 앞의 책(주 10), 33면.

자기신탁형 신탁(위탁자/수탁자가 유일한 수익자인 경우)은 허용되지 않고, 타익신탁형 신탁(위탁자/수탁자 이외의 자가 수익자인 경우) 또는 자익신탁 및 타익신탁 결합형 신탁(위탁자/수탁자가 공동수익자의 1인인 경우)만 허용될 수 있을 것이다.

이를 위하여 채무자(위탁자)는 자기 소유 부동산에 대하여 자기 자신을 수탁자로 하여 공정증서를 작성하는 방법으로 자기신탁을 설정하고, 각 신탁유형에 따라 필요한 나머지 요건들을 갖추어 담보 목적의 자기신탁을 활용할 수 있다.

자기신탁을 활용할 경우 신탁수수료를 절감할 수 있어 금융기관의 자산유동화에 이용될 가능성이 있고, 채무자(위탁자 겸 수탁자)가 목적 부동산을 이용하여 사업을 계속할 수 있다는 장점이 있다.

한편 자기신탁의 경우 위탁자 겸 수탁자가 자본시장과 금융투자업에 관한 법률(이하 '자본시장법')상 신탁업 인가를 받아야 하는지가 문제 될 수 있다. 자본시장법에 의하면, 신탁을 영업으로 할 경우 금융위원회로부터 신탁업 인가를 받아야 한다(제6조 제1항 및 제3항, 제11조, 제12조). 이에 대하여 수탁자로서의 업무가 1회의 거래라고 하더라도 계속성을 갖는 것이고, 수수료를 받지 않는다고 하더라도 후순위수익권 등을 통하여 실질적으로 이익을 얻게 될 것이므로 신탁업을 영위하는 것으로 보아 인가가 필요하다는 견해도 있다.[29]

그러나 그와 같은 견해에 의할 경우 모든 자기신탁은 인가를 받아야 한다는 결론에 이르게 되는데, 이는 기업, 금융뿐만 아니라 민사신탁 등 다양한 영역에서의 활용을 염두에 둔 자기신탁의 도입 취지[30]

---

29) 한 민, 앞의 논문(주 21), 63면.

30) 예컨대 법무부 신탁법 해설서에서는 신탁선언의 유용성으로 자녀 및 후손을 위한 가족신탁을 신탁선언에 의하여 설정하여 위탁자 스스로 수익자인 자녀 등을 위하

에 반하고, 대가를 받지 않고 자신의 업무를 처리하는 것을 '이익을 얻을 목적으로 하는 영업'으로 보는 것도 타당하지 않다.

이러한 입장에서, 기업이 특정한 하나의 사업부문에 대하여 자기신탁을 설정하는 경우뿐 아니라 다수의 사업부문에 대하여 각각 다른 자기신탁을 설정하더라도, 수수료를 받지 않고 수탁업무를 수행하는 경우에는 '영업으로 하는 경우'가 아니므로 자본시장법상 인가를 요하는 신탁업이 아니라고 보는 것이 타당하다.[31)]

(8) 수익증권발행신탁에 의한 경우

신탁법은 수익증권발행신탁을 도입하여 신탁에서 수익증권의 발행을 일반적으로 허용하였다(제78조). 이에 따라 부동산담보신탁을 수익증권발행신탁의 형태로 설정하고 수익증권을 발행하는 구조도 가능하게 되었다.

신탁법상 수익증권은 기명식이나 무기명식 모두 가능하지만, 신탁법은 담보권신탁의 경우에는 수익증권을 기명식으로만 발행하도록 하고 있다(제78조 제3항). 이는 수탁자에 대한 통지나 수탁자의 승인 또는 수탁자명부의 명의개서 등의 대항요건을 갖추지 않고서는 수익증권이 양도될 수 없도록 하여 담보권자와 채권자가 실질적으로 분리되지 않도록 할 필요가 있기 때문이다. 이와 달리 담보신탁의 경우는 수

여 가장 적합한 방법으로 재산관리를 할 수 있다고 하고 있는데, 자기신탁을 인가를 요하는 신탁업으로 본다면 이와 같은 활용은 사실상 불가능할 것이다. 법무부, 앞의 책(주 10), 31-32면.

31) 참고로 비공식적으로 확인한 바에 따르면, 금융감독원의 담당자도 동일한 견해를 가지고 있었다.

익증권을 무기명식으로도 발행할 수 있음은 물론이다.[32)]

부동산신탁에 있어서 수익권은 수탁자에 대하여 가지는 민법상의 지명채권의 성질을 가진다고 보는 것이 통설적 견해이지만,[33)] 수익증권발행신탁에서 발행되는 수익증권은 유가증권으로서 자본시장법상 수익증권발행에 대한 규제가 적용될 수 있다.[34)] 수익증권의 양도는 수익증권을 교부하는 방식으로 이루어지고(신탁법 제81조 제1항), 기명식으로 발행된 경우에는 수익자명부에 명의개서하여야 수탁자에게 대항할 수 있다(신탁법 제81조 제2항). 그리고 수익증권양도 시에는 수익권과 마찬가지로 피담보채권이 함께 양도되어야 할 것이다.[35)]

4. 담보 목적 부동산신탁과 도산절연

(1) 기업구조조정 촉진법상의 워크아웃절차와 도산절연

채무자(위탁자)에 대하여 기업구조조정 촉진법에 따른 워크아웃절차가 개시될 경우, 기업구조조정 촉진법에는 채무자 회생 및 파산에 관한 법률(이하 '채무자회생법') 제250조 제2항[36)]과 같은 명문의 예외 규

32) 법무부, 앞의 책(주 10), 615면.

33) 김형두, "부동산을 목적물로 하는 신탁의 법률관계," 민사판례연구 제30집(2008. 3), 민사판례연구회, 1023면.

34) 참고로 자본시장법 일부 개정안(2012. 8. 6. 정부 제출)에는 수익증권발행신탁에 대한 규제조항이 상당히 포함되어 있다.

35) 양진섭, 앞의 논문(주 9), 84-85면.

36) 채무자회생법 제250조(회생계획의 효력 범위)

② 회생계획은 다음 각 호의 권리 또는 담보에 영향을 미치지 아니한다.

1. 회생채권자 또는 회생담보권자가 회생절차가 개시된 채무자의 보증인, 그 밖에 회생절차가 개시된 채무자와 함께 채무를 부담하는 자에 대하여 가지는 권리

2. 채무자 외의 자가 회생채권자 또는 회생담보권자를 위하여 제공한 담보

정이 없으므로 채무 재조정에 의하여 피담보채무가 조정되면 그에 따라 담보권행사도 제한되며 또한 제3자가 제공한 담보에 대한 권리 행사도 제약될 수 있다.[37)]

따라서 채무자(위탁자)에 대하여 워크아웃절차가 개시되면 담보목적신탁의 종류나 형태에 관계없이 도산절연효과가 없다.

(2) 파산절차 및 회생절차와 도산절연

채무자(위탁자)에 대하여 파산절차가 개시되더라도 파산재단에 속하는 재산상에 담보권을 가진 자는 채무자회생법 제411조[38)] 및 제412조[39)]에 따라 별제권을 행사함으로써 파산절차에 의하지 아니하고 담보권을 실행할 수 있다. 따라서 설령 도산절연효과가 없다고 하더라도, 담보권자는 위와 같이 별제권을 행사함으로써 실질적으로 담보권을 실행할 수 있으므로 파산절차의 경우에는 실질적으로 도산절연 여부가 크게 문제 되지 않을 수 있다.

반면에 채무자(위탁자)에 대하여 회생절차가 개시되면 담보권자는 채무자회생법 제131조 및 제141조 제2항에 따라 원칙적으로 회생계획에 규정한 바에 따르지 아니하고는 담보권을 실행할 수 없다. 따라서 회생절차의 경우에는 담보권자에게 도산절연 여부가 매우 중대한 의미를 갖는다.

---

37) 한 민, 앞의 논문(주 21), 58면.

38) 채무자회생법 제411조(별제권자) 파산재단에 속하는 재산상에 존재하는 유치권·질권·저당권·「동산·채권 등의 담보에 관한 법률」에 따른 담보권 또는 전세권을 가진 자는 그 목적인 재산에 관하여 별제권을 가진다.

39) 채무자회생법 제412조(별제권의 행사) 별제권은 파산절차에 의하지 아니하고 행사한다.

따라서 이하에서는 담보 목적 신탁의 유형에 따라 도산절연효과가 있는지 여부에 관하여 상세히 살펴보기로 한다.

1) 타익신탁형 부동산담보신탁

타익신탁형 부동산담보신탁설정 후 위탁자에 대하여 파산절차 또는 회생절차가 개시되는 경우에는 도산절연효과가 인정된다. 이와 관련하여, 대법원도 위탁자(채무자)가 자기 소유의 부동산을 수탁자 명의로 신탁을 원인으로 한 소유권이전등기를 경료하였다면, 신탁에 의하여 신탁부동산의 소유권은 수탁자에게 귀속되므로, 그후 위탁자에 대하여 회생절차가 개시된 경우 수익자(채권자)가 가지는 수익권은 채무자 외의 자가 회생채권자 또는 회생담보권자를 위하여 제공한 담보에 해당하여 회생계획이 여기에 영향을 미칠 수 없다라고 판시하고 있다.[40)]

2) 자익신탁형 부동산담보신탁

① 수익권증서를 양도하는 경우

자익신탁형 부동산담보신탁의 경우, 위탁자가 수익권을 획득한 다음 이를 채권자에게 양도하는 것이므로 '위탁자가 제공한 담보권'으로서 위탁자에 대한 파산절차 또는 회생절차 개시 시 도산절연효과가 인정되지 않는다. 우리나라 대법원도 "신탁계약 시에 위탁자인 정리 전 회사가 자신을 수익자로 지정한 후 그 수익권을 담보 목적으로 제3자

40) 대법원 2001. 7. 13. 선고 2001다9267 판결 ; 대법원 2002. 12. 26. 선고 2002다49484 판결.

에게 양도한 경우에는 그 수익권을 양도 담보로 제공한 것으로서 정리절차 개시 당시 회사재산에 대한 담보권이 된다고 볼 것이다"라고 함으로써 같은 취지로 판시하고 있다.[41] 만약 수익권양도 시에 수익자를 양도인에서 양수인으로 변경하는 '신탁계약변경계약'을 체결하더라도 그 실질은 수익권양도 담보에 해당하므로 도산절연효과가 없다고 보아야 한다.

② 수익권에 질권을 설정하는 경우

위탁자가 수익권을 취득한 후 채권자에게 수익권에 대한 질권을 설정한 경우 이는 '위탁자가 제공한 담보권'으로서 위탁자에 대하여 파산절차 또는 회생절차가 개시되면 도산절연이 인정되지 않는다.

3) 수탁자가 신탁재산상에 담보권을 설정하는 경우

채무자(위탁자)가 자기 소유의 부동산을 신탁재산으로 하여 부동산신탁을 설정하여 수탁자 앞으로 신탁을 원인으로 한 소유권이전등기를 완료한 후, 수탁자로 하여금 신탁부동산에 관하여 채권자를 위하여 근저당권설정등기를 완료하도록 할 경우, 수탁자는 결국 신탁자를 위한 물상보증인과 같은 지위를 갖게 되므로 신탁자에 대하여 파산절차 또는 회생절차가 개시되더라도 도산절연효과가 인정된다. 이와 관련하여, 대법원도 신탁자가 자기 소유의 부동산에 대하여 수탁자와 부동산관리신탁계약을 체결하고 수탁자 앞으로 신탁을 원인으로 한 소유권이전등기를 경료하여 대내외적으로 신탁부동산에 관한 소유권을 수탁자에게 완전히 이전한 다음 수탁자로 하여금 신탁부동산에 관하여 다시 신탁자의 채권자의 채권을 위하여 근저당권설정등기를 경료

41) 대법원 2002. 12. 26. 선고 2002다49484 판결.

하도록 하였다면, 수탁자는 결국 신탁자를 위한 물상보증인과 같은 지위를 갖게 되었다고 할 것이고 그후 신탁자에 대한 회사정리절차가 개시된 경우 채권자가 신탁부동산에 대하여 갖는 근저당권 등 담보권은 회사정리법 제240조 제1항에서 말하는 '정리회사 이외의 자가 정리채권자 또는 정리담보권자를 위하여 제공한 담보'에 해당하여 정리계획이 여기에 영향을 미칠 수 없다고 판시함으로써 같은 입장을 취하고 있다.[42)]

4) 부동산담보권신탁

부동산담보권신탁을 설정한 경우, 부동산의 소유권은 위탁자(채무자)에게 있고 채권자는 수탁자를 통하여 간접적으로 담보권만을 가지게 되므로, 위탁자(채무자)에 대하여 파산절차 또는 회생절차가 개시될 경우 도산절연효과가 생기지 않는다. 즉 수탁자가 보유하는 담보권은 회생절차 개시 당시 채무자의 재산상에 존재하는 담보권에 해당하므로, 채권자가 채무자에 대하여 갖는 권리는 회생담보권이 되고(채무자회생법 제141조 제1항), 결국 담보권의 행사는 위탁자에 대한 회생절차에 구속된다.[43)]

---

42) 대법원 2003. 5. 30. 선고 2003다18685 판결.

43) 한 민, 앞의 논문(주 21), 56면.

III. 실무상 쟁점

1. 수동신탁 문제

수탁자가 신탁재산 관리방법에 대한 재량을 갖지 않고, 수익자, 위탁자 등의 지시에 따라 관리 · 처분 등을 하는 신탁을 '수동신탁'이라고 하는데,[44] 이러한 수동신탁의 유효성에 대해 논란이 있다.

종래에는 수동신탁은 위탁자가 실질적으로 신탁재산에 대한 권리를 보유하고 있는 것으로 탈법행위이고, 이는 명의신탁에 불과하다고 보아 신탁법상의 신탁으로 인정될 수 없고 무효라는 견해가 보다 지배적이었던 것으로 보인다.[45] 또한 신탁재산의 관리권을 위탁자가 행사하거나 수탁자의 관리권을 제한하여 위탁자와 공동으로 행사하는 계약을 체결하는 것은 가능하나, 그러한 계약은 신탁적 성질을 가지는 것일지라도 신탁법의 적용을 받는 신탁계약이라고 할 수 없다는 견해도 있다.[46] 그러나 신탁법상 수탁자가 신탁재산을 '적극적'이거나 '재량적'으로 관리하여야 한다고 규정하고 있지 않고, 수탁자는 신탁재산의 명의인으로서 분별관리 등의 방법으로 관리 · 처분을 하고 있으며, 부동산을 신탁하는 경우 신탁등기를 하게 되므로 명의신탁과 구분되므로 수동신탁의 유효성을 인정해야 한다는 견해도 제기되고 있다.[47]

44) 법무부, 앞의 책(주 10), 13면.
45) 법무부, 앞의 책(주 10), 14-15면 ; 김형두, 앞의 논문(주 33), 1014-1015면.
46) 윤 경, "신탁재산관리방법 변경의 요건과 그 한계," 대법원 판례해설 제44호(2004. 1), 34면.
47) 법무부, 앞의 책(주 10), 15면 ; 임채웅, "수동신탁 및 수탁자의 권한제한에 관한 연구," 법조 제614호(2007. 11), 법조협회, 23면, 33면 ; 김형두, 앞의 논문(주 33), 1014-1015면.

대법원 판결(대법원 1979. 1. 16. 선고 78누396 판결)은 수탁자인 원고에게 토지들의 소유권의 명의만이 이전될 뿐이고, 수탁자인 원고에게게 이에 대한 관리 · 처분의 권한과 의무가 적극적 · 배타적으로 부여되어 있는 것은 아니라고 할 것이므로 그 신탁관계는 이른바 명의신탁 또는 수동신탁이라고 할 것이고 그 신탁관계가 신탁법 제1조 제2항에 규정하는 신탁법상의 신탁이라고 할 수 없다라고 판시하였는데, 이를 근거로 판례가 수동신탁의 효력을 부인하는 것으로 해석하는 견해도 있는 것으로 보인다. 그러나 위 대법원 판결은 명의신탁약정에 기하여 명의수탁자에게 소유권이전등기를 완료한 사안[48]에 관한 것으로 신탁법상의 신탁약정에 따른 신탁등기로써 소유권이전등기를 완료한 사안과는 다른 것이므로, 이를 근거로 판례가 수동신탁의 효력을 부인하는 것으로 해석하기는 어려워 보인다.

또한 신탁재산 관리방법의 변경에 관한 것이기는 하나, 대법원 판결(대법원 2003. 1. 27.자 2000마2997 결정)은 신탁의 효력으로서 신탁재산의 소유권이 수탁자에게 이전되는 결과 수탁자는 대내외적으로 신탁재산에 대한 관리권을 갖는 것이고, 다만 수탁자는 신탁의 목적 범위 내에서 신탁계약에 정하여진 바에 따라 신탁재산을 관리하여야 하는 제한을 부담함에 불과하므로, 신탁재산에 관하여는 수탁자만이 배타적인 처분 · 관리권을 갖는다고 할 것이고, 위탁자가 수탁자의 처분 · 관리권을 공동행사하거나 수탁자가 단독으로 처분 · 관리를 할 수 없도록 실질적인 제한을 가하는 것은 신탁법의 취지나 신탁의 본질에 반한다라고 판시하고 있다.

48) 이는 명의신탁등기이므로, 신탁법상의 신탁과 달리 대외적으로 신탁관계가 표시되지 아니한다.

거래계의 현실상 부동산관리신탁(특히 을종 부동산관리신탁), 증권투자신탁 및 특정금전신탁 등 수탁자가 위탁자 등의 지시에 따라 신탁재산을 관리 · 처분하는 신탁이 많이 이루어지고 있다.[49] 그런데 그와 같은 내용의 신탁을 모두 무효라고 해석한다면, 이는 실무에 엄청난 혼란을 초래할 뿐 아니라 특정금전신탁을 명시적으로 인정하고 있는 자본시장법의 규정[50]에도 반하게 되는 문제가 있다. 명의신탁의 경우 대외적으로 '신탁'임이 표시되지 않는 것이지만, 수동신탁은 대외적으로도 '신탁'임이 공시되고, 다만 내부적으로 수탁자의 권한을 제한하는 것인바, 이를 이유로 수동신탁을 무효로 보는 것은 법적 안정성의 측면에서 위험성이 크다. 더욱이 수동신탁임을 판단하기 위해서는 거래 당사자가 신탁원부의 내용(즉 신탁계약의 조건들)을 구체적으로 살펴 수탁자의 권한에 대한 제한 내용을 검토하여야 하는데, 실무상 거래 당사자에게, 특히 수익권증서 또는 수익증권의 양수인에게 그와 같은 부담을 지우는 것은 무리가 있다. 따라서 신탁법에 정한 요건에 따라 신탁이 설정되고, 그에 따른 공시와 대항요건이 갖추어지면, 비록 신탁행위로 수탁자의 권한에 상당한 제약을 둔다고 하더라도 신탁법상 유효한 신탁이라고 해석하는 것이 거래안정의 측면에서 타당하다고 본다. 이러한 점에서 위 대법원 판결(대법원 2003. 1. 27.자 선고 2000마2997 결정)은 신탁재산 관리방법의 변경청구와 같은 예외적인 경우에 한하여 적용되는 것으로 해석하는 것이 타당하다.

---

49) 법무부, 앞의 책(주 10), 14면.

50) 자본시장법 시행령 제103조 제1호 등.

2. 미등기건물의 담보신탁

(1) 신탁 당시 독립한 건물이 아닌 경우

판례는 자기 비용과 노력으로 건물을 신축한 자는 그 건축허가의 명의에 관계없이 그 소유권을 원시취득한다고 보고 있는데(대법원 1985. 7. 9. 선고 84다카2452 판결), 미완성건물을 인도받아 나머지 공사를 마치고 완공한 경우 그 건물이 공사 중단 시점에 이미 사회통념상 건물이라고 볼 수 있는 형태와 구조를 갖추고 있었다면 원래의 건축주가 그 건물의 소유권을 원시취득한다고 보고 있다(대법원 1984. 9. 25. 선고 83다카1858 판결 ; 대법원 2006. 5. 12. 선고 2005다68783 판결 등). 그렇다면 토지와 그 지상물을 신탁할 당시에 그 지상물이 독립한 건물[51]이라고 볼 수 없는 상태였고, 그후 수탁자가 건물을 완공한 때에는 그 건축허가가 타인인 위탁자 명의로 된 여부에 관계없이 수탁자가 그 소유권을 원시취득한다고 보아야 할 것이다.

(2) 신탁 당시 독립한 건물이나 미등기 상태인 경우

신탁 당시 미등기인 건물을 추후 수탁자 명의로 직접 소유권보전등기를 할 경우 그 수탁자 명의의 소유권보존등기의 유효성이 문제 될 수 있다. 이에 관하여, 판례는 미등기건물을 등기할 때에는 소유권을 원시취득한 자 앞으로 소유권보존등기를 한 다음 이를 양수한 자 앞

51) 판례는 최소한의 기둥과 지붕, 둘레 벽이 이루어진 경우 독립한 부동산으로서 건물의 요건을 갖춘 것으로 보고 있다(대법원 2006. 11. 9. 선고 2004다67691 판결 등).

으로 이전등기를 하는 것이 원칙이지만, 원시취득자와 승계취득자 사이의 합치된 의사에 따라 승계취득자 앞으로 직접 소유권보존등기를 경료하였다면 그 소유권보존등기는 실체적 권리관계에 부합되어 적법한 등기로서의 효력을 가진다고 보고 있다.[52] 이에 따르면 신탁 당시 미완성 · 미등기 상태의 건물이 완성되어 위탁자가 원시취득한 경우라 하더라도 위탁자와 수탁자 간 합의로 수탁자 앞으로 직접 소유권보전등기를 경료하기로 합의한 경우 수탁자 명의의 보전등기도 유효하다고 볼 수 있다.

한편 수탁자 명의로 소유권보존등기 또는 소유권이전등기가 완료되기 전까지는 미등기건물은 위탁자의 소유에 속하고, 따라서 위탁자에 대하여 파산절차 또는 회생절차가 개시될 경우 도산절연의 효과가 발생하지 아니한다. 대법원은 소유권보존등기가 경료되지 않은 건물이라고 하더라도 채무자의 소유로서 건물로서의 실질과 외관을 갖추고 그의 지번 · 구조 · 면적 등이 건축허가 또는 건축신고의 내용과 사회통념상 동일하다고 인정되는 경우에는 보전처분의 대상으로 삼을 수 있다고 보고 있는바,[53] 위탁자가 원시취득한 미등기건물에 대해서는 수탁자 명의로 소유권보존등기 또는 소유권이전등기가 완료되기 전에는 위탁자의 채권자가 미등기건물에 대하여 가압류 또는 압류를 할 수 있다고 할 것이다.

(3) 집합건물의 대지에 대한 부동산담보신탁의 경우

집합건물의 대지만에 대하여 부동산담보신탁을 설정한 경우 그 신

52) 대법원 1995. 12. 26. 선고 94다44675 판결.

53) 대법원 2009. 5. 19.자 2009마406 결정 ; 대법원 2011. 6. 2.자 2011마224 결정.

탁의 유효성이 문제 된다. 집합건물의 소유 및 관리에 관한 법률 제20조는 구분소유자의 대지사용권은 그가 가지는 전유 부분의 처분에 따르고, 구분소유자는 규약으로써 달리 정하지 않는 한 그가 가지는 전유 부분과 분리하여 대지사용권을 처분할 수 없으며, 그 분리처분 금지는 그 취지를 등기하지 아니하면 선의로 물권을 취득한 제3자에게 대항하지 못한다고 하여 집합건물의 전유 부분과 대지사용권의 일체성을 규정하고 있다. 이와 관련하여, 판례는 집합건물의 소유 및 관리에 관한 법률 제20조에 반하는 대지의 처분행위는 그 효력이 없는 것으로 보고 있다.[54)]

전유 부분의 신탁과 관련해서도, 대법원은 아파트 각각의 전유 부분에 관하여 구분소유권이 성립한 이후 아파트의 대지 부분에 관하여 부동산담보신탁계약을 체결하고 신탁등기를 마친 사안에서, 이 사건 토지에 관하여 체결한 부동산담보신탁계약은 집합건물의 소유 및 관리에 관한 법률 제20조에 위배되어 무효이므로 이 사건 신탁등기는 말소되어야 한다고 판단하였다.[55)] 따라서 실무상 아파트부지 등 집합건물의 대지를 신탁함에 있어서는 신탁 당시에 전유 부분에 대한 구

---

54) 대법원 2000. 11. 16. 선고 98다45652, 45669 전원합의체 판결 ; 대법원 2010. 5. 27. 선고 2006다84171 판결 등.

55) 대법원 2013. 1. 17. 선고 2010다71578 전원합의체 판결. 위 판결에서, 대법원은 구분건물이 물리적으로 완성되기 전에도 건축허가신청이나 분양계약 등을 통하여 장래 신축되는 건물을 구분건물로 하겠다는 구분의사가 객관적으로 표시되면 구분행위의 존재를 인정할 수 있고, 이후 1동의 건물 및 그 구분행위에 상응하는 구분건물이 객관적 · 물리적으로 완성되면 아직 그 건물이 집합건축물대장에 등록되거나 구분건물로서 등기부에 등기되지 않았더라도 그 시점에서 구분소유가 성립한다고 판단하여, 이와 달리 구분소유는 건물 전체가 완성되고 원칙적으로 집합건축물대장에 구분건물로 등록된 시점, 예외적으로 등기부에 구분건물의 표시에 관한 등기가 마쳐진 시점에 비로소 성립한다는 취지로 판시한 대법원 1999. 9. 17. 선고 99다1345 판결, 대법원 2006. 11. 9. 선고 2004다67691 판결 등의 견해를 변경하였다.

분소유권이 성립하였는지에 대하여 유의할 필요가 있다.

3. 소유권이전등기청구권의 신탁

실무상 부동산 매매대금조달을 위한 PF(project financing) 시 부동산소유권이전등기청구권의 신탁이 이용되고 있다. 즉 매도인과 매수인 간에 부동산을 매수하는 부동산매매계약을 체결하고, 매수인은 대주로부터 위 매수자금을 차입하면서 그 차입금채무를 담보하기 위하여 위 부동산매매계약에 따른 소유권이전등기청구권(위 매매계약 해지 시의 매매대금반환청구권도 함께)을 수탁자에게 신탁하고 그 우선수익권을 대주에게 제공하고 매수인은 수익권을 취득하는 구조의 신탁이 활용되고 있다(〔그림 8〕).

이와 관련하여 소유권이전등기청구권을 신탁할 수 있는지가 문제된다. 신탁법 제2조에 규정된 신탁재산에 소유권이전등기청구권도 포함된다고 할 것이고, 또한 자본시장법 제103조 제1항 제6호에서도 소유권이전등기청구권이 신탁업자에게 신탁할 수 있는 재산으로 명시되어 있으므로 소유권이전등기청구권의 신탁도 가능하다고 할 것이다.

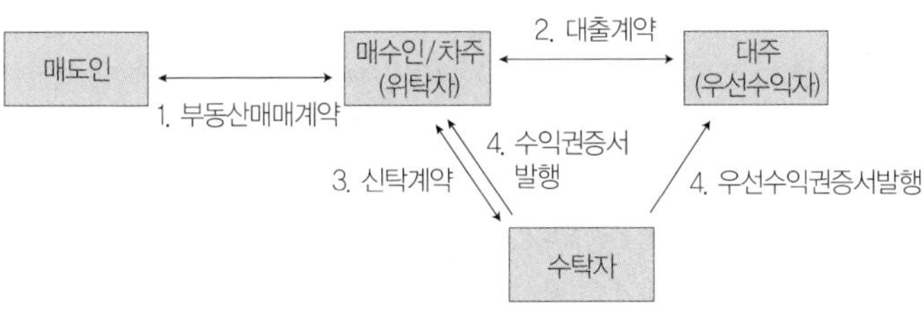

〔그림 8〕 부동산소유권이전등기청구권신탁

다만 소유권이전등기청구권의 신탁을 제3자에게 대항할 수 있으려면 확정일자 있는 증서에 의하여 매도인의 동의 내지 승낙을 받아야 한다. 즉 대법원은 부동산의 매매로 인한 소유권이전등기청구권은 그 이행과정에서 신뢰관계가 따르므로 그 양도에 채무자의 승낙이나 동의를 요한다고 보고, 통상의 채권양도와 달리 양도인의 채무자에 대한 통지만으로는 채무자에 대한 대항력이 생기지 않으며 반드시 채무자의 동의나 승낙을 받아야 대항력이 생긴다고 보고 있다.[56] 따라서 소유권이전등기청구권을 신탁하는 경우에도 매도인에 대한 통지만으로는 대항력이 생기지 않으며, 반드시 확정일자 있는 증서에 의하여 매도인의 동의나 승낙을 받아야 할 것이다.

또한 소유권이전등기청구권의 신탁과 관련해서는 부동산등기 특별조치법 제2조 제3항[57]의 순차등기규정이 적용될 것인지가 문제 될 수 있다. 이에 대해서는 소유권이전등기청구권의 신탁에 대해서도 부동산등기 특별조치법 제2조 제3항이 적용되어야 한다는 긍정설도 가능할 것으로 보인다.

그러나 (i) 소유권이전등기청구권을 신탁하는 행위는 부동산등기 특별조치법 제2조 제3항의 '그 부동산에 대하여 다시 제3자와 소유권이전을 내용으로 하는 계약'에 해당한다고 보기 어렵다는 점, (ii) 대법

56) 대법원 2005. 3. 10. 선고 2004다67653 판결.

57) 부동산등기 특별조치법 제2조 제3항에서는 부동산의 소유권을 이전받을 것을 내용으로 하는 계약을 체결한 자가 반대급부의 이행을 완료하기 전에 그 부동산에 대하여 다시 제3자와 소유권이전을 내용으로 하는 계약을 체결한 때에는 먼저 체결된 계약의 반대급부의 이행이 완료된 날로부터 60일 이내에 먼저 체결된 계약에 따라 소유권이전등기를 신청하여야 한다는 취지를 규정하고 있고, 조세부과를 면하려 하거나 다른 시점 간의 가격변동에 따른 이득을 얻으려 하거나 소유권 등 권리변동을 규제하는 법령의 제한을 회피할 목적으로 부동산등기 특별조치법 제2조 제3항을 위반하게 되면 형사처벌될 수 있다(제8조 제1호).

원 판례도 부동산소유권이전을 내용으로 하는 계약을 체결한 자가 반대급부의 이행이 완료되기 전에 제3자에게 계약 당사자의 지위를 이전하는 계약을 체결한 경우에는 먼저 체결된 계약에 따라 소유권이전등기 신청을 하여야 할 의무가 없다고 판시함으로써 계약이전은 위 '그 부동산에 대하여 다시 제3자와 소유권이전을 내용으로 하는 계약'에 해당하지 않는 것으로 해석하고 있다는 점[58] 및 (iii) 부동산등기 특별조치법의 입법취지가 부동산의 미등기전매를 규제하는 데에 있는데, 소유권이전등기청구권을 신탁하는 것을 미등기전매로 보아 규제할 실익이 없다는 점 등에 비추어 볼 때, 소유권이전등기청구권의 신탁에 대해서는 부동산등기 특별조치법 제2조 제3항이 적용되지 않는다는 부정설이 타당하고, 따라서 수탁자가 직접 양도인으로부터 소유권이전등기를 받을 수 있다고 해석해야 한다.

참고로 소유권이전등기청구권의 양도가 부동산등기 특별조치법 제2조 제2항 및 제8조 제1호에 저촉된다 하더라도 당연히 그 사법상 효력이 부정되는 것이 아니라는 것이 판례의 입장이며,[59] 또한 소유권이전등기청구권의 신탁의 경우 통상 조세부과를 면하려 하거나 다른 시점 간의 가격변동에 따른 이득을 얻으려 하거나 소유권 등 권리변동을 규제하는 법령의 제한을 회피할 목적이 인정되기 어려울 것이므로 부동산등기 특별조치법 제8조 제1호 위반죄가 성립하기 어렵다는 점에서, 실무상 긍정설에 따르더라도 큰 차이는 없을 것이다.

58) 대법원 2007. 5. 11. 선고 2006도5560 판결.

59) 대법원 1993. 1. 26. 선고 92다39112 판결 ; 대법원 1998. 9. 25. 선고 98다22543 판결.

4. 수익권(소유권이전등기청구권)에 대한 강제집행

실무상 수익권의 내용이 일정한 사건이 발생한 경우 수익자가 수탁자에 대하여 소유권이전등기를 청구할 수 있는 권리를 포함하는 경우가 있다. 이와 관련하여 수익자에 대한 채권자가 그와 같은 수익권에 대하여 강제집행을 할 수 있는지가 문제 된다. 판례는 부동산소유권이전등기청구권에 대하여도 강제집행이 가능하다고 본다.[60] 이에 따르면 수탁자에 대한 소유권이전등기청구권을 내용으로 하는 수익권에 대해서도 수익자의 채권자가 강제집행을 할 수 있다.

참고로 민사집행법에 따르면, 부동산소유권이전등기청구권에 대한 강제집행은 보관인을 정하여 보관인의 명의로 부동산에 관한 소유권이전등기절차를 이행하도록 한 다음, 그 부동산에 대하여 강제집행을 하는 방식으로 진행된다.[61]

5. 신탁원부의 대항력

신탁법 제4조는 등기 또는 등록할 수 있는 재산권에 관하여는 신탁의 등기 또는 등록을 함으로써 그 재산이 신탁재산에 속한 것임을 제3자에게 대항할 수 있다고 규정하고 있다.

그런데 부동산등기 특별조치법 제81조는 신탁등기를 할 때에는 (i) 위탁자, 수탁자 및 수익자 등의 성명 및 주소, (ii) 신탁의 목적, (iii) 신탁의 관리방법, (iv) 신탁종료사유, (v) 기타 신탁의 조항 등을 기록한 신

60) 대법원 1978. 12. 18.자 76마381 전원합의체 결정.

61) 민사집행법 제244조 제2항, 제3항.

탁원부를 작성하도록 하고, 그 신탁원부를 등기기록의 일부로 보도록 하고 있다. 실무상으로는 신탁계약서를 별도로 요약하지 않고 그 전부를 신탁원부로 편철하고 있다.[62] 따라서 만약 신탁원부에 관리비 납부의무를 위탁자가 부담한다는 내용이 기재되어 있다면 수탁자는 이로써 제3자에게 대항할 수 있다.[63] 또한 신탁원부에 신탁재산인 부동산의 임대로 인하여 발생한 보증금반환채무가 신탁종료 시 위탁자에게 귀속된다는 내용이 기재되어 있다면, 수탁자는 이로써 임차인에게 대항할 수 있다.[64]

6. 신탁종료에 따른 분양자지위승계약정 시 하자담보책임의 승계

분양계약에서 신탁계약의 해지 · 종료에 따라 분양자의 지위를 위탁자로 이전하는 내용의 합의를 한 경우, 신탁계약 해지 · 종료 시 수분양자가 신탁회사에 대하여 하자담보책임을 물을 수 있는지가 문제된다.

이와 관련하여 위탁자와 신탁회사가 건물을 신축 · 분양하기로 하는 내용의 분양형 토지신탁계약을 체결하고, 위탁자와 수분양자 간에 분양계약을 체결하면서 위탁자, 신탁회사 및 수분양자의 삼자 간 계약으로 신탁계약의 해지 또는 종료 시 분양자 지위를 위탁자가 승계하기로 하는 약정[65]을 한 사안에서, 대법원은 분양자지위승계약정은

62) 김형두, 앞의 논문(주 33), 1025면.

63) 대법원 2012. 5. 9. 선고 2012다13590 판결.

64) 대법원 2001. 11. 9. 선고 2001다58054, 58061 판결 ; 대법원 2004. 4. 16. 선고 2002다12512 판결.

65) "위탁와 수탁자 사이에 체결된 신탁계약의 해지 또는 종료와 동시에 신탁에 기한 수탁자의 모든 행위 및 권리 · 의무는 위탁자에 포괄승계되며, 아울러 이 사건 분

분양자의 지위를 이전하는 계약인수로서, 사기 또는 하자담보책임에 의한 취소 또는 해제의 법률관계와 그로 인한 부당이득반환의무 및 불법행위에 의한 손해배상의무까지도 이전하기로 한 것이라고 봄이 상당하므로 분양계약으로 인한 모든 채권 · 채무관계는 신탁종료와 동시에 위탁자에게 면책적으로 이전되었다고 보았다.[66] 유사한 사안에서도, 대법원은 위와 같은 이유로 수분양자들은 더 이상 수탁자에 대하여 건물에 대한 하자담보책임 또는 분양계약상 채무불이행으로 인한 배상책임은 물을 수 없다고 판시하였다.[67]

7. 분양형 토지신탁의 비용보상청구권과 수익권 포기

사업자(위탁자 겸 수익자)가 자익신탁으로 분양형 토지신탁을 설정하고 사업을 수행한 결과 적자가 발생한 경우, 위탁자 겸 수익자가 자신의 수익권을 포기함으로써 자신의 수탁자에 대한 비용보상의무를 면할 수 있을지 문제 된다. 서울고등법원 2012. 2. 2. 선고 2010나84835 판결은, 분양형 토지신탁에서 수익자는 해당 신탁계약이 자익신탁인지 타익신탁인지에 관계없이 수익자로서의 권리를 포기할 수 있고, 이 경우 수익자로서의 지위를 소급적으로 포기하는 것으로서 이미 발생한 수탁자의 수익자에 대한 비용보상청구권 역시 소멸한다고 하면서, 다만 수익권의 포기가 신의칙 또는 금반언의 원칙에 반하는 것으로서 예외적으로 수익권 포기의 소급효가 제한된다고 보아, 이미 발

양계약에 기한 수탁자의 수분양자들에 대한 모든 권리와 의무도 계약변경 등 별도의 조치 없이 위탁자가 승계한다"는 취지로 약정하였다.

66) 대법원 2005. 4. 15. 선고 2004다24878 판결.

67) 대법원 2012. 2. 9. 선고 2011다99030 판결.

생한 수탁자의 수익자에 대한 비용보상청구권은 소멸하지 않는다고 판시하였다.

이에 대하여 자익신탁인 분양형 토지신탁의 경우 위탁자는 위험을 수반하는 이윤추구행위를 하는 것이므로, 위험이 현실화된 경우 수익자가 이를 부담하는 것이 정당하고, 신탁보수를 받을 뿐 신탁재산으로부터 어떠한 이익을 향수하는 것이 아닌 수탁자가 이를 부담하는 것은 부당하므로, 신탁사업의 비용이 적극재산을 초과하는 때에도 수탁자는 그 비용을 신탁재산과 수익자로부터 보상을 받을 수 있어야 하고, 수익자가 임의로 수익권을 포기함으로 그 비용을 수탁자에게 전가하려는 것은 타당하지 않다는 견해가 있다.[68)]

그러나 (i) 신탁법이 수익자가 수익권을 포기하는 것에 대하여 아무런 제약을 하지 않고 있다는 점,[69)] (ii) 수익권의 포기가 제3자의 권리침해[70)]와 관련되지 않는 한 자익신탁과 타익신탁을 구별할 필요가 없다는 점 및 (iii) 위 서울고등법원 2012. 2. 2. 선고 2010나84835 판결은 개정 전 신탁법에 따라 설정된 신탁에 관한 것인데, 개정 전 신탁법은 제51조 제3항에서 수익자는 수익권을 포기할 수 있다라고만 규정하고 있었으나, 현행 신탁법 제57조 제2항 단서에서는 수익권의 포기는 제3자의 권리를 해치지 못한다라는 취지를 규정하고 있다는 점 등에 비추어 볼 때, 제3자의 권리를 해치지 않는 한 수익자는 자익신탁인지

68) 안성포, "분양형 토지신탁의 비용보상청구권과 수익권의 포기," 법률신문 2012. 6. 11.자.

69) 신탁법 제57조(수익권의 포기)
① 수익자는 수탁자에게 수익권을 포기하는 취지의 의사표시를 할 수 있다.
② 수익자가 제1항에 따른 포기의 의사표시를 한 경우에는 처음부터 수익권을 가지지 아니하였던 것으로 본다. 다만 제3자의 권리를 해치지 못한다.

70) 신탁법 제57조 제2항 단서 참조.

타익신탁인지를 불문하고 자유롭게 수익권을 포기할 수 있다고 보는 것이 타당하다. 이와 같은 해석에 따를 경우, 위 고등법원에서 문제 된 사안과 같은 경우 수익권 포기는 유효하나, 다만 그 수익권의 포기로 인하여 제3자인 수탁자의 권리를 해치게 되는 범위 내에서 포기의 소급효가 제한된다(즉 수익권 포기 이전까지 발생한 수탁자의 수익자에 대한 비용보상청구권은 소멸하지 아니한다)고 할 것이다. 다만 이에 대해서는 수탁자는 수익권포기의 의사표시의 상대방이며, 신탁법 제57조 제2항 단서 규정의 제3자의 범위에' 포함되지 않고, 따라서 신탁수익을 초과하는 비용 등이 발생한 때에도 수익자는 자유롭게 수익권을 포기할 수 있다는 반대 견해가 있으나,[71] 위 제3자의 범위에서 수탁자를 제외할 합리적인 이유나 근거를 찾기 어렵고, 수탁자도 보호할 필요성이 있으므로 위 반대 견해는 타당하지 않다고 본다.

8. 부동산신탁과 배임죄

부동산의 이중양도에서 배임죄가 문제 되듯이, 때로는 부동산에 대하여 신탁을 설정하는 행위가 형법상 배임죄에 해당할 수 있다.

차용금 또는 공사대금의 지급을 위하여 아파트 분양계약서를 작성해 준 자가 관리신탁을 체결하여 신탁회사에 그 아파트의 소유권을 이전한 사안에서, 대법원은 이러한 행위는 분양계약에 따라 소유권이전등기청구권을 갖고 있는 피해자들에 대한 업무위배행위이고 배임의 고의도 인정된다고 판단하여 배임죄의 성립을 인정하였다.[72]

71) 최수정, 앞의 논문(주 13), 158면.

72) 대법원 2010. 9. 9. 선고 2010도5975 판결.

또한 대법원은, 매수인은 매도인으로부터 토지를 매수하여 먼저 소유권이전등기를 넘겨받은 다음 매매대금 지급을 담보하기 위해 이를 신탁회사에 처분신탁하고 신탁계약상의 수익권에 관하여 매도인에게 권리질권을 설정해 주었으나, 매매대금 일부가 미지급된 상태에서 일부 토지에 관한 신탁계약을 해지하고 이를 제3자에게 처분한 사안에서, 매수인은 배임죄의 주체인 '타인의 사무를 처리하는 자'에 해당하고, 매수인의 배임행위로 매도인에게 손해를 가하였다고 판단하여 배임죄의 성립을 인정하였다.[73)]

참고로 위 대법원 판결과 같이 위탁자와 수탁자 간의 합의로 신탁계약을 유효하게 해지할 수 있다는 것이 판례의 입장인바, 실무상 수익자로서는 신탁계약 체결 시 신탁계약(특약)의 당사자로 참여함으로써 위탁자와 수탁자 간의 합의만으로 수익자의 의사에 반하여 신탁계약이 해지되는 것을 방지할 필요가 있다.

Ⅳ. 부동산신탁과 조세 및 공과금

1. 법인세 및 소득세

법인세법과 소득세법은 신탁재산에 귀속되는 소득은 수익자가 그 신탁재산을 가진 것으로 보고 과세하고 있다.[74)] 다만 수익자가 정해지

73) 대법원 2010. 8. 26. 선고 2010도4613 판결.

74) 다만 내국법인의 각 사업연도 소득 중 공익신탁의 신탁재산에서 발생하는 소득에 대하여는 각 사업연도 소득에 대한 법인세를 과세하지 않고(법인세법 제51조), 공익신탁의 이익에 대해서는 소득세를 과세하지 않는다(소득세법 제12조 제1호).

지 아니하거나 존재하지 아니하는 경우에는 신탁재산이 신탁의 위탁자 또는 그 상속인에게 귀속되는 것으로 보고 있다(법인세법 제5조 제1항, 소득세법 제2조의2 제6항).

2. 재산세

지방세법상 수탁자 명의로 등기된 신탁부동산의 경우 그에 대한 재산세 납세의무는 수탁자가 부담한다(지방세법 제107조 제2항 제5호). 참고로 2014. 1. 1. 이전의 지방세법에서는 수탁자 명의로 등기된 신탁부동산의 경우 그에 대한 재산세 납세의무를 위탁자가 부담하도록 규정하고 있었고(개정 전 지방세법 제107조 제2항 제5호), 이와 관련하여 대법원 판례도 신탁부동산에 대한 재산세에 대하여 위탁자가 납세의무를 부담한다고 판시하고 있다.[75)]

3. 취득세

지방세법 제9조 제3항에 따라 (i) 위탁자로부터 수탁자에게 신탁부동산을 이전하는 경우, (ii) 신탁의 종료로 인하여 수탁자로부터 위탁자에게 신탁부동산을 이전하는 경우 및 (iii) 수탁자가 변경되어 신수탁자에게 신탁부동산을 이전하는 경우에는 취득세가 부과되지 않는다.[76)] 다만 수탁자가 신탁재산으로 별도의 부동산을 취득하면 그에 대한 취득세는 수탁자가 부담하게 된다.

---

75) 대법원 2012. 5. 10. 선고 2010두26223 판결.

76) 다만 주택조합 등과 조합원 간의 부동산 취득 및 주택조합 등의 비조합원용 부동산 취득은 비과세 대상에서 제외된다.

4. 간주취득세

실무상 신탁재산인 토지의 지목변경으로 인하여 그 토지의 가액이 상승할 경우 그 상승분에 대한 간주취득세의 납세의무자를 누구로 할 것인지가 문제 되었다.[77] 이에 대하여 대법원은 토지의 경우 취득세 과세 대상이 되는 것은 토지의 소유권을 취득하거나 소유하고 있는 토지의 지목이 사실상 변경되어 가액이 증가한 경우인데, 부동산신탁에 있어 수탁자 앞으로 소유권이전등기를 마치게 되면 소유권이 수탁자에게 이전되는 것이라는 점, 신탁법 제27조[78]에 의해 신탁재산에 속하게 되는 부동산 등 취득에 대한 취득세 납세의무자도 원칙적으로 수탁자인 점 등에 비추어, 신탁으로 소유권이 이전된 토지에 대하여 지목변경으로 인한 취득세 납세의무자는 수탁자로 보아야 한다고 판시하고 있다.[79]

5. 부가가치세

부가가치세법상 부가가치세는 사업상 독립적으로 재화 또는 용역을 공급하는 자(즉 사업자)가 납부할 의무를 지는데(제2조 제3호), 대법원은 자익신탁인 토지개발신탁의 부가가치세 납세의무자는 위탁자로,[80] 타익신탁인 담보신탁의 납세의무자는 수익자라고 보고 있다.[81]

---

77) 소득세법 제7조 제4항.

78) 신탁법 제27조(신탁재산의 범위) 신탁재산의 관리, 처분, 운용, 개발, 멸실, 훼손, 그 밖의 사유로 수탁자가 얻은 재산은 신탁재산에 속한다.

79) 대법원 2012. 6. 14. 선고 2010두2395 판결.

80) 대법원 2003. 4. 25. 선고 2000다33034 판결.

81) 대법원 2003. 4. 25. 선고 99다59290 판결.

그 논거로 판례는 자익신탁의 경우, 신탁의 법률관계를 부가가치세법 제10조 제7항 소정의 위탁매매와 같다고 보아 신탁재산의 관리 · 처분 등 신탁업무를 처리함에 있어서의 사업자 및 이에 따른 부가가치세 납세의무자는 원칙적으로 위탁자라고 보아야 하고, 다만 타익신탁의 경우에는 그 우선수익권이 미치는 범위 내에서는 신탁재산의 관리 · 처분 등으로 발생한 이익과 비용도 최종적으로 수익자에게 귀속되어 실질적으로는 수익자의 계산에 의한 것으로 되므로, 이 경우 사업자 및 이에 따른 부가가치세 납세의무자는 위탁자가 아닌 수익자로 보아야 한다는 점을 들고 있다.[82)]

다만 이에 대해서는 신탁제도는 위탁매매와 달리 위탁자와의 관계에서도 독립성이 강화되어 있고 제3자와의 관계에서 완전히 독립된 거래관계로서 위탁매매와 차이가 있는바, 위 판례들은 위탁매매가 지니고 있는 외연의 범위를 넘어 세법적 사실을 포섭한 조세법상 엄격해석의 원칙에 위배된다고 하면서, 적어도 토지개발신탁에 있어서는 수탁자를 납세의무자로 보는 것이 타당하다는 견해가 있다.[83)]

6. 지역자원시설세

특정 부동산에 대한 지역자원시설세의 납세의무자는 해당 부동산의 소유자이므로(지방세법 제143조 제7호), 신탁부동산에 관한 지역자원시설세의 납세의무자는 수탁자가 된다.

---

82) 대법원 2003. 4. 25. 선고 99다59290 판결.

83) 박승재, "신탁재산의 관리처분상 부가가치세 납세의무자," 법률신문 2004. 1. 19자, 3면.

7. 종합부동산세

종합부동산세법에 의하면, 지방세법에 따른 재산세 납세의무자가 종합부동산세를 납부할 의무를 부담하게 되어 있다(종합부동산세법 제2조 제5호, 제6호). 따라서 수탁자 명의로 등기된 신탁부동산의 경우 수탁자가 종합부동산세 납부의무를 지게 된다(지방세법 제107조 제2항 제5호).[84)]

8. 위탁자의 조세체납에 따른 신탁부동산에 대한 조세압류

국세징수법 제24조는 체납처분으로서 압류의 대상을 납세자의 재산으로 국한하고 있다. 이와 관련하여 위탁자의 조세체납에 따른 신탁부동산에 대한 압류처분의 유효성이 문제 되는데, 판례는 신탁법상 신탁재산은 대내외적으로 소유권이 수탁자에게 귀속되는 것이므로 위탁자에 대한 조세채권을 근거로 한 신탁부동산의 압류처분은 제3자의 재산을 대상으로 한 압류로서 당연무효라고 한다.[85)]

그럼에도 불구하고 과세관청은 신탁재산에 대한 압류처분이 유효성을 계속 주장하면서, 조세채권이 신탁 전의 원인으로 발생한 권리라고 하거나 신탁사무의 처리상 발생한 채권이라고 주장해 왔다. 이에 대하여 대법원은 신탁법상 신탁이 이루어지기 전에 압류를 하지 아니한 이상 그 조세채권은 신탁법 제22조 소정의 신탁 전의 원인으

84) 2014. 1. 1. 지방세법 개정에 의해 재산세의 납세의무자가 수탁자로 변경됨에 따라 신탁재산에 대한 종합부동산세 납세의무자도 수탁자로 변경되었다.

85) 대법원 1996. 10. 15. 선고 96다17424 판결 ; 대법원 2012. 4. 13. 선고 2011두686 판결.

로 발생한 권리로 볼 수 없다고 판시하였다.[86] 또한 신탁법 제22조 소정의 신탁사무의 처리상 발생한 채권은 수탁자가 신탁사무와 관련한 행위를 함으로써 수탁자에 대하여 발생한 권리를 의미하는데, 해당 조세채권은 위탁자에 대한 채권으로서 신탁사무의 처리상 발생한 수탁자에 대한 채권이라고 볼 수 없다고 판시하였다.[87]

9. 개발부담금

개발이익환수에 관한 법률 제6조 제1항은 원칙적으로 사업시행자에게 개발부담금 납부의무가 있고, 다만 개발사업을 위탁하거나 도급한 경우에는 그 위탁이나 도급을 한 자(제1호), 개발사업을 완료하기 전에 사업시행자의 지위를 승계하는 경우에는 그 지위를 승계한 자(제3호)가 개발부담금을 납부하도록 하고 있다.

이와 관련하여 수탁자가 위탁자로부터 토지를 신탁받아 주택건설개발사업을 시행하기로 하는 토지신탁사업약정 및 분양형 토지신탁계약을 체결하고 토지소유권이전등기를 넘겨받은 후 사업 주체를 위탁자에서 수탁자로 변경하는 승인을 받고 주택을 완공하여 주택사용승인을 받은 사안에서, 관할 행정청이 수탁자가 개발이익환수에 관한 법률 제6조 제1항 제3호의 개발사업을 완료하기 전에 사업시행자의 지위를 승계한 자에 해당한다는 이유로 수탁자에 개발부담금 부과처

86) 대법원 1996. 10. 15. 선고 96다17424 판결.

87) 대구고등법원 2010. 11. 26. 선고 2010누1843 판결, 김성균, "개발신탁 관련 조세채권을 원인채권으로 하는 신탁재산에 대한 압류," 중앙법학 제13집 제2호(2011. 6), 342-345면. 다만 IV. 2. 및 7.에서 언급한 대로 2014. 1. 1. 지방세법 개정에 따라 재산세 및 종합부동산세의 납세의무자가 수탁자로 변경되었으므로, 재산세 및 종합부동산세를 근거로 신탁재산에 대하여 압류처분을 하는 것이 가능해졌다.

분을 하였다. 이에 대하여 대구고등법원 2012. 10. 26. 선고 2012누1243 판결은, 개발이익은 제3자인 관할 행정청과의 관계에서 토지 소유자인 수탁자에 실질적으로 귀속되고, 다만 신탁계약상의 수익분배약정은 신탁계약종료 시 수탁자와 위탁자 사이에서 실시할 사업정산에 관한 내부적인 약정에 불과하고, 신탁계약을 체결한 후 위탁자로부터 사업시행자 지위를 넘겨받음으로써 개발이익의 실질적 귀속자가 수탁자로 변경된 경우 수탁자는 개발이익 환수에 관한 법률 제6조 제1항 단서 제1호에서 정하는 개발사업을 위탁한 경우에 해당되지 않고, 오히려 동항 단서 제3호에서 정하는 개발사업을 완료하기 전에 사업시행자의 지위를 승계한 자에 해당하는 것으로 보는 것이 타당하고 하면서, 수탁자가 개발부담금을 납부할 의무가 있다고 판시하였다.

10. 환경개선부담금, 교통유발부담금 및 도로점용료

환경개선부담금은 환경오염시설물의 소유자 또는 점유자가 납부의무자가 된다(환경개선비용 부담법 제9조 제1항). 따라서 신탁부동산이 환경오염시설물에 해당될 경우, 수탁자가 납부의무자라고 보아야 할 것이다.

교통유발부담금은 교통유발시설물의 소유자가 납부의무자가 된다(도시교통정비 촉진법 제36조 제1항). 그러므로 신탁부동산이 교통유발시설물인 경우, 수탁자를 납부의무자로 보게 될 것이다.

도로점용료의 납부의무자는 도로를 점용하는 자이므로(도로법 제41조 제1항), 신탁재산이 도로에 해당할 경우 수탁자가 도로점용료 납부의무자가 될 것이다.

13

신탁제도를 통한 재산승계*

-유언대용신탁과 수익자연속신탁을 중심으로-

정소민**

I. 서론

신탁은 영미법계 국가에서 발전해 온 제도로서 신임관계에 기초하여 재산을 수탁자에게 이전하고 수탁자에게 수익자를 위하여 신탁재산의 관리 · 처분을 맡기는 제도이다. 영미법계의 신탁제도가 다른 나라에도 영향을 주어 각 나라마다 신탁 또는 신탁과 유사한 제도를 두게 되었으나, 다른 나라에서는 사인 간의 거래에서 무상으로 재산을 이전하는 형태의 민사신탁(donative trusts, gratuitous trusts)보다는 주로 상사신탁을 중심으로 발전하였다. 재산을 증여하는 방식으로 신탁을 이용하는 것은 영미법계의 특징이고 영미법계 이외의 국가에서 증여의

---

* 이 논문은 BFL 제62호(2013. 11)에 게재된 글을 수정 · 보완한 것이다.

** 한국외국어대학교 법학전문대학원 부교수

방법으로 신탁을 이용하는 경우는 매우 예외적이다.[1]

그런데 우리나라의 경제가 발전하고 자산가들이 출현하면서 많은 사람들이 재산상속의 문제에 관심을 갖게 되었다. 또한 학계에서는 다소 엄격한 우리나라의 법정상속이나 유증 이외에 생전에 본인의 의사를 적극적으로 반영하여 재산상속의 큰 틀을 계획할 수 있는 제도로서 영미의 신탁제도의 도입이 논의되었다. 신탁제도를 활용하면 (i) 위탁자의 재산처분의 자유를 극대화할 수 있고, (ii) 법정상속이나 유증으로는 달성할 수 없는 세대를 넘어서는 재산승계를 설계할 수 있다는 장점이 있기 때문이다.

우리나라에서는 1961년 신탁법이 제정된 이래 증권투자신탁, 자산유동화신탁, 부동산신탁 등의 상사신탁을 중심으로 발전하였고 사인간에 증여의 수단으로는 신탁이 거의 이용되지 않았다. 상거래에서 신탁제도의 이용이 증가하면서 1961년 제정 이래 실질적인 개정이 거의 이루어지지 않은 신탁법의 현대화가 필요하다는 목소리가 커짐에 따라 50년 만에 신탁법이 전면 개정되어 2012. 7. 26.부터 시행되고 있다.

개정된 신탁법[2]은 실로 많은 내용이 바뀌었는데 특징적인 내용 중의 하나가 유언대용신탁과 수익자연속신탁에 관한 조문을 신설하고 이들 신탁의 유효성을 명문으로 인정한 것이다. 사실 유언대용신탁과 수익자연속신탁의 유효성에 관하여는 신탁법 개정 이전부터 논의되었고 굳이 신탁법에 명문의 규정을 신설하지 않더라도 설정이 가능하다고 해석되었다. 그러나 그 유효성에 관하여 의문을 제기하는 견해

1) Dukeminier / Sitkoff, Wills, Trusts, and Estates (9th ed.), Wolters Kluwer (2013), p.400.

2) 이 논문에서 '신탁법'은 2012년 7월 26일부터 시행되고 있는 '신탁법'(법률 제10924호)을 지칭한다.

도 있었기 때문에 신탁법에서 명문으로 그 유효성을 인정함으로써 향후 이들 신탁의 활용도를 높일 수 있는 계기가 될 것으로 생각된다. 이 논문에서는 상속을 대신하여 재산승계를 계획할 수 있는 제도로서 유언대용신탁과 수익자연속신탁에 관하여 살펴보기로 한다.

II. 신탁의 구조

유언대용신탁과 수익자연속신탁에 대해서 논의하기 전에 영미법상 신탁의 구조에 대해서 간략하게 살펴보고자 한다. 영미신탁의 가장 큰 특징은 위탁자가 수탁자에게 재산을 이전함으로써 수탁자는 신탁재산의 법적 권원(legal title)을 취득하고 수익자는 형평법상의 수익적인 소유권(equitable or beneficial ownership)을 취득하는 데에 있다. 이와 같이 신탁은 신탁재산의 법적 권원과 수익적 소유권을 분리[3)]시키기 때문에 단순증여 또는 유증으로는 달성할 수 없는 다양한 재산이전의 구조를 창설할 수 있다.

A가 B에게 부동산 X의 소유권을 증여(또는 유증)한다고 하자. 증여 또는 유증을 통하여 B가 부동산 X의 소유권을 취득한 순간부터 부동산 X의 사용 · 수익 · 처분권은 전적으로 B에게 귀속되고 A는 더 이상 B의 부동산 X에 대한 관리 · 처분행위에 간섭하거나 영향을 미칠 수 없는 것이 원칙이다. A가 B에게 부동산 X를 증여 또는 유증하면서

---

3) 신탁의 특징인 '소유권의 분기(bifurcation of ownership)' 현상으로 인하여 (i) 신탁재산 및 수탁자의 고유재산에 대한 제3자의 권리, (ii) 수탁자의 권리와 의무, 신탁재산과 수탁자에 대한 수익자의 권리와 의무에 관한 문제가 대두된다. Dukeminier / Sitkoff, 앞의 책(주 1), p.393.

이 부동산을 마을 사람들이 이용할 수 있는 도서관 부지로 사용해 달라고 하였더라도 A와 B 사이에 이루어진 증여 또는 유증이 부담부증여 또는 부담부유증으로 해석되지 않는 한, B는 부동산 X의 소유권을 취득한 이후 이를 도서관 부지로 사용하지 않고 자유롭게 처분할 수 있다. 이때 A는 B에게 도의상의 책임을 묻는 이외에 법적인 책임을 묻기는 어렵다.[4] B는 A로부터 부동산 X를 증여받아 X에 대해 완전한 소유권을 취득하였고 소유자로서 자유롭게 관리 · 처분행위를 할 수 있기 때문이다.

그런데 사안에 따라서는 증여 또는 유증 이후에도 A가 원하는 방식으로 부동산 X를 관리 · 처분하는 것이 바람직한 경우가 있다. B가 미성년자이거나 장애인인 경우이다. 신탁은 신탁재산의 법적 권원과 수익적 소유권을 분리하기 때문에 재산이전의 구조를 다양하게 설계할 수 있다. A는 직접 부동산 X를 B에게 증여 또는 유증하지 않고, A가 신임하는 수탁자 C에게 부동산 X를 신탁하고 수익자를 B로 지정하는 것이다. 신탁행위로 "수탁자 C는 B가 성년이 될 때까지는 매달 부동산 X에서 나오는 임대료 등을 신탁수익으로 B에게 지급하고, B가 성년이 되었을 때 신탁재산인 부동산 X 자체를 B에게 분배하라"고 정

4) 우리나라 대법원 판례(1972. 7. 25. 선고 72다909 판결)와 하급심 판례(부산지방법원 2009. 5. 7. 선고 2008가합12371 판결)는 부담부증여라 함은 수증자에게 일정한 급부를 할 채무를 부담시키는 것을 말하고 단순히 증여목적물의 사용 목적을 지정함에 지나지 않은 경우에는 부담부증여라고 할 수 없으며, 증여의 목적인 재산의 사용방법 등에 관하여 일정한 약속을 한 경우에도 마찬가지라고 판시하였다. 따라서 증여된 재산의 사용 목적 또는 사용방법을 지정함에 지나지 않는 경우에는 그 증여약정이 상대방에게 증여재산을 지정한 목적대로 사용할 채무를 부담시키는 부담부증여에 해당한다고 볼 수 없기 때문에 상대방이 증여재산을 지정한 목적대로 사용하지 않더라도 부담부증여를 전제로 하여 수증자의 채무불이행을 이유로 증여약정을 해제할 수 없다고 한다.

할 수 있다. 이때 수익자인 B는 직접 부동산을 증여받았을 때와는 달리 성년이 되기 전에는 부동산 X에 대한 소유권을 취득할 수 없고 이를 처분할 수 없다. 왜냐하면 수탁자가 부동산 X에 대한 법적 권원을 보유하고 수탁자는 위탁자가 신탁행위로 정한 내용에 따라 부동산 X를 관리 · 처분할 법적 의무가 있기 때문이다.

이와 같이 신탁을 통하여 재산을 이전하면 수익자에게 신탁수익을 언제 얼마나 지급할 것인지, 신탁원본은 언제 어떻게 분배할 것인지에 관하여 다양하고 유연한 설계가 가능하다.[5)]

III. 유언대용신탁

1. 개념 및 의의

유언대용신탁은 (i) 수익자가 될 자로 지정된 자가 위탁자의 사망 시에 수익권을 취득하는 신탁(신탁법 제59조 제1항 제1호) 또는 (ii) 수익자가 위탁자의 사망 이후에 신탁재산에 기한 급부를 받게 되는 신탁(동조 동항 제2호)이다. 이때 위탁자는 신탁행위로 달리 정한 경우가 아닌 한 원칙적으로 수익자를 변경할 권리를 갖는다(동조 동항).

유언대용신탁은 위탁자가 생전에 신탁을 설정하고 위탁자의 사망을 원인으로 수익자에게 재산을 수여하는 것이다. 사망을 원인으로 재산의 처분이 이루어진다는 점에서 유증 또는 사인증여와 유사하다. '유언대용신탁'은 그 용어에서 알 수 있듯이 유언 대신 신탁을 이용하

5) 이를 '신탁설계상의 유연성(flexibility in design)'이라고 한다.

여 유언으로 재산을 처분하는 것과 동일한 효과를 가져오도록 하는 것이다.[6] 유언자는 유언으로 자신의 재산을 자유롭게 처분할 수 있고 언제든지 마음이 바뀌면 유언을 철회할 수 있는 자유가 있다(민법 제1108조). 유언이 종의처분(終意處分)으로서의 성질을 가지기 때문에 유언자의 의사를 존중하기 위한 것이다. 유언철회의 자유를 신탁의 구조에 대입해 보면 위탁자에게 자유로운 신탁해지권을 인정하거나 수익자변경권을 인정하는 것이다. 신탁법은 일반적인 신탁종료사유로서 위탁자가 신탁이익의 전부를 누리는 신탁은 위탁자가 언제든지 이를 종료할 수 있다고 규정하고 있고(신탁법 제99조 제2항), 유언대용신탁의 경우에는 특별 규정을 두어 위탁자에게 수익자변경권을 인정하고 있다(동법 제59조 제1항). 즉 유언대용신탁의 경우에 위탁자는 자유롭게 수익자를 변경함으로써 철회의 자유가 인정되는 유언에 의한 재산처분과 유사한 기능을 수행할 수 있도록 입법하였다.[7] 또한 신탁법은 신탁행위로 신탁종료사유를 정할 수 있다고 규정하고 있으므로(동법 제98조 제6호) 신탁을 설정할 때 위탁자는 일정한 사유를 신탁의 종료사유로 규정하여 신탁을 종료시킬 수도 있다.

유언대용신탁은 그 개념상 미국에서 유언의 대체수단(will substitutes)

6) 신탁법에서 사용하는 '유언대용신탁'이라는 법률용어가 적합한 용어인지에 대해서는 논란이 있다. 자세한 내용은 최수정, "개정 신탁법상의 재산승계제도— 유언대용신탁과 수익자연속신탁을 중심으로—," 법학논총 제31집 제2호(2011. 8), 69면 ; 이근영, "신탁법상 재산승계제도와 상속," 법학논총 제32집 제3호(2012. 12), 214-215면 참조.

7) 갑은 "내가 사망하면 을에게 부동산 X를 준다"고 유언하였다가 이 유언을 철회하고 "내가 사망하면 부동산 X를 병에게 준다"라고 다시 유언을 할 수 있다. 동일한 결과를 유언대용신탁으로 도출하자면 "갑은 부동산 X를 수탁자에게 신탁하고 수익자를 을로 지정하되 을은 갑이 사망한 때로부터 수익자가 된다"라고 유언대용신탁을 설정한 후 갑이 "위 신탁에서 수익자가 될 자를 을에서 병으로 변경"하면 된다.

으로 이용되고 있는 철회가능신탁(revocable trusts)과 유사하다. 철회가능신탁은 위탁자가 철회권을 보유한 신탁으로서 신탁설정 이후에 위탁자가 자유로이 신탁을 철회하고 신탁재산을 위탁자의 재산으로 복귀시킬 권리를 가지는 신탁이다.[8)] 신탁법은 유언대용신탁에 대해 규정하면서 단지 1개의 조문만을 두고 있기 때문에 유언대용신탁을 둘러싼 법률관계를 명확하게 규정하기 어려운 경우가 많다. 따라서 유언대용신탁에 관한 법률관계를 검토함에 있어서 적절한 범위 내에서 미국의 철회가능신탁에 관한 판례, 해석론 등을 참고하고자 한다.

2. 유언대용신탁의 설정

유언대용신탁은 위탁자가 생전에 설정하는 생전신탁(living trusts)이다. 유언대용신탁은 위탁자가 생전에 신탁계약 또는 신탁선언을 통해 설정하기 때문에 민법상 유언의 방식을 갖출 필요가 없다.[9)] 미국에서도 유언의 대체수단으로서 행해지는 철회가능신탁은 유언의 방식에 따를 필요가 없다고 해석하고 있다.[10)] 반면 유언신탁은 민법이 정한 유언의 방식에 따라야 하는 엄격한 요식성이 요구된다.

유언대용신탁은 위탁자가 신임하는 수탁자에게 재산을 이전하고 수익자를 위하여 사후 신탁재산의 관리·처분을 맡기는 것이다. 따라

8) 철회가능신탁의 위탁자는 통상 철회권 외에 그 신탁에 대한 변경권까지 가지고 있다. 또한 미국에서는 상속의 대체수단으로 철회가능신탁을 이용하는 빈도가 증가함에 따라 통일신탁법(UTC, Uniform Trust Code)은 철회가 불가능하다고 명시되어 있지 않는 한 위탁자는 신탁을 철회하거나 변경할 수 있다고 규정하여 신탁을 철회가능신탁으로 추정하고 있다. Dukeminier / Sitkoff, 앞의 책(주 1), pp.449-450.

9) 같은 취지로는 최수정, 앞의 논문(주 6), 68면.

10) Dukeminier / Sitkoff, 앞의 책(주 1), p.441.

서 유언대용신탁은 수탁자와의 신탁계약으로 설정되는 경우가 일반적일 것이다(신탁법 제3조 제1항 제1호). 그러나 위탁자의 신탁선언(동조 동항 제3호)으로 유언대용신탁을 설정할 수도 있다. 신탁선언으로 유언대용신탁을 설정하면 위탁자는 수탁자의 지위를 겸하게 된다. 그런데 유언대용신탁은 위탁자의 사망으로 수익자가 되거나 수익자에게 지급이 이루어지는 신탁이기 때문에 위탁자의 사망 이후 수탁자의 업무가 중요하다. 따라서 신탁선언으로 유언대용신탁을 설정하게 되면 승계수탁자를 정하여 놓는 것이 바람직하다. 그러나 승계수탁자를 정해 놓지 않더라도 신탁이 종료하는 것은 아니고, 수탁자의 사망으로 수탁자의 임무가 종료하였으므로(동법 제12조 제1항 제1호) 수익자는 단독으로 신수탁자를 선임할 수 있다(제21조 제1항 본문).

3. 유언대용신탁에서 수익자의 권리

일반적으로 신탁에서 수익자는 일정한 권리를 향유하고 의무를 부담한다.[11] 그런데 유언대용신탁에서 수익자 또는 수익자로 될 자는 위탁자가 사망할 때까지 권리를 행사하지 못하고 의무도 부담하지 않는다. 유언대용신탁 중 수익자로 될 자로 지정된 자가 위탁자의 사망 시에 수익권을 취득하는 신탁(제59조 제1항 제1호)은 위탁자가 사망하여야 비로소 수익자가 되므로 수익자가 되기 전까지 수익자로서의 권리를 행사하지 못하는 것은 해석상 명백하다. 유언대용신탁 중 수익자가 위탁자의 사망 이후에 신탁재산에 기한 급부를 받는 신탁의 경우에는(동조 동항 제2호) 위탁자의 사망 이전에 수익자로서의 지위를 부

11) 신탁법 제5장 수익자의 권리 · 의무 제56～77조, 제99조 등 참조.

여받았지만 신탁법은 원칙적으로 위탁자가 사망할 때까지 수익자는 수익자로서의 권리를 행사하지 못한다고 규정하고 있다(동조 제2항).

또한 신탁을 변경하기 위해서는 원칙적으로 위탁자, 수탁자 및 수익자의 합의가 필요하지만(신탁법 제88조 제1항 참조), 유언대용신탁에서는 위탁자가 생존하는 동안 수탁자와의 합의만으로 신탁을 변경할 수 있다. 즉 신탁의 변경에 수익자의 합의를 필요로 하지 않는다. 유언대용신탁에서 위탁자는 언제든지 수익자를 변경할 수 있고 수익자는 위탁자가 사망하여야 비로소 수익자가 되거나 수익자로서의 권리를 행사할 수 있기 때문이다.

유언대용신탁의 이러한 특징을 종합하면, 유언 철회의 자유가 인정되어 수유자가 유언의 효력이 발생할 때까지는 법적으로 보호받을 권리를 가지지 못하는 것처럼 유언대용신탁의 수익자 역시 위탁자가 사망할 때까지 법적으로 보호받을 권리를 가지지 못한다고 할 것이다. 미국에서도 철회가능신탁의 수익자는 위탁자가 철회권을 보유하고 있는 동안에는 어떤 법적 권리(legal rights)도 가지지 않고 단지 기대권(a mere expectancy)을 가지고 있을 뿐이라고 해석하고 있다.[12)]

4. 유언대용신탁의 기능

유언대용신탁을 통하여 위탁자는 생전에 사후 재산을 어떻게 관리 · 처분할 것인지를 계획하고 후손들에게 일시에 재산을 모두 이전하는 방식 이외에 다양한 지급구조로 재산을 물려줄 수 있다. 예컨대 위탁자에게 구체적인 관리 · 처분계획이 있으면 이를 신탁행위에 명

12) Dukeminier / Sitkoff, 앞의 책(주 1), p.450.

시하여 수탁자가 이에 따르도록 할 수도 있고, 수탁자에게 재량권을 부여하여 수탁자의 합리적인 판단 아래 신탁재산이 관리되도록 할 수도 있다. 수탁자에게 재량권을 부여하는 경우 위탁자는 신탁재산에 관한 투자 또는 배분에 관한 결정을 당장 하지 않고 수탁자가 향후 시장 상황의 변화와 수익자가 처한 상황과 능력을 고려하여 신탁재산을 투자하거나 배분하도록 수탁자에게 그 결정을 맡길 수 있다. 신임하는 수탁자에게 재산관리를 맡기게 되므로 수익자가 제한능력자이거나 고령자인 경우에 유언대용신탁을 활용하면 법정상속이나 유증에 의할 때보다 수익자에게 바람직한 결과를 가져올 수 있다. 아래에서는 그 구체적인 내용을 살펴보기로 한다.

(1) 제한능력자를 위한 신탁

자녀가 정신적 또는 육체적으로 장애가 있어서 재산을 관리할 능력이 없는 경우를 생각해 보자. A에게는 정신적 장애가 있는 아들 B와 그렇지 않은 딸 C가 있다. A는 딸 C에게는 법정상속이나 유증을 통하여 일시에 재산을 상속하게 하고, B를 위해서는 다음과 같은 유언대용신탁을 설정할 수 있다. "수탁자는 수익자 B가 살아 있는 동안 매달 B에게 신탁수익으로 200만 원을 지급하고, B가 사망하면 신탁은 종료한다. 신탁종료 시 잔여 재산은 딸 C에게 분배한다." 이 경우 수탁자는 제한능력자인 B를 대신해서 위탁자가 정한 내용대로 신탁재산을 관리 · 처분하게 된다. 위탁자는 수익자 B에게 매달 200만 원을 지급하도록 정하였으므로 B는 적어도 사망할 때까지 신탁재산에서 나오는 수익으로 생계를 꾸려 나갈 수 있다. 또한 B가 사망하면 신탁은 종료하고 잔여 재산은 딸 C에게 분배된다.

법정상속이나 유증을 통하여 B에게 재산승계가 이루어지면 B는 일시에 큰돈을 수여받게 된다. 이때 B가 그 재산을 유지하면서 사망할 때까지 자신의 생계를 잘 꾸려 갈 수 있을지는 장담하기 어렵다. 이런 위험을 최소화하기 위해서 위탁자는 재산관리를 맡기기에 적합한 개인 또는 금융기관을 수탁자로 하여 유언대용신탁을 설정하고 수익의 지급구조를 B의 개인적인 사정에 맞게 조절하면서 재산승계를 이루어 낼 수 있다. 또한 B가 사망할 때까지 지급되고 남은 돈이 있는 경우에 그 잔여 재산은 딸인 C에게 지급되도록 함으로써 위탁자가 사망한 이후에도 신탁재산이 위탁자의 생전 의사에 따라 관리 · 처분될 수 있다.

(2) 미성년자를 위한 신탁[13)]

미국에서 미성년자를 위한 신탁으로 활발하게 이용되는 것은 소위 부양신탁(support trusts)이다. 부양신탁은 배우자와 자녀들을 수익자로 하여 그들이 누리는 일정한 생활수준을 유지할 수 있도록 부양의 목적으로 설정된다. 예를 들어 위탁자 A는 미성년 자녀인 B를 수익자로 하여 부동산 X를 신탁재산으로 유언대용신탁을 설정할 수 있다. "A가 사망한 후부터 수탁자는 B의 부양과 생활유지를 위하여 신탁수익(부동산 X에서 나오는 임대료)을 B에게 지급한다. B가 25세가 되면 신탁원본(부동산 X)을 B에게 지급한다." 미성년 자녀를 두고 부모가 모두 사망하는 경우에 대비하여 그 자녀가 직접 재산을 관리할 수 있는 능력

13) 미성년자를 위한 신탁에 관한 보다 자세한 내용은 정소민, "신탁제도를 통한 미성년자 보호에 관한 연구," 외법논집 제36권 제2호(2012. 5), 115면 이하 참조.

을 갖출 때까지 부모가 신임하는 수탁자를 통하여 신탁재산이 관리되도록 하는 것이다. 미성년 자녀는 부모가 사망한 이후에도 부동산 X로부터 나오는 신탁수익(임대료)으로 안정적인 생활을 유지할 수 있고, 부모가 신탁행위로 정한 바에 따라 B가 재산관리능력을 갖추었을 때(25세) 신탁원본인 부동산 X를 지급받는다. 수탁자는 B가 25세가 되는 때에 신탁원본인 부동산 X를 지급하여야 하므로 수탁자는 부동산 X를 처분할 수 없고 이를 처분하는 경우에는 신탁 내용을 위반한 것이 된다. 미성년자를 위한 신탁은 위탁자의 생전 의사에 따라 신탁재산이 관리되도록 하여 수익자를 보호한다는 측면에서 제한능력자를 위한 신탁과 비슷한 기능을 한다.

(3) 고령자를 위한 신탁[14)]

민법은 고령자의 판단능력이 저하되었을 때 재산관리 및 신상에 관한 보호를 받을 수 있도록 성년후견제도를 두고 있다. 성년후견인은 피성년후견인의 복리에 부합하는 방법으로 사무를 처리하여야 하고 피성년후견인의 복리에 반하지 아니하면 피성년후견인의 의사를 존중하여야 한다(민법 제947조). 그런데 성년후견인이 선임되었을 때는 이미 고령자의 판단능력이 많이 쇠퇴한 때이므로 성년후견인이 피성년후견인의 의사를 존중하여 재산관리 및 신상에 관한 결정을 내리지만 그것이 반드시 고령자가 합리적인 판단능력을 갖추었을 때 원했던 방식과는 일치하지 않을 수도 있다.

14) 고령자를 위한 신탁에 관한 자세한 내용은 김판기, "고령화 사회에 있어서 재산관리와 승계수단으로서의 신탁—유언신탁과 유언대용신탁을 부가하여—," 동아법학 제55호(2012. 5), 201면 이하 참조.

이러한 위험을 최소화하기 위하여 위탁자는 합리적인 판단능력을 가지고 있을 때 미리 유언대용신탁을 설정하여 향후 신탁재산을 어떻게 관리 · 처분할 것인지 정해 놓을 수 있다. 신탁재산은 위탁자(고령자)가 정확한 판단능력을 가지고 있을 때 신탁행위로 정한 내용에 따라 수탁자가 관리 · 처분하므로 고령자의 의사에 더 부합하게 된다. 또한 신탁재산은 신탁행위에서 정한 내용대로 관리 · 처분되므로 성년후견인이 신탁재산에 대해 재산관리권을 행사할 부분은 제한적이다. 이러한 점에서 일부 재산은 수탁자에게 신탁하고, 나머지 재산의 관리는 성년후견인에게 맡김으로써 성년후견인의 권한 남용의 가능성을 최소화할 수도 있다.

5. 유언대용신탁과 관련하여 생각해 볼 문제

(1) 유언대용신탁과 유류분 산정의 기초 재산[15)]

민법은 피상속인의 재산처분의 자유, 유언의 자유를 인정하면서도 피상속인의 상속재산 중 일정 비율을 상속인에게 유보시키는 유류분 제도를 두고 있다. 피상속인은 증여, 유증 등을 통하여 자유롭게 자신의 재산을 처분할 수 있지만 상속인의 유류분에 부족이 생긴 경우에는 상속인인 유류분권리자는 그 부족분의 한도 내에서 반환을 청구할 수 있다(민법 제1115조). 유류분제도는 피상속인의 재산처분의 자유, 유언의 자유와 법정상속주의를 절충한 제도라고 할 수 있다. 피상속인

15) 유류분반환청구권과 유언대용신탁에 관한 전반적인 내용은 자세히 다루지 않고 필자가 기존의 학설과 다른 의견을 가진 '신탁재산과 유류분산정의 기초 재산의 산정방법'에 대해서만 중점적으로 검토하기로 한다.

이 신탁을 통하여 재산을 처분함으로써 상속인의 유류분이 침해된 경우에 학설은 일치하여 상속인이 유류분의 반환을 청구할 수 있다고 해석하고 있다.[16] 그런데 구체적으로 상속인의 유류분을 침해하였다고 하기 위해서는 유류분이 먼저 확정되어야 한다. 유류분은 상속개시 시에 피상속인이 가진 재산의 가액에서 증여재산의 가액을 더하고 채무 전액을 공제한 금액을 기초재산으로 하여 산정된다(민법 제1113조 제1항). 이때 유언대용신탁의 신탁재산이 '상속개시 시에 피상속인이 가진 재산'에 포함되는지 여부가 문제 된다.

그런데 구체적으로 상속인의 유류분을 침해하였다고 하기 위해서는 유류분이 먼저 확정되어야 한다. 유류분은 상속개시 시에 피상속인이 가진 재산의 가액에서 증여재산의 가액을 더하고 채무 전액을 공제한 금액을 기초 재산으로 하여 산정된다(동법 제1113조 제1항). 이때 유언대용신탁의 신탁재산이 '상속개시 시에 피상속인이 가진 재산'에 포함되는지 여부가 문제 된다.

1) 부정설

유언대용신탁의 경우 신탁재산은 이미 수탁자에게 이전되었고, 그 신탁재산은 위탁자인 피상속인은 물론 수탁자의 고유재산과도 구분되는 독립성을 가진다. 그러므로 신탁재산은 피상속인이 상속개시 시에 가지고 있던 재산의 가액(민법 제1113조 제1항)에는 포함되지 않는다. 다만 민법은 상속개시 전의 1년간 행한 증여를 기초 재산에 산입하고,

16) 이근영, 앞의 논문(주 6), 220면 이하 참조 ; 이연갑, "신탁법상 신탁의 구조와 수익자 보호에 관한 비교법적 연구," 서울대학교 법학대학원 박사학위논문, 2009, 160면 ; 임채웅, "유언신탁 및 유언대용신탁의 연구," 인권과 정의 제397권(2009. 9), 140면 참조 ; 정소민, 앞의 논문(주 13), 129-130면 ; 최수정, 앞의 논문(주 6), 78-82면.

유류분권리자에게 손해가 될 것을 알고서 한 증여도 기한의 제한 없이 기초 재산에 산입하는데(제1114조), 학설은 증여 이외의 모든 무상처분을 포함하는 것으로 해석한다. 따라서 신탁계약도 신탁재산의 이전이라고 하는 측면에서는 편무 · 무상계약이므로 피상속인이 상속개시 전 1년간 유언대용신탁을 설정하거나, 그 이전에라도 유류분권리자에게 손해가 될 것을 알면서도 유언대용신탁을 설정하였다면 유류분산정의 기초 재산에 그 신탁재산을 산입하여야 한다고 한다.[17)]

2) 긍정설

유언대용신탁의 신탁재산은 상속개시 시 피상속인(위탁자)이 가진 재산에 포함된다. 형식적으로는 신탁재산이 위탁자로부터 수탁자에게 이전되었지만 위탁자는 언제라도 수익자를 변경하거나 신탁을 종료한 후 신탁재산을 위탁자 명의로 복귀시킬 수 있다. 또한 유언대용신탁의 수익자는 위탁자가 사망할 때까지는 수익자로서 법적 권리를 보유한다고 할 수 없고 단지 기대권만을 가질 뿐이다. 결국 위탁자는 실질적인 의미에서 여전히 신탁재산을 지배하고 소유권에 견줄 수 있는 권리를 가진다고 보아야 한다. 그러므로 유언대용신탁의 신탁재산은 상속개시 시 피상속인(위탁자)이 가진 재산에 포함되어 유류분산정의 기초 재산이 된다고 본다.

3) 검토

유언대용신탁의 신탁재산이 상속개시 시 피상속인(위탁자)이 가진 재산에 포함되는지 여부는 유언대용신탁의 법적 성질과 기능을 어떻

17) 이근영, 앞의 논문(주 6), 224면 ; 최수정, 앞의 논문(주 6), 79-80면.

게 파악할 것인지와 깊은 관련이 있다. 학설은 유언대용신탁이 생전행위임에 초점을 맞추어 유증보다는 사인증여에 가깝다고 해석하고 있다.[18] 그런데 민법상 사인증여에 관한 규율은 유증의 규정을 준용하고 있고(민법 제562조), 사인증여와 유증을 법 형식적인 측면에서는 계약이냐 단독행위냐로 구별할 수 있지만[19] 실질적으로 사망 시에 재산처분의 기능을 수행한다는 측면에서는 달리 볼 이유가 없다. 유언대용신탁을 법 형식적인 측면에서 사인증여와 유사하다고 보더라도 실질적으로는 위탁자의 사망 시에 재산승계의 기능을 수행한다는 점에서 유증과 같은 종의처분으로서의 성질을 가진다고 할 것이다. 대법원도 유류분반환청구에 관한 사건에서 "유류분반환청구의 목적인 증여나 유증이 병존하고 있는 경우에는 유류분권리자는 먼저 유증을 받은 자를 상대로 유류분침해액의 반환을 구하여야 하고, 그 이후에도 여전히 유류분침해액이 남아 있는 경우에 한하여 증여를 받은 자에 대하여 그 부족분을 청구할 수 있는 것이며, 사인증여의 경우에는 유증의 규정이 준용될 뿐만 아니라 그 실제적 기능도 유증과 달리 볼 필요가 없으므로 유증과 같이 보아야 할 것이다"라고 판시하고 있다.[20]

또한 유류분을 산정하기 위한 기초 재산으로 증여재산을 계산함에 있어서 대법원은 "민법 제1113조 제1항에서의 '증여재산'이란 상속개시 전에 이미 증여계약이 이행되어 소유권이 수증자에게 이전된 재산

18) 최수정, 앞의 논문(주 6), 69면 ; 이근영, 앞의 논문(주 6), 213면.

19) 대법원 판례는 민법 제562조는 사인증여에 관하여는 유증에 관한 규정을 준용하도록 규정하고 있지만, 유증의 방식에 관한 민법 제1065조 내지 1072조는 그것이 단독행위임을 전제로 하는 것이어서 계약인 사인증여에는 적용되지 아니한다고 보아야 할 것이라고 판시하였다(대법원 1996. 4. 12. 선고 94다37714, 37721 판결 ; 대법원 2001. 11. 1. 선고 2000다66430 판결).

20) 대법원 2001. 11. 30. 선고 2001다6947 판결.

을 가리키는 것이고, 아직 증여계약이 이행되지 아니하여 소유권이 피상속인에게 남아 있는 상태로 상속이 개시된 재산은 당연히 '피상속인의 상속개시 시에 있어서 가진 재산'에 포함되는 것"이라고 판시하고 있다.[21] 유언대용신탁을 증여(무상처분)로 해석하여 그 신탁재산을 증여재산의 범주에 넣더라도 위 대법원 판례에서 말하는 바와 같이 '이미 이행되어 소유권이 수증자에게 이전된 재산'이라고 하기 위해서는 형식적으로 수탁자에게 재산이 이전된 것이 아니라 실질적 의미에서 수증자에 해당하는 수익자가 신탁재산에 대한 수익권을 취득하여야 한다. 유언대용신탁에서는 위탁자의 사망으로 비로소 수익자가 되거나 수익의 지급을 받기 시작한다는 점에서 상속개시 전에는 그 증여(무상처분)가 이미 이행되었다고 볼 수 없을 것이다.

결론적으로 유언대용신탁을 '생전의 처분'이라는 형식적 측면에서 바라보기보다는 실질적인 기능인 '유증'으로서의 성격에 기초하여 그 법률관계를 해석하는 것이 합리적이라고 생각한다. 유증의 경우 유증가액이 피상속인의 재산에 포함되는 것처럼 유용대용신탁의 신탁재산 역시 상속개시 시 피상속인의 재산에 포함된다고 해석하는 것이 옳다고 판단된다.

(2) 위탁자의 채권자와 유언대용신탁

위탁자의 채권자는 위탁자가 설정한 유언대용신탁에 속한 신탁재산에 대하여 집행할 수 있는가? 형식적인 관점에서 엄밀히 말하면 유언대용신탁의 설정으로 신탁재산은 이미 수탁자에게 이전되었기 때

21) 대법원 1996. 8. 20. 선고 96다13862 판결.

문에 더 이상 위탁자의 책임재산에 속한다고 할 수 없다. 그러나 실질적인 관점에서 보면 유언대용신탁은 위탁자가 언제든지 수익자를 변경할 수 있고 수익자의 동의 없이 신탁을 종료시키고 신탁재산을 위탁자의 재산으로 복귀시킬 수 있기 때문에 위탁자는 여전히 신탁재산에 대하여 소유권과 같은 지배권을 가진다고 볼 수 있다.

또한 앞에서 살펴본 바와 같이 유언대용신탁의 실질적인 기능이 유증과 유사하고, 신탁재산이 수탁자에게 이전되었더라도 수익자는 위탁자가 사망할 때까지 법적인 권리를 가지는 것이 아니라 단지 기대권만을 가질 뿐이므로 유언대용신탁의 신탁재산은 여전히 위탁자의 책임재산으로 기능한다고 해석하는 것이 합리적이라고 생각한다.

미국에서는 전통적으로 위탁자도 수익자로 지정되어 있는 경우가 아니면 위탁자의 채권자가 철회가능신탁의 신탁재산에 대하여 집행할 수 없다는 입장을 취해 왔다. 위탁자가 신탁을 철회하고 신탁재산을 다시 가져올 수 있는 권리를 신탁재산에 대한 소유권과 대등한 권리라고 생각하지 않았기 때문이다.[22] 그러나 지금은 전통적인 입장을 변경하여 철회가능신탁으로 수탁자에게 이전한 신탁재산은 위탁자가 언제든지 철회권을 행사하여 신탁재산을 자신의 재산으로 복귀시킬 수 있으므로 철회권이 소멸할 때까지 위탁자는 신탁재산에 대하여 소유권과 대등한 권리를 가지고 있다고 한다.[23] 따라서 위탁자의 채권자들은 위탁자가 생존하는 동안 및 위탁자의 사망 시에 신탁재산에 대하여 집행할 수 있다. 이는 신탁이 실제가 아닌 허상에 불과한 것이거나(illusory) 사해행위에 해당하기 때문이 아니라 채무자의 재산을 형식

22) Dukeminier / Sitkoff, 앞의 책(주 1), p.459 ; Restatement (Second) of Trusts §330 cmt. o (1959) 참조.

23) Dukeminier / Sitkoff, 앞의 책(주 1), p.459.

적인 모습이 아니라 실질적인 관점에서 파악하여 채무자의 권리를 인정하는 건전한 공공질서에 근거한 것이라고 한다.[24] 통일신탁법(UTC)[25]과 신탁법 리스테이트먼트(3차)는 이와 같은 내용을 명문으로 규정하여 채권자와 철회가능신탁의 관계를 명확하게 규율하고 있다.[26]

유언대용신탁의 이용이 활발해지면 위탁자의 채권자들이 유언대용신탁의 신탁재산을 강제집행하여 채권의 만족을 얻을 수 있는지에 관하여 법적 분쟁이 발생할 수 있다. 이때 유언대용신탁이 수행하는 실질적인 기능인 '사망 시의 재산처분'이라는 점에 초점을 맞추어 위탁자가 생존하는 동안에는 위탁자가 여전히 신탁재산을 지배하고 있으므로 위탁자의 채권자가 신탁재산으로부터 채권의 만족을 얻을 수 있다고 해석하는 것이 합리적일 것이다.[27] 또한 법 정책적인 측면에서도 이를 긍정하는 것이 바람직하다. 유언대용신탁의 신탁재산이 수탁자로 이전되었음을 이유로 위탁자가 생존하는 동안에도 채권자가 신탁재산에 대해 집행할 수 없다면 위탁자는 채권자를 해함을 알면서도 유언대용신탁을 설정하고 후에 수익자를 변경하거나 신탁을 종료할 가능성이 매우 높다. 또한 유언대용신탁은 수탁자와의 신탁계약뿐만 아니라 신탁선언으로도 설정될 수 있는데 위탁자가 자신을 수탁자로 하여 신탁선언만 하면 그 신탁재산이 위탁자의 책임재산에서 제외된다면 신탁선언을 통한 유언대용신탁이 사해행위의 수단으로 악용될

24) Restatement (Third) of Trusts §25 cmt. e (2003) 참조.

25) Uniform Trust Code §505(a)(3) (2000).

26) Restatement (Third) of Trusts §25 cmt. e (2003) 참조.

27) 신탁재산이 수탁자의 명의로 이전되었기 때문에 위탁자의 책임재산이 아니라고 해석한다면 채권자가 그 신탁재산으로부터 채권의 만족을 얻기 위해서는 먼저 유언대용신탁이 사해신탁임을 이유로 채권자취소권을 행사하여 그 취소 및 원상회복을 구하여야 할 것이다(신탁법 제8조).

가능성이 높기 때문이다.

(3) 행위능력

유언대용신탁의 설정에 요구되는 행위능력의 정도가 재산상 법률행위를 할 수 있는 행위능력인지 아니면 유언대용신탁이 유증과 유사한 기능을 수행한다는 점에서 민법상 유언능력만 갖추면 되는지가 문제 된다.

우리 민법은 미성년자의 행위능력을 제한하고 있는데 행위능력은 일반적으로 재산법상의 법률행위를 할 수 있는 능력이다. 가족법에서는 미성년자라고 할지라도 일정한 나이에 도달하면 일정한 가족법상의 행위를 할 수 있다. 유언의 경우 만 17세에 도달하면 유언능력을 갖추게 된다(민법 제1061조). 미성년자라고 하더라도 만 17세가 되면 유효하게 유언을 할 수 있고, 유증이나 유언신탁(신탁법 제3조 제1항 제2호)을 통하여 법정대리인의 동의나 승낙 없이 재산을 처분할 수 있을 것이라는 데에 의문이 없다. 그렇다면 만 17세가 넘은 미성년자가 법정대리인의 동의나 승낙 없이 유언대용신탁을 설정할 수 있는지 문제 된다.

이에 대하여 신탁법은 아무런 규정을 두고 있지 않다. 해석의 단초를 찾기 위하여 유언대용신탁과 유사하다고 하는 사인증여를 살펴보면, 사인증여의 경우 유증의 규정이 준용되지만 사인증여가 계약의 형식으로 이루어짐에 비추어 단독행위임을 전제로 한 유언능력, 유언의 방식, 유언의 승인 및 포기는 준용되지 않는다고 해석하고 있다.[28] 사

28) 곽윤직, 상속법, 박영사, 2004, 248면 ; 김증한/김학동, 채권각론, 박영사, 2006, 200면 ; 곽윤직 편, 민법주해〔(XIV) 채권(7)〕, 박영사, 66면(고영한 집필 부분).

인증여의 경우 증여자는 행위능력을 갖추어야 하며 증여자가 만 17세 이상이라고 하여도 미성년자인 때에는 법정대리인의 동의가 있어야 한다.

그런데 유언대용신탁은 반드시 계약의 형식으로만 설정되는 것은 아니다. 이미 앞서 살펴본 바와 같이 위탁자의 신탁선언으로도 설정될 수 있다. 그렇다면 계약의 형식으로 이루어짐을 전제로 한 사인증여에 관한 해석론을 곧바로 유언대용신탁에 대입하기는 어렵다.

미국에서는 생전 증여(lifetime transfer)와 유증(testamentary transfer)을 구분하고 생전 증여에 보다 엄격한 능력(capacity)을 요구하고 있다. 그 이유는 생존한 증여자(living donor)의 경제적 손실과 가난은 보호할 필요가 있으나 사망한 자는 그 보호의 필요성이 없다는 것이다. 이러한 배경하에 철회가능신탁을 설정하는 데 요구되는 능력의 정도를 결정함에 있어서 철회가능신탁을 생전 증여와 유증 둘 중 어느 것에 더 가까운 것으로 보아야 할 것인지가 문제 되었다. 현재 미국에서는 철회가능신탁을 설정 · 변경 · 취소하거나 재산의 추가신탁 또는 수탁자의 행동을 지시하는 데 필요한 능력은 유언을 할 때 요구되는 능력과 동일하다고 해석하고 있다.[29] 통일신탁법도 이러한 내용을 명문으로 규정하고 있다.[30]

결국 이 문제는 유언대용신탁의 실질적 기능과 위탁자보호의 필요성이라는 두 가지 요소를 정책적으로 판단하여 신탁법에 명문규정을 둠으로써 해결해야 할 것이다.

29) Dukeminier / Sitkoff, 앞의 책(주 1), p.462.

30) Uniform Trust Code §601 (2000).

Ⅳ. 수익자연속신탁

1. 의의

상속이나 유증을 통하여 일회적인 재산승계를 넘어서서 여러 세대를 연속하여 순차적으로 재산이 승계되도록 하는 데에는 법적으로나 현실적으로 많은 제한이 따른다. 민법상 상속이나 유증으로 재산승계가 이루어지는 경우에는 피상속인 또는 유언자의 사망 당시 상속인 또는 수유자가 생존하고 있거나 적어도 태아로 존재해야 하기 때문이다(민법 제1064조, 제1000조 제3항). 따라서 부모가 상속이나 유증으로 재산승계를 계획할 때 아들(딸) 세대를 넘어서서 손자(녀), 증손자(녀), 고손자(녀) 등 장래 세대의 자손들이 연속하여 순차로 재산을 승계하는 구도를 만드는 것은 쉬운 일이 아니다.

그런데 신탁은 신탁설정 시에 수익자가 반드시 특정되어 있거나 현존할 것을 요구하지 않는다(신탁법 제67조 참조). 수익자가 특정되어 있지 않거나 존재하지 않더라도 신탁은 유효하게 설정될 수 있다. 이와 같은 신탁구조의 유연성은 수인의 수익자가 순차적으로 연속하는 형태의 신탁을 가능하도록 하였는데 이를 '수익자연속신탁'이라고 한다. 예컨대 "A가 생존하는 동안 A에게 신탁수익을 지급하고, A의 사망 이후 A의 자녀들이 생존하는 동안에는 A의 자녀들에게 신탁수익을 지급하며, A의 자녀들이 모두 사망한 후에는 B에게 신탁원본을 지급한다"라는 내용의 신탁을 설정할 수 있다. 이때 신탁에서 지정한 기간에 따라(A의 생존 중, A의 사망 후 A 자녀들이 생존할 때까지, A 자녀들이 모두 사망한 후) 수익자가 A, A의 자녀들, B로 연속하게 된다. 만약 위탁자가 A의 아버지라면 위탁자는 수익자연속신탁을 통하여 위탁자→

A(위탁자의 아들)→A의 자녀들(위탁자의 손자 · 손녀)로 이어지는 몇 세대에 걸친 순차적 · 연속적인 재산승계를 이룰 수 있다. 위탁자가 신탁을 설정할 당시 A의 자녀들이 태아이거나 이미 출생하여 존재하고 있어야 하는 것이 아니기 때문에 수익자연속신탁을 이용하면 여러 세대에 걸친 재산승계가 용이하게 이루어질 수 있다. 실제 수익자연속신탁은 전통적으로 영국에서 토지소유제도와 결합하여 가산(家産)을 후대에까지 보존하는 중요한 제도로 기능하였다.[31)]

2. 수익자연속신탁의 유효성

종래 수익자연속신탁의 효력을 우리 법상 인정할 수 있는지 여부가 문제 되었다.[32)] 그러나 신탁법의 개정을 통하여 명문으로 수익자연속신탁의 유효성을 인정함으로써 수익자연속신탁에 관한 유효성 논란은 입법적으로 종식되었다. 신탁법 제60조는 "신탁행위로 수익자가 사망한 경우 그 수익자가 갖는 수익권이 소멸하고 타인이 새로 수익권을 취득하도록 하는 뜻을 정할 수 있다. 이 경우 수익자의 사망에 의하여 차례로 타인이 수익권을 취득하는 경우를 포함한다"라고 규정하고 있다. 신탁법에서 수익자연속신탁의 유효성을 인정한 이유에 대해서 "우리나라에는 영미 신탁법과 같은 영구불확정금지의 원칙(rule against perpetuities)[33)]이 없고, 위탁자가 생전에는 자신을 수익자로 하되 자신의 사후에는 부인을 수익자로, 부인의 사후에는 다시 자녀를 연속하

31) J. E. Penner, The Law of Trusts, 7th ed., Oxford University Press (2010), p.63.

32) 자세한 내용은 최수정, 앞의 논문(주 6), 72-74면 참조 ; 최수정, "상속수단으로서의 신탁," 민사법학 제34호(2006. 12), 585-592면 참조.

33) IV. 3. 영구불확정금지의 원칙과 수익자연속신탁의 존속 기간 참조.

여 수익자로 하는 유형의 신탁을 허용할 필요성이 있기 때문"이라고 설명하고 있다.[34)]

신탁법 제60조는 수익자가 연속되는 사유로서 '사망'만을 언급하고 있으나 사망 이외의 다른 사유로 수익자가 변경되는 신탁도 설정할 수 있다고 할 것이다. 수익자연속신탁의 사유를 사망으로 제한할 이유가 없고 신탁제도의 가장 큰 특징이 위탁자의 의사 존중과 재산관리의 유연성에 있다는 점을 고려해 보면 사망 이외의 사유로 수익자가 변경되어 연속되는 신탁도 유효하게 설정할 수 있다고 해야 한다.[35)]

3. 영구불확정금지의 원칙과 수익자연속신탁의 존속 기간

(1) 영구불확정금지의 원칙

영미의 상속법은 유언의 자유, 즉 유언자가 자유롭게 자신의 재산을 처분할 수 있는 자유를 존중하는 원칙 아래 발전해 왔다. 그런데 이러한 '처분의 자유'가 절대적인 것은 아니고 이를 제한하는 법리로서 보통법(common law)상 영구불확정금지의 원칙이 있다. 미국에서는 영구불확정금지의 원칙을 "모든 권리는 그 권리가 생긴 때에 생존한 어떤 사람의 사후 21년 이내에 확정(vest)되어야 하고 그렇지 않으면 그 권리는 유효하지 않다"[36)]고 설명한다. 이를 신탁에 적용하면 신탁에

34) 법무부, 신탁법 개정안 해설, 2010, 474면.

35) 같은 취지로는 이근영, 앞의 논문(주 6), 150-151면 ; 임채웅, 앞의 논문(주 16), 130면 참조.

36) John Chipman Gray, The Rule Against Perpetuities 201, at 191 (Roland Gray ed., 4th ed., 1942). "No interest is good unless it must vest, if at all, not later than twenty-one years after some life in being at the creation of the interest."

관한 권리가 발생할 당시[37] 생존한 어떤 사람의 사후 21년 내에 신탁에 관한 권리가 확정되어야(예컨대 모든 수익자들의 확정) 한다는 것이다.[38] 영구불확정금지의 원칙이 직접적으로 신탁 기간을 제한하지는 않지만 신탁에 관한 모든 권리가 영구 기간(perpetuities period) 내에 확정되거나 소멸되도록 함으로써 간접적으로 신탁의 기간을 제한하고 있다.[39] 여기에서 영구 기간을 계산하는 기준이 되는 '생존한 어떤 사람(life in being)'은 영어로는 measuring life 또는 validating life로 일컫는데 신탁에 관한 권리가 발생할 당시에 생존한 사람이면 누구라도 그 기준이 될 수 있다.[40]

영구불확정금지원칙의 목적은 (i) 신탁재산의 처분 가능성을 유지하고(keep property marketable), (ii) 신탁재산에 대한 사자(死者)의 지배를 제한하기 위한 것이다(limiting dead hand control).[41] 첫째, 신탁재산의 처분 가능성을 유지한다는 의미는 일정 기간 내에 신탁재산의 수익자가 확정되도록 요구함으로써 신탁재산이 주기적으로 처분 가능하도록 하는 것이다. 신탁재산에 대한 권리자가 누구인지 확정되지 않으면 신탁재산을 처분할 수 없기 때문이다. 둘째, 상황 변화에 따라 신탁재산관리에 관한 약정에 구속되는 것이 쓸모없어지고 이로 인하여 원하지 않은 결과가 발생할 수 있다. 따라서 영구불확정금지의 원칙으로 신탁을 통한 사자의 지배에 신탁설정 시 생존한 자들 중 명시적 · 묵

37) 철회가능신탁에 이를 적용하면, 철회가능신탁의 수익권이 법적인 권리로 되는 시점인 위탁자의 철회권이 사라졌을 때 기준이 되는 사람(measuring life)이 생존해 있어야 한다. Dukeminier / Sitkoff, 앞의 책(주 1), p.884.

38) Dukeminier / Sitkoff, 앞의 책(주 1), p.877.

39) Dukeminier / Sitkoff, 앞의 책(주 1), p.882.

40) Dukeminier / Sitkoff, 앞의 책(주 1), p.883.

41) Dukeminier / Sitkoff, 앞의 책(주 1), p.880.

시적으로 특정된 자의 사후 21년이라는 시간적인 제한(대략 100여 년)을 두는 것이다.[42)]

그런데 1990년대 중반 이후 미국에서는 영구불확정금지의 원칙을 개혁하거나 완전히 폐지하여야 하는지 여부에 대하여 광범위한 논의가 진행되었다. 이미 미국의 반 이상의 주에서는 이 원칙을 폐지하고 영구신탁(perpetual trusts)을 허용하고 있고, 이 원칙을 폐지하지 않은 주들도 이 원칙을 그대로 고수하지 않고 어느 정도 수정을 가하고 있다.[43)] 그런데 이와 같이 영구신탁을 허용하는 움직임이 주 의회의 입법과정에서 충분한 토의를 거치지 않은 채 신탁업계(금융서비스)의 경쟁으로부터 견인된 것이라는 점에서 우려를 표시하면서 위탁자의 처분의 자유가 일부 제한되고 후속 세대가 자유롭게 처분할 자유를 갖는 것이 바람직하다는 유력한 의견이 여전히 존재한다.[44)]

(2) 신탁법상 영속적인 수익자연속신탁이 가능한지 여부

신탁법은 수익자연속신탁의 유효성을 긍정하는 조문만 두었을 뿐 그 존속 기간의 제한에 관한 규정은 두고 있지 않다. 따라서 영미 신탁법상 신탁의 존속 기간을 제한하는 영구불확정금지의 원칙이 적용되는지 문제가 될 수 있다. 이와 관련하여 신탁법 개정 시의 자료를 참고

42) Dukeminier / Sitkoff, 앞의 책(주 1), p.880.

43) 미국 각 주에서 영구불확정금지의 원칙이 변경된 모습은 (i) 폐지(abolition), (ii) 법이나 법원 판결로 신탁의 내용을 수정, (iii) 영구 기간 내에 신탁에 관한 권리가 확정되지 않을 가능성이 있는 신탁도 당연히 무효로 하지 말고 실제 어떤 결과가 일어나는지 지켜보자는 입장(wait and see) 등이다. Dukeminier / Sitkoff, 앞의 책(주 1), p.877, p.889.

44) Waggoner, Introductory Note to Restatement (Third) of Property : Wills and Other Donative Transfers ch.27 (2011) 참조.

하면 우리나라의 민법 등에 소유권에 기한을 제한하는 규정이나 법리가 없어서 일반 사법의 법리와 충돌할 가능성이 있는 점에 비추어 존속 기간에 제한을 두지 아니하였다고 설명하고 있다.[45] 또한 신탁은 상속의 대체 수단으로서 재산승계의 기능 이외에 상사신탁에서는 상법상의 회사와 같은 기능을 수행하기도 한다. 따라서 회사에 존속 기간에 대한 제한이 없음에 비추어 신탁에도 존속 기간을 두지 않은 것으로 보인다.[46] 결국 우리 신탁법상으로는 영속적인 수익자연속신탁이 일견 가능하다고 해석된다. 영속적인 수익자연속신탁이 가능하다면 두 가지 문제점을 생각해 볼 수 있다. 첫째, 지나치게 오랜 기간 동안 수익자가 확정되지 않을 경우 언제까지 신탁을 계속 운영해야 하는지 실무적인 문제가 야기된다. 둘째, 영구적인 수익자연속신탁이 가능하면 가족의 재산이 몇 세대를 거쳐도 해체되지 않고 마치 왕조의 재산과 같이 이어지는 왕조신탁(dynasty trusts)이 가능하다는 것인데 이것이 법 정책적으로 바람직한 것인지가 문제 된다. 물론 이와 같은 문제들을 신탁 기간이 지나치게 길다면 민법 제103조의 선량한 풍속, 기타 사회질서에 반하여 무효라고 해석하여 풀어 나갈 수도 있겠다. 그러나 이러한 문제는 해석론으로 개개의 사건마다 법원의 판결에 의하여 결정할 것이 아니라 법 정책적으로 결정하여 입법에 의해 해결하는 것이 바람직하다. 그래야만 사람들이 신탁의 유효성에 관한 정확한 법적 근거에 기초하여 자신의 의사에 맞게 신탁을 통한 재산승계를 설계할 수 있기 때문이다.[47]

45) 법무부, 앞의 해설(주 34), 475면.

46) 법무부, 앞의 해설(주 34), 475면.

47) 신탁 기간에 관한 문제는 세제상의 문제와 함께 '입법적으로' 다루어져야 한다는 의견으로 Jesse Dukeminier / James E. Krier, The Rise of the Perpetual Trust, 50 UCLA L. Rev. 1303 (2003) 참조.

4. 수익자연속신탁에서 수익자가 더 이상 존재하지 않는 경우

수익자연속신탁에서 수익자가 더 이상 존재하지 않는 경우 잔여 재산의 귀속 문제를 어떻게 처리하여야 하는지 문제 된다. 수익자가 더 이상 존재하지 않게 되면 신탁의 목적을 달성할 수 없는 경우에 해당하여 신탁은 종료하고(신탁법 제98조 제1호) 신탁의 잔여 재산의 분배가 이루어져야 한다.

신탁법은 '신탁종료 후의 신탁재산의 귀속'이라는 일반 규정을 두고 있다. 위탁자가 신탁행위로 신탁재산의 잔여 재산이 귀속될 자(이하 '귀속권리자')를 정해 놓은 경우 그 귀속권리자에게 귀속되고 신탁재산의 잔여 재산이 귀속권리자에게 이전될 때까지 그 신탁은 존속하는 것으로 본다(제101조 제1항 및 제4항).[48] 귀속권리자가 신탁의 잔여재산에 대한 권리를 포기한 경우에 잔여 재산은 위탁자와 그 상속인에게 귀속한다(동조 제2항). 위 두 가지 방법으로도 잔여 재산의 귀속을 정할 수 없는 경우에 국가에 귀속된다(동조 제5항).

그런데 수익자연속신탁은 그 성격상 장기간 존속할 것으로 예상되고 신탁설정 시에는 미래의 상황을 정확히 알 수 없기 때문에 위탁자가 신탁을 설정할 때 미리 최종 귀속권리자를 정하기는 어렵다.[49] 또한 귀속권리자를 신탁행위로 정하지 않은 경우에는 위탁자 및 그 상속인에게 귀속되는데 위탁자가 이미 사망하고 오랜 시간이 흘렀다면 수탁자로서는 그 상속관계를 일일이 확인해야 하므로 수탁자의 업무

48) 이때 귀속권리자를 수익자로 보아 신탁이 존속하는 것으로 간주한다(신탁법 제101조 제4항). 귀속권리자를 위한 법정신탁이 성립한 것이다.
49) 법무부, 앞의 해설(주 34), 475면.

부담이 가중될 염려가 있고,[50] 현실적으로 그 상속인을 찾아내기 어려운 경우도 있을 것이다.

V. 신탁을 이용한 재산승계에 대한 전망

미국에서는 사람이 사망하면 유언이 있으면 유언에 따라서, 유언이 없으면 비로소 무유언상속(intestacy)의 규율에 따라서 유산의 분배가 이루어진다. 현재 미국에서는 철회가능신탁이 유언상속을 제치고 주요한 상속의 대체 수단이 되었다고 평가된다. 미국에서 유언은 공적인 기록(a public record)으로서 상속인, 기자 등에게 공개된다. 또한 유언에 따른 상속이 이루어지기 위해서는 검인절차(probate)[51]를 거쳐야 하는데 이 검인절차에 시간과 비용이 많이 들기도 한다.[52] 유언으로 상속이 이루어질 경우 피상속인의 재산 목록과 그에 대한 처분이 일반 대중들에게 공개되고 시간과 비용이 많이 드는 검인절차를 거쳐야 하는 점 때문에 유언을 대체하는 수단으로서 철회가능신탁이 활발히 이용된 것이다. 철회가능신탁은 법원에 그 내용을 제출할 필요가 없어 일반에게 공개되지 않고 신탁재산은 이미 수탁자의 명의로 이전되어

50) 법무부, 앞의 해설(주 34), 475면.

51) 검인절차는 유언의 존부 및 유효성을 확인하고, 유산을 관리 · 청산하는 공적인 절차이다. 사망한 자의 모든 재산이 검인의 대상이 되는 것은 아니고 생전에 처분한 재산, 유언을 대체하는 수단(will substitutes)으로 이루어진 재산처분행위, 예컨대 생명보험금, 철회가능신탁 등에 속한 재산은 검인절차를 거치지 않는다. Paul G. Heskell, Preface to Wills, Trusts and Administration, 2nd, Westbury, New York, The Foundation Press, Inc. (1994), p.181.

52) Dukeminier / Sitkoff, 앞의 책(주 1), p.466.

있기 때문에 검인절차를 거칠 필요도 없다.[53] 또한 철회가능신탁을 이용하면 수익권의 내용을 수익권자의 사정에 맞추어 설계할 수 있으므로 개인의 특별한 사정을 고려하여 맞춤형 재산상속이 가능하다. 특히 수익자가 미성년자 또는 장애인인 경우에는 수탁자로 하여금 신탁재산을 관리하도록 하는 것이 합리적이며 수익자가 신탁재산을 관리할 능력이 있는 경우라도 수익자의 경제 상황에 맞게 수익의 지급을 조절함으로써 절세의 효과도 누릴 수 있다.

우리나라는 법정상속이 원칙이고 유언이 있더라도 이것이 공개되거나 검인절차를 반드시 거쳐야 하는 것은 아니기 때문에[54] 미국과 같이 유언대용신탁이 '대중적인' 상속의 수단으로 이용될 가능성은 높지 않다. 대륙법계 국가인 우리나라에서 신탁제도는 일반인들에게 그리 친숙한 제도도 아니고 굳이 수탁자에게 보수를 지급하면서까지 일반인들이 유언대용신탁을 설정하여 재산을 상속할 특별한 유인은 크게 없다고 보인다.

그러나 유언대용신탁은 앞서 살펴본 것과 같이 수익자의 특별한 사정을 고려하여 재산의 승계를 이룰 수 있기 때문에 이러한 특별한 사정이 있는 사람들에게는 매우 유용하고도 꼭 필요한 재산승계의 수단이 될 것이다. 즉 미성년자, 장애인, 고령의 배우자가 재산을 상속하는 경우에 상속재산이 효율적으로 관리될 것이라고 기대하기 어렵고 오히려 이들을 보호하고 후견해야 할 법정대리인이 그 권한을 남용하여

53) Dukeminier / Sitkoff, 앞의 책(주 1), p.466.

54) 대법원 판례는 적법한 유언은 민법 제1091조에서 규정하는 유언증서에 대한 법원의 검인절차 및 민법 제1092조에서 규정하는 유언증서의 개봉절차를 거치지 않더라도 유언자의 사망에 의하여 곧바로 그 효력이 생기는 것이며, 검인이나 개봉절차의 유무에 의하여 유언의 효력이 영향을 받지 아니한다고 판시하고 있다(대법원 1998. 6. 12. 선고 97다38510 판결).

상속재산을 탕진해 버리는 경우도 있기 때문이다.[55] 특히 미성년자의 경우에 후견인은 자연인 1인만 허용되고(민법 제930조 제1항) 미성년후견인에게 미성년자의 재산을 포괄적으로 관리할 권한을 부여하고 있다. 또한 민법 개정으로 후견인에 대한 실질적인 감독 기능을 수행하지 못하는 친족회를 전면적으로 폐지하고 후견감독인제도를 도입하였으나 후견감독인은 필수기관이 아닌 임의기관으로서의 성격을 가지고 있다(동법 제940조의2). 부모가 모두 사고로 사망하고 거액의 재산을 상속한 미성년자의 경우에 자연인인 후견인 1인이 상속재산을 관리하는 것보다는 부모가 생전에 유언대용신탁을 설정하여 신탁행위에서 정한 내용에 따라 수탁자가 재산을 관리하도록 하는 것이 미성년자의 안정적인 양육과 복지를 위해 더 바람직하다고 생각한다. 특히 신탁의 경우에는 개인뿐만 아니라 법인도 수탁자로 선임할 수 있고, 복수의 개인, 개인과 회사, 복수의 회사를 공동수탁자로 선임할 수도 있다. 특히 부양신탁의 경우에는 자신의 가정 상황을 잘 아는 지인과 투자전문가인 금융기관을 공동수탁자로 하는 것이 바람직하다고 한다.[56]

우리나라에서도 이미 금융기관을 중심으로 이러한 수요를 겨냥하여 장애인, 고령자를 위한 신탁상품을 판매하고 있다.[57] 앞으로 신탁

55) 대법원 1997. 6. 27. 선고 97다3828 판결 참조. 이 판결의 사실관계를 간단히 요약하면, 원고가 정신분열증 등의 진단을 받고 정신병원에 입원되어 있는 동안 원고에게 한정치산선고가 내려지고, 그후 원고의 후견인이 권한을 남용하여 원고의 부동산을 처분하였는데 원고가 정신병원에서 퇴원한 후 한정치산선고 취소 심판을 받고 후견인의 부동산 처분의 유효성을 다툰 사건이다. 이 판결에 대한 평석은 윤진수, "친족회의 동의를 얻지 않은 후견인의 법률행위에 대한 표현대리의 성립 여부 — 대법원 1997. 6. 27. 97다3828 판결," 민사법학 제19호(2001. 3), 138면 이하 참조.

56) Frolik / Brown, Advising the Elderly or Disabled Client, Second Edition (2011), p.14.

57) 은행, 보험회사 등에서는 장애인을 위한 특별부양신탁, 생전증여신탁 등의 금융상품을 개발하여 이미 판매하고 있다.

제도의 이용이 증가함에 따라 이러한 수요는 점점 더 커질 것으로 기대된다.

VI. 결어

50년 만에 신탁법이 전면 개정되어 신탁법의 현대화가 이루어진 것은 매우 반가운 일이다.

특히 신탁법의 개정으로 유언대용신탁과 수익자연속신탁이 유효하다는 것을 명문으로 인정하였기 때문에 향후 유언대용신탁과 수익자연속신탁을 활용한 다양한 방식의 재산승계가 가능할 것으로 기대한다. 그런데 향후 유언대용신탁이 활발하게 이용되면 유언대용신탁과 관련하여 유류분권자와의 관계, 위탁자의 채권자와의 관계 등 여러 법률 문제가 발생할 수 있다. 그런데 신탁법은 유언대용신탁 및 수익자연속신탁에 관하여 단지 하나의 조문만을 두고 있을 뿐이어서 이러한 문제들에 대하여 전적으로 해석론에 의존할 수밖에 없다. 그런데 이미 살펴본 바와 같이 유언대용신탁을 그 실질적인 기능과 목적에 집중하여 '유증'으로서의 성격을 부각시켜 해석하느냐, 법 형식적으로 위탁자의 재산이 생전에 수탁자에게로 이전하였다는 점에서 '생전의 처분'으로서의 성격을 부각시켜 해석하느냐에 따라 유언대용신탁을 둘러싼 법률관계에 상반된 해석론이 나올 수 있다. 또한 수익자연속신탁의 경우에도 영속하는 신탁을 허용할 것인지 그로 인하여 발생하는 수탁자의 부담 가중 등을 어떻게 풀어 나갈 것인지에 관하여 고민할 필요가 있다.

법적 분쟁을 최소화하면서 신탁이 실무상으로 상속을 대신하는 유연한 재산승계의 수단으로서 그 기능을 십분 발휘하기 위해서는 이러한 문제에 대한 연구와 입법활동이 적극적으로 이루어져야 할 것으로 생각된다. 향후 실무에서의 활용도, 발생하는 문제 등을 고려하여 신탁법에 자세한 규정을 두는 것이 신탁제도 이용의 활성화를 위해 바람직하다.

14

특정금전신탁 투자자의 보호를 둘러싼 법적 문제*

안수현**

I. 서론

최근 금융상품의 진화가 빠른 속도로 이루어지고 있고 이들 새로운 상품에 대한 투자자들의 수요도 적지 않다. 종래 주식과 사채 등 자금조달 목적으로 기업이 발행한 투자증권과 같은 전통적인 금융투자상품 외에도 부동산, 금전채권 등 기업이 보유하고 있는 자산으로부터 수익을 기대하는 ABS(Asset Backed Securities)와 같은 자산증권은 물론, 예금과 단기금융상품, 상장지수집합투자기구(Exchange Traded Fund, ETF), 자산담보부기업어음(Asset-Backed Commercial Paper, ABCP), 외국 국

* 이 글은 증권법연구 제15권 제2호(2014)에 게재한 "신탁의 금융투자상품화에 따른 투자자보호 문제—특정금전신탁을 중심으로"를 수정 · 보완하고 최근의 논의를 추가하여 가필한 것이다.

** 한국외국어대학교 법학전문대학원 교수

채 심지어 파생상품 등 다양한 금융상품을 운용 대상으로 편입하는 신탁상품처럼 이른바 자산관리서비스에 이르기까지 금융투자상품과 금융서비스는 날이 갈수록 확대되고 있다. 이 같은 금융상품과 금융서비스의 빠른 진화는 금융상품을 판매하는 금융회사에게는 신상품의 개발과 수익 증대 등의 기회를 제공하고 있으며, 투자자에게도 선택의 폭을 넓혔다는 평가를 받고 있다.

이 중 특히 최근에는 신탁상품이 주목받고 있는데, 종래 투자신탁, 즉 펀드라고 불리는 신탁상품이 대중적이고 일반화된 금융투자상품으로 보급되었고 그 시장 규모도 작지 않았으나, 갈수록 이들 펀드보다 특정금전신탁(또는 '특금'이라고도 불린다)에 투자자금이 더 쏠리는 경향이 나타나고 있다.[1] 그러한 배경에는 효율적인 자금운용과 상대적으로 높은 수익을 기대할 수 있다는 인식 때문인데[2] 이로 인해 기관투자자는 물론 개인투자자들도 상당수 특정금전신탁에 가입하면서 그 시장 규모는 갈수록 확대되고 있다.

'특정금전신탁'이란 위탁자 겸 수익자가 신탁재산인 금전의 운용방법을 구체적으로 지정하고 신탁회사는 이에 따라 신탁재산을 운용하는 신탁의 유형을 말한다. 위탁자가 운용방법을 지정하기 때문에 위탁자 겸 수익자인 투자자가 직접 자산운용에 관여할 수 있는 일대일 맞춤형 자산관리서비스라고 알려져 있다. 종래 이러한 특정금전신탁은 은행의 겸영업무 중심으로 운영되어 오다가[3] 2005년 증권회사의

1) 머니투데이, 2013. 3. 21.자, "펀드 환매해 어디 가나 봤더니… 특정금전신탁 44조 뭉칫돈". 이 기사에 의하면 특정금전신탁이 저금리와 대내외 불확실성으로 인해 안전자산 및 단기상품 선호현상이 강화되면서 이자율이 높은 특정금전신탁이 인기를 끌고 있다고 한다. 더욱이 특정금전신탁이 펀드에 비해 환금성이 뛰어나고 시장상황에 적극 대처할 수 있다는 점도 인기요인으로 꼽고 있다.

2) 헤럴드경제, 2006. 1. 22.자, "높은 금리 수시입출금 가능 금전신탁에 돈 몰려".

3) 신탁업의 발전경과에 대한 소개로는 서윤석, "국내 은행신탁업의 발전 방안에 관한

신탁겸영이 허용된 이후 금융권역 간에 경쟁 심화를 야기하였고[4] 갈수록 맞춤형 투자수요가 증가하면서 은행과 증권회사[5] 모두 영업전략 차원에서 신탁영업을 강화하면서 특정금전신탁시장의 규모가 급격히 커진 것으로 나타나고 있다.

그런데 이러한 수탁고 증가의 속도와 달리 특정금전신탁에 대한 위탁자 겸 수익자인 투자자[6]의 이해도는 그리 높지 않은 편이다. 실제 지금까지 판매 현황을 보면 불완전판매로 인해 투자자보호에 문제가 있는 것으로 나타나고 있다. 특정금전신탁의 경우 위탁자가 운용재산을 지정한다는 성격을 반영하여 자본시장과 금융투자업에 관한 법률(이하 '자본시장법')에 마련된 투자자보호장치로서 강화된 판매규제나 자산운용상의 규제가 다른 금융투자상품에 비해 완화되어 있다. 그러나 이는 특정금전신탁상품의 경우 위탁자가 운용방법을 지정하도록 되어 있다는 점과 그러기 위해서는 위탁자가 그 지정된 상품에 대해 잘 알고 있다는 것이 전제된다. 그런데 실질적인 투자과정과 분쟁 현

연구—일본의 성장사례 분석을 중심으로," 아태연구 제14권 제1호(2007), 53면 이하 참조.

4) 2005년 12월 27일부터 금융감독위원회의 약관승인을 받아 증권회사들이 특정금전신탁상품들을 대거 판매하기 시작하였다. 이데일리, 2005. 12. 28.자, "증권사 특정금전신탁 봇물" 참조. 반면 2003년 보험업법 전면 개정으로 보험회사의 겸영업무에 신탁업이 추가되었고 2005년 구 신탁업법 개정으로 신탁겸영금융회사에 대하여 구 신탁업법상의 일부 조항의 적용이 배제되어 실질적으로 신탁업이 완전 허용되었지만 보험회사들의 이용도는 큰 폭으로 확대되지는 못한다고 한다. 자세한 것은 안성포, "신탁을 이용한 보험상품의 개발—2012년 7월 26일 개정신탁법의 시행을 앞두고—," 손보논단(2012. 1), 21면 이하 참조.

5) 한국경제신문, 2013. 3. 17.자, "증권사 특정금전신탁 '위험한 질주'".

6) 이 글에서는 특정금전신탁의 신탁재산을 위탁자 겸 수익자가 예금으로만 운용할 것을 지시한 경우보다는 예금 외에 금융투자상품으로 운용하도록 한 경우를 주된 논의 대상으로 하기로 한다. 이러한 점에서 금융회사의 거래 상대방인 금융소비자 중 특히 투자자의 경우에 논의를 집중하고자 한다.

황을 보면 그렇지 않음이 여실히 나타난다. 더욱이 금융회사별로 특정금전신탁의 최소가입 규모를 정하는 경우가 많지만, 1,000만~2,000만 원 수준의 가입자 비율이 상당 부문을 차지하는 것으로 보도[7]되는 데에서 알 수 있듯이 신탁의 대중화가 예상되고 있다.

이 때문에 다양한 금융투자상품을 신탁재산의 운용 대상으로 하여 투자위험이 고도로 높은 복잡·복합적인 금융투자상품에 투자가 되었음에도 불구하고[8] 위탁자 겸 수익자인 투자자가 운용방법을 '특정'하여 '지시'하였다는 점을 강조함에 따라 실제 금융회사의 불완전판매 여부가 분쟁으로 간 경우 투자자의 보호가 실질적으로 기대될 수 있는지는 의문이다. 왜냐하면 실제 판매된 사례들을 보면 투자자의 특정은 운용상품의 '종류'만을 정한 데 불과하고, 실제 운용된 상품은 '동일 종류'이기는 하지만 그 위험 정도나 거래구조 및 환헤지 정도 등 여러 면에서 차이나는 상품이기 때문이다. 즉 특정금전신탁이기보다는 불특정금전신탁에 가까운 신탁[9]이라고 할 수 있으며, 실질이 펀드와 같은 경우가 적지 않다.[10]

7) 서울경제, 2014. 6. 2.자, "식지 않는 특정금전신탁 인기".

8) 은행이 특정금전신탁제도를 활용해 ELS를 판매하는 경향에 대한 기사로는 파이낸셜투데이, 2012. 6. 12.자, "ELS판매현장, 문제없나? …불완전판매 파동재현 '우려'" 참조.

9) 운용방법을 대강 정한 신탁이라는 점에서 '구체적'으로 운용방법과 대상 그리고 조건을 정한 진정한 특정금전신탁과 차이가 있다고 할 수 있다. 다만 자본시장법상 특정금전신탁의 정의에 대하여 "위탁자가 신탁재산인 금전의 운용방법을 지정하는 금전신탁을 특정금전신탁이라고 하고 있어 방법과 대상 및 거래조건 등을 세분화하도록 정치하게 기술되어 있지는 않아 실제 운용에 있어 재량권을 주는 요인으로 작용하고 있다." 자본시장법 시행령 제103조 제1호, 제2호 참고.

10) 과거에도 이러한 문제는 지적되었다. 서울파이낸스, 2003. 10. 1.자, "은행 특정금전신탁 운용 '문제 있다'". 최근에도 이러한 문제가 보고서로 발표된 바 있다. 구정한, "특정금전신탁의 문제점과 향후 과제," 주간 금융브리프 제21권 제42호(2012. 10. 27~11. 2), 금융연구원, 10-11면. 관련 기사로는 아시아경제, 2012. 11. 4.자, "금

그럼에도 불구하고 법적 분쟁이 발생한 경우에는 그 처리는 상이하다. 예컨대 펀드의 경우 투자자재산의 집합적 운용으로 투자자의 간섭과 지시가 제한되는, 즉 펀드매니저의 전적인 재량에 의해 운용되는 상품이라는 점에서 불완전판매 내지 운용 · 공시상의 문제가 분쟁으로 간 경우 투자자의 귀책보다는 판매회사 내지 자산운용사의 귀책이 먼저 문제 될 수 있기 때문이다. 반면 특정금전신탁의 경우에는 판매회사인 수탁회사는 신탁재산의 운용방법을 '지시'받은 자에 불과하기 때문에 법적 분쟁으로 간 경우 그 책임을 물기가 펀드만큼 쉽지 않다. 그러나 특정금전신탁이라기보다는 지정금전신탁에 해당하거나 실질이 펀드와 같이 운용되는 사안에서도 단지 특정금전신탁이라는 계약을 체결하였다는 이유로 법적 취급과 결과가 달라진다는 것은 문제라 할 것이다.

이미 이러한 문제점을 인식하고 금융감독당국도 수차례 특정금전신탁에 대한 감독을 개선하는 조치들을 발표하였고,[11] 최근에도 연이어 조치들을 마련 및 발표하고 있다.[12]

이러한 상황에서 특히 수탁고가 급증하고 있는 특정금전신탁의 판매에 관한 불완전판매 가능성이 가장 주시받고 있으며 이를 토대로

융연, 일임형 특정금전신탁 규제 강화 필요" 참조.

11) 아시아경제, 2012. 9. 13.자, "금감원, 특정금전신탁 불완전판매 집중 점검". 이 기사에 의하면 금융감독원은 투자위험에 대한 설명의무 위반 등 불완전판매에 의한 소비자 피해가 발생하지 않도록 지속적인 지도와 모니터링을 강화하겠다고 밝혔다고 한다. 아울러 금융감독원 관계자는 특정금전신탁의 형태로 기업어음(CP)을 판매하면서 회사의 상황이나 위험성 등을 충실히 설명해 주어야 하는데 그렇지 않고 '대기업 CP니까 안전하다'는 식으로만 설명할 경우 불완전판매가 발생할 수 있다며 이러한 경우가 있는지를 점검하겠다고 밝혔다.

12) 2013년 11월 금융감독기관의 동양사태 재발방지종합대책의 일환으로 금융투자상품의 불완전판매 종합대책이 발표된 후 현재까지 금융소비자 보호강화 차원에서 금융투자상품의 불완전판매를 예방하기 위한 감독과 조치가 이어지고 있다.

금융투자상품의 판매와 관련하여 금융감독원의 점검과 감독 및 제재 조치의 강화가 다양하게 모색되고 있다. 이러한 양상은 판매관행에 대한 종합적인 점검 외에 내부통제에 이르는 등 근본적인 금융회사 체질 변화를 위한 다양한 조치들로 이어질 것으로 예상된다. 대표적으로 불완전판매의 주된 수단으로 이용되는 투자권유불원제도와 부적합상품 확인서를 통한 판매에 대하여 낮은 KPI평가를 하도록 지도[13] 할 예정 등 금융회사의 성과평가제도에도 관심을 두고 점검의 대상으로 두는 등 감독수단에서도 변화가 감지되고 있다.

그런데 이들 방안으로 과연 투자자의 보호가 효과적이고 충분할 것인지는 다소 의문이 있다. 이하에서는 신탁을 활용한 금융상품의 진화로 인해 투자자보호의 사각지대로 제기되고 있는 특정금전신탁 관련 투자자보호 미비의 문제 되는 사항들을 추출하고 그에 대한 대처방안으로서 투자자보호를 위한 법적 과제와 개선사항을 제시하고자 한다.

II. 신탁의 금융투자상품화 현황

1. 신탁의 의의

(1) 신탁법과 자본시장법상 신탁의 의의

현행 신탁법 제2조에서는 신탁을 "신탁을 설정하는 자(이하 '위탁자'

13) 금융감독원, 불완전판매 대책 금융현장 이행실태 및 향후과제, 2014년 제1차 금융감독자문위원회 자본시장분과회의(내부회의) 참고자료(2014. 9).

라 한다)와 신탁을 인수하는 자(이하 '수탁자'라 한다) 간의 신임관계에 기하여 위탁자가 수탁자에게 특정의 재산(영업이나 저작재산권의 일부를 포함)을 이전하거나 담보권의 설정 또는 그 밖의 처분을 하고 수탁자로 하여금 일정한 자(이하 '수익자'라 한다)의 이익 또는 특정의 목적을 위하여 그 재산의 관리, 처분, 운용, 개발, 그 밖에 신탁 목적의 달성을 위하여 필요한 행위를 하게 하는 법률관계"라고 정의하고 있다. 자본시장법상의 신탁 역시 이러한 신탁법상의 신탁을 말한다(자본시장법 제9조 제24항)고 하여 차이는 없다.

(2) 신탁법과 자본시장법의 관계

신탁법과 자본시장법은 일반법과 특별법의 관계에 있어 신탁을 영업으로 하는 경우 자본시장법이 특별법으로서 우선 적용되고 자본시장법이 규율하지 아니한 부분은 신탁법이 적용된다.[14)]

2. 신탁의 유형

신탁유형은 기준에 따라 매우 다양하게 분류될 수 있는데[15)] 크게는 영리를 목적으로 신탁을 인수 · 운영하는지 여부에 따라 민사신탁과 상사신탁으로 구분할 수 있다. 특히 상사신탁은 신탁재산을 신탁하는 목적으로 기준으로 (i) 자산운용전문가인 신탁업자에게 보유자산의 운용을 맡기는 신탁(자산운용형 신탁), (ii) 신탁업자가 위탁자의 지시에

14) 임재연, 자본시장법(2013년판), 박영사, 2013, 88면, 주 41 : 김건식 / 정순섭, 자본시장법, 두성사, 2010, 643면.

15) 자세한 사항은 이중기, 신탁법, 삼우사, 2007, 18면 참조.

따라 단순히 신탁재산의 보관 · 관리업무를 수행하는 신탁(자산관리형 신탁), 그리고 (iii) 위탁자가 자금조달을 목적으로 보유자산을 유동화하는 신탁(자산유동화형 신탁)으로 구분할 수 있다.

한편 자본시장법상 신탁은 신탁재산에 따라 (i) 금전신탁, (ii) 재산신탁, (iii) 종합재산신탁으로 분류된다. 이 중 (i) 금전신탁은 위탁자로부터 금전을 수탁하여 신탁회사가 운용하여 신탁 기간 종료 시 수익자에게 금전으로 교부하는 신탁을 말한다. 반면 (ii) 재산신탁은 자본시장법상 허용된 신탁재산유형 중 금전을 제외한 것을 신탁재산으로 한 것을 말한다.[16] 그리고 (iii) 하나의 신탁계약에 의해 위탁자로부터 2개 이상 종류의 재산을 종합하여 수탁하는 경우, 이를 '종합재산신탁'이라고 한다.

이와 함께 자본시장법에서는 금전신탁을 두 가지 유형으로 구분하고 있다. 즉 (i) 위탁자가 신탁재산인 금전의 운용방법을 지정하는 금전신탁(특정금전신탁)과 (ii) 위탁자가 신탁재산인 금전의 운용방법을 지정하지 않는 신탁(불특정금전신탁)이 그것이다(동법 시행령 제103조). 이처럼 위탁자가 수탁자에게 자산운용권한을 부여하였는지 여부에 따라 특정금전신탁과 불특정금전신탁으로 구분된다.[17] 현재 2004년 7월부터 연금신탁상품을 제외하고는 불특정금전신탁의 신규 판매는 금지되어 있다.[18] 그러나 실제 판매사례들을 보면 특정금전신탁이라고 하면서도 위탁자가 신탁재산운용방법을 완전하게 지시하지 않고 일정부분 수탁자에게 투자판단을 위임하여 두는 경우가 적지 않아 불특정

16) 재산신탁의 분류에 대해서는 최동식, 신탁법, 법문사, 2006, 47면 참조.

17) 이러한 구분기준은 구 신탁업법의 정의를 그대로 승계한 것이다.

18) 왜냐하면 불특정금전신탁은 위탁자의 운용지시권이 없다는 점에서 불특정금전신탁의 실질이 집합투자와 동일한 것으로 보기 때문이다.

금전신탁과 차이가 없는 결과를 초래하기도 한다.[19] 이러한 취급에 대해 위탁자의 운용지시권이 보장된다는 것이 바로 수탁자의 운용재량권이 인정되지 않는다는 것을 의미하지는 않는다는 견해[20]가 있다.

3. 수탁 가능한 신탁재산

신탁법상 신탁재산의 유형은 제한이 없어 매우 다양한데, 이는 2011년 6월 개정 신탁법에서 신탁재산을 종래의 '재산권'에서 '재산'으로 포괄적으로 규정하였기 때문이다. 한편 신탁법과 달리 자본시장법은 신탁업자가 수탁할 수 있는 신탁재산을 일정 범위의 재산으로 한정하고 있어(자본시장법 제103조 제1항) 차이가 있다. 즉 자본시장법에서는 금전, 증권, 금전채권, 동산, 부동산, 지상권 · 전세권 등 부동산 관련 권리, 무체재산권만 신탁재산의 대상이 될 수 있다.[21] 때문에 이를 위반하여 다른 재산을 신탁회사가 수탁한 경우 징역 1년 이하 또는 3천만원 이하의 벌금에 처해진다(동법 제446조 제18호).

---

19) 구정한, 앞의 글(주 10), 10면.

20) 오영표, "신신탁법 시행에 따른 자본시장법상의 법적 쟁점—신탁법과 자본시장법의 조화로운 공존을 모색하며—," 은행법연구 제5권 제1호(2012), 118면 참조. 때문에 수탁자의 운용권한의 범위를 기준으로 (i) 수탁자가 포괄적으로 운용재량권을 행사할 수 있는 신탁(포괄재량형 신탁), (ii) 수탁자가 부분적으로 운용재량권을 행사할 수 있는 신탁(부분재량형 신탁), (iii) 수탁자가 운용재량권을 전혀 행사할 수 없는 신탁(단순관리형 신탁)으로 구분할 수 있다고 한다.

21) 자본시장법과 달리 신탁법은 신탁의 대상을 재산으로 포괄적으로 규정하고 있다. 2011년 6월 개정되기 전 구 신탁법에서는 재산권이라고 규정되어 있었다. 이러한 차이에 대해서는 자본시장법이 신탁법과 같이 한정적 열거주의에서 포괄주의로 전환할 필요가 있다는 지적이 있다. 자세한 것은 임재연, 앞의 책(주 14), 291면 참조.

4. 신탁을 업으로 하는 '신탁업'

신탁을 업으로 하는 경우를 '신탁업'이라고 하며 신탁업을 영위하는 경우에는 자본시장법이 적용된다. 동법에서는 '신탁업'을 "신탁을 영업으로 하는 것을 말한다"(제6조 제8항)고 정의하고 있다. 자본시장법상 신탁업자는 금융투자업의 한 유형으로 분류된다. 그런데 다른 금융투자업과 달리 신탁업을 정의함에 있어 금융투자상품을 기초로 정의하고 있지는 않다. 이 때문에 금융투자상품의 요소가 구비되지 않은 경우에도 자본시장법이 적용되는지 여부에 대하여 의문이 있다. 이에 대해 금융투자상품의 요소가 구비된 경우에만 자본시장법이 적용된다는 견해[22)]가 있다.

자본시장법 제정 시 신탁업법을 폐지하고 자본시장법에 금융투자업의 하나로 신탁업을 포함시킨 배경에는 당시 판매된 신탁계약 상당 부분이 실제 운용에 있어 집합투자업과 차이가 없는 경우가 적지 않고, 향후 신탁계약의 유형이 매우 다양하게 진화될 수 있음을 고려하였기 때문이다. 즉 포괄주의규제(negative regulation)원칙하에 동법의 적용이 필요 없는 경우 적용배제규정을 법령에 마련하여 실무상의 규제 준수 부담이나 불명확성을 경감시키는 규제기법을 사용하고 있는 것이 특징이다. 이러한 점에서 명백히 적용배제되는 것으로 정한 것은 물론, 취지 면에서 볼 때 성격상 그에 준하는 경우 내지 규제가 불필요한 경우에는 적용이 배제된다고 해석하는 것이 타당하다. 다만 자본시장법상의 업 규제 전반이 일절 배제된다고 보기에는 무리가 있다. 왜냐하면 금융투자상품의 요소가 존재하지 않는 한 신탁을 영업으로

22) 임재연, 앞의 책(주 14), 89면.

함에도 불구하고 이를 규율하는 업법은 없는 입법공백의 결과를 초래하기 때문이다.[23] 따라서 자본시장법상의 업자 규제는 원칙적으로 적용받는 것으로 하되 일부 규정을 적용면제 내지 배제받는 것으로 명문의 규정을 두면서 성질상 준하는 경우에는 해석으로 제외시키는 방향으로 처리하는 것이 타당할 것으로 보인다.

5. 특정금전신탁의 특징과 이용 현황

(1) 특징

1) 운용방법의 특정

앞서 설명하였듯이 특정금전신탁은 위탁자 전용의 단독신탁이기 때문에 운용의 대상, 금액, 기간 등을 구체적이고 자유롭게 선택, 결정할 수 있다. 즉 투자 대상은 자본시장법에서 규정하고 있는 신탁재산에만 운용이 가능하지만(동법 제105조 제1항,[24] 동법 시행령 제106조) 그 범위 내에서는 자유롭게 투자가 가능하다. 특정금전신탁의 경우 신탁금액에도 제한이 없어 개인투자자도 이용할 수 있지만[25] 신탁회사별

---

23) 신탁법은 신탁에 관한 사법적인 법률관계를 규정함을 목적으로 하고 있기 때문이다.

24) 2013년 개정 자본시장법은 제105조 제1항 제10호를 신설, 신탁재산의 운용 대상을 추가하여 10. 그 밖에 신탁재산의 안정성 · 수익성 등을 고려하여 대통령령으로 정하는 방법에 운용하는 것을 허용한 바 있다.

25) 2013년 11월 금융위원회는 개인투자자의 최저가입금액을 5천만 원으로 제한하는 계획을 발표(본문에서의 최근 감독내용을 참조)하였고, 금융위원회가 이러한 한도 설정 등의 내용을 담아 자본시장법 시행령 개정안을 제출하였으나 2014. 4. 18. 규제개혁위원회는 이러한 감독기관의 결정에 철회권고를 결정한 바 있다. 금융위원회는 2013년 11월에 동양증권이 그룹 계열사의 회사채와 기업어음을 판매하는 데 특정금전신탁을 활용하였고, 이 과정에서 불완전판매로 투자자피해를 야기한 공백을 개선하고자 하는 차원에서 최소가입금액한도 설정 등을 뼈대로 한 '특정금전

로는 신탁금을 일정 한도 이상으로 정하는 경우[26]가 있다. 반면 신탁기간에 대해서는 규제도 없고 금융회사들도 자유롭게 정하고 있다. 일반적으로는 1년 이내로 하는 경우가 많고 여기에 자동연장조항을 마련해 두기도 한다. 또한 기본적으로 특정금전신탁의 경우 신탁재산의 운용형태는 개별 단독운용방식이며, 합동운용은 허용되지 않는다(자본시장법 제104조 및 제108조, 동법 시행령 제109조 제5호).[27] 왜냐하면 각각의 신탁계약에서 동일 조건의 것이라고 하여도 각 신탁금의 합동운용은 단순히 계산을 번잡하게 할 뿐 아니라 수익자에게 이익이 되지 않기 때문이다. 더구나 합동운용 시에는 불특정금전신탁과 다를 바 없다.[28]

2) 익명의 운용

한편 시장에서의 신탁재산의 명의는 수탁자의 명의로 되기 때문에

신탁제도 및 영업관행 개선'을 위한 10대 개선과제를 발표하였다.

26) 일부 신탁업자의 경우 상품별 최저가입금액한도를 설정하고 있다.

특정금전신탁 상품별 최저가입금액한도

구분	은행			증권사		
	최저한도 설정		미설정	최저한도 설정		미설정
	회사 수 (개)	최저한도 (백만 원)	회사 수 (개)	회사 수 (개)	최저한도 (백만 원)	회사 수 (개)
일반 CP	7	5~30	10	12	1~100	9
ABCP	6	5~20	11	14	1~1000	7
ELS	11	3~20	6	11	1~100	10

출처 : 금융위원회 보도자료, 특정금전신탁 운용현황 및 정책방향(2013. 4).

27) 다만 비율집합은 허용된다. 즉 각 계좌별로 투자판단이 달리 이루어지고 단순히 취득과 처분에 대한 주문만을 취합하여 제출되는 경우를 집합주문이라고 한다. 이에 대한 설명으로 오영표, 앞의 논문(주 20), 120-121면 참조.

28) 이에 대하여 집합운용형 금전신탁의 허용을 주장하는 견해가 있다. 안성포, "신탁제도의 발전을 위한 입법과제 — 집단신탁을 중심으로," 비교사법 제14권 제3호(2007), 한국비교사법학회, 1037면 : 오영표, 앞의 논문(주 20), 122면 참조.

위탁자나 수익자의 명의는 표면에 나타나지 않아 즉 운용상 거래가 비밀이 된다. 그러나 한편으로 이러한 성질을 이용하여 자사주식의 주가를 조작하거나 상대 기업의 주식을 매집하는 거래 내지 기업 인수의 수단으로 남용될 가능성도 없지 않다.

아울러 신탁재산은 수탁자의 명의로 되지만 수익자의 보호를 확실하게 할 필요가 있어 수탁자의 고유재산과 다른 신탁재산과의 분별관리가 원칙이다. 다만 금전에 한해서는 예외가 인정되어 있다(자본시장법 제6조 제5항 제3호, 동법 시행령 제6조 제4항 제2호).

3) 실적배당주의

신탁재산의 운용수익으로 발생한 손익은 모두 수익자에게 귀속되고, 수탁자에게는 손실보상의 책임이 없다. 이 경우 수익배당금은 운용수익에서 사무비, 조세부담 및 일정율의 신탁보수 등을 공제하여 산정된다.

4) 손실전보 · 이익보장 금지

특정금전신탁은 실적배당주의가 원칙이기 때문에 수탁자에게 관리의 과실 내지 신탁 위반이 없는 한 신탁상의 이해는 모두 수익자에게 귀속되고 손실전보 내지 이익보장을 하는 행위는 금지된다(자본시장법 제55조).[29] 신탁업자의 경우 금융투자업의 손실보전 및 이익보장금지의무가 부과되며, 성격상 특히 운용방법이 위탁자에게 의해 특정되고, 수탁자는 운용방법에 관하여 재량의 여지가 없음에도 불구하고

29) 다만 기존 신탁상품 중 손실보전 또는 이익보장조건의 상품(노후생활연금신탁, 개인연금신탁, 퇴직일시금신탁 등)의 경우 손실의 보전이나 이익의 보장을 할 수 있다(자본시장법 시행령 제104조 제1항).

발생한 손해를 부담하는 것은 가혹하기 때문이다.

5) 신탁종료 시 금전교부원칙

신탁종료 시 신탁재산은 금전으로 교부하는 것이 원칙이다. 그러나 실제는 운용 중의 신탁금의 회수가 곤란하거나 기타 사정에 의해 금전교부가 불가능한 경우도 예상되기 때문에 실물교부의 예외를 인정하고 있다.

6) 위탁자의 사무부담 경감

특전금전신탁에서는 위탁자의 경우 신탁금을 수탁자에게 예치하고 운용방법을 지시하는 데 지나지 않아 거래상 발생하는 사무처리와 운용 상황보고는 수탁자가 하는 것이라 위탁자의 사무부담은 경감된다고 할 수 있다. 다만 위탁자로서는 수탁자로부터 월보고서와 결산보고서를 입수하지 않으면 운용 상황을 알기 어렵다.

〈표 1〉 특정금전신탁의 특징

구분	내용
신탁 기간	신탁 건별 계약으로 정함(제한 없음)
원본 및 이익 보전	원본 및 이익보전을 계약할 수 없음(실적배당)
추가 신탁	가능
이익 계산	신탁계약으로 정함(만기지급식, 원가식, 이자지급식 중 선택)
신탁 보수	신탁계약으로 정함(기본보수+수익보수)
중도 해지	원칙적으로 운용자산의 현금화가 가능한 경우에 한해 가능
신탁 해지	금전지급이 원칙(다만 운용 중인 신탁재산의 환가 및 회수가 곤란한 경우 실물교부 가능)
양도 및 담보 제공	신탁회사의 승낙을 받은 경우에 한하여 가능

(2) 이용 현황

1) 금융회사의 관심 증대의 배경

상술한 것처럼 우선, 신탁은 신탁 고유의 특징을 갖고 있기 때문에 이러한 신탁구조를 이용하여 사회적 · 경제적 상황 및 다양한 수요에 부합하고 특히 금융상품으로서 금융회사가 이용할 수 있다는 이점이 있다. 때문에 새로운 상품의 개발 내지 자산관리서비스를 사업모델로 하는 금융회사의 경우 신탁에 대한 관심이 높을 수밖에 없다.

사실 은행과 보험회사 및 증권회사에서는 통상 금전신탁, 재산신탁, 종합재산신탁 등으로 구분되어 판매되고 있으나 최근에는 금전신탁의 유형인 특정금전신탁[30)]에 자금이 쏠리고 있음은 이미 소개한 바와 같다.

---

30) 2012년에 채권형 신탁과 MMT(Money Market Trust) 등에 44조 원의 자금이 유입되었다고 한다. 이는 저금리기조와 대내외 불확실성으로 안전자산 및 단기상품 선호현상이 강화되면서 상대적으로 수익성이 높은 특정금전신탁에 몰리고 있다고 한다. 특히 특정금전신탁에 유입된 자금 중 27퍼센트가 MMT, ELT(주가연계신탁), 정기예금 등 원금보장형 및 단기상품에 집중투자되었다. 펀드에 비해 환금성이 뛰어나고, 시장 상황에 적극 대처할 수 있다는 점을 인기요인으로 꼽고 있다. 자세한 내용은 앞의 기사(주 1). 참조. 2012년에는 증권사 특정금전신탁에만 100조 원이 몰렸고, 금융업권별로 특정금전신탁 점유율이 증권회사가 51.1퍼센트로 절반을 넘어서고 있다. 최근에는 증권회사들이 특정금전신탁을 통해 파는 주력상품으로 자산유동화기업어음(ABCP)을 선호하는데, 개인과 일반 법인 외에 우정사업본부, 기관투자자 등의 수요가 몰려 수탁액이 크게 증가하는 요인이 되었다. 자세한 내용은 뉴스토마토, 2013. 5. 30.자, "증권사 특정금전신탁에 뭉칫돈 몰린다" 참조 ; 최근에 더욱 특정금전신탁에 대한 수요가 높아지고 있다. 서울경제, 2014. 6. 2.자, "식지 않는 특정금전신탁 인기". 금융투자협회에 따르면 특정금전신탁(은행+증권+보험 포함) 규모는 2013년 9월 221조 2,225억 원에서 2014년 3월 현재 248조 9,191억 원으로 6개월 사이에 12.2퍼센트 늘어났다. 증권사가 판매하는 특정금전신탁 잔액은 같은 기간 110조 3,317억 원에서 126조 5,987억 원으로, 은행은 109조 2,428억 원에서 120조 4,542억 원으로 증가했다.

2) 신탁(특정금전신탁)의 판매 현황

현재 신탁상품 그중에서도 특정금전신탁의 판매 현황을 보면 최근 다음과 같이 증가세를 보이고 있다.

① 신탁회사 현황 및 수탁고

2014년 9월 24일자 금융감독원의 보도자료[31)]에 의하면 2014년 6월 말 현재 57개 신탁회사의 총 수탁고는 531.4조 원으로 전년 말 대비 7퍼센트 증가하였고, 이 중 은행은 258.1조 원이며, 증권회사의 경우 144.1조 원, 부동산신탁회사는 126.7조 원, 그리고 보험회사는 2.5조 원을 수탁하고 있는 것으로 나타났다. 또한 업권별 점유율은 은행이 48.6퍼센트, 증권회사가 27.1퍼센트, 부동산신탁회사가 23.8퍼센트, 보험회사가 0.5퍼센트 순으로 나타났다.

〈표 2〉 신탁회사 수탁고 추이

(단위 : 조 원, %, %p)

구분		2013. 말		2014. 6. 말		증감		증감률
		(A)	점유율(a)	(B)	점유율(b)	수탁고 (B-A)	점유율 (b-a)	(B-A)/A
겸영사	은행	245.4	49.4	258.1	48.6	12.7	△0.8	5.2
	증권	130.2	26.2	144.1	27.1	14.0	0.9	10.7
	보험	2.3	0.5	2.5	0.5	0.2	-	7.5
	소계	377.9	76.1	404.7	76.2	26.8	0.1	7.1
부동산신탁회사		118.8	23.9	126.7	23.8	7.9	△0.1	6.6
합계		**496.7**	**100.0**	**531.4**	**100.0**	**34.7**	**-**	**7.0**

출처 : 금융감독원, 앞의 자료(주 31).

31) 금융감독원 보도자료, 2014 상반기 신탁업 영업 현황 분석(2014. 9. 24).

〈표 3〉 신탁재산별 수탁고 추이

(단위 : 조 원, %)

신탁재산		2013. 말 (A)	2014. 6. 말 (B)	비중	증감 (B-A)	증감률 (B-A)/A
금전신탁	불특정*	13.6	13.8	2.6	0.2	1.5
	특정**	**233.5**	**251.5**	**47.3**	**17.9**	**7.7**
	(퇴직연금)	(55.8)	(58.5)	(11.0)	(2.7)	(4.8)
	소계	247.2	265.3	49.9	18.1	7.3
재산신탁	금전채권신탁	92.5	103.3	19.4	10.8	11.7
	유가증권신탁	9.4	9.3	1.8	△0.1	△1.5
	부동산신탁	147.3	153.0	28.8	5.6	3.8
	소계	249.2	265.6	50.0	16.3	6.5
기타	담보부사채 등	0.3	0.5	0.1	0.2	77.7
총계		**496.7**	**531.4**	**100.0**	**34.7**	**7.0**

출처 : 금융감독원, 앞의 자료(주 31).

한편 신탁재산별로는 〈표 3〉과 같이 금전신탁이 265.3조 원이며, 재산신탁은 265.6조 원이며, 2014년 상반기 신탁보수 수입은 4,679억 원에 이른다. 이 중 251.5조 원의 수탁고를 보인 특전금전신탁은 전년도 대비 17.9조 원이 증가하였는데, 그 배경은 은행의 주가연계신탁(4.8조 원)과 증권회사의 경우 유동화증권(ABCP 등)을 발행하기 위하여 설립한 SPC가 위안화정기예금 등에 가입하기 위하여 체결한 신탁계약인 정기예금형 신탁(9.8조 원)의 증가에 의한 것으로 분석되고 있어 주목을 받고 있다.

'정기예금형 신탁'이란 투자자는 금융기관의 정기예금 예치라는 운용방법을 지시하는 경우 이 지시에 따라 신탁업자가 투자자를 대신하여 은행 정기예금에 가입하는 특정금전신탁을 말한다.

정기예금형 신탁을 통해 증권회사에서도 정기예금에 가입할 수 있

〈표 4〉 특정금전신탁 주요 수탁고 증감 추이

(단위 : 조 원, %)

구분	2011. 말	2012. 말	2013. 말 (A)	2014. 6. 말 (B)	증감 (B-A)	증감률
채권형	55.7	77.1	86.7	78.8	△7.9	△9.1
ELT	6.8	9.8	14.1	18.4	4.3	30.5
정기예금형	14.9	20.8	25.5	36.7	11.2	43.9

출처 : 금융감독원, 앞의 자료(주 31).

는 것이다.[32)]

반면 재산신탁의 경우에는 주로 기업들이 자금조달을 목적으로 신탁회사에게 매출채권 등을 신탁하고 그 수익권증서를 기초로 유동화증권을 발행하는 자산유동화를 하기 위하여 은행의 금전채권신탁과 부동산신탁회사의 담보신탁을 이용하는 것으로 나타났다.

이처럼 2014년 신탁상품의 판매 현황에서 나타나는 특징은 저금리로 인해 예금대체상품으로 은행의 주가연계신탁과 증권회사의 정기예금형 특정금전신탁에 자금이 몰리고 있다는 점이다.[33)]

32) 증권회사의 경우 2012년에는 채권형 상품이 70.4퍼센트(67.0조 원)로 큰 비중을 차지한 반면 정기예금형 신탁은 14.1퍼센트(13.4조 원)로 감소한 바 있다.

(단위 : 조 원, %, %p)

구분	2009. 말	2010. 말	2011. 말 (A)	2012. 말 (B)	(비중)	증감 (B-A)	(증감률)
계	93.4	104.4	123.9	155.3	(100)	31.4	(25.3)
채권형(CP 등)	21.4	44.2	55.7	77.6	(50.0)	21.9	(39.3)
MMT	43.9	27.2	30.2	39.1	(25.2)	8.9	(29.5)
정기예금형	12.8	17.3	14.9	20.3	(13.1)	5.4	(36.2)
ELT	1.8	3.4	6.8	9.8	(6.3)	3.0	(44.1)
주식형 · 자문형 · 자사주	4.6	3.6	4.8	4.3	(2.8)	△0.5	(△10.4)
기타*	8.9	8.8	11.6	4.2	(2.7)	△7.4	(△63.8)

출처 : 금융위원회 보도자료, 특정금전신탁 운용 현황 및 정책방향(2013. 4).

33) 정기예금형 신탁은 최근 몇 년간 다양하게 이용되면서 감독당국의 주의를 요하는

② 특정금전신탁상품의 현황

특정금전신탁은 다양한 상품을 신탁재산으로 운용할 수 있다는 장점이 있으며 맞춤형 자산관리서비스로 기대되는 것도 이러한 이점에 기인한다 할 것이다. 금융감독원이 2012년 발표한 보도자료에 의하면 특정금전신탁에서 주로 운용하는 상품은 다음과 같은 순으로 이용되고 있는 것으로 파악되고 있다. 다만 최근에는 은행의 주가연계신탁과 증권회사의 정기예금형 특정금전신탁에 자금이 몰리고 있다.

(i) 기업어음

특정금전신탁이 기업어음(Commercial Paper, CP)에 운용하는 경우가 33.1퍼센트로 가장 많은 비중을 차지하고 있는 것으로 나타났으며, 다수의 금전신탁재산을 1개 기업어음(CP)에 분할편입하는 경우도 있다.[34] 특히 자산담보부기업어음에 투자하는 경우가 많은데 개인투자자들도 자산담보부기업어음에 투자한 특정금전신탁을 이용하는 경우가 적지 않은데[35] 개인투자자의 비중은 11.5퍼센트, 4.5조 원 규모로

감독 대상이 되고 있다. 대표적으로 2012년 들어 정기예금을 기초로 발행되는 자산유동화기업어음(ABCP)이 지속적으로 늘자 금융감독원은 증권회사의 SPC 설립을 통한 신탁에 편입되는 예금을 받지 않도록 은행에 대한 창구지도를 한 이후 SPC를 통한 예금이 원활하지 못하게 되자 그 대안으로 예금신탁에 가입한 후 정기예금 ABCP를 발행하는 등 증권회사와 보험회사에 의해 다양하게 이용되고 있다.

34) 이 때문에 신탁해지 시 자전거래의 유인이 되기도 한다. 원래 CP는 원칙적으로 분할판매가 금지되나 특정금전신탁 내에서 증권회사가 해당 CP를 소유하고 투자자는 수익권을 갖는 형태로 사실상의 분할판매가 가능하게 한 것이다.

35) 특히 증권회사들이 2014년 들어 특정금전신탁을 통해 파는 주력상품이 자산담보부기업어음(ABCP)이라고 한다. 예컨대 NH농협증권은 SK에너지 사모사채(금리 연 3.0퍼센트)에 벅셔해서웨이의 CDS프리미엄(연 0.5퍼센트 이상 추정)을 얹어 연 3.5퍼센트의 수익률을 내는 상품으로 만들어 판매하였다. CDS프리미엄이란 특정 채권이 부도날 경우 원금을 갚아 주기로 약속하고 받는 보험료라고 할 수 있는데, 이들 상품을 합쳐 정기예금 이자율을 웃도는 5년 만기 ABCP로 만들어 판매한 것이다. 이러한 방식의 ABCP가 제공하는 금리는 회사채금리보다 높아 기관투자자와 거액자산가에게 쪼개서 판매한다고 한다. 자세한 것은 앞의 기사(주 5) 참조.

나타나고 있다. 더욱이 최근에는 위험도가 높은 부동산 PF 자산담보부기업어음에도 투자하는 비중이 높은 것으로 나타나고 있다(대략 3.8조 원 규모).[36)]

(ii) 주가연계 파생결합증권

특정금전신탁 자산 중 ELS라고 불리는 주가연계 파생결합증권(Equity Linked Securities, ELS)에 운용하는 특정금전신탁을 'ELT(Equity Linked Trust)'라고 부르는데, 이들 특정금전신탁의 규모는 9.9조 원으로 7.0퍼센트에 달하고 있다. 금융회사별로 보면 은행이 신탁을 주로 ELS판매수단으로 이용하는 경향이 있으며, 은행 수탁비중에서 76.6퍼센트를 차지하는 것으로 분석되고 있다. 자본시장법상 은행은 ELS를 발행·판매할 수 없지만[37)] 신탁을 활용해 ELS를 판매하고 있다.[38)] 이 점에서 증권회사의 경우에는 신탁구조를 이용해서 ELS 등의 파생결합증권을 판매할 유인은 상대적으로 적다고도 할 수 있으나 꼭 그렇다고 보기는 어렵다.

우선 신탁구조를 이용할 유인이 적다고 볼 수 있는 이유는 증권회사는 직접 ELS와 DLS(Derivative Linked Securities) 등과 같은 파생결합증권

---

36) 기관투자자들은 부동산 PF 외에도 신용파생상품 자산담보부기업어음(ABCP)을 특정금전신탁에 편입하는 경향이 있다.

37) 종래 은행은 ELS나 DLS 등 파생결합증권은 발행이 금지되어 있었으나 2013년 4월 개정된 자본시장법에 의해 현재는 원금보장형 ELS에 한해 발행이 가능하다. 자본시장법 개정으로 원금보장형 ELS가 파생결합증권에서 제외되어 채무증권으로 발행이 가능해졌기 때문이다. 그동안 은행은 ELS가 파생결합증권으로 분류되어 있어 발행이나 판매가 금지되어 예금이자를 옵션 등에 투자해 일정 조건을 충족할 경우 이자를 더해 주는 주가지수연계예금(ELD)이나 증권회사가 발행한 ELS를 운용하는 신탁 혹은 ELS를 펀드로 전환하여 주가연계펀드(ELF)로 판매해 왔다. 원금보장형 ELS는 ELD와 경제적인 면에서 같다는 이유에서이다.

38) 머니투데이, 2012. 3. 14.자, "원금비보장인데? 은행서 ELS '불티'나는 이유는?"; 대한금융신문, 2012. 6. 17.자, "은행 ELS판매에 증권사 좌불안석" 참조.

을 직접 발행 및 판매할 수 있기 때문이나, 신탁의 형태로 판매할 경우 신탁보수를 받을 수 있는 점에서 오히려 특정금전신탁을 선호할 유인이 있다. 따라서 ELS나 DLS의 경우 일반 투자자가 이를 매입하려고 할 경우 이용 가능한 방법은 증권회사가 공모로 이들 파생결합증권을 발행하여 판매하는 경우와 집합투자기구가 ELS 등 파생결합증권을 매입하여 구성한 ELF(Equity Linked Fund)에 투자하는 경우 그리고 은행 · 증권회사가 신탁을 활용해 판매하는 ELS 및 DLS에 투자하는 하는 경우 등이 된다. 이처럼 실제 판매경로도 다양하고 투자 대상도 매우 다양하고 복잡하다.

그런데 이는 판매경로에 따라 규제차익이 발생할 수 있는 점에서 문제가 적지 않다. 즉 앞의 두 가지 방법은 파생결합증권을 직접 매수하느냐 아니면 펀드가입을 통해 간접 매수하는가의 차이가 있기는 하나 모두 판매자의 투자권유로 취득하게 되는 경우 자본시장법상의 투자권유규제가 적용된다. 반면 특정금전신탁의 구조를 통해 ELS와 같은 파생결합증권을 매수하는 경우에는 투자자들은 이들 증권의 매수를 지시한 자가 되어 권유를 받아 매수하였다고 보기가 어렵게 되고 따라서 자본시장법상에 투자자보호를 위해 마련한 투자권유규제가 상당 부분 적용되지 않는 결과를 초래한다. 즉 ELT는 특정금전신탁이기 때문에 투자자가 지정한 운용방법 · 조건에 따라 운용을 하여야 하는데도 실제 은행에서는 사전에 확보한 다양한 ELT 상품군 중에서 상품을 선택하는 형태가 다수로, 실제적으로 투자권유가 발생할 가능성이 높으나 자본시장법상의 제반 투자권유규제를 적용받지 못할 우려[39]가 있다. 결국 일반 투자자의 경우 동일한 구조의 ELS를 투자하는 데

39) 남길남 / 한 민 / 정순섭, "ELS · DLS 투자자보호 강화방안," 학술연구용역보고서, 자본시장연구원(2012), 69면.

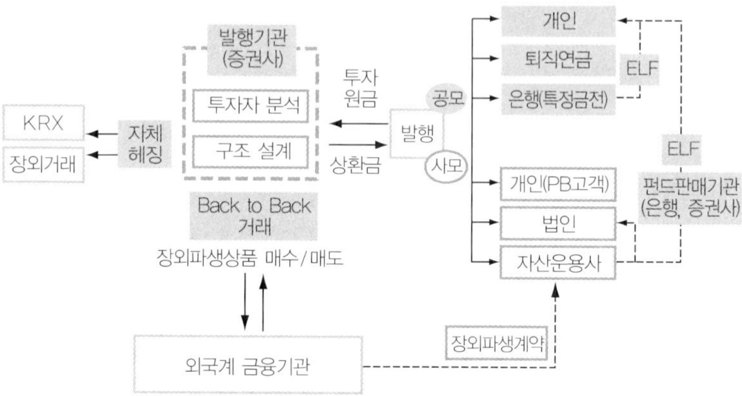

〔그림 1〕 ELS 및 DLS 유통구조

출처 : 남길남/ 한 민/ 정순섭, 앞의 보고서(주 39), 70면.

도 상품의 판매경로에 따라 규제차익이 발생하게 된다.

더구나 은행에서 특정금전신탁이 개인투자자에게 판매되는 경우도 적지 않은데, 은행의 경우 투자권유규제 및 투자권유자격제한도 없는데다 실제 투자자가 이해하기에 충분한 설명도 부족한 채로 판매되는 것으로 나타나고 있다.[40] 물론 증권회사에서도 ELT의 유형인 ETF[41]를 특정금전신탁의 형태로 판매하는 경우 동일한 문제가 발생할 수 있다. ETF는 자본시장법상 '상장지수집합투자기구'라고 부르는 것으로

40) 중앙일보, 2012. 8. 5.자, "26조 팔아치운 ELS, 원금손실 경고 없었다… 은행 전체 검사 확대".

41) 우리나라에는 2002. 7. 28. 증권투자신탁업법의 개정을 통해 도입되었으며, 2009. 자본시장법 제정 시 투자 대상이 되는 기초자산을 확대하여 현재와 같은 제도적 모습을 갖추었다. 기본적으로는 펀드의 성격을 지니나 실제 운용은 주식과 유사한 형태이다.
이외 상장지수집합투자기구에 관해서는 다음의 논문을 참조. 이근영, "상장지수집합투자기구(ETF)의 법적 규제 및 개선방안," 증권법연구 제12권 제1호 (2011) : 연태훈 외 4인, "ETF시장의 건전한 발전방안 연구," 용역보고서, 한국금융연구원 (2011. 12).

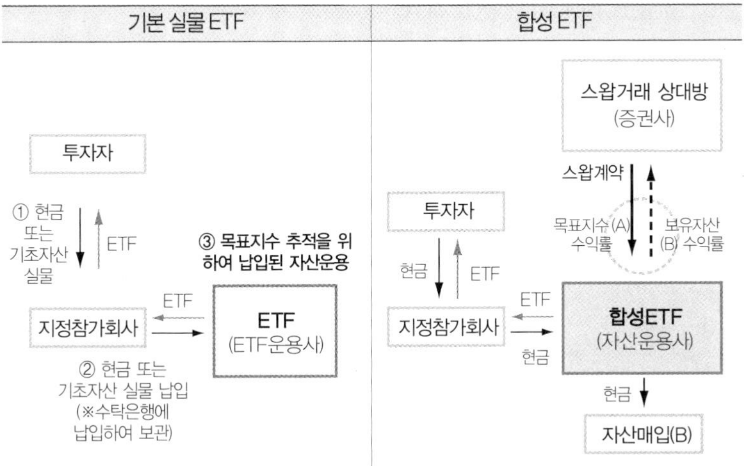

주식, 채권 등 실물	편입자산	장외파생상품(스왑)
현금/현물 설정	설정방식	현금 설정
ETF운용사	목표지수 수익률 제공	파생거래 상대방(증권사)
추적오차위험	ETF운용위험	거래 상대방 신용위험

〔그림 2〕 ETF(일반 ETF와 합성ETF) 기본 구조

출처 : 금융위원회 보도자료, 합성(Synthetic) ETF 도입 추진 등(2013. 2. 26).

특정지수 및 특정자산가격의 움직임과 수익률이 연동되도록 설계된 펀드를 말한다. 통상 주식, 채권, 파생상품, 상품 등으로 배스킷을 구성

금융투자상품

구분	ETF	주식	인덱스펀드	지수선물
운용 목표	특정 인덱스	인덱스초과수익	특정 인덱스	헤지 및 차익
법적 성격	집합투자증권	지분증권	집합투자증권	파생상품
유동성	높음	높음	낮음	높음
결제일	T+2	T+2	T+3	T+1
분산투자	가	불가	가	가
증권대차	가	가	가	불가
거래세	면제	매도 시	적용배제	면제
레버리지	가	가	불가	가

출처 : 한국거래소 홈페이지.

하여 운용사가 지정한 수탁회사에 납입하고 이를 근거로 발행하는 증권을 한국거래소에 상장하여 일반 주식과 동일한 방식으로 거래되고 있다.[42] 갈수록 ETF의 기초자산이 파생상품과 레버리지가 높은 복잡한 고도위험상품에 투자하는 상품들이 등장하고 있으며, 이미 합성 ETF[43]가 도입되어 그 투자위험성을 잘 모른 채 투자자가 특정금전신탁의 형태로 매수할 우려는 더 커졌다고 할 수 있다.

(iii) 수시입출신탁

한편 특정금전신탁이 수시입출신탁(Money Market Trust, MMT)에 운용하는 규모는 2012년 말 기준으로 37조 원 규모로 이 중 은행이 27조

〈표 5〉 업권별 · 상품별 수탁고

(단위 : 조 원, %)

구분		2009. 말	2010. 말	2011. 말	2012. 말	증감	증감률	
				(A)	(B)	비중	(C=B−A)	(C/A)
특금 총 수탁고		**93.4**	**104.4**	**123.9**	**155.3**	**100.0**	**31.4**	**25.3**
권역별	증권	48.6	54.2	64.4	95.2	61.3	30.8	47.8
	은행	44.7	50.0	59.3	59.5	38.3	0.2	0.3
	보험	0.1	0.2	0.2	0.6	0.4	0.4	200.0
상품별	CP 등 채권형	21.4	44.2	55.7	77.6	50.0	21.9	39.3
	MMT	43.9	27.2	30.2	39.1	25.2	8.9	29.5
	정기예금형	12.8	17.3	14.9	20.3	13.1	5.4	36.2
	ELT	1.8	3.4	6.8	9.8	6.3	3.0	44.1
	주식형 · 자문형 · 자사주	4.6	3.6	4.8	4.3	2.8	△0.5	△10.4
	기타*	8.9	8.8	11.6	4.2	2.7	△7.4	△63.8

출처 : 금융위원회/금융감독원 보도자료, 특정금전신탁 운용현황 및 정책방향(2013. 4. 11).

42) 개방형 인덱스펀드라고도 한다. 전통적인 ETF와 달리 개별 주식의 장점인 매매 편의성과 인덱스펀드의 장점인 분산투자, 낮은 거래비용 등의 이점이 있다.

43) 합성 ETF란 주식 · 채권 등을 편입하는 전통적인 ETF와는 달리 장외스왑거래를 활용하여 지수를 복제 · 추종하는 ETF를 말한다.

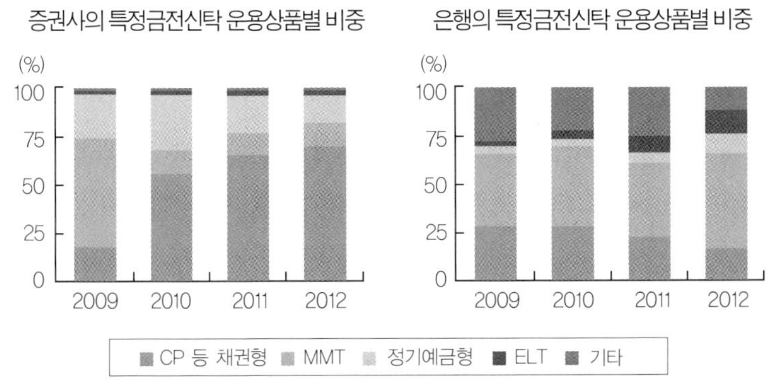

〔그림 3〕 증권회사와 은행의 특정금전신탁 운용상품 비중 비교

출처 : 정희수, "특정금전신탁 제도 개선과 시사점," Weekly Hana Financial Focus 제3권 제18호(2013. 5. 6～12), 하나금융연구소.

원, 증권회사가 10조 원을 운용하는 것으로 나타나고 있다. 주로 1일물로 운용되어 해지 시 출금에 어려움이 없지만, 일부 CP를 분할편입하여 출금 요칭 시 자전기래가 발생할 유인이 있는 것으로 지적되고 있다.

③ 최근 판매 경향에 대한 우려

(i) 위안화 정기예금형 특전금전신탁

올해 은행의 주가연계신탁과 증권회사의 정기예금형 특정금전신탁에 자금이 몰리고 있는 데 대한 우려의 주된 이유는 무엇보다 이들 상품이 개인투자자에게 판매되면서 불완전판매되고 있기 때문이다. 왜냐하면 정기예금형 특정금전신탁은 신탁상품이기 때문에 예금자보호 대상이 되지 않기 때문이다.[44] 그럼에도 불구하고 '정기예금'이라는

44) 반면 원금이 보전되는 금전신탁상품(금융투자업규정 제4-82조)과 예금자보호 대상 금융상품으로 운용되는 확정기여형 퇴직연금 및 개인퇴직계좌 적립금은 예금자보호 대상이 된다.

용어로 인해 예금자보호 대상으로 오해할 여지가 있어 우려되고 있다. 물론 신탁수수료도 우려의 대상이 될 수는 있으나, 현재 대행수수료로 매우 저렴한 수수료를 받는 것으로 알려져 있어 크게 관심의 대상은 아닌 것으로 보인다.

반면 정기예금형 특정금전신탁은 실제 영업점은 물론 여론 매체에서도 통화안정증권(이하 '통안채') 정도로 안전한 상품으로 광고되는 경향이 있다. 그러나 실제 그렇지 않을 수 있음은 최근 더 분명히 나타나고 있다. 예를 들어 최근 이용이 증가한 정기예금형 신탁의 경우 위안화예금의 비중이 가장 큰데, 당초 고금리와 환차익으로 수요가 커졌으나 최근 위안화가치가 급격히 하락함에 따라 원금손실 가능성까지 제기되고 있기 때문이다.[45)]

이러한 위안화 정기예금형 신탁의 경우 만기는 3개월, 6개월, 1년 등 3가지이고, 환헤지유형에 따라 환폐쇄형과 환노출형 2가지가 있다. 전자의 경우 달러 · 위환화율과 달러 · 위안환율 모두에 대해 환헤지를 한 상품으로 위안화 환율변동에 상관없이 금리가 고정되어 있다. 반면 환노출형은 달러 · 위환화율 헤지만 되어 있고, 달러 · 위안환율에는 노출되어 있다. 개인투자자들은 통상 환노출형에 가입된 것으로 알려져 있다. 금리형 상품이기 때문에 환차익을 고려해 환헤지는 고려하지 않고 있는 점도 영향을 미치지만, 헤지 시 수수료가 부가되는 점도 환헤지가 자주 이용되지는 않는 원인이 된다. 그러나 최근 위안화가치가 큰 폭으로 하락하면서 환노출형의 경우 위안화환율로만 투자자에게 약속한 쿠폰이자를 상쇄하는 수준에 이르러 문제가 되고 있다.[46)]

---

45) 더벨, 2014. 4. 2.자, "위안화예금 신탁, 원금 까먹을라".

46) 앞의 기사(주 45). 최근 금융감독원의 제동으로 국내에서 위안화 예금신탁상품이 더 이상 팔리지는 않고 있다고 한다. 그러나 위안화에 투자하는 구조의 딤섬본드

그런데 이러한 환노출형 정기예금형신탁의 경우 대체로 보수적인 투자성향의 개인투자자에게 많이 판매되었던 상품이고, 통안채 수준의 안정적인 상품으로 설명되면서 팔린 것이라 만기에 원금손실 가능성이 현실화될 경우 불완전판매로 인한 분쟁이 대폭 증가할 것으로 예상된다. 뒤늦게 금융회사들은 위험성을 감소시키는 차원에서 투자자에게 환폐쇄형 상품으로 대체하거나 신상품 가입 시에는 환폐쇄형을 권유하고 있는 것으로 알려져 있으나 여전히 지금도 위안화예금신탁은 안전한 상품으로 소개되고 있어 투자자에 대하여 환노출에 대한 설명과 이해가 절실한 것으로 보인다.

한편 위안화 정기예금형 신탁에 대해 종래 금융감독기관은 예금자산운용이 중국에 과도하게 쏠린 점에 초점을 맞추어 주목했으나 최근

연 3% 수익률 달성이 가능한 금융상품

(단위 : 연 %)

상품명	예상수익률	만기	상품 내용
스태빌리티노트	3.8	6개월	기초지수(S&P 500, KOSPI 200 등)의 하루 낙폭이 10% 이하면 확정수익 지급
	3.0	3개월	
위안화예금류 (신탁, ABCP 등)	2.6	5개월	중국공상은행 등에 파산, 지급채무불이행 등이 발생하지 않으면 확정수익 지급
인천도시공사채권 (AA+)	3.51	2017년 8월	인천도시공사가 발행한 채권 3개월마다 이자 지급
친애저축은행 정기예금	3.0	1년	일반정기예금
참저축은행특판 정기예금	3.3	1년	연복리 이자율. 100억 원 한도
SB저축은행특판 정기예금	3.3	1년	일반정기예금. 300억 원 한도

* 예상수익률은 기초자산만기 등 세부 조건에 따라서 차이날 수 있음. 만기는 시장에서 최근 많이 팔리고 있는 상품 기준.

〔그림 4〕 위안화 예금신탁에 대한 신문기사(예시)

출처 : 한국경제신문, 2014. 8. 22.자, "스태빌리티 노트… 위안화예금… 연 3퍼센트대 '막차' 남아 있다".

와 딤섬CD에 투자하는 신탁상품이 팔리고 있어 투자자에 대한 정확한 설명과 이해를 확인할 필요가 있다.

에는 급증한 정기예금형 신탁과 위안화가치 하락으로 인한 위안화 정기예금의 원금손실 가능성을 인식하여 개인투자자의 보호에 초점을 두고 있다. 이러한 감독조치는 타당한 것으로 보이는데, 무엇보다 안전한 상품으로 여겨져 있는 '정기예금'이라는 이름을 달고 신탁상품으로 판매되고 있는 원금손실 가능한 금융투자상품의 경우 금융소비자의 상품에 대한 인식을 방해할 수 있고, 충분히 이해하지 못한 채 매입할 수 있기 때문이다. 더욱이 중국의 경우 은행은 한국과 달리 예금보험제도가 마련되어 있지 않다.[47] 물론 중국의 경우 은행은 국유화되어 있어 암묵적 예금보험제도가 운영되고 있고 파산을 허용하고 있지 않지만, 최근 부실은행의 증가가 지속되어 중국계 은행의 예금가입 경향이 강해지는 움직임에는 주의를 요할 필요가 있다.

(ii) 은행의 주가연계신탁

은행의 주가연계신탁 역시 증가세가 지속되고 있다. 그런데 이들 주가연계신탁의 판매는 대부분 개인투자자에게 판매된 것으로 나타나고 있는데다 파생결합증권 등을 편입한 신탁 비중도 높아 불완전판매가 우려되고 있다. 예컨대 2014. 6. 말 현재 여전히 은행 주가연계신탁 수탁고 중 개인투자자 비중은 건수대비 99.4퍼센트에 이르고 있고 금액대비도 95.4퍼센트에 이르고 있다.[48] 은행의 경우 신탁을 ELS의 판매수단으로 활용하여 은행수탁 비중에서 상당한 비중을 차지하고 있는 것이다. 더욱이 소액 개인투자자 비중[49]도 높아 불완전판매 등

47) 최근까지도 도입이 검토되고 있다. 동애영, "중국의 예금보험제도 도입에 대한 연구 — 제도 설계전망 및 제도 도입 영향분석 중심으로," 하나금융정보(2013. 12. 13), 하나금융그룹 ; 정하늘, "2014년 중국금융개혁 version.2 예금보험제도 도입," Moving CHINA(2014. 4. 8), 한화투자증권.

48) 금융감독원, 앞의 자료(주 31).

49) 2013년 보도자료에 의해서도 소액개인투자자 비중이 84.8퍼센트로 높게 나타나고 있다. 금융위원회, 앞의 자료(주 32).

투자자보호 문제가 발생할 우려가 커지고 있다. 이 역시 근간에 불완전판매로 인한 분쟁이 증대될 것으로 보인다.

④ 특정금전신탁의 다양한 운용방법의 예시

〈표 6〉은 증권회사의 경우에 국한하여 특정금전신탁상품이 운용방법별로 어느 정도 다양하게 이용되는지를 예시하였다. 때문에 실제 회사별로 상세 구분과 구체적인 내용은 다소 차이가 있다.

〈표 6〉 증권회사의 특정금전신탁상품의 유형(예시)

	유형	종류	내용	최저투자액
특정금전신탁	주식일반형	ETF신탁	다양한 ETF매매를 통해 탄력적인 수익률을 추구하는 신탁	1,000만 원
	자산배분형	은퇴신탁	인플레이션과 장기복리효과를 추구하는 월지급식 신탁	5,000만 원
		하이파이브 신탁	다수 자산 또는 상품을 하나의 신탁계약으로 해결하는 멀티애셋	1,000만 원
	자사주신탁		상장법인의 자기주식취득/처분을 통해 주가관리, 기업가치제고를 위한 특정금전신탁	1억 원
	ELT	ELS편입신탁	ELS 편입운용의 특정금전신탁	1,000만 원
		ELD편입신탁	원금보장ELD편입운용의 특정금전신탁	3억 원
	MMT		수시입출금형 신탁	50억 원 이상
			7일 이상 수시(MMDA)	10억 원 이상
	매칭형 신탁	채권CP 편입신탁	CP, 채권 등을 만기까지 보유하는 채권	50억 원
		예금편입형 신탁	정기예금을 만기까지 보유하는 유형의 신탁	10억 원
	고객맞춤형 신탁		고객이 직접 운용 대상 및 방법 결정 고객맞춤형 포트폴리오 운용	5,000만 원

표 작성 기준 시점 : 2013. 6. 홈페이지 게시 내용을 참고하여 작성.

III. 자본시장법상의 투자자보호장치 내용과 검토

1. 자본시장법상 특정금전신탁 투자자를 위한 보호장치

자본시장법상 신탁업 인가를 받은 신탁업자가 신탁계약을 체결함에 있어 위탁자 겸 수익자인 투자자보호를 위하여 준수해야 할 법령상의 의무를 포함, 중요한 투자자보호장치를 추출하여 보면 다음과 같다.

(1) 신탁업자의 투자자보호 출발점—선관주의의무와 충실의무

자본시장법상 신탁업자의 경우 수익자에 대하여 선량한 관리자의 주의로써 신탁재산을 운용하여야 하며(제102조 제2항),[50] 수익자의 이익을 보호하기 위하여 해당 임무를 충실하게 수행하지 않으면 안 된다(동조 제2항). 또한 신탁업자 역시 금융투자업자로서 신의성실의 원칙에 따라 공정하게 업을 영위하여야 하며(제37조 제1항), 금융투자업을 영위함에 있어서 정당한 사유 없이 투자자의 이익을 해하면서 자기가 이익을 얻거나 제3자가 이익을 얻도록 해서는 아니 된다(제37조 제2항).

(2) 이해상충 관리 및 정보교류의 차단 등 내부통제시스템 구축

아울러 금융투자업자로서 신탁업자는 금융투자업자와 투자자 간, 특정 투자자와 다른 투자자 간의 이해상충을 방지하기 위하여 이해상

50) 신탁법 제28조도 '수탁자의 신탁사무처리의무'로서 수탁자는 신탁의 본지에 따라 선량한 관리자의 주의로써 신탁재산을 관리 또는 처분하여야 한다고 규정하고 있다.

충이 발생할 가능성을 파악 · 평가하고 내부통제기준이 정하는 방법 및 절차에 따라 적절히 관리할 의무가 있다. 이해상충이 발생할 가능성을 파악 · 평가한 결과 이해상충이 발생할 가능성이 있다고 인정되는 경우 미리 해당 투자자에게 알려야 하며, 이를 내부통제기준이 정하는 방법 및 절차에 따라 투자자보호에 문제가 없는 수준으로 낮춘 후 매매, 그 밖의 거래를 하여야 한다. 그러나 이해상충 발생 가능성을 낮추는 것이 곤란하다고 판단되는 경우 거래를 하여서는 아니 된다(제44조 제1항, 제2항, 제3항). 그 외 이해상충이 발생할 가능성이 큰 경우로서 일정한 경우 정보제공, 임직원 겸직, 사무공간 또는 전산설비의 공동이용, 기타 대통령령으로 정하는 행위들도 금지된다(제45조).

(3) 직무 관련 정보 이용금지

신탁업자는 금융투자업자로서 직무상 알게 된 정보로서 외부에 공개되지 아니한 정보를 정당한 사유 없이 자기 또는 제3자의 이익을 위하여 이용하는 행위가 금지된다(제54조).

(4) 신탁재산과 고유재산의 구분 및 자전거래 제한

한편 신탁업자의 경우 신탁법상의 자전거래금지규정[51)]이 적용되지 않는다(제104조 제1항). 즉 (i) 신탁행위에 따라 수익자에 대하여 부담하

51) 신탁법 제31조 제1항에서는 수탁자의 권리취득의 제한이라는 제목하에 수탁자로 하여금 누구의 명의로 하든지 신탁재산을 고유재산으로 하거나 이에 관하여 권리를 취득하지 못하도록 하고 있다. 단 수익자에게 이익이 되는 것이 명백하거나 기타 정당한 이유가 있는 경우에는 법원의 허가를 얻어 신탁재산을 고유재산으로 할 수 있게 하여 엄격한 태도를 취하고 있다.

는 채무를 이행하기 위하여 필요한 경우(금전신탁재산의 운용으로 취득한 자산이 증권시장 · 파생상품시장 또는 이와 유사한 시장으로서 해외에 있는 시장에서 시세가 있는 경우에 한한다) 혹은 (ii) 신탁계약의 해지, 그 밖에 수익자보호를 위하여 불가피한 경우로서 대통령령으로 정하는 경우에 따라 손실이 보전되거나 이익이 보장되는 신탁계약에 한하여 신탁계약이 정하는 바에 따라 신탁재산을 고유재산으로 취득할 수 있다(제104조 제2항).

(5) 약관규제

이와 함께 금융투자업자로서 약관을 제정 또는 변경하고자 하는 경우 표준약관을 사용하거나 일정한 경우(제56조 각 호)를 제외하고는 사전에 금융위원회에 신고하여야 한다(제56조 제1항).

(6) 수수료 공시

또한 신탁업자는 투자자로부터 받는 수수료의 부과기준 및 절차에 관한 사항을 정하고 인터넷 홈페이지 등을 이용하여 공시하여야 하며, 수수료 부과기준을 정함에 있어 투자자를 정당한 사유 없이 차별하는 행위는 금지된다(제58조).

(7) 신탁재산운용규제

1) 운용방법의 제한

신탁업자는 신탁재산에 속하는 금전을 자본시장법에서 정한 방법으로만 운용할 수 있다(제105조 제1항). 이에는 (i) 증권의 매수, (ii) 장내파생상품 또는 장외파생상품의 매수, (iii) 대통령령으로 정하는 금융기관에의 예치, (iv) 금전채권의 매수, (v) 대출, (vi) 어음의 매수, (vii) 실물자산의 매수, (viii) 무체재산권의 매수, (ix) 부동산의 매수 또는 개발, (x) 그 밖에 신탁재산의 안전성 · 수익성 등을 고려하여 대통령령으로 정하는 방법이 된다. 이 경우 대통령령으로 정하는 방법이란 원화로 표시된 양도성 예금증서의 매수, 지상권 · 전세권 · 부동산임차권 · 부동산 소유권 이전등기청구권, 그 밖의 부동산 관련 권리에의 운용, 환매조건부매수, 증권의 대여 또는 차입, 근로자퇴직급여보장법 제16조 제2항에 따른 신탁계약으로 퇴직연금 적립금을 운용하는 경우 보험계약의 보험금 지급청구권에의 운용, 그 밖에 신탁재산의 안정성 · 수익성 등을 고려하여 금융위원회가 정하여 고시하는 방법이 해당된다.

그 외 특정금전신탁의 경우에는 신탁재산으로 주권상장법인이 발행하는 자기주식을 취득 · 처분하는 경우를 제외(자본시장법 시행령 제106조 제5항)하고는 별다른 제한을 두고 있지 않다.

2) 신탁업자 고유재산으로부터의 차입금지

신탁업자의 경우 원칙적으로 신탁재산으로 본인인 신탁업자의 고유재산으로부터 금전을 차입하는 것이 금지된다. 다만 부동산, 지상권 · 전세권 · 부동산임차권 · 부동산 소유권 이전등기청구권, 그 밖의 부동산 관련 권리에의 운용을 수탁받는 경우, 그리고 기타 대통령령으로 정하는 경우에는 고유재산으로부터 차입이 가능하다(자본시장법 제105조 제2항).

3) 여유자금의 운용방법 제한

부동산, 지상권 · 전세권 · 부동산임차권 · 부동산 소유권 이전등기 청구권, 그 밖의 부동산 관련 권리에의 운용을 수탁받은 경우 그 신탁재산을 운용함에 따라 발생한 여유자금은 일정한 방법으로만 운용되어야 한다(자본시장법 제106조).[52]

(8) 불건전영업행위금지

또한 신탁업자는 다음의 행위를 할 수 없는데(자본시장법 제108조, 동법 시행령 제109조), 이에는 선행매매, 인수증권 매수, 시세조종 목적 매매, 이해상충, 자전거래, 고유재산과의 거래, 자기발행증권 취득, 무자격운용자의 운용, 전문투자자요구 거절, 신탁계약 위반, 과당매매, 이익수수, 집합운용, 집합운용 광고, 교차투자, 탈법행위 등이 해당된다.

(9) 신탁계약서 교부의무

이 밖에 신탁업자는 위탁자와 신탁계약을 체결하는 경우 위탁자에게 다음과 같은 내용이 기재된 계약서류를 교부하여야 한다(동법 제109조). 이에는 (i) 위탁자, 수익자 및 신탁업자의 성명 또는 명칭, (ii) 수익자의 지정 및 변경에 관한 사항, (iii) 신탁재산의 종류 · 수량과 가격,

52) 예컨대 대통령령으로 정하는 금융기관에의 예치, 국채증권, 지방채증권 또는 특수채증권의 매수, 정부 또는 대통령령으로 정하는 금융기관이 지급을 보증한 증권의 매수, 그 밖에 신탁재산의 안정성 · 수익성 등을 저해하지 아니하는 단기대출, 금융기관이 발행한 채권(특수채증권은 제외)의 매수, 그 밖에 신탁재산의 안정성 · 수익성 등을 해치지 아니하는 방법으로서 금융위원회가 정하여 고시하는 방법이 해당된다.

(iv) 신탁의 목적, (v) 계약 기간, (vi) 신탁재산의 운용에 의하여 취득할 재산을 특정한 경우 그 내용, (vii) 손실의 보전 또는 이익의 보장을 하는 경우 그 보전 · 보장비율 등에 관한 사항, (viii) 신탁업자의 보수, (ix) 신탁계약의 해지에 관한 사항, (x) 그 밖에 수익자보호 또는 건전한 거래질서를 위해 필요한 사항으로서 대통령령으로 정하는 사항이 포함된다.

(10) 장부 · 서류의 열람 및 공시의무

한편 수익자는 신탁업자에게 영업시간 중에 이유를 기재한 서면으로 그 수익자에 관련된 신탁재산에 관한 장부 · 서류의 열람이나 등본 또는 초본의 교부를 청구할 수 있다. 이 경우 수익자가 열람이나 등본 또는 초본의 교부를 청구할 수 있는 장부 · 서류는 (i) 신탁재산명세서, (ii) 재무제표 및 그 부속명세서, (iii) 신탁재산운용내역서가 된다. 이 경우 신탁업자는 정당한 사유가 없는 한 이를 거절하지 못한다(동법 제113조 제1항).

(11) 신탁재산의 회계감사

신탁재산에 관하여 회계처리를 하는 경우 금융위원회가 증권선물위원회의 심의를 거쳐 정하여 고시한 회계처리기준에 따라야 한다(자본시장법 제114조 제1항). 이와 함께 신탁재산에 대하여 신탁업자의 매 회계연도 종료 후 2개월 이내에 주식회사의 외부감사에 관한 법률 제3조 제1항에 따른 회계감사인의 회계감사를 받아야 한다. 다만 수익자의 이익을 해할 우려가 없는 경우로서 다음의 경우에는 회계감사를 받지 아니할 수 있다(자본시장법 제114조 제3항).

(i) 다음 중 어느 하나에 해당하는 금전신탁인 경우
가. 특정금전신탁
나. 이익의 보장을 하는 금전신탁(손실만을 보전하는 금전신탁은 제외)
다. 회계감사 기준일 현재 수탁원본이 300억 원 미만인 금전신탁
(ii) 자본시장법 제103조 제1항 제2호부터 제7호까지의 재산의 신탁인 경우

또한 신탁재산의 회계감사인을 선임하거나 교체하는 경우 그 선임일 또는 변경일로부터 1주 이내에 금융위원회에 이를 보고하여야 한다(자본시장법 제114조 제4항).

2. 특정금전신탁의 투자자보호 관련 문제점과 한계

(1) 투자권유규제의 효과 미약

1) 신탁계약 체결에의 권유 시 투자권유규제 적용

자본시장법상 금융투자업자가 일반 투자자에게 투자권유를 하는 경우에는 동법 제4장 영업행위규칙하에 마련된 제1절 공통영업행위규칙 이하의 투자권유규제가 적용된다. 이 경우 동법의 적용을 받는 '투자권유'란 특정 투자자를 상대로 금융투자상품의 매매 또는 투자자문계약 · 투자일임계약 · 신탁계약(관리형 신탁계약 및 투자성 없는 신탁계약을 제외한다)의 체결을 권유하는 것을 말한다(동법 제9조 제4항). 즉 투자성 있는 신탁계약의 체결을 권유하는 경우에는 투자권유규제의 대상이 된다.

2) 특정금전신탁의 성격과 투자권유규제의 정합성 여부

이처럼 자본시장법상의 투자권유규제가 적용되기 위해서는 금융투

자업자의 투자권유가 행해질 것이 전제된다.

그런데 특정금전신탁은 위탁자 겸 수익자인 투자자가 직접 신탁재산의 운용방법과 조건을 지정하여 '지시'하는 것이 그 본질인바, 이 경우 금융회사의 특정금전신탁계약에의 체결에 대한 투자권유가 이론적으로 양립 가능한가가 문제 될 수 있다. 앞서 소개하였다시피 금융회사에 따라서는 사전에 확보한 다양한 ELT상품군 중에서 상품을 선택하는 경우가 종종 있어 실제적으로 투자권유가 발생할 가능성이 높다는 우려를 고려한다면, 이러한 경우에는 마땅히 투자권유규제가 적용되어야 할 것이다. 그러나 판매경로에 따라 투자권유규제가 미치지 못함은 문제라 할 것이다.

3) 금융회사의 불완전판매 현황과 유발요인

① 상품의 위험과 특성 등 설명 불충분

실제 금융투자상품에 속하는 펀드나 주식, 파생상품 등 개별 상품에 투자를 권유하는 것과는 달리 특정금전신탁의 경우 투자자가 신탁재산의 운용을 지정하여 지시하는 형태로 판매되고 있어 판매 시 상품의 위험과 특성 등에 대한 설명이 상대적으로 불충분한 것으로 나타나고 있다. 2012. 11.부터 2012. 12.에 시행된 금융감독원의 은행에서 판매되는 신탁상품에 대한 미스터리쇼핑을 통한 판매관행조사에 의하면[53] 주가연계증권에 운용하는 주가연계신탁(ELT, ELS Trust)[54]의 경우 은행의 판매관행이 증권회사의 판매관행보다 낮은 점수(증권사의

53) 금융감독원 보도자료, 최초 은행 ELT 판매 만족도 조사결과 — 미흡(2013. 3. 8).

54) 개별 주식의 가격이나 주가지수에 연동되어 투자수익이 결정되는 파생결합증권을 편입한 특정금전신탁을 말한다.

ELS 미스터리쇼핑 결과는 82.3점인 데 비해 조사 대상 6개 은행의 ELT의 미스터리쇼핑 결과는 69.6점)를 받은 것으로 나타났다. 이는 ELS를 고객이 신탁재산의 운용을 지정하는 특정금전신탁의 형태로 판매되어 다른 상품에 비해 판매관행에 대한 관심이 상대적으로 낮은 데서 기인한 것으로 분석되고 있다. 더구나 신탁계약 체결 시 이 같은 계약의 체결이 적합한지 여부를 확인하고자 할 경우 신탁의 구조와 특성이라는 것을 전제로 '신탁'에 초점을 둔 신탁계약을 기준으로 할지 아니면 '신탁재산의 구체적 운용방법'을 기준으로 적합성 여부를 판단할지가 명확하지 않다.

신탁보수 역시 다른 상품에 대해 높은 편인데 운용방법의 지시를 투자자가 결정, 지시하고 금융회사는 단순히 그 지시를 이행한다고 할 경우 신탁보수는 사무처리에 필요한 비용에 불과하다. 그러나 실제 신탁보수는 높은 편이고 더욱이 이에 대한 설명이 투자자한테 매우 미흡한 편이다. 여기에 지시를 받아 운용하는데, 신탁보수는 통상 기본보수와 수익보수로 구분되어 있고 수익보수는 일정 기준을 초과하는 수익의 일정 비율을 지급하는 경우로 하는 경우가 보통이다.

〈신탁보수의 예〉

○○증권회사 특정금전신탁계약서 제11조 ① 신탁보수는 기본보수와 수익보수로 구분되며, 을은 기본보수와 수익보수를 '신탁계약세부내역서'에 기재된 산식에 의해 계산하여 제12조 제1항에서 정한 신탁이익 지급일에 신탁재산중에서 인출하거나 갑 또는 수익자에게 따로 청구하여 받는다.

〈신탁보수 중 수익보수의 기재 예〉

○○증권회사 특정금전신탁계약 세부내역서

신탁 보수	기본보수	□ 보 수 율 : 신탁원본 × 연 ( )% □ 보수금액 : ( )원
	선취보수	□ 보 수 율 : 신탁원본 × ( )%
	수익보수	( )를 초과하는 수익× ( )%

특정금전신탁의 경우 일부 증권회사에서는 특정금전신탁계약서외에 특정금전신탁 '추가약정서'를 첨부하여 투자운용방법의 각 투자위험을 기술하여 추가약정을 체결하는 형태로 설명의무를 보완하는 경향이 있다.

② 투자권유가 없는 경우 적용 가능한 적정성원칙의 비적용

여기에 은행에서 파생상품을 신탁자산으로 편입하여 판매하더라도 자본시장법상 파생상품 등의 판매 시 적용되는 적정성원칙이 적용되지 않는 것도 문제라고 할 수 있다. 앞서 보았듯이 특정금전신탁의 경우 투자자가 신탁재산의 운용을 지정하는 형태로 판매되고 있어 투자권유규제가 적용될 수 없는 데다, 투자권유가 없는 경우에 파생상품과 같은 위험상품에 투자자가 투자하려는 경우 적정성 여부를 확인하여 경고하게 하는 적정성원칙을 적용하려고 하더라도, 파생상품 등에 직접 투자하는 경우가 아니라 이를 편입하는 신탁계약을 체결하는 형태로 이루어져 이의 적용 여부는 불명확한 점이 있다. 더욱이 금융회사에서도 적합성원칙의 준수가 미비한 것으로 나타나고 있다. 일부 회사의 경우 다음과 같이 특정금전신탁계약서에 확인하는 방식으로 적합성원칙을 일부 준수하는 경우도 있으나 이 경우에도 파생결합증권

의 구체적인 종류와 위험구조, 조건 등을 통해 투자 목적과 위험성향을 파악하는 항목이 결여되어 있음을 보여 주고 있다.

〈○○증권회사 특정금전신탁계약서 예시〉

[고객 확인사항] 신탁재산을 파생결합증권으로 운용지시한 경우 다음 사항을 읽고 해당란에 기재(□에는 ∨표시)하시기 바랍니다.

■ 자필확인사항

1. 파생결합증권에 투자해 본 횟수를 체크해 주십시요. (해당란에 ∨표)
   □ 없음 □ 1~2회 □ 3회 이상
2. 본 상품에 투자예정기간을 체크해 주십시요. (해당란에 ∨표)
   □ 1년 미만 □ 1년 이상~2년 미만 □ 2년 이상 3년 미만 □ 3년 이상

③ 파생상품이 판매되는 데 투자권유 무자격자에 의한 판매 가능

통상 파생상품 등을 직접 판매하는 경우 투자권유자의 자격이 제한되나, 특정금전신탁의 경우에는 투자권유자의 제한 없이 신탁재산으로 파생상품 등을 편입하는 계약체결이 가능한 것도 문제 된다. 특히 파생상품을 기초자산으로 한 신탁임에도 불구하고 파생상품전문인력에 의한 판매는 이루어지지 않는 경향이 있다.

그런데 신탁에 파생상품이 편입된 특정금전신탁상품의 경우 그것도 일반 투자자를 상대로 파생상품전문인력이 아닌 부자격자에 의해 판매되는 경우 특정금전신탁이라는 이유로 인해 개인투자자가 실적배당주의원칙에 기초해 그대로 투자위험손실을 보는 것이 마땅한지는 의문이다.[55)]

55) 이 때문에 금융감독당국이 향후 파생상품 등의 신탁편입에 대해 투자위험을 고지하고, 투자권유자격을 제한하며, 은행의 파생상품 편입 신탁상품 취급금지 여부는 검토하겠다는 입장을 발표하였는데, 이에 대하여 이러한 규제강화조치는 은행의 신탁사업을 위축시킬 수 있어 은행에서 자체 전문인력을 확보할 수 있도록 충분

④ 상품설명서 미교부

특정금전신탁의 경우 신탁계약서가 교부되나 상품설명서는 교부되고 있지 않는 실정이다. 왜냐하면 특정금전신탁은 금융투자상품에 해당하지 않기 때문이다. 자본시장법상 금융투자상품은 증권과 파생상품으로만 구분되어 있어 이러한 정의에 의하면 신탁은 특정금전신탁이건 불특정금전신탁이건 상품이기보다는 서비스라고 할 수 있다.

그러나 실제 교부되는 신탁계약서 및 약관을 보면 상품설명서에 비해 투자위험과 특징 등에 대한 기술이 거의 없어 절대적으로 정보제공 면에서 매우 미흡한 것으로 나타나고 있다. 더구나 투자위험에 대한 주의를 환기시키는 표시가 일체 없고 한 페이지 정도의 계약서형식으로 되어 있는 데 지나지 않는다.

이러한 형식은 특정금전신탁이 투자자의 지시에 의해서 운용방법과 조건이 정해진다는 점에 기인하는 것으로 분석된다. 그러나 실제 판매되는 특정금전신탁의 경우 '구체적인 운용방법과 거래조건'이 특정되어 지시된다고 보기에는 매우 미흡하다. 실제 투자재산의 '종류'만을 정하여 지정을 하는 형태가 많고, 구체적인 상세한 운용지시가 있을 때만 특정금전신탁계약의 체결을 하도록 하고 있는 예는 많지 않은 실정이다.

(2) 공시제도 미비

한편 은행의 경우 신탁을 통해 ELS 등이 다수의 투자자에게 분할편

한 유예 기간을 줄 필요가 있다는 주장이 있다. 이러한 주장으로 정희수, "특정금전신탁 제도 개선과 시사점," Weekly Hana Financial Focus 제3권 제18호(2013. 5. 6~12), 하나금융경영연구소, 7면 참조.

입되는 경우 따로 증권신고서를 제출하지 않고 있다. 따라서 투자자가 자산운용을 지시하는 신탁의 특성을 반영하여 다수 투자자의 자산을 집합투자화하여 공시규제 및 운용규제를 회피하는 수단으로 활용할 수 있다.

(3) 불건전영업행위 가능성

더구나 불건전한 영업행위의 발생 가능성도 적지 않은데, 원칙적으로 자전거래는 금지되어 있으나 동일 기업어음, 회사채 등을 다양한 신탁재산에 분할편입한 후 신탁 만기 시 신규 수탁금으로 지급하는 거래가 만연되어 있다.[56] 이 같은 자전거래는 고유재산과의 거래는 물론 신탁재산 상호 간에도 이루어질 수 있다.

(4) 회계감사의 면제

특정금전신탁의 경우 회계감사가 면제되어 있는 것도 외부감사에 의한 통제 가능성을 배제한 점에서 투자자보호에 미흡하다 할 수 있다. 물론 위탁자 겸 수익자가 운용을 지시하였고, 금융회사는 단순히 그 지시에 따른 진정한 의미의 특정금전신탁이라면 외부감사가 불필요할 수 있으나 실제 그러한 의미의 특정금전신탁으로 이루어지지는 않는 것이 현실이라면 회계감사에 의한 외부통제의 가능성을 열어 둘 필요가 있다.

56) 정희수, 앞의 논문(주 55), 6면.

(5) 신탁재산운용내역서의 실시간 조회수단 미제공

자본시장법상 위탁자인 투자자는 영업시간 중에 이유를 기재한 서면으로 그 수익자에 관련된 신탁재산에 관한 장부 · 서류의 열람이나 등본 또는 초본의 교부를 청구할 수 있다(제113조 제1항). 이에는 신탁재산운용내역서가 포함된다.

그런데 신탁재산운용내역서는 특정금전신탁의 투자자에게는 자산운용의 '지시'를 변경하거나 중도해지 등을 고려하는 데 있어 매우 중요한 정보가 된다. 때문에 영업시간 중에 한하여 열람이나 등본 · 초본의 교부를 청구하도록 제한한다면 투자결정의 시기를 놓쳐 버릴 수 있어 매우 불리하다. 이러한 점을 고려하여 금융회사들이 체결한 특정금전신탁계약서에는 통상 운용내역을 통보하는 규정을 마련하고 있다. 즉 "매분기 말일을 기준으로 신탁재산의 운용내역을 다음 달 말일까지 투자자에게 서면 또는 전자문서 중 투자자가 사전에 선택한 방법으로 통보하는 것"으로 하고 있고 이와 함께 "갑 또는 수익자가 신탁재산의 운용내역 및 재산의 평가가액을 확인하고자 할 때에는 을은 그 내용을 즉시 제공하여야 하며, 갑은 언제든지 해당내용을 조회할 수 있다"(예컨대 SK증권의 특정금전신탁 이용약관 제6조)라고 하거나 "제1항에도 불구하고 갑 또는 수익자가 신탁재산의 운용내역 및 자산의 평가가액을 확인하고자 할 때에는 을은 그 내용을 즉시 제공하여야 한다"(예컨대 교보생명의 특정금전신탁계약서 제8조 제2항)고 하여 제공은 하되 조회에 대해서는 기술되어 있지 않는 경우도 있다. 그러나 신탁재산운용내역서는 실시간 조회가 되어야 할 것이다.

(6) 투자자의 낮은 이해도

무엇보다 실적배당을 관철하기엔 일반 투자자의 특정금전신탁에 대한 이해가 부족한 것으로 보인다. 자본시장법은 신탁업무의 방법으로서 수탁한 재산에 대하여 신탁업자가 손실의 보전이나 이익을 보장하는 행위를 금지하고 있으며, 다만 연금이나 퇴직금의 지급을 목적으로 하는 신탁으로서 금융위원회가 정하여 고시하는 경우에는 예외로 하고 있다(동법 시행령 제104조 제1항).[57] 한편 신탁업자는 신탁계약이 끝난 경우에는 손실의 보전이나 이익의 보장을 한 경우를 제외하고는 신탁재산의 운용실적에 따라 반환하도록 하고 있으며, 신탁계약기간이 종료되기 전에 위탁자가 신탁계약을 해지하는 경우에는 신탁재산의 운용실적에서 신탁계약에서 정하고 있는 중도해지수수료를 제외하고 반환하도록 하고 있다. 다만 금융위원회에서 정하여 고시하는 사유에 해당하는 경우에는 그렇지 않다. 즉 원칙적으로 실적배당주의에 입각하고 있다(동법 시행령 제104조 제3항).

그런데 특정금전신탁의 경우 본질적으로 투자자가 운용방식을 지정하는 것이지만, 실제로 개인투자자에게 판매되는 상당수의 특정금전신탁의 경우 투자자의 진정한 '지정 내지 지시'라고 할 만큼 신탁상품의 특징을 이해하고 구체적인 운용방법을 지시하였다고 보기에는 무리인 사례들이 적지 않다. 대표적으로 ELS로 운용하라고 지시한 경

57) 이와 관련하여 자본시장법 제55조에서 금융투자업자에 대한 공통 영업행위규칙으로서 금융투자업의 손실보전 · 이익보장금지의무가 규정되어 있음에도 불구하고 신탁업자에 대하여 별도의 규정을 둔 이유는 기존 신탁상품 중 손실보전 또는 이익보장조건의 상품(노후생활연금신탁 · 개인연금신탁 · 퇴직일시금신탁 등)이 있다는 점을 고려하여 예외를 인정하기 위함이라고 설명한다. 임재연, 앞의 책(주 14), 293면, 각주 222 참조.

우 ELS의 구조와 위험에 따라 금융회사별로 수백 가지의 종류가 있기 때문에 ELS에 운용하라고 지시한 것만으로는 부족하고 ELS의 구조와 기초자산, 손실한도 등 '구체적 내용'을 담은 '지시'가 행해져야 진정한 특정금전신탁이라고 할 것이다. 때문에 그러한 경우가 아닌 경우에는 불특정금전신탁에 가까운 금전신탁이어서 법규 위반으로 보거나 펀드투자자와 같은 수준의 투자권유규제가 준수되었는지 여부를 점검해 볼 필요가 있다.

더욱이 금융회사들이 현재 사용하고 있는 특정금전신탁계약서 및 계약세부내역서(운용지시서)를 홈페이지에서 보더라도 신탁자금운용방법을 다음과 같이 표시하도록 하는 것을 특정하여 '지시'한 것으로 보는 경향이 강함을 쉽게 알 수 있다.

〈예시〉 ○○생명 특정금전신탁계약 세부 내역(운용지시서)

□ 신탁자금운용방법

□콜론	□MMDA	□집합투자증권	□금융채	□부동산의 매입 및 개발
□발행어음	□CMA	□국채	□신용카드채권	□장내파생상품
□예금	□MMF	□지방채	□회사채	□장외파생상품
□양도성예금증서	□표지어음	□통화안정증권	□주식	□대출금
□RP	□CP	□특수채	□외화증권	□기타

□ 세부 운용지시(신탁자금운용방법 중 세부적으로 운용지시하는 경우에 기재한다.)

〈예시〉 ○○○증권회사 특정금전신탁계약서

□ 신탁계약서 제5조 (신탁재산의 운용) ① 갑은 신탁금을 '신탁계약세부내역서' 상의 운용방법 중에서 특정 운용방법을 선택하고 세부 운용지시를 기재하는 방법으로 운용지시하며, 을은 이 지시에 따라 신탁금을 운용한다.

□ 특정금전신탁계약 세부내역서상의 신탁자금운용지시서

<table>
<tr><td rowspan="7">신탁
자금
운용
지시서</td><td rowspan="6">운용
방법</td><td>□콜론 ( )%</td><td>□발행어음 ( )%</td><td>□기업어음증권 ( )%</td><td>□금전채권 ( )%</td><td rowspan="7">계약서 제5조</td></tr>
<tr><td>□수익증권 ( )%</td><td>□파생결합증권 ( )%</td><td>□기타의 어음 ( )%</td><td>□무체재산권 ( )%</td></tr>
<tr><td>□주식 ( )%</td><td>□장내파생상품 ( )%</td><td>□금융기관예치(예금 등)( )%</td><td>□부동산의 매입및개발( )%</td></tr>
<tr><td>□국채증권 ( )%</td><td>□장외파생상품 ( )%</td><td>□양도성예금증서 ( )%</td><td>□증권의 대여및차입( )%</td></tr>
<tr><td>□지방채증권 ( )%</td><td>□통화안정증권 ( )%</td><td>□외화증권 ( )%</td><td rowspan="2">□기타 관계법규에서 정한 방법 ( )%</td></tr>
<tr><td>□사채권 ( )%</td><td>□기타 금융채권 ( )%</td><td>□환매조건부매매증권( )%</td></tr>
<tr><td>세부
운용
지시</td><td colspan="4">(주)신탁자금 운용방법 중에서 세부적으로 운용지시 할 때에는 그 내용을 기재하여 주시기 바랍니다.</td></tr>
</table>

그런데 이들 이용 현황 상당수는 구체적인 특정 내지 지시라고 보기에는 충분하지 않다. 파생결합증권의 경우 그 기초자산이 다양하고 그에 따른 투자위험과 특성 들이 다름에 불구하고 종목만 지시를 받거나 비율을 정하는 것에 그치는 것으로는 특정금전신탁의 취지에 맞지 않다.

(7) 맞춤형 자산관리서비스와 특정금전신탁의 관계 모호

한편 특정금전신탁을 둘러싸고 투자자의 수요에 부합하는 맞춤형 자산관리서비스라고 이해하는 경향이 많다. 대체로 그러한 이해는 위탁자가 자산운용방법을 '지시'한다는 점에 전제한 것으로 보인다. 이는 투자일임형 상품인 랩(wrap)이나 펀드처럼 운용방법에 투자자의 지시가 없고, 운용을 맡기는 것이 아니라 위탁자 겸 수익자인 투자자의 수요는 본인이 더 잘 알기 때문에 본인의 수요에 맞게 운용방법을 정할 수 있다는 것이 특정금전신탁의 가장 큰 이점이고 특징이기 때문이다.

그런데 모름지기 '자산관리서비스'라는 용어는 지시를 받는 것으로는 충분하지 않고 재량으로 전문가 차원에서 일련의 종합재산관리서비스를 제공할 수 있어야 그 취지에 부합할 것으로 보인다. 이러한 종합재산관리서비스가 신탁의 본질이고 주요 특징이라고 할 수 있다. 그런데 이러한 점에서 보면 신탁유형 중 특정금전신탁과는 다소 조화되기 어려운 점이 적지 않다. 앞서 자본시장법상의 투자권유규제만 하더라도 '특정'금전신탁이라는 것을 어느 정도의 특정으로 보는가 여부에 따라 규제차익의 문제나 투자자보호의 공백이 발생하는 것은 더욱 신탁의 본질과 맞지 않는다 할 것이다.

Ⅳ. 최근 특정금전신탁 관련 감독기관의 감독강화방안 검토

1. 감독강화방안의 구체적 내용

2013년 4월과 11월 잇달아 금융감독기구는 특정금전신탁제도를 둘러싼 개선을 발표하였는데, 4월에는 금융위원회와 금융감독원이 은행과 증권회사 등의 신탁영업 확대로 인하여 특정금전신탁이 지속적으로 크게 증가함에 따라 지도 · 감독방향을 발표하였으며[58] 이어 11월

58) 금융감독원 보도자료, 2012년 중 특정금전신탁을 이용한 자금운용 크게 증가— 2012년 신탁업 영업 현황(2013. 3. 22) ; 금융위원회/금융감독원 보도자료, 특정금

에 금융위원회가 특정금전신탁제도 및 영업관행 개선을 발표하여 제도개선이 기대되었다.

(1) 2013년 4월 감독강화방안의 구체적 내용

1) 특정금전신탁 업무처리 모범규준의 제정

무엇보다 특정금전신탁 업무처리 모범규준이 마련된다. 신탁업자의 법적 위험을 줄이면서 불완전판매 등에 따른 금융소비자 피해를 예방하겠다는 취지이다. 이러한 특정금전신탁 업무처리 모범규준에는 홍보, 계약체결 및 해지, 자산운용 지시 및 이행, 자산운용 결과보고 등 업무처리 전반에 관한 사항이 포함되어 있다.[59)]

2) 불완전판매 예방조치 마련

아울러 상품판매 시 불완전판매되는 문제를 시정하기 위하여 다음과 같은 방안도 발표되었다.

먼저 투자자 공시 · 설명의무의 강화이다. 대표적으로 증권신고서(투자자 50인 이상) 제출이 의무화되어 ELS 등이 특정금전신탁을 통해 다수 투자자에게 분할편입되는 경우 종래 실질은 공모이나 형식상 사모에 해당하여 증권신고서를 제출하지 않아도 무방하였으나 앞으로는 특정금전신탁에 편입되는 증권투자자가 50인 이상인 경우에는 증권신고서 제출이 의무화된다.[60)] 또한 신탁계약상 고객의 권리 및 상품

전신탁 운용현황 및 정책방향(2013. 4. 11) 참고.

59) 특정금전신탁 업무처리 모범규준은 2013. 12. 4.부터 시행되고 있다. 금융감독원/금융투자협회 보도자료, 특정금전신탁 업무처리 모범규준 마련 · 시행(2013. 12. 4) 참조.

60) 이미 50인 이상 특정금전신탁 위탁자에게 CP 편입 시 증권신고서를 제출하게 하고 있다(2013. 2. 규정 개정).

에 대한 설명의무가 강화되며 투자매매 · 중개업자와 달리 신탁업자는 설명서 교부의무가 없고, 고위험의 CP, PF ABCP를 편입하면서 추가 비용부담이 없음에도 높은 신탁보수를 취득하는 점을 고려해 상품설명서 교부를 의무화하고, 계약설명서 표준안도 제시하도록 하였다. 이 외 사전에 설계된 특정 유형의 상품모집도 차단하기로 하였다. 특정금전신탁을 특정상품판매 채널로 활용하여 실질적 운용방법이 정해진 상품을 인터넷에 게시하거나, 전자메일 · 문자메시지 등을 통해 거래고객에게 홍보하여 다수 투자자를 모집하는 경우가 많은데, 창구에서의 소극적 대면 영업(특정 상품설명서 비치 · 배포 등)과 불특정 다수에 대한 홍보행위금지 외 정보통신망을 이용한 홍보도 금지된다.

아울러 파생상품이 편입되는 금전신탁상품의 판매규제도 강화된다. 파생상품의 신탁 편입 시 규제차익이 발생하는데, 일반 투자자에게 파생상품, 파생결합증권 판매 시 투자 적정성을 파악해야 하나 신탁상품으로 편입 시 '적정성원칙'이 적용되지 않으며, 파생상품 등을 판매하는 경우 투자권유자의 자격이 제한되나, 신탁의 경우 파생상품 등을 제한 없이 편입하는 계약체결이 가능한 점은 문제라고 보았다. 이러한 점을 고려하여 파생상품 등의 신탁 편입 시 규제를 강화하여 적정성원칙 적용의 명확화로 파생상품 등에 대한 투자가 부적정한 개인투자자에게 투자위험을 고지하는 등 보호장치를 강화하며, 투자권유 자격을 제한하여 파생상품이 편입된 신탁계약 체결 권유 시 파생상품 투자권유자문인력 사용을 의무화하고, 일반 투자자에 대한 불완전판매 소지를 원천적으로 차단하기 위해 최소가입금액(예컨대 1억~2억원 수준)을 설정한다는 계획을 발표하였다.[61)]

61) 그러나 이러한 최소가입금액의 제한계획은 2014년 규제개혁위원회의 철회결정으로 현실화되지 못하였다.

3) 불건전영업행위 점검 강화

다음으로 고유재산과의 거래나 신탁재산 상호 간 거래 등 법규에서 금지하고 있는 불건전영업행위가 발생하지 않도록 지속적으로 점검한다고 발표하였다.

① 자전거래 검사 · 제재 강화

우선 자전거래는 같은 신탁업자가 운용하는 신탁재산 상호 간에 매도/매수하는 거래로서 증권시장 등을 통한 처분이 곤란한 경우와 같이 불가피한 경우에만 허용되고 일부 예외적인 허용사유를 제외하고 법령상 엄격히 제한되나, 특정금전신탁에서는 단기 고수익 실현 등을 목적으로 동일 CP, 회사채 등을 여러 신탁재산에 분할편입 후 신탁 만기 시 신규 수탁금으로 해지금을 지급하는 자전거래관행이 존재하고 있다. 일부 신탁회사는 자전거래를 전제한 금전신탁상품을 운용하여 만기불일치에 따른 유동성 문제 및 수익률 하락 위험에 노출되는 경우가 있는 것으로 나타났다. 이러한 문제점을 고려하여 규제회피 목적의 자전거래에 대한 검사 · 제재를 강화하여 자전거래 세부 기준(절차 · 방법 · 가격결정 등)을 명확히 할 계획이며, 펀드, 신탁, 투자일임별로 자전거래 모범규준 제정을 통해 체계적 기준도 제시한다고 밝혔다. 아울러 자전거래가 빈번한 신탁회사는 중점 검사하여 위법행위를 제재하겠다고 밝혔다.

② 신탁재산운용 상황에 대한 모니터링 강화

신탁업자 계열사가 발행한 고위험 채무증권의 신탁재산 편입이 금지되는데[62] 이러한 운용이 없는지 모니터링 강화가 예상된다.

---

62) 2013년 5월 시행.

③ 최소가입금액 및 계약 기간 설정

특히 특정금전신탁이 일대일 맞춤형 자산관리라는 신탁업 본질에

〈표 7〉 금융감독원 · 금융위원회의 특정금전신탁제도 개선 추진방향 정리

구분	개선사항	주요 내용	필요 조치
판매 건전화	공시 · 설명의무 강화	- 특정금전신탁에 편입되는 증권의 투자자가 50인 이상인 경우 증권신고서 제출의무화 - 상품설명서(계약상 고객의 권리 고지, 편입상품의 구조 및 수수료 등) 교부 의무화	- 증권 발행 공시 규정 개정 - 금융투자회사 영업 및 업무규정 개정, 모범규준 마련
	상품 광고의 제한	- 불특정 다수에 대한 홍보 금지	- 금융투자회사 영업 및 업무규정 개정, 모범규준 마련
	파생상품 편입 신탁상품 판매 규제 강화	- 적정성원칙 적용 명확화 : 투자위험의 고지 - 투자권유자격 제한 : 파생상품 투자권유자문인력 사용 의무화 - 은행의 파생상품 편입신탁상품 취급 금지 여부에 대해서는 추가 검토 예정	- 자본시장법시행령 개정 - 금융투자회사 영업 및 업무규정 개정 ·
자산 운용 건전화	자전거래 규제 강화	- 자전거래의 세부 기준 명확화	- 금융투자회사 영업 및 업무규정 개정, 모범규준 마련
	불건전 상품운용 제한	- 홍보, 계약 체결, 자산운용 지시 및 이행, 결과 보고, 해지 등 특정금전신탁에 대한 모범규준 제정	
맞춤형 자산 관리 기능 강화	최소가입금액 설정	- 최소가입금액 수준, 개인 평균신탁액을 고려하여 적정 수준을 설정한 후 단계적으로 확대	- 자본시장법 개정
	최소계약 기간 설정	- MMT와 같은 단기자금운용상품을 제외하고 최소계약 기간 의무화 (예컨대 1년 이상)	
	특정금전신탁의 재분류	- 투자형 신탁과 관리형 신탁을 분리 · 운영하고, 두 유형에 대한 규제 차등화(관리형 신탁 : 규제최소화, 투자형 신탁 : 규제 강화)	

충실하도록 최소가입금액 및 계약 기간(예컨대 1년 이상) 설정을 의무화할 계획을 발표하였다. 신탁업계가 운영 중인 최소가입금액 수준 및 개인의 평균 신탁액(평균 4,800만 원) 등을 고려하여 적절한 수준(예컨대 5천만 원)부터 단계적으로 시행할 예정이며, 이에 더하여 장기적으로 특정금전신탁의 재분류를 통한 자산관리서비스 강화방침도 발표하였다. 특정금전신탁은 특정 종목 · 비중을 지정하는 금전신탁을 의미하지만, 실제로는 신탁회사에 투자판단을 일정 부분 위임하는 경우가 많은데, 장기적으로 신탁회사가 일정 부분 투자의사 결정을 행하는 경우〔(소위) 투자형(investment type)〕 펀드에 준하여 규제하고, 신탁회사 재량 없이 고객 지시에 따라서만 투자하고 재산을 보관하는 경우〔(소위) 관리형(administration type)〕 규제를 최소화하는 방안도 검토할 계획이라고 함께 밝혔다.

(2) 2013년 11월 26일 발표된 정책과 감독방향

금융위원회는 외형적 성장에도 불구하고 영업 현장에서는 특정금전신탁이 그 본질을 벗어나 예금 · 펀드 · 투자일임과 유사하게 판매 · 운용되는 문제가 심각하다고 보고 특정금전신탁이 본래의 취지와 특성대로 운용 · 판매되도록 제도를 보완하고 금융규율을 확립할 필요에서 10대 개선과제를 동년 11월에 연이어 발표하였다.[63] 이들 내용은 4월 발표내용과 대동소이하나, 위반 시 금융회사에 대해 6개월 내 업무정지, 신탁계약 인계명령, 위법 시정 · 중지 명령, 5천만 원 이하 과태료 및 관련 임직원 제재 등의 부과를 발표하였다. 그 외 증권신고서 제출

63) 금융위원회 보도자료, 금융규율 확립과 투자자보호 강화를 위한 특정금전신탁제도 및 영업관행 개선(2013. 11. 26).

을 위반한 경우에는 과징금과 5년 이하의 징역 또는 2억 원 이하의 벌금 등의 부과도 가능해진다. 이 밖에 실적배당형 상품임에도 불구하고, 특정금전신탁계약 시 은행예금과 유사한 통장을 발행함으로써 고령투자자 등이 예금으로 오인하는 사례가 다수 발생함에 따라 특정금전신탁 투자자에 대해서는 통장발행을 지양하고 대신 개별 계약서와 투자설명서를 교부하도록 지도하고, 불가피하게 통장을 발행하는 경우는 은행예금통장과는 확연히 구별되도록 표지 · 문양 등을 이용하도록 한다고 밝혔다.

2. 평가

(1) 투자금 소액 가입의 제한 관련

감독기관은 특정금전신탁 관련 투자자보호상의 문제로 신탁 본연의 성격에 부합하지 못하는 투자금 소액화로 특정금전신탁이 판매되는 것을 문제로 인식하고 있다. 때문에 마련한 방안도 개인투자자의 경우 신탁금액이 평균 4,800만 원으로 소액을 투자하는 경향이 있음에 기초하고 있다.[64]

그렇다면 소액 투자금으로 특정금전신탁계약을 체결하는 것이 바람직하지 않은가 혹은 문제 되는가는 다소 의문이다. 예컨대 투자자가 직접 4,800만 원으로 ELS 같은 파생결합증권을 매수하는 경우와 ELS를 운용재산으로 하여 특정금전신탁계약을 체결하는 경우 어떠한 차이가 있는가를 생각해 보자. 계약상 신탁보수가 어떻게 정해져

64) 금융위원회/금융감독원, 앞의 자료(주 58).

있는가에 구체적으로 차이가 있겠지만, 특정금전신탁계약의 경우 신탁보수가 기본보수와 수익보수를 모두 받는다면 투자자의 입장에서는 투자자가 직접 ELS를 매입하는 것이 보수 면에서는 유리하다. 왜냐하면 특정금전신탁계약도 투자자 본인이 ELS의 종류와 투자위험을 정확히 알고 구체적으로 지시하였다면 직접 ELS를 매수한 경우와 다를 바 없기 때문이다.

그러나 앞에서 지적하였다시피 신탁재산의 운용종목만 지시할 뿐 그 구체적인 상세 내용을 지시하기란 운용재산이 복잡 · 복합한 상품일수록 매우 어렵고, 이러한 상품은 충분한 이해를 가능하게 하는 설명과 정보 및 적합성 확인 등이 금융회사로부터 충실히 제공될 때 개인투자자에게 유리하다. 반면 이러한 설명과 정보제공 및 적합성 확인이 필수불가결하다면 특정금전투자신탁의 특징과 이점은 어디서 찾아야 하는지가 애매하고 불명확해진다. 설명의무와 적합성원칙의 준수가 금융회사에게 요구되면서, 펀드 내지 자문과 일임도 아니어야 한다면 이러한 투자권유규제를 준수하기 위한 일련의 절차를 일종의 상담절차라고 보아야 할 것인지도 의문이다. 요컨대 사견으로는 투자금액의 소액이 문제라기보다는 개인투자자들이 특정금전신탁의 특징을 잘 이해하지 못하는 것이 근본적인 문제로 보인다. 한편에서는 최소가입금액과 계약 기간을 장기로 설정하게 할 경우 소액투자자의 거래가 위축되고, 특정금전신탁시장이 성장하는 데도 제약요인으로 작용할 뿐 아니라 소액투자자에게 자산관리서비스를 받을 수 있는 기회를 제공하는 등 자산관리서비스의 보편화를 위해서라도 최소가입금액을 설정하는 것이 바람직하지 않다는 주장[65]이 있다.

---

65) 정희수, 앞의 논문(주 55), 7면. 참조. 이 논문에서 저자는 신탁상품이 은행에서 유일하게 증권회사의 랩 같은 일임형 상품과 유사한 형태로 운용되는 상품이므로

그러나 통상 신탁보수가 다른 상품에 비해 높은 편인 데다 구체적인 운용지시를 위탁자인 투자자가 한다는 점에서 소액의 금액으로 특정금전신탁에 가입하는 것을 무제한으로 허용하는 것이 투자자에게 유리한지는 역시 의문이다. 즉 소액의 투자금 규모로는 신탁 본연의 맞춤형 자산관리라는 취지에는 맞지 않기 때문이다. 이러한 점에서 감독기관이 적정 수준을 고려하여 가입금액의 하한기준을 마련하겠다는 입장은 어느 정도 수긍된다. 그렇다고 하더라도 신탁업자의 경우 상품별로 최저가입금액의 한도를 차별화하여 설정하고 있어 신탁재산의 운용방법별로 적정한 투자금 규모는 각각 다를 것으로 생각되며, 획일적으로 일정 규모 이상으로 정하는 것이 근본적인 개선을 가져올 수 있는지는 의문이다. 2014년 규제개혁위원회 역시 이러한 최소규모가입 제한을 담은 금융위원회의 자본시장법 시행령 개정안의 철회를 결정한 바 있다.

(2) 투자 기간 장기화 관련

상당한 특정금전신탁계약들이 단기금융상품을 편입하기 위해 계약기간을 단기로 설정하는 것도 특정금전신탁의 이용 목적에 비추어 문제라는 것이 금융감독기관의 인식이다.

그런데 투자 기간의 장기화는 특정금전신탁의 운용 대상에 따라 그 효과가 다를 것으로 보인다. 금리의 급변 가능성 때문에 3개월 정기예금 내지 어음을 신탁재산의 운용방법으로 지시하는 것이 바람직할 수

자산관리업무에서 중요성이 큰 편이며, 예대마진이 축소되는 상황에서 신탁사업이 중요한 사업영역으로 인식되고 있음을 감안하여 은행에도 투자일임업 또는 불특정금전신탁의 신규 수탁을 허용하는 방안을 검토할 시점이라고 제안하고 있다.

있다. 이러한 점을 고려하여 금융감독기관도 단기자금운용상품의 경우를 제외하고 장기화로 하는 방향을 개선방안으로 모색하고 있다.

단기의 투자 기간의 경우 신탁보수가 상대적으로 높은 것을 고려한다면 장기가 바람직한 측면도 있지만 ELS와 같은 파생결합증권의 경우 조건 충족으로 인해 투자손실이 확정되는 경우 만기까지의 투자는 의미가 없을 수 있다. 반면에 증권회사의 경우 단기의 만기를 갖는 ELS의 발행은 선호하지 않는 점에서 지나친 단기는 투자자에게도 바람직하지 않다.

이러한 점에서 단기자금운용형 상품을 운용하는 경우 외에는 1년의 최저투자기간을 설정하겠다는 금융감독기관의 개선조치도 일응 수긍할 수 있다. 다만 1년의 최저투자기간 설정은 개인투자자에게만 의미가 있을 뿐 기관투자자 등 전문투자자에게는 필요가 없을 것으로 보인다.

(3) 특정금전신탁의 재분류 관련

한편 금융감독기관은 특정금전신탁을 향후 투자형 신탁과 관리형 신탁으로 분리·운영하고, 두 유형에 대해 규제를 차등화하여 후자인 관리형 신탁에는 규제를 최소화하는 반면 투자형 신탁에는 규제를 강화하겠다고 발표하였는데, 이러한 조치는 현재 마련된 특정금전신탁이 애매한 '특정'을 근거로 모두 특정금전신탁으로서 취급되어 완화된 판매·공시·자산운용규제·외부감사 등을 적용하는 문제를 야기하는 것을 불식하기 위하여 특정의 구체적인 '내용'과 '실질'을 기준으로 펀드형에 가까울 경우 규제를 강화하되 구체적인 지시를 받아 한 것으로 한 경우에는 지금보다 규제가 더 완화할 수 있음을 시사하고 있다. 이는 달리 말하면 현재 펀드형에 가까운 불특정금전신탁은 현재 신규 설립 · 판매가 금지되어 있는데 향후 강화된 규제를 전제로 금지를 하지 않을 수 있다고 해석할 가능성도 있다. 그렇다면 이러한 정책의 선회의 배경과 그 효과를 보다 면밀히 검토할 필요가 있다.

한편 구체적으로 어느 정도의 규제강화 내지 규제완화인지 상세 내용이 없어 평가가 적절하지 않을 것으로 보이기는 하나, 펀드형 내지 투자형으로 분류되지 않을 정도의 특정금전신탁에 해당되기 위해서는 어떠한 요소들을 갖추어야 하는지에 대해서도 좀 더 상세하고 명확한 기준이 감독당국으로부터 제시될 필요가 있을 것으로 보인다.

(4) 행정지도와 자율규제의 한계

1) 최근의 행정지도 내용과 한계

금융위원회는 위의 정책방향 중 법개정사항은 자본시장법 시행령 개정을 통해 2014년 하반기부터 시행하는 계획을 세웠으나 규제개혁위원회에서 일부 철회결정을 받음에 따라 법개정사항들이 모두 실현되지는 못하였다. 다만 금융투자업감독규정을 개정(2013. 12)하여 신탁업자에 대하여 상품설명서 교부의무 및 설명 내용을 구체화할 것의무를 부과하고 파생상품(ELS 등)을 편입하는 신탁계약 체결 시 적정성원칙을 준수하도록 하였다.

금융감독원은 2014년 2월에도 후속대책을 발표하였는데, 금융투자상품 불완전판매대책으로 다음과 같이 판매 후 확인절차(happy call) 도입, 위험성 고지 강화, 투자위험지도의 창구비치 및 설명의무 등이 포함되어 있다.

금융투자상품 불완전판매 종합대책

세부 내용	시행일
가. 금융투자상품 위험도 및 투자위험 고지 강화	
1 투자위험(원금손실 가능성, 예금자보호 대상 아님, 핵심투자 위험 등)을 명확히 기재하고 투자자의 자필기재 강화	2014. 6. 1.
2 위험도에 따라 적색 · 황색 · 녹색으로 (투자)설명서 색상 차등화	2014. 6. 1.
3 투자위험지도 창구비치 및 설명의무	2014. 6. 1.
나. 투자권유절차상 내부통제 등 강화	
4 금융투자상품의 판매 후 7일 내 Happy call 의무화	2014 6. 1.
5 불완전판매 자체 상시점검 강화	2014. 2. 25.
6 판매직원 실명을 기재하는 판매실명제 도입	2014. 6. 1.
7 금융투자상품 광고 등에 대한 내부통제 강화	2014. 2. 25.
다. 기타 제도 및 관행 개선	
8 녹취시스템 성능 개선	2014. 2. 25.
9 투자자 DB 구축 및 초고위험 투자권유 제한	2014. 2. 25.
10 CMA통장 기재 내용 등 개선	2014. 2. 25.
11 투자자 성향 평가의 적합성 확보	추진 중

더불어 후속이행점검의 일환으로 금융감독원은 불완전판매대책 이행점검을 본사와 영업점을 상대로 하였는데, 총 2회의 미스터리쇼핑 결과 이행수준은 대체로 부진한 것으로 나타났다.[66]

무엇보다 특전금전신탁을 통한 CP, 회사채 및 파생결합증권의 판매 실태 결과는 역대 최저수준을 보이는 등 특전금전신탁 관련 제도 이행수준이 매우 떨어지는 것으로 나타났다. 대표적으로 특정금전신탁

66) 금융감독원, 앞의 자료(주 13).

상품설명서 교부 등 제도개선사항이 제대로 이행되지 않고 있고, 설명의무 등 투자권유 전반이 소홀한 것으로 나타났다.[67] 더구나 내규반영 등은 양호하지만 오히려 미스터리쇼핑 결과는 매우 저조한 결과를 보이는 등 실질과 맞지 않는 모습이 심지어 대형 회사에서도 나타나 우려되고 있다. 이미 금융감독원에 의해 특정금전신탁 수탁고가 급증한 증권회사의 검사 결과 100건이 넘는 설명의무 불이행 등의 불완전판매행위가 적발되기도 하였다. 향후 관련 사안의 제재 및 분쟁이 이어질 것으로 예상된다. 이에 따라 금융감독원은 2013년 발표된 특정금전신탁 관련 제도개선사항에 대한 이행실태 점검과 검사 결과를 토대로 추가 개선사항을 발굴하면서 한편으로 높은 증가세를 보이고 있는 주가연계신탁과 정기예금형 신탁에 대한 불완전판매를 방지하기 위한 조치들의 감독을 강화할 예정이라고 한다.

2) 자율규제의 한계

그 외 일부 내용들은 법령사항이 아닌 모범규준을 통하여 업계에서 내규에 맡겨져 있는 실정으로 즉 권고에 불과하다. 그러나 이러한 모범규준(best practice)을 통한 규율로는 투자자보호에 상당한 개선을 기대하기는 어려운 실정이라고 할 것이다. 현재 금융투자협회는 '특정금전신탁 업무처리모범규준'을 제정하여 신탁회사의 내규 제정의 표준을 제시하고 있으나 근본적인 개선을 기대하기에는 여전히 부족한 것으로 보인다.

특히 특정금전신탁 업무처리모범규준은 특정금전신탁을 다음과 같이 두 가지 유형으로 구분하고 있는데(I. 총칙. 3. 용어의 정의 참조) 이에

67) 금융감독원, 앞의 자료(주 13).

는 '지정형 특정금전신탁'과 '비지정형 특정금전신탁'이 해당된다. '지정형 특정금전신탁'이란 투자자가 운용 대상을 특정 종목과 비중 등 구체적으로 지정한 특정금전신탁을 말하며, '비지정형 특정금전신탁'이란 투자자가 운용 대상을 특정 종목과 비중 등 구체적으로 지정하지 아니한 특정금전신탁을 말한다. 즉 구체적으로 지정하지 않아도 특정금전신탁에 해당되는 것으로 유형화하고 있다. 그런데 이러한 구분은 현재 업계의 관행을 인정하는 것일 뿐 신탁의 본래 취지에는 여전히 부합하지 않는 근본적인 문제를 안고 있다. 보다 본질적인 개선이 필요할 것으로 보인다.

이 외에 금융투자회사의 적합성 판단 실태도 형식적으로 이루어지고 있어 우려가 되고 있다. 금융투자협회는 2010년 8월 표준투자권유준칙을 개정하여 점수화방식 이 외에 추출방식, 혼합방식, 상담보고서

〈표 8〉 금융투자협회 표준투자권유준칙이 예시하는 적합성 판단방식

구분	프로세스	장단점
점수화방식	- 각 설문항목에 대한 투자자의 답변을 점수화하고, 총점으로 투자자의 투자성향 등급을 결정	-(장점) 객관적이며, 이해가 용이 -(단점) 단순 합산으로 투자자의 특정 성향을 반영하지 못할 수 있음
추출방식	- 각 설문에 대한 답변을 통해 부적합상품을 순차적으로 추출(factor out)	-(장점) 부적합상품을 추출함으로써 불완전판매 발생 가능성이 낮음 -(단점) 정교한 설문과 프로세스를 갖추어야 적절히 작동
혼합방식	- 점수화방식+추출방식	
상담보고서 방식	- 투자자와의 상담과정 및 결과를 상담보고서에 상세히 기록하여 투자권유 근거로 사용	-(장점) 심층 상담을 통해 투자자의 실제 성향에 가장 근접 가능 -(단점) 판매직원별로 질적 차이가 발생하며, 판매시간이 오래 걸릴 수 있어 불편 초래 가능

* 출처 : 금융감독원 (내부)자료.

방식 등 예시를 추가하여 다양화하고 각 방식의 장단점을 소개하고 있으나(협회는 설문항목, 배점기준, 등급분류기준 등 구체적인 예시를 모두 삭제) 대부분 금융회사가 2009년 2월 금융투자협회가 예시한 점수화 방식을 그대로 또는 일부 수정해 사용하고 있어 적합성 판단방식이 금융회사별로 다양하게 정착되지 못하여 실질적인 적합성 판단이 이루어지지 않는 것으로 감독기관은 판단하고 있다.

3. 개선방안

(1) '투자위험'을 기준으로 보호수준과 조치 결정이 필요

향후 특정금전신탁을 활용하여 복잡 · 복합적인 다양한 금융투자상품에 운용되는 ELT는 갈수록 빠르게 진화될 것으로 예상된다. 금융감독당국이 그간 ELT운용 대상이 되는 투자대상상품별로 개선조치들을 연이어 마련하고 있지만, 새로운 금융상품의 발전속도를 따라잡기에는 쉽지 않아 보인다. 이미 자본시장법의 제정 배경에서도 나타나지만, 동법이 금융상품의 개발과 혁신에 방해를 주지 않아야 한다는데 기초하고 있기 때문이다. 금융투자상품의 개념과 그 유형인 증권과 파생상품도 넓게 인정하고 있는 것도 그 때문이다. 더욱이 외국에서 최근 거래되는 신종 상품들이 실시간으로 국내에 도입되어 판매되고 있어 금융시장과 상품 간의 경쟁은 급변하고 있다.

이러한 환경하에서는 특히 금융상품의 '위험'에 따라 금융소비자의 관점에서 보호 내용과 수준을 결정하는 것이 바람직할 것으로 보인다. 특정금전신탁의 경우 구체적으로 운용방법을 개인투자자가 위탁자로서 '지정'하였다는 형식적 기준에 초점을 두어 투자자보호 조치와 수준을 판단하기보다는 '투자위험'의 정도를 기준으로 결정하는 것이 진정한 보호 및 상품과 산업 및 시장에 대한 신뢰를 담보할 수 있을 것으로 보인다. 이미 자본시장법이 금융투자상품의 '투자위험'을 기준으로 규제수위를 달리하는 것이 규제철학이고 동법 제정의 출발점이었음을 상기할 필요가 있다.

더욱이 개선방안으로 이미 마련되어 시행된 특정금전신탁 업무처리 모범규준은 특정금전신탁을 '구체적으로 투자자가 지정하였느냐' 여부에 따라 유형을 나눈 점에서 종전보다 불확실성을 더 야기하는 측면이 없지 않다. 갈수록 빠르게 진화하는 상품의 속도와 복잡성을 고려할 때 구체적으로 지시하는 것을 기준으로 구분하는 것이 투자자 보호에 올바른 기준이 되는지는 매우 의문시되기 때문이다.

(2) 운용재량이 포함된 특정금전신탁의 경우 집합투자와 동일한 투자권유규제 적용

자본시장법상 특정금전신탁은 운용재산을 위탁자 겸 수익자인 투자자가 '특정'이 아닌 대강 지정한 경우에도 특정금전신탁으로 취급하고 있으나 이러한 점은 법 개정이 아닌 현재 특정금전신탁 업무처리 모범규준을 통해 실무에서 다소 변화가 있을 것으로 보인다. 즉 동 모범규준에서 특정금전신탁을 '구체적으로 지정'한 경우와 그렇지 않은 경우로 구분하고 있기 때문이다.

그러나 복잡 · 복합적인 상품을 신탁재산으로 하는 경우가 늘어나고 있음을 고려할 때, 더욱이 이들 상품일수록 신탁보수가 높은 점에서 앞서 지적하였듯이 '구체적으로 지정'의 어려움을 여전히 있으며, 반대로 '구체적으로 지정하지 않은 특정금전신탁'은 오히려 운용재량이 포함되어 집합투자와 유사한 기능이 발휘될 여지가 있다. 즉 재량운용권이 주어진 불특정금전신탁과 차이가 없고, '투자위험' 면에서도 집합투자와 크게 차이가 없는 경우가 많다. 더욱이 특정금전신탁에 편입되는 상품이 고도로 복잡 · 복합한 경우에는 더욱 그러하다.

(3) 자율규제의 개선

특정금전신탁의 경우 현행 자본시장법상 집합투자와 동일한 투자권유규제가 이루어지지 않는 점에서 대강의 운용방법만 정한 것을 특정금전신탁의 본 모습으로 이해하고 금융회사들이 판매하는 관행은 다소 개선될 전망이다. 특정금전신탁 업무처리 모범규준에 따라 위탁자가 운용방법 또는 특정 종목과 비중을 직접 자필로 기재하고 이러한 신탁계약서 등을 보관하도록 의무화하였기 때문이다〔동 모범규준 III. 신탁계약체결에 관한 사항 (3) 참조〕.

이러한 조치는 금융회사로 하여금 특정금전신탁의 구체적인 지시를 받았다고 확신하고 동의하는 절차를 마련하는 시도로 외견상 볼 수 있다. 따라서 금융회사는 그러한 확신이 없는 경우에는 '투자위험' 수준을 고려하여 자본시장법상의 '투자권유'규제를 충실히 준수하는 것이 필요하다. 그러나 여전히 이러한 방식이 투자자보호를 담보하기에는 한계가 있다. 예컨대 투자자가 구체적으로 '파생결합증권 중 ○○증권 ELS 제1234회로 지정'한다고 가정해 볼 때 우선 드는 의구심은 ELS의 경우 거래구조와 환헤지 여부 등이 다종다양한 점에서 특정증권 ELS 제1234회의 구조와 특징을 정확히 투자자가 인식하고 있어야 하는데, 그러한 정보를 과연 투자자가 알고 '구체적으로 그 종목을 지정'하기 앞서 해당 상품에 대한 정보는 여전히 금융회사에서 먼저 제공받게 된다. 따라서 이미 만들어진 상품군 안에서 '지정'하는 것이 된다. 다만 종전 관행과는 달리 파생결합증권 중에서 '특정'한다는 점에서 특정금전신탁의 성격을 잃지 않는다. 그러나 여전히 회사가 제공한 상품군 안에서 특정하는 점에서 상품의 위험을 정확히 인지하지 못할 가능성은 여전히 남아 있다.

더욱이 현재 모범규준은 세부 운용지시 내용을 예시[68]로 기술하고 있어 회사별로 여전히 이용 면에서 차등이 나타날 것으로 보인다. 특정금전신탁이 일대일 계약이라는 점에 비추어 본다면 정보의 대칭이 가능하도록 정보수집과 분석능력이 대등하여야 할 것이다. 때문에 이를 위하여 세부 운용지시가 보다 용이하게 이루어질 수 있도록 지도할 필요가 있다.

한편 신탁운용 결과에 대해서는 투자자에게 신속하게 통지될 필요가 있는데, 특정금전신탁 업무처리 모범규준은 지정형 특정금전신탁의 경우 신탁운용보고서 통지를 생략할 수 있게 하고 있다[동 모범규준 12. 운용결과 통보 (2) 신탁운용보고서 통지]. 그런데 이는 '지정형 특정

68) 특정금전신탁 업무처리 모범규준에 의하면 예컨대 운용지시방법은 다음과 같이 다양하게 이용될 수 있다.

(예시) 위탁자가 신탁계약서류 등에 운용방법 등을 기재하는 방법
① 위탁자가 신탁계약서류 등에 운용방법 또는 세부 운용지시를 기재
② 위탁자가 신탁계약서류 등에 운용방법 항목을 체크하고 세부 운용지시를 기재
③ 위탁자가 특약을 체결하여 운용방법과 세부 운용지시를 약정 및 기재

(예시) 운용방법별 세부 운용지시 내용

운용방법	세부 운용지시 내용
채무증권	물가연동국고채 물가 0150-2106(11-4)
지분증권	삼성전자 보통주 50퍼센트 이내, LG전자 보통주 50퍼센트 이내
파생결합증권	○○증권 ELS 제1234회
금융기관 예치	정기예금의 경우 ○○은행 정기예금

금전신탁'이라고 해서 운용 결과를 보고받는 데 제한이 있어서는 안 될 것이다. 지정은 종목과 비중을 지정한 데 그칠 뿐 운용 결과에 대해서는 신속하게 투자자가 인지하여야 하기 때문이다.

(4) 기타 소송 외 대체 해결의 효율적 처리 기대

특정금전신탁과 관련하여 최근 감독기관 검사에서 적발된 사안은 물론, 유사한 사안들이 분쟁으로 이어질 전망이다. 따라서 이에 대한 소송 외 대체 해결(ADR)의 효율적인 처리가 요망된다.

동양그룹의 CP투자 관련 분쟁(분쟁사건 1만 6,015명, 3만 5,754건)의 경우 금융감독원의 적극적인 조정의 결과 신속절차에 의해 이례적으로 신청(2014. 2. 접수마감) 후 5개월 만에 상당수의 조정이 이루어지기는 하였으나 이는 매우 이례적인 경우에 해당한다. 더욱이 배상비율의 경우 15~50퍼센트에 이르나 CP와 전자단기사채는 회사채와 달리 증권신고서 공시 없이 발행되어 투자피해자의 투자정보(상품 특성, 발행사의 위험성 등) 확인이 쉽지 않았던 점 등을 감안하여 배상비율을 5퍼센트포인트 가산하고, 투자자의 나이에 따라 5~10퍼센트포인트 가산한 반면, 금융투자에 대한 자기책임원칙의 구현을 위해 투자 경험에 따라 2~10퍼센트포인트, 투자금액에 따라 5~10퍼센트포인트 차감한 예에[69] 비추어 보면 특정금전신탁의 경우에는 신탁의 특성상 투자자에게 불리한 차감비율이 더 클 것으로 보여 특정금전신탁 투자자가 전혀 기대하지 못한 피해를 입을 우려가 크다.

69) 금융감독원 보도자료, 금감원 분쟁조정위, 동양그룹 투자관련 분쟁조정 결정 (2014. 7. 31) 참고.

V. 결론

현재까지 금융위원회가 발표한 대로 자본시장법 시행령의 개정을 통해 기대한 특정금전신탁을 둘러싼 영업관행 개선조치들은 당분간 요원할 것으로 전망된다. 따라서 특정금전신탁 업무처리 모범규준에 기초한 행정지도와 자율규제에 의한 개선을 기대할 수밖에 없다.

그러나 법규에 기초한 제도적인 근본적 개선 없이 불건전한 영업관행이 조기에 개선될지는 다소 의문이다.[70] 감독기관의 적극적인 감독과 지도가 필요할 것으로 보이며, 갈수록 개인투자자의 특정금전신탁에의 수요가 늘어나고 있는 점을 고려해 볼 때 상위법령에 근거한 제도적 개선이 요구된다.

70) 예컨대 2014. 7. 현재 금융감독원 홈페이지에서 특정금전신탁 업무처리 모범규준 파일이 삭제되어 있어 정보접근성 면에서도 의문이 없지 않다.

15

신탁제도 개혁과 자산유동화*

한 민**

I. 서설

2011. 7. 25. 신탁법이 전면 개정되어 2012. 7. 26.부터 시행되었다. 개정 신탁법은 현행 신탁법의 체계와 내용을 전면 개편하여 조문의 수가 현행 72개 조문에서 147개 조문으로 늘어났다. 이번 신탁법 전면 개정은 국제경쟁력 강화와 글로벌 스탠더드에 부합하는 선진화된 신탁법제를 마련하기 위하여 2008년 말경부터 법무부가 추진해 온 것

---

* 이 논문은 "한일 금융거래법제의 최근 동향"이라는 주제로 2011. 9. 23. 서울대학교 금융법센터가 주최한 학술대회에서 필자가 발표한 내용을 수정 · 보완하여 BFL 제50호(2011. 11)에 게재하였던 글을 그 이후 관련 법령의 입법 동향 등을 반영하여 다소 수정 · 보완한 것이다. 이 글과 관련하여 소중한 의견을 주신 김 · 장법률사무소의 김용호 변호사, 이선지 변호사께 감사드린다. 이 글에서 제시된 사견은 필자의 의견이며 이 글의 내용에 오류가 있는 경우 이는 전적으로 필자의 책임이다.

** 이화여자대학교 법학전문대학원 교수, 변호사

이다.[1] 현대의 금융거래에서 신탁은 매우 중요한 역할을 하고 있다. 금융거래에서 신탁의 기본적인 기능으로는, 신탁재산의 독립성에 따라 신탁재산이 위탁자와 수탁자의 도산으로부터 절연될 수 있게 하는 기능(도산절연기능)과 재산을 단일 또는 복층의 신탁 수익권으로 변환시켜 보다 쉽게 금융거래의 수단이 될 수 있도록 하는 기능(재산변환기능)을 들 수 있다. 또한 신탁재산이나 그에 관한 수익권의 행사를 수익자에 대한 채무의 담보 목적으로 제한하는 경우에는 신탁재산이 실질적으로 담보의 기능을 한다(신탁의 담보적 기능).[2] 이러한 신탁의 기능을 활용하여, 가장 기본적인 담보부대출거래에서부터 다양한 금융기법이 총체적으로 이용되는 자산유동화거래 등의 복잡한 구조화금융(structured finance)거래에 이르기까지 신탁이 널리 이용되고 있다.

우리나라에서는 1997년 아시아 통화위기를 계기로 자산유동화거래를 활성화하기 위하여 1998년 9월 자산유동화에 관한 법률(이하 '자산유동화법')이 제정되었다. 그후 부실채권(Non-Performing Loan, NPL) 처리를 위한 자산유동화, 채권(債券)담보부증권(Collateralized Bond Obligations, CBO), 발행시장 CBO(primary CBO), 신용카드채권유동화, 주택저당대출담보부증권(Residential Mortgage Backed Securities, RMBS) 등 다양한 기법

1) 법무부 보도자료, 신탁법 전면개정안 입법예고(2009. 10. 28), http://www.moj.go.kr. 신탁법 개정안의 준비단계에서의 주요 쟁점에 관하여는 이중기, "신탁법의 개정방향, 신탁법 총칙의 개정, 신탁관계인제도의 개정, 새로운 신탁의 도입," 선진상사법률연구 통권 제48호(2009. 10), 법무부 : 안성포, "신탁법의 개정방향—법무부 2009년 신탁법 전면 개정안을 중심으로—," 부산대학교 법학연구 제51권 제1호(2010. 2) 참조.

2) 담보적 기능에는 이하에서 살펴보는 개정 신탁법에 의하여 신설된 담보권 신탁을 추가할 수도 있을 것이다. 금융거래에서의 신탁의 기능에 관한 상세한 논의는 西村總合法律事務所 編, ファイナンス法大全(下), 商事法務, 2003, 42-48면 참조.

에 의한 자산유동화거래가 활발히 이루어져 왔고,[3] 최근에는 자산유동화거래를 이용한 커버드 본드(covered bond)도 발행된 바 있다.[4] 또한 ABL(asset backed loan)거래, CP conduit을 이용한 ABCP(asset backed commercial paper) 프로그램, 부동산 PF(project financing), 합성 CDO(synthetic collateralized debt obligations) 등 자산유동화법상의 제한 또는 감독당국의 지도기준에 의하여 등록유동화방식으로 추진하기 어려운 일부 유형의 자산유동화거래는 자산유동화법에 의하지 않고 이루어지는 경우도 적지 아니하였는데, 2007년경 이후부터는 오히려 자산유동화법에 의하지 아니한 자산유동화가 거래 건수에서 자산유동화법에 의한 자산유동화를 크게 상회하고 있다.[5]·[6] 실무에서는 자산유동화법에

3) 자산유동화법 제정 이후에 이루어진 자산유동화거래의 다양한 유형에 관하여는, 좌담회(박 준/김용호/이미현/정순섭/황호석), "자산유동화 10년의 회고와 전망," 박 준/정순섭 편, 자산유동화의 현상과 과제(제1권), 소화, 2009, 12-19면 참조.

4) 2008년경에 촉발된 세계적인 금융위기를 겪는 과정에서, 2009년 5월경에는 국민은행이 아시아 최초로 자산유동화법에 따른 자산유동화를 이용하여 구조화 커버드 본드(structured covered bond)의 해외 발행에 성공하였다. 또한 한국주택금융공사법에 따라 설립된 한국주택금융공사는 2010년 7월경 동법에 따른 채권유동화를 이용하여 주택저당채권을 담보로 하는 법정 커버드 본드(statutory covered bond)를 최초로 해외시장에서 발행하는 데에 성공하였고, 그후 해외 및 국내 시장에서 커버드 본드를 거듭 발행해 오고 있다. 국민은행과 한국주택금융공사에 의한 커버드 본드 발행에 관한 상세한 내용은 김용호, "커버드 본드(Covered Bond)의 법적 이해와 과제," 이화여자대학교 법학논집 제15권 제3호(2011. 3), 281-286면 참조. 그런데 최근 제정된 이중상환청구권부 채권 발행에 관한 법률(2014. 1. 14. 제정, 2014. 4. 15. 시행)에 따라 일정한 자격을 갖춘 금융회사 등이 커버드본드를 발행할 수 있는 법적 근거가 마련되었으므로 굳이 자산유동화를 이용하여 복잡한 구조로 커버드본드를 발행할 필요는 거의 없어졌다고 할 수 있다.

5) 한 민, "글로벌 금융위기 이후 자산유동화거래에 대한 법적 규제의 현안과 개선방향," 상사법연구 제32권 제4호(2014. 2), 한국상사법학회, 14-16면 ; 김용호/이선지/유이환, "비등록유동화거래의 실태와 법적 문제," 박 준/정순섭 편, 앞의 책(주 3), 144-146면.

6) 2011. 4. 14.에는 상법 중 회사편이 개정되어(2012. 4. 15. 시행) 사채제도가 개선되었

의한 자산유동화는 금융감독원에 자산유동화계획등록과 자산양도등록을 하여야 한다는 의미에서 '등록유동화'라고 부르고, 자산유동화법 밖에서 이러한 등록 없이 이루어지는 자산유동화는 '비등록유동화'라고 부른다. 신탁제도의 개혁은 기본적으로 등록유동화 및 비등록유동화거래에 모두 도움이 된다. 다만 등록유동화의 경우에는 이미 자산유동화법에서 자산유동화를 위한 신탁과 관련하여 여러 특례를 인정하고 있으므로 아래에서 보는 바와 같이 등록유동화거래와 비등록유동화거래가 개정 신탁법에 의한 신탁제도 개혁으로 인하여 받는 영향은 차이가 있다.

이하에서는 우선 자산유동화거래에서 신탁이 이용되는 다양한 모습을 간략히 살펴본 후에, 개정 신탁법이 자산유동화거래에 미치는 영향에 관하여, 개정 신탁법에 의해 새로 도입된 제도인 담보권신탁, 자기신탁, 유한책임신탁 및 신탁사채를 중심으로 검토하기로 한다. 해당 주제별로 신탁법 개정 전의 취급과 개정 신탁법에 의한 제도 개선의 내용 및 그에 따른 영향을 비교 검토하면서 주요 쟁점을 제기하고 관련 법률 문제를 분석한다.

고, 특히 사채의 총액을 최종 대차대조표에 의한 회사의 순자산액의 4배까지로 제한하는 상법 제470조가 삭제되었다. 그동안 비등록유동화거래에서는 위 사채발행 한도 문제로 인하여 자산유동화를 위하여 신설되는 특수목적회사가 CP를 발행해 왔으나 개정 상법에서의 사채제도 개선을 계기로 비등록유동화거래에 의한 사채발행이 활발해질 가능성이 있다는 기대도 있었다. 그러나 2012년과 2013년에도 여전히 비등록유동화거래의 대부분은 CP발행에 의하고 있는바, 그에 관한 상세한 내용은 한 민, 앞의 논문(주 5), 14-16면, 24-25면 참조.

II. 신탁을 이용한 자산유동화거래 개관

자산유동화거래에서는 자산보유자로부터 유동화자산을 이전받아 이를 토대로 유동화증권을 발행하는 특수목적기구(special purpose vehicle)로서 유동화회사(SPC)나 신탁 또는 양자 모두가 이용될 수 있다. 신탁을 이용한 자산유동화거래는 타익신탁방식(〔그림 1〕)과 자익신탁방식(〔그림 2〕)을 들 수 있는데,[7] 실제 거래에서는 거의 모든 경우 투자자에게 신탁의 수익권(수익권증서 또는 수익증권)을 직접 발행 또는 양도하지 아니하고 신탁의 수탁자가 유동화회사에게 수익권증서를 발행 또는 양도하여 주고 유동화회사가 이를 기초자산으로 하여 유동화증권(사채, CP 등)을 투자자에게 발행하는 2단계를 거치고 있다. 투자자들에게 신탁의 수익권증서나 수익증권을 직접 발행하지 않는 이유는 수익

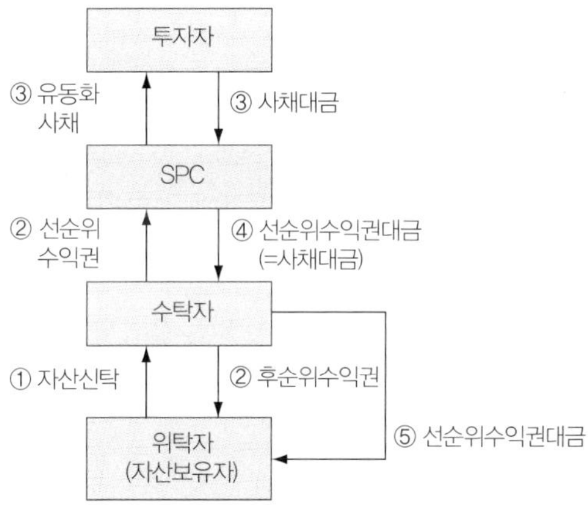

〔그림 1〕 타익신탁방식의 자산유동화

7) 〔그림 1〕과 〔그림 2〕는 한 민/박종현, "신탁과 도산법 문제," BFL 제17호(2006. 5), 서울대학교 금융법센터, 30면에서 전재한 것이다.

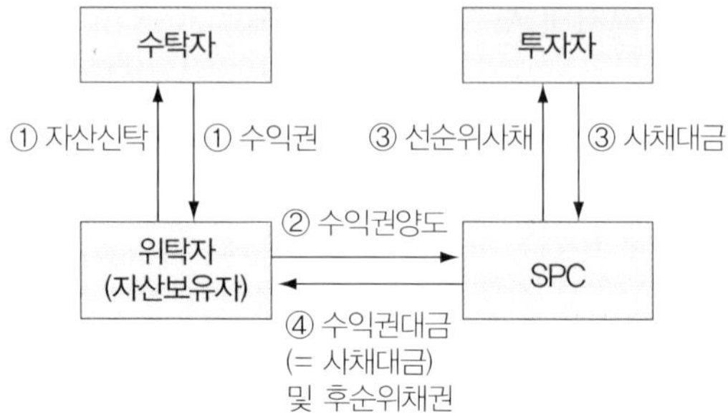

〔그림 2〕 자익신탁방식의 자산유동화

권증서나 수익증권이 아직은 시장에서 표준화된 투자상품으로 자리잡지 못하고 있고, 유동화자산의 종류에 따라서는 신탁의 수익권으로부터의 소득에 대한 조세취급이 SPC가 발행하는 유동화증권에 비하여 불리하거나 불확실성이 있기 때문인 것으로 보인다. 개정 신탁법 제78조에서는 신탁행위로 정한 경우 수익권을 표시하는 기명식 또는 무기명식 수익증권을 발행할 수 있도록 함으로써 수익증권발행신탁 제도를 새로 도입하였다. 그러나 자산유동화법에서 이미 신탁업자는 자산유동화계획에 따라 수익증권을 발행할 수 있는 것으로 정하고 있다(동법 제32조). 그럼에도 불구하고 필자가 파악하기로는 아직까지 자산유동화거래에서 투자자에게 수익증권이 발행된 사례는 없었다. 그런데 정부는 개정 신탁법에 의한 개정내용 중에서 자본시장과 금융투자업에 관한 법률(이하 '자본시장법')에 의한 신탁업 규제와 관련된 내용을 자본시장법에 수용하고 신탁의 활성화 및 자금조달기능 제고를 도모하기 위하여 2012. 8. 6.자로 신탁재산의 범위 확대, 수익증권발행신탁의 확대, 자기신탁에 의한 수익증권발행의 허용 등을 내용으로 하는 자본시장법 개정안(의안번호 1057. 이하 '2012년 자본시장법 개정안'이라고 한다)을 국회에 제출하여 현재 국회에서 심의 중에 있다. 2012년 자본시장법 개정안에서는, 금전신탁 이외의 신탁의 경우에도 수익증권발행신탁을 확대하여 허용하고 있고(동 개정안 제110조 제1항, 제4조 제5항), 자산유동화 등을 위하여 자기신탁에 의한 수익증권발행신탁도 허용하는 내용을 포함하고 있으므로(동 개정안 제110조의3) 동 개정안의 내용대로 입법이 되는 경우 시장에서 수익증권발행신탁을 이용한 등록유동화거래 또는 비등록유동화거래가 생길 수 있을 것이다.[8)] 앞으로 등록유동화 또는 비등록유동화거래에서 수익증권발행이 활성화되기 위해서는 신상품개발을 위한 시장 참여자들의 전향적인 노력과 제도적 뒷받침이 필요하다고 본다.

자산유동화거래에서 신탁이 이용되는 경우로는, 우선 신용카드채권이나 매출채권의 유동화와 같이 유동화자산의 규모가 장래에 증감변동하는 경우를 들 수 있다. 이러한 성격의 자산을 유동화하는 데에 신탁을 이용하면, 유동화증권 투자자를 위하여 유보되어야 하는 일정한 규모의 책임재산을 초과하는 자산을 후순위수익권을 통하여 자산보유자에게 수시로 반환하는 데에 편리하다. 이는 자산유동화거래에서 신탁이 이용되는 가장 전형적인 예로서 신탁의 도산절연기능 및 재산변환기능을 이용하는 것이다. SPC를 이용하는 자산유동화거래에서도, 유동화증권의 투자자를 위하여 따로 유동화자산을 담보로 제공

8) 한 민, 앞의 논문(주 5). 2012년 자본시장법 개정안의 내용에 관한 분석은 오영표, "신신탁법 시행에 따른 자본시장법상의 법적 쟁점(신탁법과 자본시장법의 조화로운 공존을 모색하며)," 은행법연구 제5권 제1호(2012. 5), 은행법학회, 109-140면 ; 국회 정무위원회 수석전문위원(구기성), "자본시장과 금융투자업에 관한 법률 일부개정법률안 〔정부 제출〕 검토보고서"(2013. 4) ; 성희활, "신탁법과 자본시장법의 바람직한 관계 설정에 대한 연구," 비교사법 제20권 제3호 통권 제62호(2013. 8), 한국비교사법학회, 637-671면 ; 류혁선/최승재, "개정 신탁법상 — 자기신탁 및 수익증권발행제도를 활용한 유동화 금융투자상품 설계에 관한 연구," 증권법연구 제14권 제2호(2013), 한국증권법학회, 459-496면 참조.

하고자 하는 때에는(예컨대 ABCP 프로그램) 해당 담보재산을 담보 목적으로 신탁하는 방법(이하에서 살펴보는 담보신탁)을 이용하는 경우가 있다(신탁의 도산절연기능 및 담보적 기능 이용).[9] 또한 자산유동화거래를 이용한 구조화 커버드 본드의 해외 발행거래에서는 신탁과 SPC를 모두 이용하는데, 유동화자산(커버드 본드 투자자를 위한 담보재산)을 커버드 본드를 발행하는 위탁자의 도산으로부터 절연시키기 위하여 이를 일단 신탁한 다음에, 신탁의 우선수익권을 국내 SPC에게 발행하여 국내 SPC가 이를 기초로 해외 SPC 앞으로 사채를 발행하고, 해외 SPC는 이를 책임재산으로 삼아 투자자들에게 커버드 본드에 대한 지급보증을 제공하는 구조를 취하고 있다(신탁의 도산절연기능, 재산변환기능 및 담보적 기능을 모두 이용).[10]

이하에서는 위와 같이 신탁을 이용한 자산유동화거래가 개정 신탁법에 의하여 어떻게 영향을 받을 것인지에 관하여 주요 개정 내용을 중심으로 살펴보기로 한다.

III. 담보권신탁

1. 신탁법 개정 전

(1) 담보권신탁

채무자가 수탁자에게 자기 소유 재산에 대한 담보권(예컨대 채무자

9) 김용호/이선지/유이환, 앞의 논문(주 5), 163-166면.
10) 김용호, 앞의 논문(주 4), 281-283면.

소유의 부동산에 대해 수탁자를 권리자로 하여 설정한 저당권)을 신탁재산으로 하여 신탁을 설정하고 채권자를 수익자로 지정하면, 수탁자가 채권자에게 수익권증서(또는 수익증권)를 발행하여 주는 형태의 신탁을 '담보권신탁'이라고 한다.[11] 즉 담보권신탁은 담보권설정자를 위탁자, 담보권자를 수탁자, 피담보채권의 채권자를 수익자로 하는 '담보권의 설정적 신탁'이라고 할 수 있다.[12] 신탁법 개정 전에는 이러한 담보권신탁은 신탁법에 명시적 근거가 없을 뿐만 아니라 민법상의 담보물권의 부종성에도 반하므로 허용되지 않는다고 보았다.[13] 한편 국제금융거래에서 영미법에 따라 담보권신탁이 설정되는 경우,[14] 국제사법에 의하여 담보권의 준거법이 우리나라 법이 되는 때(예컨대 담보물의 소재지가 우리나라인 때)에는[15] 담보권설정 및 이전의 효력에 관하여 우리나라 법이 적용되는데, 우리 민법상 담보물권의 부종성원칙으로 인하여 채권자와 담보권자의 분리를 인정하는 영미법상의 담보권신탁은 우리 법상으로는 그 효력이 인정되지 않는다고 보았다. 이러한 문제점을 해결하기 위하여, 그동안 우리나라의 국제금융거래 실무에서는 채무자가 채권자에 대한 채무와 병행하여 담보권수탁자에 대하여도 동일한 내용의 채무(parallel debt)를 부담하고 채권자 또는 담보수탁자의 어느 일방이 채무를 변제받은 때에는 채무가 소멸하는 것으로 약정하

11) 법무부, 신탁법 개정안 해설(2010. 2), 8면.

12) 新井誠 編, 新信託法の基礎と運用, 日本評論社, 2007, 59면(勝田信篤 집필 부분).

13) 다만 담보부사채신탁법에 따라 발행되는 담보부사채의 경우에는 동법의 규정에 의하여 사채발행회사가 담보권신탁의 방법으로 사채권자를 수익자로 하여 수탁자인 신탁업자 앞으로 담보권을 설정하는 것이 인정되어 있다.

14) 영미법에 의한 담보권신탁 및 담보권수탁자(security trustee)에 관하여는 우선 Philip Wood, Law and Practice of International Finance (University Edition), Sweet & Maxwell (2008), pp.181-182, pp.272-274 참조.

15) 국제사법 제19조부터 제24조 참조.

면서, 담보수탁자에 대한 채무를 담보하기 위하여 담보권을 담보권수탁자 앞으로 설정해 주는 방법도 종종 이용되어 왔다.[16)]

(2) 담보신탁과의 비교

담보신탁은 대법원 판례에 의하여 정립되어 온 개념인데, 위탁자가 차입 기타 거래에서 부담하는 채무를 담보하기 위하여 담보목적물을 수탁자에게 신탁하고 타익신탁방식으로 채권자에게 수익권을 부여하는 것을 말한다.[17)] 채권자에게 수익권을 부여하지 않고 채무자가 담보목적물에 관하여 자익신탁방식으로 신탁을 설정한 후에 채권자에게 신탁재산상에 담보권을 설정해 주는 경우도[18)] 담보신탁에 포함시킬 수 있다. 담보권신탁은 신탁행위에 의하여 담보권이 수탁자 앞으로 설정되어, 수탁자는 담보권을 취득하고(즉 담보권이 신탁재산이 된다) 담보물에 대한 소유권은 여전히 위탁자인 채무자에게 유보되는 반면에, 담보신탁은 담보재산의 소유권이 수탁자 앞으로 이전되어, 수탁자는 담보물에 대한 소유권을 취득하고(즉 담보물 자체가 신탁재산이 된다) 수익자인 채권자는 채권의 담보로 신탁재산에 대한 수익권을 타익신탁방식으로 취득하거나 신탁재산상에 담보권을 설정받는다.[19)] 우리나라

16) Parallel debt에 관한 보다 상세한 내용에 관하여는 Philip Wood, 앞의 책(주 13), pp.273-274 ; 村上智裕, "擔保付きシンジケトローンにおけるパラレル・デット條項の意義," NBL 제902호(2009. 4. 1), 商事法務, 34면 이하 참조.

17) 대법원 2001. 7. 13. 선고 2001다9267 판결 ; 대법원 2002. 12. 26. 선고 2002다49484 판결.

18) 대법원 2003. 5. 30. 선고 2003다18685 판결.

19) 담보신탁에서는 채권자는 우선수익권을 취득하고, 채무자인 위탁자는 후순위수익권을 취득하는 것이 일반적이다.

의 일관된 대법원 판례에 의하면, 이러한 담보신탁도 신탁법상의 신탁으로 인정되고, 채무자인 위탁자에 대하여 회생절차가 개시되더라도 수탁자 소유의 신탁재산이나 채권자가 보유하는 수익권은 모두 위탁자의 재산이 아니므로 신탁재산의 처분이나 수익권의 행사(또는 신탁재산상에 설정된 담보권의 행사)는 위탁자에 대한 회생절차에 의해 영향을 받지 아니한다.[20] 즉 담보신탁의 신탁재산은 위탁자의 도산으로부터 절연된다. 반면에 담보권신탁의 경우에는 수탁자가 갖는 담보권이 회생절차 개시 당시 위탁자 소유 재산상에 존재하는 담보권(질권, 저당권, 양도담보권, 가등기담보권, 전세권, 우선특권 등)에 해당되는 경우에는, 채무자 회생 및 파산에 관한 법률(이하 '채무자회생법')에 따라 채권자가 위탁자에 대하여 갖는 권리는 회생담보권이 되므로(동법 제141조 제1항), 담보권의 행사는 위탁자에 대한 회생절차에 구속된다. 요컨대 신탁재산이 위탁자의 도산으로부터 절연되는지 여부가 담보신탁과 담보권신탁의 가장 큰 차이점이라고 할 수 있다.

미국의 경우에도 대출채무 등을 담보하기 위한 목적으로 채무자가 수탁자에게 재산을 신탁증서(deed of trust)에 의해 신탁함으로써 수탁자에게 재산의 소유권을 이전하는 방법을 이용하는 경우가 있는데, 이는 우리 법상의 담보신탁과 유사하다. 이에 대하여는 위 신탁증서에 의한 재산 소유권의 이전은 조건부라는 점에서, 즉 채무자가 채무를 완제하면 신탁재산은 채무자에게 반환되고, 채무자가 채무불이행을 하게 되면 수탁자는 신탁재산을 채권자에게 인도한다는 점에서, 그 형식에 있어서는 통상의 신탁이라고 할 수 있지만 실질에 있어서는 담보권설정과 기능적으로 동일한 것이라고 보아 위탁자에 대한 도산

20) 앞의 대법원 판결(주 17 및 주 18).

절차로부터 절연되지 않는다고 하는 유력한 견해가 있다.[21] 일본의 경우에도 담보 목적의 신탁에서는 피담보채권이 존재하고 이것이 수익권을 매개로 하여 신탁재산으로 담보되는 것이므로 그 실질은 양도담보나 금융리스와 동일시할 수 있다는 이유에서 담보신탁에 대하여 원칙적으로 위탁자 도산으로부터의 절연을 인정하지 않는 것이 학설상 유력한 견해인 것으로 보인다.[22] 형식을 중시할 것인지, 실질을 중시할 것인지는 법 정책적인 문제에 속하는 것이라고도 할 수 있는바, 우리 대법원 판례가 담보신탁에 대하여 채무자인 위탁자로부터의 도산절연을 인정하는 것은 미국이나 일본에서의 위 견해와는 달리 권리관계의 실질보다는 신탁행위의 외관 내지는 형식을 보다 중요시하고 있는 것이라고 볼 수 있다.[23] 학설상으로는 대법원 판례를 지지하는 견해가 지배적이다.[24] 우리 대법원 판례는 신탁법에 의한 신탁에 해당되

21) Steven Schwarcz, "Commercial Trusts as Business Organizations : Unraveling the Mystery," 58 Bus. Law. 559, 2002-2003, 570-571. 이러한 견해를 비롯하여 미국에서의 논의에 대하여는 임채웅, 신탁법연구, 박영사, 2009, 121-122면 ; 함대영, "신탁형 자산유동화에서의 진정양도 판단 — 민법과 신탁법의 교차영역에 대한 고찰의 일환," BFL 제44호(2010. 11), 서울대학교 금융법센터, 78면 참조.

22) 담보 목적의 신탁에 대하여 원칙적으로 위탁자의 도산으로부터의 격리를 부정하는 일본의 학설에 대하여는 우선 西村總合法律事務所 編, 앞의 책(주 2), 45-46면 참조.

23) 담보신탁에 관한 대법원 판례의 상세한 분석은, 이주현, "신탁법상의 신탁계약을 체결하면서 담보 목적으로 채권자를 수익권자로 지정한 경우 그 수익권이 정리계획에 의하여 소멸되는 정리담보권인지 여부," 대법원 판례해설 통권 제42호(2002년 하반기), 법원도서관, 584면 이하 ; 김상준, "신탁자에 대한 회사정리절차가 개시된 경우 토지신탁회사가 신탁자를 위하여 기존에 제공한 물상담보의 효력," 대법원 판례해설 통권 제44호(2003년 상반기), 법원도서관, 552면 이하 참조.

24) 이중기, 신탁법, 삼우사, 2007, 616면 ; 임채웅, 앞의 책(주 20), 130-131면 ; 조영희, "파산절연과 자산유동화에 관한 법률 제13조에 관한 소고," 박 준/정순섭 편, 앞의 책(주 3), 198-199면. 이에 대하여, 이론적인 면에서 대법원 판례의 타당성에 관하여 의문을 제기하는 견해로는 광장신탁법연구회, 주석신탁법, 박영사, 2013, 551면 ; 함대영, 앞의 논문(주 21), 78-79면.

는 경우에는 이러한 신탁에 대하여 신탁법이 부여하고 있는 신탁재산의 독립성을 그대로 인정해 주는 것이어서 금융거래에 법적 안정성을 부여해 준다는 점에서 타당하다고 본다. 위탁자에 대한 다른 채권자들의 이익은 사해신탁에 대한 채권자취소권이나 부인권의 행사를 통하여 상당 정도 보호될 수 있다고 본다. 그러나 담보신탁이 신탁법상의 신탁에 해당되는지 여부를 구체적으로 어떠한 기준에 의해 판단하여야 할 것인지에 관한 법리는 아직 명확히 정리되어 있지 아니한 것으로 생각된다.[25)]

(3) 신탁과 진정양도

자산유동화법 제13조에 의하면, 유동화회사에 대한 유동화자산의 양도는 자산유동화계획에 따라 매매 또는 교환의 방식에 의하되, 동조에 정한 소위 진정양도(true sale)요건을 반드시 갖추어야 하고, 이러한 요건을 갖춘 매매 또는 교환은 담보권의 설정으로 보지 않는다. 즉 양도인인 자산보유자에 대하여 회생절차가 개시되더라도 유동화자산에 대한 유동화회사의 권리행사는 자산보유자에 대한 회생절차에 의하여 영향을 받지 않는다. 따라서 자산유동화법 제13조는 양도인으로부터의 도산절연에 관한 일종의 안전항(safe harbor)조항이라고 할 수 있다. 그런데 자산유동화법은 유동화자산의 신탁에 관하여는 진정양도요건을 따로 규정하고 있지 않다. 법문상 자산유동화법 제13조가

25) 이와 관련하여, 대법원 판례에 의하더라도 위탁자와 수탁자 간 신탁계약에 규정된 신탁재산의 처분에 관한 내용이 진정한 양도요건을 갖춘 매매에 준하는 내용인 경우의 신탁에 한하여 절연효과를 인정할 수 있고, 신탁이라는 형태를 갖추면 무조건 절연효과를 인정하는 것은 문제가 있음을 지적하는 견해도 있다. 앞의 좌담회(주 3)에서의 이미현 변호사 발언 부분, 박 준/정순섭 편, 앞의 책(주 3), 41면 참조.

유동화자산의 신탁에 적용되지 않는 것은 분명하고, 이 점에 관하여는 대체로 견해가 일치되어 있다.[26)]

여기서 유동화자산의 신탁의 진정양도 내지는 위탁자 도산으로부터의 절연 문제는 어떠한 기준에 의하여 판단해야 하는지가 문제 된다. 이에 대하여는 자산유동화법 제13조를 유추적용하여야 한다는 견해[27)]와 굳이 이와 같이 유추적용을 할 필요 없이, 신탁법에 의한 신탁이 이루어진 이상 담보 목적 여부를 불문하고 위에서 본 담보신탁의 법리에 따라 신탁재산의 위탁자로부터의 도산절연을 인정할 수 있다고 하는 견해[28)]가 있다. 최근의 실무에서는 신탁을 이용한 자산유동화거래에 대하여 진정양도에 관한 의견서(true sale opinion)를 발급하는 경우에 대체로 후자의 견해에 입각하여 의견을 내고 있는 것으로 보이나, 자산유동화법을 이용할 수 있는 유동화신탁의 요건에 관하여는 여전히 법적 불확실성이 있는 것으로 생각된다.[29)] 생각하건대 위에서 본 대법원 판례에 따른 담보신탁의 법리에 비추어 볼 때, 위탁자에 대한 회생절차로부터의 절연 여부를 논함에 있어서는 후자의 견해에 의하더라

26) 김용호/이선지, "자산유동화거래와 법적 과제," 박 준/정순섭 편, 앞의 책(주 3), 113면 ; 조영희, 앞의 논문(주 24), 199면. 다만 함대영, 앞의 논문(주 21), 73면은 기존의 통설과는 달리 자산유동화법 제13조는 신탁형 자산유동화의 경우에도 직접 적용된다는 입장을 취하고 있으나 수긍하기 어렵다.

27) 종래 감독 당국인 금융감독원의 입장은 이 견해를 취해 왔다고 볼 수 있다.

28) 조영희, 앞의 논문(주 24), 199면.

29) 금융감독원은 과거에는 유동화신탁에 대하여 자산유동화법 제13조를 적용하여야 한다는 입장에 따라 업무를 처리하였으나, 최근에는 유추적용할 필요가 없다는 입장을 취하고 있는 것으로 보인다〔광장신탁법연구회, 앞의 책(주 24), 552면〕; 강율리, "신탁을 이용한 자산유동화에 관한 법적 문제점," 박 준/정순섭 편, 앞의 책(주 3), 443-444면은 자산유동화법 제13조의 조문 내용에 비추어 볼 때 이를 유동화 신탁에 유추적용하는 것은 적절치 않다고 하고, 반면에 신탁의 형식을 갖추었다고 하여 모든 경우에 자산유동화법의 특혜를 받도록 하는 것도 문제이므로 입법적으로 진정한 신탁의 기준을 마련할 필요가 있음을 지적하고 있다.

도 무방하다. 다만 위탁자에 대하여 기업구조조정촉진법에 따른 채권금융기관 관리절차가 개시된 때에는, 담보 목적의 신탁으로 인정되는 경우 담보부차입을 한 것으로 보아 채권의 행사뿐만 아니라 신탁에 관한 권리의 행사도 함께 제한될 수도 있다.[30] 따라서 기업구조조정촉진법에 의한 관리절차에서 담보부차입으로 인정되지 않기 위해서는 담보 목적이 아닌 통상의 신탁이 되어야 한다. 통상의 신탁인지 담보 목적의 신탁인지를 구별하는 기준은 자산유동화법에 규정되어 있지 않은데, 신탁의 성질에 반하지 않는 범위 내에서 자산유동화법 제13조를 유추적용하여 해당 신탁이 담보 목적의 신탁인지 여부를 판단하여야 한다고 본다.[31] 한편 자산유동화법에 의하지 아니하는 비등록유동화거래에 있어서 신탁재산인 유동화자산이 위탁자의 도산으로부터 절연되는지의 문제에 대하여도 위 등록유동화에 관한 논의가 마찬가지로 적용된다고 본다.

2. 개정 신탁법에 의한 영향

(1) 개정 신탁법에 의한 담보권신탁의 효력[32]

개정 신탁법은 제2조 신탁의 정의에 관한 규정에서 '담보권설정'을

30) 기업구조조정촉진법은 채무자 이외의 제3자가 제공한 인적 · 물적 담보에 대한 채권자의 권리행사가 가능하게 하는 채무자회생법 제250조 제2항과 같은 예외 규정을 두고 있지 않다. 이로 인하여 담보신탁에 대한 취급에 있어서 차이가 생기는 것이다. 김용호/이선지, 앞의 논문(주 26), 114-115면도 같은 취지이다.

31) 한 민/박종현, 앞의 논문(주 7), 29-30면.

32) 담보권신탁에 관한 이하의 논의는, 한 민, "담보부사채 발행 제도의 법적 문제점과 개선방향," 이화여자대학교 법학논집 제16권 제1호(2011. 9), 322면의 내용을 참고

신탁행위의 유형으로 새로 추가하였다.[33] 담보권신탁은 채권자를 위하여 신탁의 수탁자 앞으로 담보권이 설정되고, 채권이 양도되는 경우 채권의 양수인은 담보권이 신탁재산인 신탁의 수익권만 취득하게 함으로써 용이하게 담보권설정 및 관리를 할 수 있게 한다. 담보권신탁의 경우, 형식상으로는 담보권자(수탁자)와 채권자(수익자)가 분리되는 현상이 발생하여 민법상의 담보물권의 부종성에 반하는 것이 아닌가 하는 의문이 들 수 있다. 이에 대하여는, 담보권신탁은 담보물권의 부종성에 대한 예외로서 그 효력이 인정된다는 것은 아니고 실질적으로 보아 담보물권의 부종성을 잠탈하는 것이 아니기 때문에 유효하다고 보아야 한다는 견해와 담보물권의 부종성에 대한 예외를 인정한 것이라는 견해로 나뉘고 있다. 전자의 견해에서는, 담보권신탁의 경우 형식상으로는 담보권자(수탁자)와 채권자(수익자)가 분리되는 현상이 발생하나 수탁자는 수익자를 위하여 담보권을 보유하는 것이어서 실질적으로 이를 동일인으로 파악할 수 있으므로 담보물권의 부종성원칙을 잠탈하는 것은 아니라고 본다.[34] 이에 반하여 후자의 견해에서는, 담보권신탁은 현행 법 및 그에 대한 현재의 법리로는 인정되기 어

하되, 일부 내용을 보완한 것이다.

33) 개정 신탁법 제2조(신탁의 정의)는, "이 법에서 '신탁'이라 함은 신탁을 설정하는 자(이하 '위탁자'라 한다)와 신탁을 인수하는 자(이하 '수탁자'라 한다) 간의 신임관계에 기하여 위탁자가 수탁자에게 특정의 재산(영업이나 저작재산권의 일부도 포함한다)을 이전하거나 담보권의 설정 그 밖의 처분을 하고 수탁자로 하여금 일정한 자(이하 '수익자'라 한다)의 이익 또는 특정의 목적을 위하여 그 재산의 관리, 처분, 운용, 개발, 그 밖에 신탁 목적의 달성을 위하여 필요한 행위를 하게 하는 법률관계를 말한다"라고 규정하고 있다.

34) 법무부, 앞의 책(주 11), 8-9면 ; 광장신탁법연구회, 앞의 책(주 24), 20면. 일본의 개정 신탁법에 의한 담보권 신탁에 관하여 能見善久, "特輯 新信託法とその利用 ―擔保的利用を中心に〈金融法學會 第24回大會資料〉―1. 總論," 金融法務事情 제1811호(2007. 8), LIC, 15면도 동일한 취지의 견해를 취하고 있다.

렵고 부종성의 예외로서 입법에 의하여 인정되는 것이라고 본다. 다만 이 견해는 담보권신탁을 민법상 담보물권의 부종성원칙에 대한 완전한 예외로 보아 수익권의 양도가 피담보채권의 양도에 수반되지 아니한 경우와 아예 피담보채권이 존재하지 아니하는 경우에도 담보권신탁이 가능한 것으로 보고 있다.[35]

현행 법의 해석상 채권자와 담보권자가 실질적으로 동일하다고 볼 수 있다면 항상 부종성이 인정된다고 확대 해석하기는 어렵다고 본다. 만일 전자의 견해가 이러한 입장에 선 것이라면 이를 그대로 받아들이기는 곤란하다. 또한 담보권신탁에 의해 위 후자의 견해에서와 같은 정도까지 부종성의 예외가 인정된다고 보기에는 개정 신탁법 제2조의 법문 내용만으로는 충분하지 아니하므로 위 후자의 견해를 취하기는 어렵다. 생각하건대 개정 신탁법은 담보권신탁의 경우 채권자가 신탁의 수익권을 취득하는 것을 상정하여 이러한 경우 채권자가 담보권자여야 한다는 담보물권의 부종성의 기본 취지에는 부합하는 것이므로, 외관이나 형식에 있어서는 민법 제361조에 반하더라도 실질에서는 부종성의 원칙에 부합하는 방법으로 담보권을 설정할 수 있도록 특례를 인정해 준 것으로 해석함이 타당하다고 생각된다. 이러한 관점을 보완한다면 위 전자의 견해가 타당한 해석이라고 생각된다. 담보권신탁에서 채권자가 신탁의 수익권을 취득하는 방법으로는 (i) 특정한 채권자를 지정하지 않고 채권자 및 그 양수인 등 수시로 변동되는 채권자를 수익자로 포괄적으로 지정하는 방법과 (ii) 최초의 채권자만을 수익자로 지정하는 방법이 있을 수 있다. 전자의 방법을 취하는 경우 채권이 양도되면 양수인은 자동적으로 채권자가 되나, 후자의 경

35) 임채웅, 신탁법연구 2, 박영사, 2011, 44면, 47-48면.

우에는 채권이 양도되는 경우 채권의 양수인에게 수익권을 따로 양도하여야 한다. 요컨대 담보물권의 부종성에 반하지 않는 것으로 인정받기 위해서는 신탁계약상 채권자가 신탁재산인 담보권의 수익자가 되도록 정해져 있어야 하며, 그렇지 아니할 경우(즉 수익권이 채권자와 분리되어 채권자 이외의 자에게 양도될 경우)에는 담보권의 효력이 상실된다고 보아야 하고, 더욱이 피담보채권이 존재하지 아니하는 경우(성립에 있어서 부종성이 완화되어 있는 근저당권은 제외)에는 담보권신탁에 의한 담보권설정은 효력이 없다고 보아야 한다.[36)]

개정 신탁법에 의하여 담보권신탁이 허용됨에 따라 담보권신탁을 이용한 부동산 저당권의 설정이 가능하도록 하기 위하여 부동산등기법이 개정되었다(2013. 5. 28. 개정, 2013. 8. 29. 시행). 개정 부동산등기법은 담보권신탁방식에 의한 저당권 등기에 관한 특례 규정을 두고 있는바(동법 제87조의2), 이는 저당권자(수탁자)와 채권자(수익자)가 형식적으로 분리됨에도 불구하고 동법의 규정에 따른 담보권신탁방식의 저당권 설정은 담보물권의 부종성에 반하지 아니한다는 입장을 취한 것이라고 할 수 있다.

36) 新井誠 編, 앞의 책(주 12), 61면(勝田信篤 집필 부분) ; 谷笹孝史, “セキュリティ・トラストに關する實務上の諸論點—動産擔保を中心として,” NBL 제907호(2009. 6. 15), 商事法務, 50면 ; 山田誠一, “特輯 新信託法とその利用 — 擔保的利用を中心に〈金融法學會 第24回大會資料〉— 2. セキュリティ・トラスト,” 金融法務事情 제1811호(2007. 8), LIC, 21-22면도 모두 같은 취지이다. 이러한 점을 고려하여, 개정 신탁법은 담보권을 신탁재산으로 하여 설정된 수익증권발행신탁의 경우, 수익증권을 기명식으로만 발행할 수 있도록 함으로써 담보권자와 채권자가 실질적으로 분리되지 않도록 하고 있다(개정 신탁법 제78조 제3항). 법무부, 앞의 책(주 10), 590면.

(2) 담보권신탁의 도입이 담보신탁의 도산절연성에 미치는 영향

위에서 본 바와 같이 담보 목적의 신탁이라고 하더라도 대법원 판례상 인정되고 있는 담보신탁의 법리에 의하면 신탁재산의 위탁자로부터의 도산절연이 인정된다. 그런데 개정 신탁법에 담보권신탁이 도입됨에 따라 종래의 담보신탁(특히 명확히 피담보채권이 존재함을 전제로 하여 이를 담보하기 위한 목적으로 이루어진 전형적인 담보신탁)의 경우, 신탁행위에 의해 실질적으로 '양도담보권'을 설정하는 것으로 그 법적 성격이 재구성(recharacterize)될 여지가 있는 것 아닌가 하는 의문이 제기될 수 있다. 이 문제는 앞서 본 바와 같이 신탁을 이용한 자산유동화 거래가 담보신탁의 도산절연성에 크게 의존하고 있다는 점에서 매우 중요한 의미를 갖는다.

이 점과 관련하여서는 우리 개정 신탁법과 마찬가지로 담보권신탁의 개념을 신설한 일본의 개정 신탁법(2007. 9. 30. 시행)하에서의 논의를 참고할 만하다. 일본의 경우 담보 목적의 신탁을 (i) 수탁자가 신탁재산의 완전한 소유권(신탁재산이 채권인 경우는, 채권의 귀속)을 가지나, 채권자가 갖는 수익권의 내용이 신탁재산 전체에 대응하지 않고 담보 목적으로 되어 있는 경우(즉 우리 법상의 담보신탁에 해당하는 경우), (ii) 채권자인 수익자는 신탁재산에 대응한 내용의 수익권을 갖고 있으나, 수탁자가 갖는 권리가 양도담보권인 경우(즉 담보권 신탁에 해당되는 경우)와 (iii) 당초 수익자인 위탁자로부터 현재의 수익자(채권자)가 수익권을 양도담보로 제공받은 경우(즉 수익권의 양도담보에 해당하는 경우)로 구분한 다음에, (i)의 경우는 원칙적으로 그 실질에 따라 법적 성격을 담보권으로 재구성하여 도산절연의 효과가 인정되지 않는다고 보고 있고, (ii)의 경우에는 수탁자가 갖는 권리는 양도담보권에 불과하므로 당연히 채무자인 위탁자로부터의 도산절연효과가 인정되지 않는다고 보며, (iii)의 경우는 수익권에 대한 양도담보권이므로 이 역시 담보 제공자인 위탁자로부터의 도산절연의 효과가 생기지 않는다고 분석하는 견해가 있다.[37] 다만 위와 같은 분석을 검토함에 있어서는 앞서 본 바와 같이 일본의 경우 우리나라와는 달리 위 (i)의 담보신탁에 대하여 위탁자의 도산으로부터의 절연을 원칙적으로 인정하지 않는 것이 학설상 유력한 견해라는 것을 염두에 둘 필요가 있다.

우선 위 (i)의 담보신탁의 경우 위 일본의 학설과는 달리 우리 대법원 판례에 의하면 위탁자로부터의 도산절연성이 인정된다는 점은 이미 살펴본 바와 같다. 위 (iii)의 자익신탁에서의 수익권 양도담보에 관하여는 우리 대법원 판례에서도 채무자인 위탁자 소유의 재산이 양도담보로 제공된 것이므로 위탁자에 대한 회생절차로부터의 절연을 인정하지 아니하고 회생담보권으로 보고 있다.[38] 따라서 위에서 제기한 도산절연과 관련된 법적 성격의 재구성 문제는 바로 위 (ii)의 담보권신탁(양도담보권설정신탁)에 관한 것이다. 즉 개정 신탁법에 따라 담보권신탁제도가 신설됨에 따라 종래 위 (i)의 담보신탁에 해당되는 것으로 인정된 신탁 중에서 위 (ii)의 양도담보권설정신탁으로 인정되어 위탁자로부터의 도산절연성이 부정되는 경우가 생길 수 있는가 하는 것이다.

---

37) 道垣內弘人, "特輯 新信託法とその利用 — 擔保的利用を中心に〈金融法學會 第24回大會資料〉— 報告 3. 擔保としての信託," 金融法務事情 제1811호(2007. 8), LIC, 59-65면.

38) 대법원 2002. 12. 26. 선고 2002다49484 판결. 이 판결에서 대법원은 "신탁계약 시 위탁자인 정리 전 회사가 자신을 수익자로 지정한 후 그 수익권을 담보 목적으로 제3자에게 양도한 경우에는 그 수익권은 양도담보로 제공한 것으로서 정리절차 개시 당시 회사 재산에 대한 담보권이 된다고 볼 것이다"라고 설시하고 있다.

이에 대하여는 담보권신탁이 인정되지 아니한 개정 전 신탁법에서와는 달리, 개정 신탁법에서는 위탁자에 의한 신탁행위가 담보권설정방식의 신탁인지 완전한 소유권의 이전방식의 신탁인지 여부를 따져 보아야 하는데, 특히 명백히 존재하는 피담보채권을 담보하기 위한 통상의 담보신탁의 경우에는, 채권자를 수익자로 하는 신탁계약에 의하여 담보목적물의 소유권을 수탁자에게 이전하지만, 위탁자는 후순위수익자 또는 잔여 재산 귀속권리자로서 피담보채무액을 초과하는 담보물의 잔존가액에 대한 지배권을 갖게 되고 신탁재산의 처분권이나 수익권도 피담보채무의 변제기가 도래한 후에 피담보채권의 변제목적으로만 권리가 행사될 수 있다는 제약이 있는 것이며, 피담보채권이 변제된 후에는 신탁재산이 채무자인 위탁자에게 반환되도록 되어 있다는 점에서, 이러한 담보신탁에서의 신탁행위는 양도담보권의 설정으로 보아야 한다는 견해가 있을 수 있다.

생각하건대 사견으로는 다음과 같은 이유로 위와 같은 견해를 채택하기는 어렵다고 본다. 첫째, 우리 법상 양도담보권이 신탁행위에 의한 담보권신탁방식으로 설정될 수 있는지는 의문의 여지가 있다. 양도담보에 관하여는 양도담보권자를 담보권자로 보는가(담보권설) 아니면 소유권자로 보는가(신탁적 양도설)에 관하여 견해가 나뉘고 있다. 판례의 주류는 아직도 신탁적 양도설을 취하는 것으로 이해되고, 신탁적 양도설에 의하는 경우, 위탁자가 소유권을 보유하고 수탁자에게는 양도담보권만을 설정한다는 구조, 즉 양도담보에서 물권의 분리를 인정하기는 어려운 것으로 생각된다.[39] 그렇다면 우리 법하에서는 양도담

39) 대법원 2004. 12. 24. 선고 2004다45943 판결은 "대외적인 관계에 있어서 채무자는 동산의 소유권을 이미 채권자에게 양도한 무권리자가 되는 것이므로 양도담보를 이중으로 설정할 법적 지위에 있지 않다"는 취지로 판시하였다.

보는 담보권설정방식의 신탁에 의하여 설정할 수 없다고 보는 해석론도 가능하지 않을까 생각된다. 그러나 이에 대하여는 개정 신탁법 제2조에서 '담보권설정'이라고 하고 있고, 양도담보권도 약정담보물권에 속하는 것이므로 양도담보권의 설정신탁도 가능하다는 반론이 있을 수 있다.[40] 둘째, 설사 담보권신탁방식으로 수탁자 앞으로 양도담보권을 설정할 수 있다고 본다 하더라도, 신탁계약상 신탁행위에 의하여 양도담보권을 설정하는 것이 아니라 수탁자에게 신탁재산에 대한 완전한 소유권을 대내외적으로 이전하는 것이고 채무자인 위탁자는 수익자로서 후순위수익권을 통하여 신탁재산에 관한 이익을 향유하는 것으로 정해져 있다면, 당사자 간의 합의를 무시하고 이를 양도담보권설정신탁으로 재구성하는 것은 담보신탁에 관한 기존의 대법원 판례의 취지에 반하는 것으로 생각된다. 셋째, 타익신탁방식으로 수익권을 수익자에게 부여하지 아니하고, 위탁자가 자신을 수익자로 하여 부동산을 수탁자에게 신탁한 후(즉 자익신탁을 설정한 후)에 위탁자의 채무를 담보하기 위하여 수탁자가 채권자에게 신탁재산상에 담보권을 설정해 준 경우, 대법원 판례에 의하면 위 수탁자는 위탁자를 위한 물상보증인의 지위를 갖는 것이어서 위 담보권은 채무자인 위탁자에 대한 회사정리절차에 구속되지 않는다고 본다.[41] 위와 같은 신탁의 경우 채권자는 수익권을 취득한 것이 아니므로 이를 채권자가 수익권을 갖는 것을 전제로 하는 담보권신탁(양도담보권설정신탁)으로 보는 것은 무리

40) 谷笹孝史, 앞의 논문(주 36), 50면은, 법률상 · 제도상 후순위담보권이 인정되지 않는 양도담보권에 관하여도 담보권신탁을 이용하여 피담보채권의 채권자를 우선수익자 · 후순위수익자로 구분함으로써 수익권을 복층화할 수 있는 이점이 있다고 한다. 이 견해는 신탁적 양도설을 취하는 경우에도 담보권신탁에 의하여 양도담보권을 수탁자 앞으로 설정하는 것이 가능하다고 보는 것으로 이해된다.

41) 대법원 2003. 5. 30. 선고 2003다18685 판결 참조.

라는 것이 보다 분명해진다. 그런데 위와 같은 방식의 신탁도 앞서 본 바와 같이 담보신탁의 한 유형으로 볼 수 있고, 타익신탁에 의해 수익권을 채권자에게 직접 부여하는 방식과 그 실질에 있어서는 차이가 없다. 그렇다면 타익신탁방식에 의한 담보신탁의 경우에 그 법적 성격을 양도담보권설정신탁으로 재구성하여 위탁자로부터의 도산절연성을 부정하게 되면, 위 신탁재산상에 담보권을 설정해 주는 신탁의 도산절연성을 인정해 주는 것과 균형을 상실하게 되어 불합리한 결과가 빚어진다고 생각된다.

결론적으로, 사견으로는 담보 목적의 신탁이 대내외적으로 수탁자에 대한 완전한 소유권의 이전이 일어나는 신탁법상의 신탁으로 인정되고 위탁자가 신탁의 수익자로서 후순위수익권을 통하여 신탁재산에 대한 이익을 향유하는 경우, 여전히 기존의 대법원 판례에 따라 위탁자로부터의 도산절연성이 인정될 수 있다고 본다. 다만 타익신탁방식의 담보신탁 중에서 신탁의 수익자가 신탁재산으로 담보되는 피담보채권을 따로 보유하는 것이 명백히 전제되어 있는 전형적인 담보신탁의 경우(예컨대 은행 대출채권을 담보하기 위한 부동산담보신탁)에는, (i) 신탁계약에서 양도담보권설정신탁이 아님을 분명히 해두고, (ii) 신탁법상의 신탁으로 인정받는 데에 지장이 없도록 신탁 기간 중 위탁자가 신탁 목적물에 대한 지배권을 갖는 것으로 해석될 수 있는 요소들(예컨대 위탁자에게 신탁재산을 임의로 교체할 수 있는 권리를 부여하는 경우 등)을 신탁계약에서 배제하는 것이 필요할 것으로 생각된다.

(3) 자산유동화거래에서의 담보권신탁의 이용

담보권신탁제도가 도입됨에 따라 자산유동화거래에 있어서도 신디

케이티드대출 등 다른 금융거래에서와 마찬가지로 수시로 변동하는 불특정 또는 다수의 채권자들을 위하여 보다 간편하게 담보를 제공할 수 있게 되었다. 예컨대 유동화회사가 발행한 유동화증권의 상환을 담보하기 위하여 담보권신탁을 이용하여 유동화증권의 투자자를 위하여 유동화자산에 담보권을 설정하는 방법도 고려해 볼 수 있다. 또한 자산보유자가 유동화자산인 대출채권이나 회사채를 유동화회사에 양도하기 전에 미리 물상담보를 붙여서 담보부채권으로 만들어 이를 양도할 필요가 있는 경우에도 담보권신탁을 이용할 수 있을 것이다. 다만 사채에 물상담보를 붙이고자 하는 경우에는 담보부사채신탁법에 의하지 아니하고 개정 신탁법에 의한 담보권신탁방식으로 담보를 설정할 수 있는지 여부에 관하여 의문이 있고, 이에 대하여는 견해가 나뉠 수 있다.[42)]

한편 개정 신탁법에 의해 담보권신탁이 가능하게 되었다고 하더라도 자본시장법의 규제를 받는 신탁업자의 경우에는 수탁받을 수 있는 재산의 유형이 한정되어 있다. 자본시장법 제103조는 신탁업자가 수탁받을 수 있는 재산으로 금전, 증권, 금전채권, 동산, 부동산, 지상권, 전세권, 부동산임차권, 부동산소유권 이전등기청구권, 그 밖의 부동산 관련 권리, 무체재산권만을 열거하고 있고, 담보권을 직접적으로 언급하고 있지는 않다. '그 밖의 부동산 관련 권리'라고만 하고 있으므로 부동산상의 담보권은 이에 해당될 여지가 있으나 그 외의 담보권은 수탁받을 수 있는 재산에 포함되어 있지 않다. 2012년 자본시장법 개정안에서는, 개정 신탁법에 따른 신탁재산의 범위 확대를 반영하여 현행 자본시장법상 허용되고 있는 위 신탁재산 이외에 위 신탁재산에 관

42) 이에 관한 상세한 논의는 한 민, 앞의 논문(주 32), 323-325면 참조.

한 담보권도 신탁재산의 범위에 추가하고 있다(동 개정안 제103조 제1항 제8호).

IV. 자기신탁(신탁선언에 의한 신탁)

1. 신탁법 개정 전

신탁법 개정 전에는 '신탁선언'에 의한 신탁설정, 즉 자기신탁이 가능한지에 관하여 학설상으로는 견해가 나뉘고 있었으나[43] 법상 명시적으로 규정되어 있지 않기 때문에 실무상으로는 자기신탁은 허용되지 않는다고 보고 업무처리를 해온 것으로 보인다. 다만 자산유동화법 제16조 제2항은 "신탁업자는 자산유동화계획에 따라 유동화자산을 양도 또는 신탁함에 있어서 신탁법 제2조, 민법 제563조 및 제596조에 불구하고 자기계약을 할 수 있다"라고 규정함으로써 자산유동화법에 따른 유동화신탁의 신탁업자에 대하여는 자기계약에 의한 자기신탁을 허용하고 있다.[44] 그런데 자산유동화법상의 자기신탁이 실제로 이용된 사례는 자산유동화법 시행 초기에 대략 3건 정도에 불과하고, 2000년 이후부터는 자기신탁을 이용한 사례는 없는 것으로 보이는바, 이는 자기신탁에 있어서의 신탁재산 구분관리 문제에 관한 감독당국

---

43) 법무부, 앞의 책(주 11), 25면 ; 최은순, "자기신탁에 관한 고찰—신탁법 개정안을 중심으로," 안암법학 제32호(2010. 5), 안암법학회, 208-209면 참조.

44) 한국주택금융공사법 제32조 제1항과 자본시장법 제74조 제2항에서도 자기계약에 의하여 자신을 수탁자로 하는 신탁을 설정할 수 있도록 하고 있다. 이선지, "자기신탁의 도입을 위한 신탁법의 대응," 증권법학회 정기세미나 토론자료(2009. 8. 22).

의 회의적인 시각으로 인한 것일 수 있다.[45)]

2. 개정 신탁법에 의한 영향

(1) 개정 신탁법상의 자기신탁

개정 신탁법 제3조 제1항 제3호에 의하면 신탁의 목적, 신탁재산, 수익자(공익신탁의 경우에는 신탁관리인을 말한다) 등을 특정하고 자신을 수탁자로 정한 위탁자의 선언, 즉 신탁선언에 의하여 신탁을 설정할 수 있다. 다만 이러한 신탁설정은 공익신탁을 제외하고는 공정증서를 작성하는 방법으로 하여야 하며, 신탁을 해지할 수 있는 권한을 유보할 수 없다(동법 제3조 제3항).

(2) 자산유동화법에 의한 자기신탁과의 관계

자산유동화법에 의한 자기신탁이나 개정 신탁법에 의한 자기신탁은 신탁행위의 실질은 같다고 할 수 있다. 그러나 자산유동화법 제16조 제2항에 의한 자기신탁은, 신탁선언에 의한 자기신탁이 허용되지 아니하는 개정 전 신탁법하에서, 위탁자가 그 자신을 수탁자로 하는 자기계약을 체결할 수 있도록 허용해 준 것이므로 신탁행위의 형식 면에서는 신탁계약에 해당한다. 반면에 개정 신탁법에 의한 자기신탁은 단독행위이다. 따라서 자산유동화법의 규정에 의하여 자기신탁을 하는 경우, 개정 신탁법상 신탁선언에 의한 자기신탁에 관한 규정이 적

45) 이선지, 앞의 토론자료(주 44).

용되는지 의문이 생길 수 있고(예컨대 공정증서 작성요건), 반대로 개정 신탁법에 의한 자기신탁을 한 경우, 이러한 신탁을 자산유동화법상 허용되는 유동화신탁, 즉 자산유동화계획 및 양도등록의 대상이 될 수 있는 신탁에 해당될 수 있는지 의문이 생길 수 있다. 자산유동화법을 개정하여 개정 신탁법상의 자기신탁제도로 통일시키는 것이 바람직하다.[46)]

(3) 신탁업 인가 문제

자본시장법상 신탁업은 신탁을 영업으로 하는 것을 말하고(동법 제6조 제8항), 이익을 얻을 목적으로 계속적이거나 반복적인 방법으로 행하는 행위로서 신탁업에 해당되는 경우에는 금융투자업 인가를 받아야 한다(동법 제6조 제1항, 제11조, 제12조). 자기신탁의 경우, 자신의 재산을 수탁하는 자가 수탁자로서의 업무를 행할 경우, 신탁업을 영위하는 것에 해당되어 자본시장법상 금융투자업 인가를 받아야 하는가 하는 문제가 있다. 이에 대하여는 일회성으로 자기신탁의 수탁업무를 하거나 서비스제공에 대한 수수료를 받지 않는 경우에는 신탁업을 영위하는 것은 아니라고 보아야 한다는 견해가 있을 수 있다.[47)] 반면에 수탁자로서의 업무가 1회의 거래라고 하더라도 업무 자체가 계속성을 갖

---

46) 한국주택금융공사법 제32조 제1항과 자본시장법 제74조 제2항에 의한 자기계약신탁도 마찬가지로 개정 신탁법에 의한 자기신탁으로 통일시키는 것이 바람직할 것이다. 2012년 자본시장법 개정안은 위 자본시장법 제74조 제2항을 개정하여, 현재의 자기계약방식 대신에 개정 신탁법에 의한 자기신탁을 설정할 수 있는 것으로 하되, 공정증서작성의무는 면제하고 있다(동 개정안 제74조 제2항).

47) 일본의 경우 신탁업법상 신탁업은 '신탁의 인수를 행하는 영업'이라고 정의되어 있는데(신탁업법 제2조 제1항), 자기신탁은 위 신탁업의 정의에는 포함되지 아니한다고 한다. 新井誠 編, 앞의 책(주 12), 25면(細川昭子 / 及川富美子 집필 부분).

는 것이고, 수수료를 받지 않는다고 하더라도 그에 상당하는 이익은 후순위수익권 등을 통하여 실질적으로 위탁자에게 귀속되는 것이라고 볼 수 있으므로 신탁업을 영위하는 것으로 보아야 한다는 견해도 있을 수 있다. 이 문제는 입법적으로 해결하는 것이 바람직하다.[48)]

2012년 자본시장법 개정안에서는, 신탁업자가 아닌 수탁자가 자산유동화 등을 위하여 수익증권발행신탁의 수익증권을 발행하는 경우로서 대통령령이 정하는 경우에 그 수탁자를 '유사신탁업자'라고 정의하고, 유사신탁업자가 수익증권을 발행하는 경우 신탁업자의 수익증권발행에 관한 규정을 준용하고 있다(동 개정안 제110조의3 제1항). 나아가 유사신탁업자가 수익증권을 발행하거나 자기신탁을 설정하는 경우에는 유사신탁업자에 대하여 자료제출의무, 내부통제기준 준수의무, 자기신탁재산의 분별관리의무 등을 부과하고 있다(동 개정안 110조의3 제2항 내지 제4항). 그런데 위 자본시장법 개정안은 유사신탁업자가 신탁업 인가를 받지 아니하고 자기신탁의 수탁업무를 영업으로 할 수 있는지에 관하여는 아무런 규정을 두고 있지 않다. 명시적인 규정이 없는 이상 유사신탁업자가 자기신탁의 수탁업무를 영업으로 하는 경

48) 일본에서는 자기신탁을 신탁업으로 보지 않음에도 불구하고, 다수의 수익자에 대한 양도를 예정하고 있는 자기신탁에 대하여는 수익자보호의 관점으로부터 신탁업과는 별도의 규제를 가하고 있다. 즉 신탁업법 개정에 의하여 자기신탁에 의하여 수익권을 발행하는 경우 실질적으로 일정 수(하위 법규에서 50명으로 정한다) 이상의 자가 수익권을 취득할 수 있는 일정한 경우에는 감독당국에 등록을 할 의무를 부과하고 있다(개정 신탁업법 제50조의2 제1항). 이러한 등록의무는 신탁업에 대한 면허, 등록 또는 인가를 받고 신탁업을 영위하는 자에 대하여도 적용된다. 또한 실체가 없는 재산이나 과대평가된 재산을 책임재산으로 하는 수익권이 다수의 투자자에게 판매되는 사태를 방지하고자 하는 취지에서, 다수자를 수익자로 하는 자기신탁을 한 경우에는 변호사, 공인회계사 등 제3자에게 신탁설정된 재산의 상황을 조사하게 하도록 하였다(개정 신탁업법 제50조의2 제10항). 이상의 논의는 新井誠 編, 앞의 책(주 47), 25-26면(細川昭子 / 及川富美子 집필 부분)의 내용을 참조.

우에는 여전히 신탁업 인가를 요한다고 보아야 할 것으로 생각된다.[49)]

(4) 신탁재산의 공시와 제3자의 권리와의 경합 문제

자기신탁의 설정에 의하여 고유재산이 신탁재산이 되는 경우, 신탁재산에 대한 제3자의 권리와의 경합 문제는 세 단계로 나누어 검토할 필요가 있다. 첫 번째는 자기신탁에 의해 고유재산이 신탁재산이 되는 단계인데, 신탁재산이 된 것의 효력을 인정받기 위해서는 어떠한 요건을 갖추어야 하는지의 문제이다. 두 번째는 자기신탁에 의해 신탁이 유효하게 설정된 후, 제3자에게 신탁재산임을 대항하기 위한 공시단계이고, 세 번째는 신탁설정 후 사후관리 문제로서 수탁자에 의한 신탁재산의 분별관리의무(개정 신탁법 제37조)의 이행이다. 우선 첫 번째 문제에 관하여는 자기신탁의 경우 권리의 이전은 없는 것이므로 개정 신탁법 제3조 제1항 제3호에 따른 요건을 갖추고 동조 제2항에 따라 공정증서에 의하여 신탁을 설정하면 신탁선언에 의한 신탁, 즉 자기신탁이 유효하게 설정된다. 나아가 해당 재산이 신탁재산에 속한 것임을 제3자에게 대항하기 위하여 개정 신탁법 제4조에 의한 신탁재산의 공시를 하면 된다. 즉 등기 또는 등록할 수 있는 재산권에 관하여는 신탁의 등기 또는 등록을 함으로써, 등기 또는 등록을 할 수 없는 재산권에 관하여는 다른 재산과 분별하여 관리하는 등의 방법(대통령령으로 정하는 장부에 신탁재산임을 표시하는 방법 포함한다)으로 신탁재산임을 표시함으로써, 각각 그 재산이 신탁재산임을 제3자에게 대항

49) 오영표, 앞의 논문(주 8), 123-124면도 같은 견해를 취하고 있고, 입법론으로서 신탁업 인가보다는 다소 완화된 유사신탁업자 등록제도를 도입하는 방안을 제안하고 있다.

할 수 있다. 끝으로, 수탁자는 개정 신탁법 제37조에 따라 신탁재산을 수탁자의 고유재산과 분별하여 관리하고 신탁재산임을 표시하여야 한다.

자기신탁의 경우, 수익자가 부담하는 위험으로는 (i) 위탁자 겸 수탁자에 의한 신탁재산의 임의처분으로 인하여 제3자가 신탁재산에 대한 권리를 취득하게 될 위험, (ii) 신탁재산의 공시 미비로 인하여 제3자에 대하여 신탁재산임을 주장할 수 없게 되어 위탁자 겸 수탁자에 대한 채권자가 신탁재산에 대하여 권리를 행사할 위험, (iii) 신탁재산이 채권인 경우, 위탁자에 대한 채권자에 의한 상계위험 등을 들 수 있다. 우선 (i)에 관하여 보면, 수탁자가 신탁의 목적을 위반하여 법률행위를 하여도 수탁자는 신탁재산에 대하여 완전한 권리를 갖고 있기 때문에 제3자는 유효하게 권리를 취득하게 되므로 신탁재산과 수익자는 손해를 입게 되는데,[50] 이와 관련하여 개정 신탁법은 수탁자가 신탁의 목적에 위반하여 신탁재산을 처분하는 등의 법률행위를 한 경우, 수익자는 상대방이나 전득자가 그 법률행위 당시 수탁자의 신탁목적의 위반사실을 알았거나 중대한 과실로 알지 못하였을 때에만 그 법률행위를 취소할 수 있는 것으로 정하고 있다(개정 신탁법 제75조). 따라서 자기신탁의 위탁자 겸 수탁자가 임의로 신탁재산을 제3자에게 양도하거나 신탁재산상에 제3자를 위하여 담보권을 설정한 경우, 그 제3자나 전득자에게 악의 또는 중과실이 인정되지 않는 경우에는 수익자는 신탁재산의 처분행위를 취소할 수 없게 되므로, 특히 등기 또는 등록에 의하여 신탁재산임이 공시될 수 없는 재산권의 경우에는, 위와 같은 신탁재산의 임의처분에 따라 손해를 입을 위험에 노출된다. (ii)에 관

50) 법무부, 앞의 책(주 11), 569면.

하여 보면, 자기신탁이 유효하게 설정된 후에 사후적으로 위탁자 겸 수탁자가 신탁재산에 관한 분별관리의무를 소홀히 하면 등기 또는 등록할 수 없는 재산권의 경우에는 신탁재산임을 제3자에게 대항할 수 없게 된다(개정 신탁법 제4조 제2항). 마지막으로 (iii)에 관하여 보면, 신탁재산이 채권인 경우 선의 · 무과실인 채무자는 위탁자 겸 수탁자에 대하여 갖는 채권을 자동채권으로 하고 신탁재산에 속하는 채권을 수동채권으로 하여 서로 상계할 수 있으므로(개정 신탁법 제25조 제1항), 이러한 상계를 방지하려면 제3채무자에게 위 수동채권이 신탁된 사실을 통지하여야 할 것이다. 위에서 본 여러 위험은 위탁자 겸 수탁자의 재무 상태가 나빠질수록 더 커진다고 볼 수 있는바, 이러한 점에서 유동화자산의 신탁을 위하여 자기신탁을 이용하는 것은 현실적으로 상당한 제약이 따를 것으로 생각된다.

(5) 자기신탁을 이용한 신탁재산의 혼장(commingling) 방지

자산유동화거래에서는 통상적으로 유동화자산의 보유자가 유동화자산을 관리하게 되는데, 자산관리자가 관리하는 유동화자산과 자산관리자의 고유재산의 혼장을 방지하기 위한 목적으로 자기신탁을 이용할 수 있다. 자산관리자가 위탁자 겸 수탁자가 되어 그가 관리하는 유동화자산에 대하여 유동화회사 또는 유동화신탁의 수탁자(신탁업자)를 수익자로 하는 자기신탁을 설정하는 방법이다.[51] 개정 신탁법은

51) 자산관리자의 고유재산과의 혼장위험을 피하기 위하여 자기신탁을 이용하는 구체적인 방법에 관하여는 宮澤秀臣, "コミングリングリスクを回避する手段としての自己信託 ③(シリーズ新信託法制と流動化 · 證券化)," 法律時報 제81권 제3호(2009. 3), 日本評論社, 100면 이하 참조.

신탁재산과 고유재산 간에 귀속관계를 구분할 수 없는 경우 그 재산은 신탁재산에 속한 것으로 추정하고, 서로 다른 신탁재산 간에 귀속관계를 구분할 수 없는 경우 그 재산은 각 신탁재산 간에 균등하게 귀속된 것으로 추정하는 규정을 신설하였다(동법 제29조). 수탁자가 혼장된 재산 중에서 그의 고유재산을 구분하여 그 존재사실을 적극적으로 증명하여야 하므로 개정 전 법보다 수익자보호를 강화하고 있다. 따라서 자산관리자가 그가 관리하는 유동화자산(예컨대 유동화자산이 채권인 경우, 추심된 원리금이 입금되는 예금 구좌에 관한 예금반환채권)에 대하여 유동화회사나 유동화신탁의 수탁자를 수익자로 하여 자기신탁을 설정하는 경우, 등록유동화거래이든 비등록유동화거래이든 간에 유동화증권 투자자의 이익 보호에 도움이 된다. 등록유동화거래의 경우, 자산유동화법에서는 유동화회사를 위한 자산관리자가 파산하는 경우, 자산관리자가 위탁관리하는 유동화자산(유동화자산을 관리 · 운용 및 처분함에 따라 취득한 금전 등의 재산권을 포함한다)은 자산관리자의 파산재단을 구성하지 아니하고, 유동화회사는 그 자산관리인 또는 파산관재인에 대하여 유동화자산의 인도를 청구할 수 있도록 하는 특례 규정을 두고 있다.[52] 이러한 특례 규정에 의하여 자산관리자가 관리하는 유동화자산에 대하여 신탁재산과 유사한 효과가 부여되어 있기는 하나 위 자기신탁을 이용하는 경우 투자자보호가 더 강화될 것이다. 사견으로는, 위와 같은 자기신탁은 이미 수수료를 받고 유동화자산을 관리하고 있는 상태에서 관리를 위탁받은 재산의 혼장을 방지하기 위한 목적으로 신탁을 설정하는 것이므로 이것을 금융투자업 인가를 요하는 신탁업의 영위라고 보기는 어렵다고 생각된다.

52) 반면에 자산유동화법은 유동화신탁의 수탁자로부터 신탁재산의 관리를 위탁받은 자가 관리하는 유동화자산에 관하여는 이러한 특례 규정을 두고 있지 않다.

⑹ 신탁설정 후에 위탁자 겸 수탁자가 유일한 수익자가 된 경우

개정 신탁법 제36조 단서 규정에 따라 수탁자가 공동수익자의 1인 경우에는 신탁의 이익 향수가 허용된다. 즉 다른 공동수익자가 있는 경우에는 수탁자가 수익자가 될 수 있다. 따라서 자기신탁의 경우에도 신탁설정 당시 위탁자 겸 수탁자 이외에 공동수익자가 있는 경우에는 위탁자 겸 수탁자도 신탁의 수익자가 될 수 있다. 그런데 신탁설정 후에 위탁자 겸 수탁자가 유일한 수익자가 되는 경우, 신탁의 효력이 어떻게 되는가의 문제가 있다. 예컨대 자기신탁방식으로 선순위수익권을 투자자에게 부여하고 위탁자 겸 수탁자 자신은 후순위수익권을 취득한 경우에 선순위수익권이 전액 상환되면 신탁의 효력은 어떻게 되는가의 문제이다. 이에 대하여는, 유효하던 신탁이 후발적으로 혼동의 법리에 의하여 수탁자에게 전부 이익이 귀속된 경우 신탁의 종료사유에 해당된다고 보고 처리함이 타당하다고 하는 견해가 있다.[53] 후발적으로 수탁자가 유일한 수익자가 되었다고 하여 신탁을 무효로 보기는 어려울 것이므로 이 견해가 타당하다고 생각된다. 부연하면 수탁자가 유일한 수익자가 된 경우, 이는 개정 신탁법 제98조 제1호에서 말하는 '신탁의 목적을 달성할 수 없게 된 경우'에 해당되어 신탁이 종료한다고 보는 것이 합리적인 것으로 생각된다. 그런데 위와 같이 처음부터 타익신탁방식으로 자기신탁을 하지 아니하고, 일단 자익신탁방식으로 자기신탁을 설정한 후에 수익권을 특수목적회사에 양도하여 자산유동화거래를 하고자 하는 경우에는, 수탁자 외에 다른 공동수익자가 없으므로 위 자익신탁설정 자체를 하지 못한다는 난점

53) 최은순, 앞의 논문(주 43), 225면.

이 있다. 따라서 입법론으로는 위탁자 겸 수탁자가 유일한 수익자를 겸하는 것을 처음부터 금지하는 것보다는, 일본의 개정 신탁법에서와 같이 일정한 유예 기간을 부여함으로써 신탁을 설정한 후에 위탁자 이외의 수익자를 찾는 것을 허용해 주는 방법을 고려해 볼 수 있다.[54)]

(7) 집행면탈 · 부정한 목적의 자기신탁과 신탁의 종료

개정 신탁법 제3조 제3항에 의하면, 위탁자가 집행의 면탈이나 그 밖의 부정한 목적으로 신탁선언에 의한 신탁을 설정한 경우 이해관계인은 법원에 신탁의 종료를 청구할 수 있다. 이와 같이 신탁이 종료하면 신탁재산은 위탁자에게 귀속된다(동법 제101조 제3항). 위 신탁의 종료 사유가 되는 '집행의 면탈' 또는 '그 밖의 부정한 목적'은 개정 신탁법 제8조에서 정하고 있는 사해신탁의 취소 및 원상회복요건보다 넓은 것으로 보이는바, 신탁의 종료에 따라 신탁사무에 관한 최종계산을 하는 경우, 선의의 수익자가 충분히 보호될 수 있는지가 명확하지 아니하다.[55)] 수익자 입장에서 보면, 수익자가 선의라도 위와 같은 사유로 자기신탁이 종료되어 수익권의 가액을 전액 회수하지 못한 상태에서 신탁재산이 위탁자에게 귀속된다면, 사해신탁으로 인한 취소의 경우

54) 류혁선/최승재, 앞의 논문(주 8), 492면 ; 최은순, 앞의 논문(주 43), 226면. 일본의 경우 "후발적으로 수탁자가 수익권의 전부를 고유재산으로 가진 상태가 1년 이상 계속된 경우를 신탁의 종료사유로 삼고 있다"(일본 개정 신탁법 제163조 제2호).

55) 일본의 개정 신탁법은 우리 개정 신탁법과는 달리, 위탁자가 그 채권자를 해함을 알고 해당 신탁을 한 때에는 위탁자 겸 수탁자에 대하여 신탁 전에 발생한 채권을 갖는 자는 신탁재산에 대하여 강제집행 등을 할 수 있으나, 수익자가 현존하는 경우 그 수익자의 전부 또는 일부가 수익자로 지정을 받은 것을 안 때 또는 수익권을 양수한 때에 채권자를 해함을 알지 못한 때에는 그러하지 않다고 규정함으로써(일본 개정 신탁법 제23조 제2항) 선의의 수익자를 보호해 주고 있다.

보다도 위험 부담이 더 클 것으로 생각되고, 재무적으로 신용도가 낮은 기업이 자기신탁을 이용하는 것은 쉽지 아니할 것으로 생각된다.

V. 유한책임신탁

1. 신탁법 개정 전

신탁법상 수탁자는 신탁사무의 처리와 관련하여 거래한 제3자에 대해 수탁자의 고유재산으로도 책임을 져야 한다.[56] 실무상 수탁자의 거래 상대방에 대한 채무에 대해 신탁재산만으로 이행의 책임을 지도록 하고자 하는 경우에는 책임한정특약을 이용하고 있다. 책임한정특약의 효력은 일반적으로 유효한 것으로 받아들여지고 있으나 일일이 개별 계약에 의하여야 한다는 부담이 있고,[57] 이에 관한 직접적인 판례는 없어서 법적 안정성 측면에서 법률상 명시적인 근거가 있는 경우보다는 미흡한 점이 있다. 자본시장법에서는 법령, 약관 등에 위반하는 행위를 하거나 그 업무를 소홀히 하여 투자자에게 손해배상책임을 지는 경우를 제외하고, 집합투자업자나 신탁업자가 투자 대상 자산의 취득 · 처분 등을 한 경우 그 투자신탁재산으로 그 이행책임을 부담하는 것으로 명시적으로 규정되어 있다(동법 제80조 제1항, 제2항 및 제64조 제1항).[58]

56) 김건식 / 정순섭, 자본시장법(제2판), 두성사, 2010, 666면의 주 74 ; 법무부, 앞의 책(주 11), 777면 ; 김태진, "유한책임신탁에 대한 검토와 신탁법 개정을 위한 시사점," 중앙법학 제11집 제3호(2009. 10), 중앙법학회, 298면.

57) 법무부, 앞의 책(주 11), 778면.

58) 김건식 / 정순섭, 앞의 책(주 56), 666면.

2. 개정 신탁법에 의한 유한책임신탁

개정 신탁법에 의하면, 신탁행위로 수탁자가 신탁재산에 속하는 채무에 대하여 신탁재산만으로 책임을 지는 신탁, 즉 유한책임신탁을 설정할 수 있고, 유한책임신탁은 유한책임신탁의 등기를 하여야 그 효력이 발생한다(동법 제114조). 다만 수탁자가 고의 또는 중과실로 그 임무를 게을리하거나, 신탁사무처리과정에서 고의 또는 과실로 위법행위를 하거나 또는 회계서류의 중요 기재사항에 관하여 사실과 다른 기재를 함으로써 제3자에게 손해를 입힌 때에는 유한책임신탁임에도 불구하고 그 손해를 배상할 책임이 있다(동법 제118조). 유한책임신탁이 종료한 경우에는 신탁을 청산하여야 한다(동법 제132조 제1항). 자산유동화거래에서는 실무상 선순위수익권의 상환이 완료된 경우, 즉시 또는 그로부터 일정 기간 경과 후에 신탁 기간이 종료되는 것으로 정하는 경우가 많은데, 유한책임신탁의 경우에는 신탁종료 시 반드시 청산절차를 거쳐야 하므로 신탁재산의 완전한 정리에 이르기까지 신탁법 개정 전보다 시간과 비용이 더 소요될 수도 있다. 또한 유한책임신탁에 대하여는 파산능력을 인정하여 파산원인이 있는 경우 유한책임신탁의 신탁재산에 대하여 파산절차가 개시될 수 있다.[59] 유한책임신탁에 대하여 파산능력이 인정됨에 따라, 유동화회사의 경우와 마찬가지로 유동화증권 투자자의 이익을 보호하기 위하여 유한책임신탁

59) 개정 신탁법 제138조(청산 중의 파산신청) ; 채무자 회생 및 파산에 관한 법률 제578조의2부터 제578조의17(개정 신탁법이 파산능력이 있는 유한책임신탁을 도입함에 따라 2013. 5. 28.자로 채무자회생법이 개정되어 유한책임신탁의 신탁재산에 대한 파산절차가 신설되었다. 동법은 유한책임식탁이 아닌 신탁의 신탁재산에 대하여는 종전과 마찬가지로 파산절차를 두고 있지 않다).

에 대하여 위탁자, 수탁자, 후순위수익권자 등 이해관계인이 파산신청권을 포기하도록 약정하는 것이 필요한 것으로 생각된다.

VI. 신탁사채

1. 신탁법 개정 전

개정 전 신탁법은 수탁자가 신탁재산의 계산으로 사채를 발행하는 것에 대하여 명시적인 근거 규정을 두고 있지 않다.

2. 개정 신탁법에 의한 영향

개정 신탁법에 의하면, 수익증권발행신탁이면서 동시에 유한책임신탁에 해당하는 신탁으로서 신탁의 수탁자가 주식회사(또는 상법 이외의 법률에 따라 사채를 발행할 수 있는 자)인 경우 신탁행위로 수탁자가 신탁을 위하여 사채를 발행할 수 있도록 정할 수 있다(개정 신탁법 제87조). 그런데 위 개정 신탁법 제87조의 요건을 충족하지 못한 경우, 예컨대 수익증권발행신탁이나 유한책임신탁이 아닌 경우에는 신탁을 위하여 사채를 발행할 수 없는 것인지 의문이 생긴다. 법 개정취지를 보면, 명문으로 신탁재산을 근거로 한 사채발행을 허용하여 신탁을 이용한 대규모 사업이 가능하도록 하되, 남용을 방지하고 사채권자를 보호하기 위해 제한적으로만 이를 허용한다고 하고 있다.[60] 개정 신탁

60) 법무부, 앞의 책(주 11), 638면.

법 제87조 제1항의 문리해석상으로도 수탁자가 신탁을 위하여 사채를 발행하는 것은 동 규정의 요건을 모두 충족한 때에만 허용된다고 해석함이 타당하다고 본다. 다만 사채권자를 보호하기 위하여 제한적으로만 허용한다는 것이므로 신탁의 수탁자가 해당 신탁재산뿐만 아니라 수탁자의 고유재산을 책임재산으로 하여 사채를 발행하는 것은 굳이 금지할 이유가 없을 것으로 생각된다.[61]

그러나 개정 신탁법의 규정방식에 비추어 볼 때 수탁자의 고유재산과 신탁재산을 모두 책임재산으로 하여 수탁자가 사채를 발행하는 것이 허용될 것인지에 관하여는 이론의 여지가 있고, 특히 그러한 방식으로 사채발행이 담보부사채신탁법에 저촉되는지 여부에 관하여 별도의 검토가 필요하다.

(1) 등록유동화거래와 신탁사채

자산유동화법에 의한 등록유동화거래는 동법 제2조 제1호에 정한 4개의 유형 중 어느 하나에 속해야 한다. 그런데 신탁을 이용한 자산유동화거래에 관하여 자산유동화법은 "신탁업자가 자산보유자로부터

61) 藤瀬裕司, "信託私債(シリーズ 新信託法制と流動化 · 證券化)," 法律時報 제81권 제11호(2009. 10), 日本評論社, 121면은, 이러한 방식에 의한 발행에 의하여 커버드본드와 유사한 신탁사채의 발행이 가능하다고 한다. 일본의 경우 '신탁사채'라 함은 신탁의 수탁자가 발행하는 사채로서 신탁재산을 위하여 발행하는 것을 말하는데, 신탁사채의 발행에 관한 사항은 회사법 시행규칙에서 정하고 있고(동 규칙 제2조 제3항 제17호) 신탁법에서는 따로 정하고 있지 않다. 그러나 해석상 신탁사채를 발행하는 방법으로는 (i) 한정책임신탁(우리 개정 신탁법상의 유한책임신탁에 해당한다)을 설정하거나 책임재산한정특약을 체결하여 신탁재산만을 책임재산으로 신탁사채를 발행하는 방법과 (ii) 수탁자가 해당 신탁재산 및 고유재산 모두를 책임재산으로 하여 신탁사채를 발행하는 방법이 모두 가능하다고 보고 있다. 藤瀬裕司, 앞의 논문, 117-118면.

유동화자산을 신탁받아 이를 기초로 유동화증권을 발행하고, 해당 유동화자산의 관리 · 운용 · 처분에 의한 수익이나 차입금 등으로 유동화증권의 수익금을 지급하는 일련의 행위"(동법 제2조 제1호 나목) 또는 "신탁업자가 유동화증권을 발행하여 신탁받은 금전으로 자산보유자로부터 유동화자산을 양도받아 해당 유동화자산의 관리 · 운용 · 처분에 의한 수익금이나 차입금 등으로 유동화증권의 수익금을 지급하는 일련의 행위"(동법 제2조 제1호 다목)라고 정의하고 있다. 위 정의 규정에서 '유동화증권의 수익금'이라고 언급하고 있으므로 여기서의 유동화증권은 사채가 아니라 신탁의 수익증권이나 수익권증서를 의미하는 것으로 해석하여야 할 것으로 생각된다.

이와 같이 해석한다면 신탁사채는 자산유동화법에 따라 신탁업자가 발행할 수 있는 유동화증권에는 해당되지 않는다. 왜냐하면 자산유동화법상에 의한 자산유동화거래는 동법상 허용된 방식만 가능하기 때문이다. 유동화신탁의 신탁업자가 유동화증권으로서 신탁사채를 발행할 수 있도록 하기 위해서는 자산유동화법의 위 규정들을 개정하는 것이 필요하다.

(2) 비등록유동화거래와 신탁사채

비등록유동화거래의 경우에는 위 자산유동화법상의 제한은 적용되지 아니하므로 개정 신탁법에 따른 요건을 갖춘 경우 신탁사채를 발행할 수 있다. 2012년 자본시장법 개정안에서는 개정 신탁법 제87조 제3항에도 불구하고 신탁사채의 발행한도를 따로 정하고 있고(동 개정안 제110조의5 제1항), 신탁재산의 계산으로 하는 수탁자의 금전 차입은 부동산개방사업을 목적으로 부동산 및 부동산 관련 권리(담보권 및 관련 채무 포함)만을 신탁받은 경우, 그 밖에 금전 이외의 재산(담보권 및 관련 채무 포함)만을 신탁받은 경우로서 신탁의 목적을 달성하기 위한 경우, 신탁재산의 안정성 · 수익성 등을 고려하여 대통령령으로 정하는 경우 등으로 한정되어 있다(동 개정안 제105조 제2항).

VII. 결어

이상과 같이 개정 신탁법이 자산유동화거래에 미치는 영향에 관하여 신탁제도의 주요 제도개선 내용을 중심으로 살펴보았으나, 이 글에서 다룬 쟁점에 대하여는 앞으로 이론적 · 실무적으로 보다 깊은 검토가 필요한 것으로 생각된다. 이 글에서 다루지는 아니하였지만 신탁법 개정 내용 중에는 신탁재산과 신탁행위의 범위 확대, 사해신탁 취소제도의 개선, 수익자가 여럿인 경우의 의사결정방법 신설, 상계 관련 규정의 정비, 신탁사무 위임의 유연화 등도 포함되어 있다. 또한 개정 신탁법에 따라 사해신탁취소제도가 대폭 변경되고 파산능력을 갖는 유한책임신탁이 새로 도입됨에 따라 2013. 5. 28.자로 채무자회생법이 개정되어 신탁행위에 대한 부인 규정과 유한책임신탁의 신탁재산에 대한 파산절차가 신설되었다. 이러한 제도 개선 역시 자산유동화거래뿐만 아니라 신탁을 이용한 그 밖의 금융거래의 활성화에 크게 기여할 것으로 기대된다. 신탁법은 관련 당사자 간의 권리 · 의무관계를 규율하는 거래법적 성격을 갖고 있고, 많은 규정이 신탁행위에 의해 달리 정할 수 있는 임의규정으로 되어 있다. 신탁업을 영위하는 신탁업자는 자본시장법의 규제를 따로 받는다. 개정 신탁법에 의해 새로운 유형의 신탁이 도입되고 신탁제도가 개선되어도 신탁업규제에 관한 자본시장법의 규정이 이를 적절히 수용하지 아니할 경우, 신탁제도 개혁의 취지가 퇴색될 수도 있다. 아울러 신탁법 개정의 내용을 자산유동화법에 적절히 반영함으로써 신탁제도 개혁의 시너지 효과를 제고할 필요가 있다.

16

신탁변경, 수탁자변경과 신탁합병 및 분할*

노혁준**

I. 들어가면서

2011년의 신탁법 개정은 신탁에 관련된 거의 전 분야를 대상으로 하였다. 신탁의 변경에 관한 법리도 예외가 아니어서 신탁변경의 요건 자체가 크게 바뀌었을 뿐 아니라 구 신탁법이 알지 못하던 신탁의 합병 · 분할제도가 새로 도입되는 등 대폭적인 수정이 이루어졌다.

신탁은 통상 일회적 법률관계가 아니라 상당 기간 존속할 것을 전제로 하므로 운영 중 여러 상황 변화에 따라 이를 변경하는 것은 자연스러운 일이다. 일례로 원래 예정했던 수탁자의 업무처리가 부적절해진 경우, 그 수탁자만 교체할 수도 있고 수탁자는 그대로 둔 채 운영방

---

* 이 논문은 BFL 제62호(2013. 11)에 게재된 글을 수정 · 보완한 것이다.
** 서울대학교 법과대학 · 법학전문대학원 교수

식을 변화할 수도 있으며 나아가 신탁을 합병 · 분할하거나 종료시킬 수도 있다. 어떠한 방식을 택할 것인지는 수탁자의 대체 가능성, 가압류 등 신탁에 관한 다른 법률관계, 각 방안의 소요비용 등을 종합적으로 비교하여 이루어질 것이다. 이 글은 개정 신탁법하에서 활용 가능해진 신탁변경 내지 변동의 다양한 형태에 관한 쟁점을 살펴보는 데 목적이 있다. 이를 위하여 먼저 신탁변동, 즉 광의의 신탁변경의 유형과 그 입법례를 살펴보고(제II장), 일반적 신탁변경의 요건 및 효과를 살펴본 다음(제III장), 특별한 신탁변경이라고 할 수 있는 수탁자변경, 신탁의 합병 · 분할을 순차적으로 검토하고(제IV~VI장), 마지막으로 결론을 맺도록 하겠다(제VII장).

II. 신탁변동의 유형과 입법례

1. 신탁변동의 유형

신탁법 제7장은 '신탁의 변경'이라는 제목하에 신탁 당사자의 합의 등에 의한 신탁변경(제88~89조), 신탁의 합병(제90~93조), 신탁의 분할 및 분할합병(제94~97조)을 규정하고 있다. 협의의 신탁변경은 제88조에 의해 이루어지는 것을 가리킨다. 이를 '일반적 신탁변경'이라고 한다면, 신탁합병 및 분할, 분할합병은 별도의 절차를 밟아서 이루어지는 신탁의 변경으로서 특별한 효과가 부여되는 '특수한 신탁변경'이라고 할 수 있다.

이론적으로 볼 때 광의의 신탁변경이란 신탁행위에서 정한 신탁의 요소들을 사후적으로 변화시키는 것이므로, 신탁의 목적과 내용을 변화시키는 것 이외에 신탁 당사자인 위탁자 · 수탁자 · 수익자를 변동시키는 것도 포함된다.[1] 신탁 당사자의 변경은 신탁법 제7장에는 포함되어 있지 않지만, 특히 수탁자의 변경은 그 실제적 · 이론적 중요성이 일반적 신탁변경 및 신탁합병 등에 비해 결코 떨어지지 않는다.[2] 따라서 이 글에서는 특수한 신탁변경의 한 유형으로서 수탁자의 변경을 함께 검토하기로 한다. 이하 신탁변경이라 하면 신탁법 제88조에 의한 일반적 신탁변경 내지 협의의 신탁변경을 가리키며, 신탁의 변동이라 하면 신탁변경 · 수탁자변경 · 신탁합병 · 분할 · 분할합병을 모두 포괄하는 광의의 신탁변경을 뜻하는 것이다.

2. 입법례

(1) 미국

미국의 통일신탁법전(Uniform Trust Code) 제602조 이하에서는 철회

---

1) 예컨대 이중기, 신탁법, 삼우사, 2007, 640면은 신탁의 변경을 (i) 신탁의 목적, 내용의 변경, (ii) 재산관리방법의 변경, (iii) 당사자변경, (iv) 분할 · 합병으로 분류하고 있으며, 최동식, 신탁법, 법문사, 2006, 363면 역시 신탁 당사자의 변경 · 경질을 신탁변경의 한 유형으로 파악하고 있다.

2) '위탁자'의 변경에 관하여, 신탁법은 신탁행위에 별다른 정함이 없더라도 수탁자와 수익자의 동의에 의해 위탁자 지위를 특정 승계할 수 있도록 규정하고 있다(제10조 제1항). 다만 위탁자는 신탁설정 후 신탁이 목적대로 행해지는지 여부에 관심이 있을 뿐 경제적 이익이 크지는 않으므로〔최동식, 앞의 책(주 1), 371면〕 위탁자의 지위 승계가 큰 중요성을 갖는 것은 아니다. 한편 '수익자'의 변경에 관하여 많은 경우 수익자 자체를 변경하는 대신 수익권양도가 이루어질 것이고(신탁법 제64조 이하 참조), 신탁행위상의 수익자 지정 · 변경권 유보(신탁법 제58조) 없이 신탁 당사자들이 수익자를 변경하고자 할 때에는 신탁법 제88조의 일반적인 신탁변경절차에 의하여야 할 것이므로 여기에서는 상론하지 않는다.

가능신탁의 변경 및 철회를, 제410조 이하에서는 철회불능신탁의 변경 및 종료를 규정하고 있다. 통일신탁법전에 따르면 신탁설정 시 철회 불능으로 명시하지 않은 이상 철회가능신탁으로 인정되고〔제602조 (a)〕, 철회권이 인정되면 변경권도 부여된 것으로 해석되고 있다.[3] 신탁의 합병 및 분할에 관하여는 제417조에 별도의 조항이 있다. 한편 수탁자변경에 관해서는 제706조가 그 절차 및 요건을 규정한다.

철회가능신탁의 경우 위탁자가 언제나 신탁을 철회하거나 그 내용을 변경할 수 있다.[4] 위탁자가 다수인 경우에도 부부 공동재산이 아닌 이상 각자의 부분을 철회 · 변경할 수 있다.[5] 반면 철회불능신탁인 경우에는 주도권이 위탁자에게 독점되지 않고 다음의 여러 방식에 의하게 된다.[6] ① 위탁자 및 수익자 전원이 동의하면 변경 또는 종료가 가능하다.[7] ② 신탁의 주요 목적(material purpose)에 반하지 않는 범위에서

3) National Conference of Commissioners on Uniform State Laws, Uniform Trust Code with Prefatory Note and Comments (2013), p.103. http://www.unifor mlaws.org/shared/docs/trust_code/utc_final_rev2010.pdf(최후 방문일 2013. 10. 9. 이하 동일. 이하 'UTC with Prefatory Note & Comments'라고 한다).

4) 그 방식은 통상 수탁자에 대한 통지에 의할 것이지만, 이러한 통지가 철회 · 변경의 효력발생요건은 아니다. UTC with Prefatory Note & Comments, p.104. 통지받지 못한 선의의 수탁자보호를 위하여는 별도의 조항이 마련되어 있다〔제602조 (g)〕.

5) 제602조 (b)(2). 부부 공동재산인 경우, 부부가 공동으로 철회 · 변경권을 행사하여야 한다〔제602조 (b)(1)〕.

6) 그 밖에 통일신탁법전은 (i) 신탁재산의 가치가 신탁의 행정비용조차 감당할 수 없는 경우 수탁자에 의한 종료(제414조), (ii) 신탁조항의 오류 등 수정을 위한 법원에 의한 신탁변경(제415조), (iii) 위탁자의 세무상 목적을 위한 법원에 의한 신탁변경(제416조) 등 예외적인 신탁의 변경 · 종료도 규정하고 있으나, 지면상 이러한 사안들은 논외로 한다.

7) 다만 통일신탁법전은 다른 변경사유들과 달리 위탁자 및 수익자 전원의 동의에 의한 변경 · 종료조항은 각 주가 수용 여부를 선택할 수 있도록 하고 있다. 만약 그 변경 · 종료가 신탁의 주요 목적에 반하는 경우에는 위탁자 및 수익자 전원의 동의 이외에 법원의 승인을 받도록 각 주가 정할 수도 있다.

수익자 전원이 동의하면 변경이 가능하다.[8)] 신탁의 주요 목적 달성에 신탁의 계속이 요구되지는 않은 때에는 수익자 전원이 동의하여 종료도 가능하다. 이처럼 신탁의 주요 목적을 중시하는 것은 미국의 전통적인 클래플린(Claflin)원칙,[9)] 즉 모든 수익자가 동의할 때에도 신탁변경은 위탁자가 설정한 주요 목적에 반하지 않는 범위 내에서만 가능하다는 원칙을 수용한 것이다. 주요 목적 위반 여부는 법원이 판단하고, 수익자 전원이 동의하지 않더라도 법원은 일정 요건하에 신탁의 변경 · 종료를 승인할 수 있다.[10)] ③ 법원은 수탁자 또는 수익자의 신청에 의하여 사정변경을 이유로 신탁을 변경 · 종료할 수 있다.[11)] 구체적으로 (i) 위탁자가 예견하지 못했던 사정의 변화를 고려할 때 신탁의 목적 달성을 위해 신탁의 변경 · 종료가 필요한 경우에는 변경 · 종료가 가능하고, (ii) 기존 신탁조항의 유지가 비현실적 · 낭비적이거나 신탁의 운영을 해하는 경우에는 신탁의 변경이 가능하다. (i)은 앞서 본 주요 목적 기준이 일부 반영된 것이고,[12)] (ii)는 신탁은 수익자의 이익을 위한 것이어야 한다는 원칙이 반영된 것이지만, 이 둘이 배타적인 것은 아니어서 양자 모두에 해당하는 상황도 많을 것이다.[13)]

신탁의 합병 · 분할에 관하여 통일신탁법전 제417조의 문언에 따르면, 수탁자의 판단에 의하면 족하고 수익자에 대한 통지 이외에 별다른 법정요건은 부과되어 있지 않다. 그러나 신탁합병 · 분할로 인하여

8) 제411조 (b).

9) Claflin v. Claflin, 20 N.E. 454 (Mass. 1899).

10) 제411조 (e).

11) 제412조, 제410조 (b).

12) Ronald Chester, Modification and Termination of Trusts in the 21st Century : The Uniform Trust Code Leads a Quiet Revolution, 35 Real Prop. Prob & Tr. J 698, 705 (2000).

13) UTC with Prefatory Note & Comments, p.77.

기존 수익자의 권리 내용이 바뀌는 경우 수익자 및 법원의 승인을 받을 필요가 있는 것으로 해석되고 있다.[14] 나아가 상사신탁에 주로 사용되는 제정법상 신탁에 관한 통일법(USTEA, The Uniform Statutory Trust Entity Act) 제707조 (a)는, 명시적으로 제정법상 신탁을 합병하는 경우 모든 수탁자 및 수익자의 동의를 요구하고 있다.

마지막으로 수탁자변경에 관한 통일신탁법전 제706조에는 위탁자의 의사 내지 신탁의 주요 목적을 존중하는 전통적인 클래플린원칙이 반영되어 있다.[15] 비록 수익자 전원이 동의하거나 중요한 사정변경이 있었다 하더라도, 법원이 수탁자 해임을 허용하기 위해서는[16] 추가적인 요건, 즉 수탁자 해임이 모든 수익자에게 최선의 이익이 되고 신탁의 주요 목적에 위배되지 않으며, 이를 승계할 적절한 다른 수탁자가 있어야 한다는 요건을 갖출 필요가 있다.[17]

(2) 일본

일본 신탁법도 우리 법처럼 별도의 장(제6장)에서 신탁의 변경 · 병합 및 분할을 규정하는 점에서 기본 골격을 같이한다. 특이한 점은 당

14) UTC with Prefatory Note & Comments, p.84.

15) 다만 신탁의 주요 목적 이외에 다른 사항도 고려 대상이 된다는 점에서 클래플린 원칙이 일부 약화되어 있다. Ronald Chester/Sarah Reid Ziomek, Removal of Corporate Trustees under the Uniform Trust Code and Other Current Law : Does a Contractual Lense Help Clarify the Rights of Beneficiaries? 67 Mo. L. Rev. 241, 255 (2002).

16) 제706조 (a)에 의하면 법원에 수탁자변경을 신청할 수 있는 것은 위탁자, 공동수탁자 중 1인, 수익자이다.

17) 제706조 (b)(4). 물론 수탁자변경은 이러한 경우 이외에 수탁자의 부적격 등을 근거로 이루어질 수도 있다. 제706조 (b)(2), (3).

사자들 간 합의에 의한 신탁변경에 있어서 '신탁 목적'이 중요한 판단 기준이 된다는 점이다. 원래 신탁변경은 위탁자 · 수탁자 및 수익자의 합의에 의해야 하지만, (i) 그 변경이 신탁 목적에 반하지 않음이 명백한 때에는 위탁자의 동의를 필요로 하지 않는다(일본 신탁법 제149조 제2항 제1호 및 제2호, 제3항 제2호). 또한 (ii) 그 변경이 수익자 이익에 적합함이 명백하면 수익자의 동의를 받을 필요가 없다(일본 신탁법 제149조 제2항 제2호). 나아가 (iii) 그 변경이 수탁자의 이익에 적합함이 명백하면 수탁자의 동의가 필요 없다(일본 신탁법 제149조 제3항 제2호). 신탁 목적을 위탁자와 의사로 인정하면서 이를 존중하고자 하는 점은 미국의 클래플린원칙과 맥락을 같이한다고 볼 수 있다.

수탁자변경 시 일본 신탁법 제58조는 위탁자와 수익자의 합의를 요건으로 하고 있으며, 수탁자의 피해에 대하여는 손해배상을 하는 방식으로 해결하도록 규정한다. 기본적으로 뒤에서 설명하는 우리나라 신탁법과 같은 접근법이다.

(3) 소결론

신탁변경권을 둘러싼 논의는 사정변경에 따른 불가피한 적응, 수탁자의 불법행위에 따른 교체를 제외한다면, 신탁설정 이후 그 전개의 주도권을 신탁을 설정한 위탁자와 신탁의 실질적 수혜자인 수익자 중 누구에게 부여할 것인지에 관한 문제라고 할 수 있다. 이러한 긴장관계가 극명하게 나타나는 것이 위탁자가 선임했던 수탁자를 수익자가 해임할 수 있는지 여부이다. 앞서 보았듯이 미국의 전통적인 클래플린원칙은 가급적이면 위탁자의 의사를 존중하는 입장이다. 수익자 전원이 동의하더라도 신탁 목적을 벗어나는 신탁변경은 허용되지 않고

〔미국 통일신탁법전 제411조 (b)〕, 수탁자 해임 시에도 그 해임이 신탁 목적에 위배되는지 여부가 고려 사항이 된다〔미국 통일신탁법전 제706조 (b)(4)〕. 반면 영국에서는 수익자의 의사가 최우선적으로 고려된다. 영국의 손더스(Saunders)원칙에 따르면, 수익자 전원이 승인하는 경우 위탁자 의사 또는 신탁 목적을 고려할 필요 없이 해당 신탁을 종료 · 변경하거나 수탁자를 교체할 수 있다.[18)]

일본의 경우 신탁변경이든 수탁자변경이든 위탁자의 동의를 요구하고 수익자 단독으로 변경하지 못하게 함으로써, 손더스원칙보다는 클래플린원칙에 가까운 입장을 취하고 있다고 하겠다. 뒤에서 설명하듯이 우리나라 신탁법도 유사한 출발점을 갖고 있다. 다만 일본 신탁법은 신탁 목적에 부합하는 경우 위탁자의 동의를 받을 필요가 없다는 점에서 볼 때, 신탁 목적과 무관하게 생존 중인 위탁자의 동의를 항상 요구하는 우리 신탁법은 (적어도 위탁자가 생존해 있는 경우에는) 더욱 두텁게 위탁자의 의사를 존중하고 있다고 하겠다.

III. 일반적 신탁변경(신탁법 제88조)

1. 신탁변경의 요건

구 신탁법 제36조는 '신탁재산관리방법의 변경'이라는 제목하에 신

18) Saunders v. Vautier 41 Eng. Rep. 482 (1841). 원래 신탁의 조항에 따르면 수익자가 25세에 도달할 때 신탁이 종료하는 것으로 되어 있었음에도 불구하고 법원이 21세인 수익자의 신청에 따라 신탁의 종료를 승인한 사안이다. 이는 종료에 관한 사안이지만, 수탁자변경 등의 경우에도 마찬가지로 적용되고 있다. Ronald Chester/Sarah Reid Ziomek, 앞의 논문(주 15), p.253.

탁변경을 규정하고 있었다. 그 특징으로서 (i) 법원의 결정에 의한 변경만 인정하고, (ii) 신탁변경을 하려면 신탁행위 당시 예견하지 못한 특별한 사정이 발생해야 하며, (iii) 신탁재산의 관리방법만 변경의 대상으로 규정하고 있었다. 구법이 신탁변경을 엄격히 제한한 이유에 대하여는, 탄력적인 변경 허용 시 발생할 수 있는 수익자의 불이익을 우려하기 때문으로 이해되었다.[19] 그러나 신탁 관련자들의 자율적 합의에 따른 변경을 불허할 이유는 없고, 이러한 합의가 있는 이상 변경의 대상 및 요건을 지나치게 한정할 필요는 없으므로, 개정법은 구법의 신탁변경에 관한 규제를 완화하였다.

(1) 신탁 당사자의 합의에 의한 변경

신탁은 위탁자, 수탁자 및 수익자의 합의로 변경할 수 있다(신탁법 제88조 제1항. 이하 법명을 따로 표시하지 않은 것은 개정 신탁법을 가리킨다). 다만 신탁행위에서 달리 정할 수 있으므로, 수탁자 또는 수익자가 단독으로 변경할 수 있도록 규정하는 것도 가능하다.[20] 나아가 합리적인 범위 내에서라면 제3자에게 신탁 내용의 일부 변경권을 부여하는 것도 가능할 것이다.[21] 수익자의 합의와 관련하여 수익자집회가 존재하는 경우 통상적 변경은 보통결의에 의하지만, 신탁 목적의 변경, 수익채권 내용의 변경, 그 밖의 중요한 신탁의 변경은 특별결의의 대상이다(제74조 제2항 제2호).

---

19) 이중기, 앞의 책(주 1), 646면.

20) 법무부, 신탁법 해설, 2012, 676면.

21) 新井誠, 信託法(第3版), 有斐閣, 2008, 363면은 연구 성과에 따른 수익권의 증액 여부 판단을 외부의 제3자에게 맡기는 사례를 들고 있다.

위 조항의 위탁자 지위와 관련하여 불분명한 점이 있다. 위탁자가 사망한 경우 수탁자와 수익자 간의 합의만으로 신탁을 변경할 수 있는가? 개정법은 구법 제36조 제1항의 변경신청권자 중 위탁자의 상속인을 삭제하였는바,[22] 그 취지는 위탁자의 상속인을 신탁변경과정에서 배제하자는 것이므로 위탁자의 상속인에게 합의할 권한을 부여하는 것은 타당하지 않다. 또한 개정법은 합의에 의한 신탁종료에 관하여는 "위탁자가 존재하지 아니하는 경우에는 그러하지 아니하다"라고 규정하여, 위탁자 사망 시에는 합의에 의한 종료가 아닌 법원의 결정에 의한 종료절차를 밟도록 정하고 있다(제99조 제1항 단서). 신탁변경 시에는 이 같은 조항이 없으므로 이를 반대해석해 보면, 위탁자가 사망한 경우 수탁자와 수익자의 합의만으로 신탁변경이 가능하다고 하겠다. 이렇게 본다면 위탁자의 사망 전에 위탁자는 신탁 목적에의 부합 여부를 불문하고 동의권을 행사할 수 있고, 사후에는 수탁자 · 수익자가 신탁 목적에의 부합 여부를 불문하고 신탁을 변경할 수 있는 것이 되어, 신탁 목적에의 일치성을 중시하는 외국 입법례들과는 상당한 차이를 갖는다.

신탁 당사자의 합의에 의한 신탁변경은 제3자의 정당한 이익을 해치지 못한다. 예컨대 기존 수익권에 질권이 설정된 경우, 그 질권자의 동의를 얻거나 변제 · 담보제공 등 조치를 취하지 않은 채 위 수익권에 우선하는 우선수익권을 창설할 수는 없는 것이다.[23]

---

22) 위탁자의 상속인은 수익자 및 신탁재산과 이해관계를 달리할 수 있다는 점을 고려한 것이다. 법무부, 앞의 책(주 20), 678면 ; 안성포, "신탁의 종료, 변경, 합병 및 분할," 선진상사법률연구 제48호(2009), 99면.

23) 법무부 법무실, 신탁법 개정 특별분과위원회 회의록(II), 2010, 1664면.

(2) 법원의 결정에 의한 변경

신탁행위 당시 예견하지 못한 특별한 사정이 발생한 경우 위탁자, 수익자 또는 수탁자는 신탁의 변경을 법원에 청구할 수 있다(제88조 제3항). 구법은 위탁자의 상속인에게도 변경신청권을 주었으나, 개정법이 이를 삭제했다는 것은 앞에서 언급한 바와 같다. 동조에 따른 법원의 결정에 의한 변경은 신탁행위를 통하여도 배제할 수 없다고 할 것이다. 이 조항에 따른 신탁변경은 비송사건으로 다루어지며, 법원은 이유를 붙인 결정을 위탁자 · 수탁자 및 수익자에게 고지해야 한다.[24)]

신탁행위 당시 예견하지 못한 특별한 사정의 의미에 관하여 좁게 해석해야 한다는 견해가 있으나,[25)] 위탁자 또는 수탁자가 예측하지 못했던 객관적 · 주관적 사유를 모두 포함하는 것으로 봄이 타당하다.[26)] 변경 여부 및 그 내용에 관한 판단은 법원이 내리기 때문에 처음부터 변경신청의 요건을 너무 제한적으로 해석할 필요는 없다.

구법은 '수익자의 이익에 적합하지 아니하게 된 때'를 요건으로 요구하였으나, 개정법은 이러한 사항은 당연히 법원이 고려할 점이라는 이유로 삭제하였다. 법원 결정에 의한 신탁종료인 경우, 종료가 '수익자의 이익에 적합함이 명백할 것'을 요구한다(제100조). 법원이 수익자의 이익을 고려해야 하는 점에서는 동일하지만, 신탁종료는 수익자의 이익에 적합함이 명백한 때에 한하여 허가할 수 있다는 점에서 더 엄격한 요건을 요구하고 있다.

---

24) 비송사건절차법 제44조의14.

25) 이근영, "개정 신탁법상 신탁의 종료규정에 관한 연구," 경북대학교 법학논고 제40집(2012. 10), 389면.

26) 법무부, 앞의 책(주 23), 679면.

2. 신탁변경의 한계

원칙적으로 변경의 대상 및 범위에는 한계가 없다. 구법에서는 '신탁재산의 관리방법'으로 변경 대상을 한정하였으나 위 제한은 개정법에서 폐지되었다. 법문상 또는 해석상 신탁변경의 한계로 인정되는 것은 다음과 같다. (i) 신탁행위에서 변경불능사항을 정해 둔 경우, 이 사항들은 원칙적으로 신탁변경의 대상이 될 수 없다(제88조 제1항 단서 참조). (ii) 목적신탁을 수익자신탁으로 또는 수익자신탁을 목적신탁으로 변경할 수는 없다(제88조 제4항). 상호 목적과 본질을 달리하고 집행면탈 목적으로 악용될 가능성이 있기 때문이라고 한다.[27] (iii) 공익신탁의 경우 제88조의 적용을 받지 않고 주무 관청이 일정 요건하에서 직권을 발동하여 이를 변경할 수 있다(제109조 제1항, 제3항).[28] (iv) 수익증권발행신탁을 비발행신탁으로 또는 그 반대로는 변경할 수 없다(제78조 제7항). 수익증권발행을 둘러싼 법률관계가 복잡해지는 것을 막기 위한 제한이다.[29] 반면 수익증권발행신탁과 함께 개정법에서 새로이 도입한 유한책임신탁의 경우, 통상의 신탁에서 유한책임신탁으로 또는 그 반대로의 변경이 가능하다고 볼 것이다.[30] 그 밖에 신탁변경

27) 법무부, 앞의 책(주 23), 653면. 예컨대 목적신탁의 경우, 신탁사무의 집행을 감시 · 감독하고 이행을 강제할 자가 별도로 필요하다. 이연갑, "비공익 목적신탁에 관한 일고찰," 국제거래법연구 제18권 제2호(2009), 국제거래법학회, 175면 이하 참조.

28) 미국에서도 신탁변경에 관한 일반 논의는 사익신탁에 관한 것이다. 최동식, 앞의 책(주 1), 371면.

29) 법무부, 앞의 책(주 23), 650면.

30) 유한책임신탁을 통상의 신탁으로 변경하는 경우, 수탁자의 책임이 확장되는 것이므로 수탁자가 동의하는 이상 가능하다고 볼 것이다. 제128조도 이러한 변경이 가능함을 전제로 유한책임조항의 폐지를 등기하도록 규정하고 있다. 다만 이때에도

의 한계가 문제 되는 쟁점은 다음과 같다.

첫 번째로 법원에 의한 변경인 경우에는 신탁의 목적 등 신탁의 기본 사항까지 변경할 수 있는지 여부이다. 신탁 당사자 합의에 의한 변경인 경우, '신탁 목적의 변경'을 수익자집회의 특별결의사항으로 한 신탁법 제74조 제2항 제2호의 취지에 비추어 볼 때 당연히 신탁 목적까지 변경 대상이 될 수 있다.

일본의 경우, 법원에 의한 변경인 때 '신탁사무의 처리방법'에 한정하여 변경할 수 있도록 함으로써 당사자 합의에 의한 변경과 차등을 두고 있다(일본 신탁법 제150조 제1항).[31] 우리나라의 경우 이 점에 관한 논의가 많지 않으나,[32] 법문상 특별한 제한이 없는 이상 신탁 목적의 변경 등도 가능하다고 볼 것이다.

두 번째로 신탁의 본질에 반하는 신탁변경의 문제이다. 최초 설정 시 충족하고 있던 신탁으로서의 개념적 필수 요소가 신탁변경으로 인해 상실된다면, 이러한 변경은 허용되지 않는다고 볼 것이다. 많이 문제 되는 것은 수탁자의 적극적인 관리 · 처분권이 배제된 수동신탁의 경우이다. 구법하에서 대법원은 수탁자의 배타적인 처분 · 관리권에

제3자의 정당한 이익을 해할 수 없으므로(제88조 제2항), 수탁자의 고유 부문 채권자보호가 문제 될 수 있다. 통상의 신탁을 유한책임신탁으로 변경하는 것도 가능하다〔법무부, 앞의 책(주 23), 829면 참조〕. 다만 이때에도 기존 신탁채권자의 정당한 이익의 보호가 문제 될 것이다.

31) 鈴木正具/大串淳子 編集, コンメンタール信託法, ぎょうせい, 2008, 407면에 의하면 위 조항은 법원에 의한 변경 시 어떠한 제한을 둘 것인지에 관한 입법 논의 중 절충적인 입장에 따라 구법의 '신탁재산의 관리방법'에서 그 범위를 다소 확장한 것이라고 한다. 따라서 일본에서 법원은 신탁의 목적을 수익자의 학비 지원에서 주식 구입자금 지원으로 변경할 수는 없다고 한다. 新井誠, 앞의 책(주 21), 365면.

32) 법무부, 앞의 책(주 23), 678면은 법원이 신탁 목적 등을 변경할 수 있는지는 향후 해석론에 맡기기로 하였다고 한다.

실질적 제한을 가하는 변경이 신탁법의 취지나 신탁의 본질에 반한다고 판단한 바 있다.[33] 그러나 위 판결은 구법하에서 법원에 의한 신탁변경에 한정된 것이므로 수동신탁으로의 변경이 일괄적으로 금지된다고 보기는 어렵다.[34]

3. 신탁변경의 효과

신탁변경의 효과는 신탁 당사자의 합의에 의한 변경인 경우 합의 시에, 법원에 의한 변경인 경우 법원의 결정 고지 시(민사소송법 제221조)에 발생한다고 할 것이다. 특히 합의에 의한 변경인 때 이렇게 보는 것이 신탁계약의 법적 성격에 관한 낙성계약설과 부합한다고 하겠다.[35] 신탁변경의 결과 신탁목적물이 추가되거나 변경된 경우, 신탁법 제4조에 따른 공시절차를 이행하여야만 그 재산이 신탁재산에 속한 것임을 제3자에게 대항할 수 있다. 만약 신탁변경의 대상이 관리방법 등 신탁목적물 이외의 사항인 경우에 신탁재산이 부동산이라면 수탁자는 지체 없이 신탁원부 기록의 변경등기를 신청하여야 한다.[36]

수익자집회에서 (i) 신탁의 목적, (ii) 수익채권의 내용, (iii) 신탁행위로 수익권매수청구권을 인정한 사항에 관해 신탁변경을 승인한 경우,

---

33) 대법원 2003. 1. 27. 선고 2000마2997 판결. 이는 수탁자의 비정상적 업무처리에 대응하여 위탁자들이 기존 관리방법을 변경하여 수탁자의 관리, 처분권 행사 시 위탁자의 사전 동의를 얻는 등 엄격하게 업무가 집행될 수 있도록 법원에 신탁변경을 신청한 사안이다.

34) 임채웅, "수동신탁 및 수탁자의 권한제한에 관한 연구," 법조 제614호(2007), 28면 이하 ; 이중기, 앞의 책(주 1), 246면 이하.

35) 신탁계약의 법적 성질에 관하여는 최수정, "신탁계약의 법적 성질," 민사법학 제45권 제1호(2009) 참조.

36) 신탁등기사무처리에 관한 예규 4. 가. 참조.

반대수익자는 수익권매수청구권을 행사할 수 있다(제89조 제1항). 신탁법 제74조 제2항 제2호는 신탁변경에 관한 특별결의사항으로서 (i), (ii)와 함께 (iii) 중요한 신탁의 변경의 합의를 들고 있어서 약간 차이가 있다. 즉 신탁의 중요한 변경이어서 특별결의가 필요한 경우에도 수익권매수청구권이 부여되지 않을 수 있고, 반대로 그다지 중요하지 않더라도 신탁행위로 수익권매수청구 대상으로 정해진 경우에는 특별결의 없이 수익권매수청구권이 발생할 수 있다. 물론 특별결의사항과 수익권매수청구권 발생사항이 항상 일치해야 하는 것은 아니겠지만, 적어도 신탁변경 내부에서는 통일적으로 규제할 필요가 있을 것 같다. 이러한 관점에서 볼 때 위 (iii)의 내용을 제74조 제2항 제2호에 따른 중요한 신탁의 변경으로 통일하는 것이 바람직할 것이다. 수익자집회를 결성하는 경우 신탁이 일종의 조직법제로 운영됨을 전제로 하는데, 신탁행위를 통해 사소한 변경에까지 수익권매수를 청구할 수 있도록 정하는 것은 조직안정성에 반하기 때문이다. 중요한 신탁변경에 관하여만 수익권매수청구권을 부여하면 충분할 것이다.

IV. 수탁자의 변경

1. 개관

좁은 의미에서의 수탁자변경은 신탁이 존속하고 있는 상태에서 기존 수탁자가 수탁능력 또는 자격의 상실(제12조, 제13조), 사임(제14조), 해임(제16조)으로 인해 수탁자의 지위에서 물러나고 새로운 수탁자가 구 수탁자를 대체하는 것을 뜻한다. 구법에서는 수탁자의 '경질'이라는 용어를 사용하였으나,[37)] 개정법에서는 보다 중립적인 의미의 '변경'으로 개정하였다.

넓은 의미의 수탁자변경은 앞에서 본 일반적 신탁변경절차(제88조)에 의한 수탁자변경을 포함하는 개념이다. 신탁 당사자들 또는 법원은 앞에서 살펴본 일반적 신탁변경절차에 의하여 수탁자를 변경할 수 있는가? 신구 수탁자를 포함하여 모든 당사자가 합의한 경우 제88조 제1항에 의한 신탁변경이 수탁자변경을 배제하지는 않으므로 가능하다고 볼 것이다. 다만 수탁자를 해임하려는 경우에는 수탁자와의 합의가 필요한 일반적 신탁변경절차에 의할 수 없다는 한계가 있다. 한편 법원이 일반적 신탁변경절차를 통해 수탁자를 변경하는 결정을 내릴 수도 있는바(제88조 제3항), 그 요건에 있어서 법원에 의한 구 수탁자의 해임 및 신수탁자 선임(제16조 제3항, 제21조 제2항)과는 다소 차이가 있다.[38)]

수탁자변경은 그것이 좁은 의미의 것이든 일반적 신탁변경절차에 의한 것이든 각기 정해진 요건 및 절차를 밟아서 유효하게 이루어질 수 있다. 다만 그 효과에 있어서는 어떠한 것이든 신탁법 제53조를 적용받는다고 보아야 할 것이다. 원래 일반적 신탁변경절차에는 추상적

37) 구법 제26조, 제48조, 제50조. 다만 신탁등기사무처리에 관한 예규(2013. 8. 23. 등기예규 제1501호) 3. 가에 따르면 등기 원인은 예전과 마찬가지로 '수탁자경질'로 표기하게 되어 있다.

38) 즉 일반적 신탁변경절차의 경우, 초점은 "신탁행위 당시에 예견하지 못한 특별한 사정이 발생하였는가" 여부인 데 반해, 수탁자의 해임 및 선임 시의 초점은 "구 수탁자가 임무에 위반된 행위를 하거나 그 밖에 중요한 사유가 있는가" 여부이다. 윤경, "신탁재산관리방법 변경의 요건과 그 한계," 대법원 판례해설 제44호(2004), 27면은 수탁자가 신탁계약에 위반하는 행위를 하는 것은 일반적으로 충분히 예견 가능한 것이므로 이를 예견하지 못한 특별한 사정으로 볼 수는 없다고 한다. 한편 두 절차의 신청권자는 위탁자, 수익자로서 크게 다르지 않다(수탁자를 해임하는 사안을 기준으로 할 때이다. 제88조 제3항, 제16조 제3항 참조).

인 제3자 보호조항만을 두고 있을 뿐이다(제88조 제2항). 반면 협의의 수탁자변경에 관한 제53조는 신구 수탁자 간 의무승계에 관한 상세한 조항을 두고 있고, 이는 신탁계약으로도 변경할 수 없는 강행적 성격을 갖는다. 일반적 신탁변경절차에 의했다고 하여 신구 수탁자 간 책임관계를 달리할 이유는 없으므로, 위 제53조는 넓은 의미의 수탁자 변경 전반에 적용된다고 보아야 할 것이다. 이러한 점에서 수탁자변경에 있어서 제53조는 제88조 제2항의 특칙으로서 기능한다고 볼 수 있다.

이하에서는 좁은 의미의 수탁자변경을 살펴본다. 먼저 구 수탁자의 임무종료, 신수탁자의 선임을 살펴본 다음 수탁자변경의 법적 효과를 검토하겠다.

2. 구 수탁자의 임무종료 및 신수탁자의 선임

(1) 구 수탁자의 임무종료

구 수탁자의 임무가 종료되는 첫 번째 사유는 수탁능력 또는 자격의 상실이다. 신탁법 제12조 제1항은 수탁자의 사망, 금치산 또는 한정치산 선고,[39] 파산 선고, 합병 이외의 사유로 인한 해산을 열거하고 있으며, 제13조 제1항은 그 밖에 신탁행위에서 정한 종료사유발생 또는 신탁행위에서 정한 특정 자격 상실을 들고 있다. 회생절차의 개시는 위 사유에서 제외되었는바, 회생절차는 재건을 목표로 하고 유상수탁자인 경우 회생절차를 이유로 임무를 종료시키면 오히려 도산으로 이

39) 주지하듯이 2013. 4. 5. 개정된 민법에 의하면 금치산 · 한정치산제도 대신 성년후견, 한정후견, 특정후견 등 법정후견제도가 도입되었다.

어질 수 있으며, 회생절차 중인 자에게 계속 신탁업무를 맡길지는 위탁자 및 수익자의 판단에 맡기면 충분하다는 것이 그 근거였다.[40)]

두 번째로 수탁자가 사임하는 경우이다. 신탁행위에서 별도로 규정하지 않는 이상 수탁자는 자유롭게 사임할 수 없고 위탁자 및 수익자의 승낙을 얻어야 한다(제14조 제1항). 일반적인 위임 시의 자유로운 사임(민법 제689조 제1항)과 달리 위탁자, 수익자의 승낙을 요구하는 것은 수탁자 지위의 중요성과 수익자보호를 감안한 것이다.[41)] 위탁자가 사망한 경우, 위탁자 상속인의 승낙을 얻을 필요는 없고 수익자의 승낙만 얻으면 충분하다.[42)] 그럼에도 불구하고 정당한 사유가 있는 경우에 수탁자는 언제나 법원의 허가를 받아 사임할 수 있다(제14조 제2항).

마지막으로 수탁자를 해임하는 경우이다. 구법상 수탁자 해임은 위탁자, 그 상속인, 수익자의 청구에 의하여 법원이 결정하는 형태로 이루어졌다(구법 제15조). 이에 대하여 당사자들의 합의에 의한 해임을 추가로 인정해야 하고, 위탁자의 상속인은 신탁재산과 이해관계가 충돌하는 자이므로 수탁자 해임절차에서 배제되어야 한다는 비판이 제기되었다. 개정법은 이러한 비판을 반영하여 당사자에 의한 해임과 법원의 결정에 의한 해임의 두 형태를 인정하고 있다. 위탁자의 상속

40) 법무부, 앞의 책(주 23), 120면. 일본 신탁법 제56조 제5항도 수탁자가 재생절차개시 결정을 받은 것만으로는 신탁이 종료하지 않도록 규정한다.

41) 鈴木正具/大串淳子 編集, 앞의 책(주 31), 238면은 개인적 신뢰관계, 영속적 재산관리관계를 근거로 들고 있다.

42) 법무부, 앞의 책(주 23), 132면. 일본의 경우, 일본 신탁법 제57조 제6항이 위탁자가 없는 경우 승낙에 의한 사임조항을 적용하지 않는다고 명시하고 있으므로 위탁자 사망 시 수익자의 승낙만으로 수탁자 사임이 불가능하다고 해석되고, 따라서 일반적인 신탁변경절차를 통한 사임조항 개정이라는 별도의 절차를 거치고 있다고 한다〔鈴木正具/大串淳子 編集, 앞의 책(주 31), 238면〕. 일본 신탁법 제58조 제8항은 위탁자 및 수익자 합의에 의한 수탁자 해임의 경우에도 위탁자가 없는 경우에는 적용되지 않는다고 명시하고 있다.

인은 두 절차 모두에서 배제된다. ① 위탁자와 수익자는 합의하여, 위탁자가 없는 경우에는 수익자 단독으로, 언제든 수탁자를 해임할 수 있다(제16조 제1항). 해임권 남용에 따른 수탁자의 불이익을 보호하기 위한 장치로 (i) 신탁행위에서 달리 정할 수 있도록 하고, (ii) 정당한 이유 없이 수탁자에 불리한 시기에 해임이 이루어진 때에는 수탁자에 대한 손해배상책임이 발생하도록 하였다(제16조 제1항 단서, 제2항). ② 수탁자가 임무에 위반한 행위를 하거나 그 밖에 중요한 사유가 있는 경우에는 위탁자 또는 수익자가 법원에 그 해임을 청구할 수 있다(제16조 제3항). 단순한 임무 위반만으로는 부족하고 그 위반이 수익자에게 중대한 불이익을 미칠 것이 필요하다고 하겠다.[43)]

임무가 종료된 경우 구 수탁자(또는 상속인, 법정대리인, 청산인)는 즉시 그 사실을 수익자 등에게 통지하여야 한다.[44)] 위 구 수탁자 등은 신수탁자 또는 신탁재산관리인이 신탁사무를 처리할 수 있을 때까지 일반적인 수탁자의 지위를 유지하거나[45)] 소극적으로 신탁재산을 보관할 의무를 부담한다.[46)]

(2) 신수탁자의 선임

구법은 구 수탁자 해임에 관해 법원에 신청하는 방식만 규정한 것

43) 일본 신탁법 제58조 제4항은 신탁재산에 현저한 손해를 준 경우와 그 외에 다른 중요한 사유가 있을 것을 해임신청사유로 한다.

44) 신탁법 제12조 제2항 및 제3항, 제13조 제2항, 제14조 제3항, 제16조 제4항.

45) 신탁행위에서 정한 종료사유가 발생하거나 일정 자격을 상실한 경우, 사임한 수탁자의 경우(제15조).

46) 수탁자의 사망, 금치산, 한정치산, 법인의 해산의 경우(제12조 제4항), 해임된 수탁자인 경우(제16조 제4항) 등.

(구법 제15조)과 마찬가지로, 신수탁자 선임에 관하여도 이해관계인이 법원에 신청하는 것을 원칙으로 하였다(구법 제17조 제1항).[47] 그러나 신탁 당사자들이 합의한 경우 굳이 법원이 관여할 필요는 없으므로 개정법은 당사자에 의한 선임과 법원의 결정에 의한 선임 두 유형을 모두 인정하였다(제21조). 위탁자의 상속인이 신수탁자 선임과정에서 배제되는 등 기본적 구조는 구 수탁자 해임과 유사하다. 다만 법원에 대한 신수탁자 선임청구권이 위탁자, 수익자 이외에 이해관계인에게도 인정된다는 점에서 구 수탁자 해임청구와 차이가 있다.[48]

3. 수탁자변경의 법적 효과

앞에서 언급한 바와 같이 이하의 법적 효과에 관한 논의는 신탁법 제88조의 일반적 신탁변경에 의한 수탁자변경을 포함한 광의의 수탁자변경에 공통된 것이다. 수탁자가 변경된 경우, 신탁재산을 소유 · 관리하는 주체가 변경되는 것이므로[49] 신탁재산에 관한 공시절차를 이행할 필요가 있다.[50] 뒤에서 설명하는 대법원의 입장처럼 수탁자변경

47) 다만 같은 조 제3항이 신탁행위에서 특별한 정함을 할 수 있도록 하였으므로, 법원의 관여를 피하기 위한 방편으로서 실제로는 구 수탁자의 임무종료 시 당사자들의 합의로 신탁계약에 특칙을 삽입한 다음 이에 따라 신수탁자를 선임하는 방식이 활용되었다.

48) 그 밖에 법원은 위탁자, 수익자 및 다른 이해관계자의 청구가 없더라도 직권으로 신수탁자를 선임할 수 있는 것으로 이해되고 있다[법무부, 앞의 책(주 23), 174면]. 그 근거는 신탁법 제105조의 일반적 감독권에서 찾을 수 있을 것이다.

49) 新井誠, 앞의 책(주 21), 210면은 수탁자변경 시 실질적으로는 관리자가 교체되는 것에 불과하지만 형식적으로는 명의인이자 완전권자인 수탁자가 교체되는 것이라고 표현한다.

50) 신탁등기사무처리에 관한 예규 3. 가.에서는 '수탁자의 경질로 인한 권리이전등기'를 규정한다.

시 구 수탁자에서 신수탁자에게로 포괄승계가 이루어진다고 보면, 신탁재산은 수탁자변경 시점에 포괄적으로 신수탁자에게 승계되고 공시는 처분 등을 위하여 필요한 것으로 풀이하게 될 것이다. 수탁자변경이 발생하는 시점은 구 수탁자의 임무가 종료되고 신수탁자가 선임된 시점, 즉 당사자에 의한 선임인 경우에는 당사자들이 합의한 때이고 법원에 의한 선임인 경우에는 법원의 선임결정이 고지된 때라고 보아야 할 것이다. 그 이전까지는 임무를 종료한 구 수탁자(또는 상속인, 법정대리인, 청산인) 등이 적극적 또는 소극적으로 신탁업무를 처리하게 된다.

수탁자변경은 구 수탁자의 권리와 의무에 어떠한 영향을 미치는가? 구 수탁자의 신탁 관련 권리 중 보수청구권, 비용상환청구권은 신수탁자에게 승계되지 않는다고 할 것이다.[51] 또한 구 수탁자의 신탁재산에 관한 원상회복의무 내지 손해배상의무 역시 신수탁자에게 승계되지 않는다.[52] 이것들은 모두 구 수탁자의 신탁재산에 대한 권리 · 의무로서의 성격을 갖는다. 이러한 예외적인 경우를 논외로 할 때, 대법원은 일관하여 "신수탁자는… 수탁자 경질의 법리에 따라 수탁자의 지위를 포괄적으로 승계한다"라고 판시하여 원칙적으로 구 수탁자의 모든 권리와 의무가 신수탁자에게 포괄승계된다는 입장을 취하고 있다.[53] 대법원이 위탁자, 수익자변경과 달리 유독 수탁자의 변경에 대

51) 구 수탁자의 비용상환청구권에 관하여 신탁법 제54조는 이것이 승계되지 않는 것을 전제로 구 수탁자의 우선변제권 및 유치권을 규정하고 있다. 일본 신탁법 제75조 제6항, 제9항에도 유사한 조항이 있다.

52) 신탁법 제54조에 의하여 준용되는 제49조에 의하면 구 수탁자는 원상회복의무 등을 이행하지 않으면 비용상환청구권을 행사할 수 없다. 수탁자변경 이후에는 신수탁자가 구 수탁자에 대하여 위 원상회복의무 등을 추궁하는 지위에 서게 된다. 新井誠, 앞의 책(주 21), 211면.

53) 대법원 2007. 6. 1. 선고 2005다5812 판결 ; 대법원 2010. 2. 25. 선고 2009다83797

하여는 합병 · 분할 · 상속 등에서 인정되는 포괄승계효를 인정한 것은, 신탁채권자(수탁자의 신탁사무처리에 관해 채권을 갖게 된 자. 이하 같다),[54] 수익자의 보호와 함께 신탁업무의 안정적 유지를 염두에 둔 것으로 보인다. 다만 이미 신탁채권자 · 수익자가 신탁법 제53조(구 신탁법 제48조와 유사)에 의하여 보호받고 있음에도 불구하고, 더 나아가 명문의 근거도 없이 수탁자변경에 포괄승계효를 부여할 필요성에 관하여는 의문이 남는다.[55]

수탁자변경의 효과로서 문제 되는 것은 주로 기존의 신탁채권자, 수익자가 신구 수탁자 중 누구를 상대로 어떠한 책임을 물을 수 있는지 여부이다. 신탁법 제53조를 중심으로 살펴보기로 한다.

(1) 신구 수탁자의 수익자에 대한 책임

신탁법 제53조 제1항은 신수탁자가 전 수탁자로부터 신탁행위로 인하여 '수익자'에게 부담하는 채무를 승계한다고 규정한다. 이에 따라 신수탁자의 면책적 채무인수가 의제되고 별도의 채무인수절차를 밟지 않더라도 수익자에 대하여는 오로지 신수탁자만이 책임을 부담한다.

판결 등. 이 판례의 해석에 관하여 수탁자의 '업무'가 포괄승계된다는 뜻이지 수탁자의 '권리'도 포괄승계된다는 취지는 아니라고 풀이하는 입장도 있으나〔법무부, 앞의 책(주 23), 440면〕, 업무 중 유독 권리만 승계 대상에서 배제한다는 해석은 자연스럽지 못하다.

54) 제22조 단서, 제53조 제2항의 '신탁사무의 처리상 발생한 권리(채권)'는 이를 가리키는 것이다.

55) 이에 관한 상세한 검토는 노혁준, "수탁자변경과 포괄승계(대법원 2010. 2. 25. 선고 2009다83797 판례평석)," 민사판례연구회 제362회 월례회 발표문(2013. 6. 17) 참조.

이러한 해석은 구법 당시부터 동일하게 받아들여져 왔다.[56] 수익자에 대하여 구 수탁자가 신탁재산만으로 책임을 지는 것(제38조)과 마찬가지로 신수탁자도 신탁재산의 범위 내에서만 책임을 부담한다.

한편 수탁자변경 시 구 수탁자는 수익자 입회하에 신수탁자에게 사무를 인계하여야 하는바, 이때 수익자가 그 계산을 승인한 때에는 구 수탁자의 수익자에 대한 '인계에 관한 책임'은 면제된 것으로 간주된다(제55조). 위 계산승인 시에 비로소 수탁자변경이 발생한다고 보기는 어렵고, 계산승인이 없더라도 당사자 합의, 재판에 의해 수탁자변경이 이루어지면 구 수탁자에 대한 수익자에 대한 채무는 면책적으로 신수탁자에게 이전된다고 볼 것이다. 위 계산승인에 의해 면제되는 '인계에 관한 책임'이란 엄밀히 말해 수탁자변경에도 불구하고 이전되지 않는 구 수탁자의 신탁재산에 관한 채무, 즉 앞에서 살펴본 원상회복의무 내지 손해배상의무 등을 가리킨다고 할 것이다.[57] 즉 구 수탁자의 이러한 채무는 공개되어 수익자의 별도 승인은 받은 때에 한하여 면제받게 되는 것이다.

(2) 신구 수탁자의 신탁채권자에 대한 책임

신탁법 제53조 제2항은 신탁채권은 신탁재산의 한도 내에서 신수

56) 구법 제48조 제1항에 대한 해석론으로서 최동식, 앞의 책(주 1), 317면 참조. 개정법 제53조 제1항의 해석으로는 법무부, 앞의 책(주 23), 440면. 일본도 수탁자변경 이후 구 수탁자는 채무를 면하는 것으로 해석하고 있다. 新井誠, 앞의 책(주 21), 210면.

57) 이 글에서는 구 수탁자를 중심으로 살펴보고 있으나, 제55조는 구 수탁자 이외에 그 밖의 관계자도 의무자로 규정하고 있다. 수탁자의 상속인이 신탁재산 보관의무(제12조 제4항)를 위반한 것을 그 예로 들 수 있을 것이다. 법무부, 앞의 책(주 23), 456면.

탁자에게도 행사할 수 있다고 규정한다. 이는 구법 제48조 제3항과 대동소이한 것이다. 먼저 구 수탁자의 책임을 살펴본 다음, 신수탁자의 책임을 검토한다.

위 조문상 '신수탁자에게도' 행사할 수 있으므로 구 수탁자에 대한 권리행사는 당연히 전제되어 있다. 통상적인 경우, 신탁채권자는 수탁자 교체에도 불구하고 여전히 구 수탁자의 고유재산에까지 집행할 수 있을 것이다. 신탁채권자는 원래 신탁재산뿐 아니라 수탁자의 고유재산에까지 강제집행할 수 있는 지위를 갖는바,[58] 신탁채권자의 절차적 관여가 보장되지 않는 수탁자변경으로 인해 더 불리한 지위에 놓이게 되는 것은 부당하다. 이때 신수탁자에 의해 신탁채무의 중첩적 인수가 이루어진다고 볼 것이다.[59] 문제 되는 것은 해당 신탁이 개정법상 새로 도입된 유한책임신탁인 경우이다. 유한책임신탁의 경우 수탁자 변경 이전에도 신탁채권자는 구 수탁자의 고유재산을 집행의 대상으로 삼을 수 없었다는 점을 강조하면, 위 조문에도 불구하고 신탁채권자는 '신수탁자에게만' 권리를 행사할 수 있는 것이 된다. 일본 신탁법은 유한책임신탁인 경우 명문으로 구 수탁자의 신탁채권자에 대한 책임을 부인한다.[60] 유한책임신탁의 수탁자가 오히려 수탁자 교체 이후에 고유재산으로 무한책임을 지게 되는 것은 적절하지 않으므로 이론상 위 결론이 타당해 보인다.[61]

---

58) 대법원 2004. 10. 15. 선고 2004다31883 판결.

59) 신구 수탁자 사이에서는 특정 신탁채무에 관하여 내부적인 부담관계를 정하고, 이와 달리 신탁채무를 이행한 경우 구상하기로 하는 약정을 맺어 두는 것은 유효하다고 할 것이다.

60) 일본 신탁법 제76조 제1항 단서.

61) 다만 신탁법 제53조 제2항에서 유한책임신탁에 대한 별다른 언급이 없다는 점과 신탁채권자의 절차적 관여 없이 면책적 채무 인수를 인정하는 것이 부당하다는 점을 지적하는 반론이 있을 수 있다.

다음으로 신수탁자의 신탁채권자에 대한 책임이다. 그 책임은 '신탁재산의 한도'에서 부담한다. 앞서 보았듯이 대법원은 수탁자변경 시 권리 · 의무의 포괄승계가 발생한다고 보는바, 이에 따르면 구 수탁자의 신탁채무가 신수탁자에게로 포괄적으로 이전되고 다만 제53조 제2항의 특칙에 의해 그 책임만 신탁재산 한도로 제한받는 결과가 될 것이다.[62)]

V. 신탁의 합병

개정 신탁법은 신탁의 합병에 관한 네 개의 조문을 신설하였다(제90~93조). 복수의 기존 신탁을 통합하는 경우, 수익자 통지 등 신탁사무를 간이화하고 규모의 경제를 실현할 뿐 아니라 수탁자 보수 등 비용을 절감할 수 있는 등 유리한 점이 있다.[63)] 이 때문에 자본시장과 금융투자업에 관한 법률(이하 '자본시장법') 제193조에서는 일찍부터 투

62) 대법원 2010. 2. 25. 선고 2009다83797 판결은 신탁채권자의 신수탁자에 대한 이행의 소에 대하여 "피고는 원고에게 19억 2,321만 8,670원의 범위 내에서 1,681만 2,347원 및 이에 대하여 2008. 7. 11.부터 2009. 10. 8.까지는 연 5퍼센트, 그다음 날부터 다 갚는 날까지는 연 20퍼센트의 각 비율로 계산한 돈을 지급하라"고 판시한 원심을 파기하면서, 신탁재산의 한도를 금액으로 특정하지 말고 그 주문에 신탁재산의 한도에서만 지급을 명하는 취지를 따로 명시해야 한다고 설시한 바 있다. 임채웅, "수탁자의 변경과 신수탁자의 책임제한에 관한 연구," 홍익법학 제11권 제2호(2010), 572면에서는 위 대법원 판결의 취지에 따른 설시 예로서 "피고는 원고에게 소외 홍길동(위탁자)과 체결한 2005. 2. 2.자 신탁계약(증서번호 제×××××호)에 따른 신탁재산의 범위 내에서 금 1천만 원 및 이에 대하여 2008. 7. 11.부터 2009. 10. 8.까지는 연 5퍼센트, 그다음 날부터 완제일까지는 연 20퍼센트의 각 비율에 의한 금원을 지급하라"는 형태를 들고 있다.

63) 법무부, 앞의 책(주 23), 695면 ; 鈴木正具/大串淳子 編集, 앞의 책(주 31), 83면.

자신탁의 합병에 관한 조문을 두고 있었다. 구법하에서 복수의 신탁을 합병하려면 각 신탁을 종료하고 그 신탁재산들을 통합한 새로운 신탁을 설정해야 했는바, 이러한 우회적 방안보다는 직접적 방식을 가능하게 하고 신탁을 하나의 기업 조직법제로 활용할 여지를 넓혀준다는 관점에서 신탁합병제도가 도입되었다. 다만 주식회사의 합병과 달리 흡수합병만이 인정되고 신설합병은 인정되지 않는다.[64)]

신탁합병은 특수한 유형의 신탁변경이라고 할 것이다. 따라서 신탁합병조항이 적용되는 범위에서는 일반적인 신탁변경조항(제88조)이 적용되지 않는다.

1. 신탁합병의 요건 및 절차

(1) 수탁자의 동일성

신탁합병은 수탁자가 동일한 신탁 간에만 이루어질 수 있는데(제90조), 수탁자가 동일한 이상 두 신탁의 조건이 유사하지 않더라도 무방하다. 수탁자가 동일하지 않은 신탁 간의 통합인 경우 먼저 수탁자변경 절차를 밟은 다음에야 비로소 위 신탁합병이 가능해진다.[65)] 수탁자가 동일하지 않은 상태에서 곧바로 통합하려면 제90조 이하의 신탁합병에 의할 수는 없고, 일반적인 신탁변경절차(제88조)에 의하여야 할 것

64) 안성포, 앞의 논문(주 22), 101면은 그 이유에 대하여 흡수합병만으로도 합병 후 신탁은 동일 수탁자가 관리하는 새로운 신탁을 만드는 것과 같은 정도의 효과를 가질 수 있다는 점을 들고 있다.

65) 法務省民事局參事官室, 信託法改正要綱試案 補足說明(2005, http://www.moj.go.jp/content/000011802.pdf), 147면은 수탁자변경과 신탁합병이 동시에 진행될 수 있다고 본다.

이다. 굳이 일반적인 변경절차에 따른 신탁재산 간 통합을 금지할 이유는 없다. 이때 채권자 등 이해관계자의 보호는 제88조 제2항의 일반적 보호조항에 근거해 이루어질 것이다.[66] 다만 일반적 신탁변경절차를 통한 신탁의 통합은 신탁법상의 신탁합병은 아니기 때문에 당연한 포괄승계효(제93조)는 인정되지 않는다.

(2) 합병계획서의 작성 및 승인

신탁법은 신탁합병을 수탁자의 관점에서 규정하고 있다. 신탁합병을 위해 수탁자는 합병취지, 합병 후 신탁행위의 내용 등 필수적 기재사항을 담은 합병계획서를 작성하여 각 신탁별로 위탁자 및 수익자의 승인을 얻어야 한다(제91조 제2항 본문). 원칙적으로 수탁자 · 위탁자 · 수익자의 합의가 필요하다는 점과 신탁행위에서 다른 요건을 정할 수 있다는 점(제91조 제2항 단서)에서 일반적 신탁변경과 동일하다. 수익자가 복수인 경우 그 승인은 전원의 동의에 의하며, 다만 수익자집회가 있는 경우에는 특별결의에 의하게 된다(제71조 제1항, 제74조 제2항 제3호). 어떤 수익자가 반대하였음에도 수익자 집회에서 신탁합병이 승인된 경우, 위 반대수익자는 수익권매수청구권을 갖는다(제91조 제3항).

(3) 채권자보호절차

신탁합병 시 수탁자의 채권자를 어떻게 보호할 것인가? 먼저 수탁

66) 실제로 그 구체적인 보호방식은 제92조의 채권자보호절차에 준하여야 할 것으로 보인다. 또한 이때에는 통상 수익채권의 내용이 변경될 것이므로 수익자에게는 제89조 제1항에 의한 수익권매수청구권이 부여될 것이다.

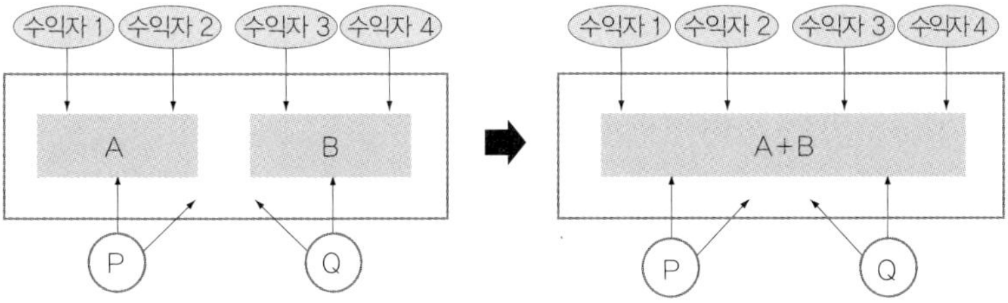

〔그림 1〕 신탁합병 시 신탁채권자보호

자 고유재산에 대한 일반 채권자는 원래 신탁재산에 관하여 강제집행할 수 없고(제22조 제1항), 합병 전후에 수탁자 고유재산에 변동이 있는 것도 아니므로 특별한 보호절차를 강구할 필요가 없다. 문제 되는 것은 수탁자에 대한 신탁채권자이다.

〔그림 1〕에서 신탁합병 이전에 A신탁에 대한 신탁채권자 P는 A신탁재산 및 수탁자 고유재산에 관하여, B신탁에 대한 신탁채권자 Q는 B신탁재산 및 수탁자 고유재산에 관하여 각기 채권을 행사할 수 있었다. P와 Q는 신탁합병 이후에도 여전히 수탁자 고유재산에 대하여 권리를 행사할 수 있다. 이 점에 착안하여 신탁합병 시 P, Q에 대한 보호절차를 인정할 필요가 없고 다만 수탁자 고유재산의 자력이 부족한 경우 등에 사해행위취소권을 부여하면 충분하다는 견해도 있다.[67] 그러나 A신탁재산과 B신탁재산 간의 자력에 차이가 있는 경우, 그 합병으로 인해 P와 Q의 지위에 영향이 발생할 수 있으므로 신탁법은 주식회사의 합병에 준하여 채권자보호절차를 도입하였다. 즉 수탁자는 이의제출 기간을 공고하며 알고 있는 신탁재산의 채권자에게는 개별 최

67) 鈴木正具/大串淳子 編集, 앞의 책(주 31), 414면은 이러한 일본의 소수 견해를 소개하고 있다.

고해야 한다. 다만 이의채권자에 대하여 일률적으로 변제, 담보제공 등을 하도록 하고 있는 통상적인 회사법상 채권자보호절차(상법 제232조 제3항 참조)와 달리, 신탁법은 '채권자를 해칠 우려가 없는 경우'에는 위 변제 · 담보제공 등을 할 필요가 없도록 정하고 있다는 점에서 특색이 있다.[68]

위 채권자보호절차의 대상이 되는 '신탁재산의 채권자' 중에는 수익자가 포함되는가? 수익자도 수익채권자로서 신탁재산에 관해 이해관계를 갖고 도산절차 시 채권자 중 한 유형으로 취급되기도 하지만,[69] 위 합병 시 채권자보호절차의 대상이 된다고 보기는 어렵다. 수익자는 이미 신탁합병에 대한 승인권, 반대수익자의 매수청구권으로 충분히 보호받고 있기 때문이다.

2. 신탁합병의 효과

개정 신탁법에 따르면 신탁합병의 결과 합병 전의 신탁재산에 속한 권리 · 의무는 합병 후의 신탁재산에 존속한다(제93조). 이는 일반적인 회사합병에서와 마찬가지로 포괄승계효로 풀이되고 있으며, 따라서 개별적인 권리이전절차 등을 밟을 필요는 없다고 한다.[70] 소멸하는 신

68) 법무부, 앞의 책(주 23), 707면은 신탁채권자의 재량을 합리적으로 제한하여 신탁합병의 부담을 줄여 주기 위한 입법이었다고 한다.

69) 채무자 회생 및 파산에 관한 법률 제578조의16에 의하면 유한책임신탁의 파산 시 신탁법 제62조의 수익채권은 신탁채권보다 후순위가 된다.

70) 법무무, 앞의 책(주 23), 710면. 다만 실제로 합병 대상인 신탁들은 이미 동일한 수탁자의 소유 · 관리하에 있으므로 형식적인 의미에서의 소유권이전절차 등이 필요하지는 않다. 예컨대 신탁재산이 동산인 경우 내부적 분별관리를 다시 하지 않더라도 존속하는 신탁에로의 통합이 인정된다는 의미이다.

탁에 있어서 합병은 당연한 신탁종료사유가 된다(제98조 제2호). 수익권의 내용이 각기 다른 신탁이 합병된 경우, 수익권의 내용이 변경되어 하나의 수익권으로 통일될 수도 있고, 종류가 다른 수익권이 병존하는 형태가 될 수도 있다. 어느 경우든지 수익권의 실질적 내용이 변화하면 합병계획서에 기재하여 수익자 · 위탁자의 승인을 받을 필요가 있다(제91조 제1항 제3호). 별도로 신탁합병 무효의 소를 신설하는 방안이 논의되었으나 도입되지 않았고,[71] 따라서 절차적 · 실체적 무효사유가 있는 경우 일반적인 민사상 무효확인의 소에 의하게 된다.

신탁합병의 포괄승계효는 어느 시점에 발생하는가? 회사의 합병인 경우 합병의 효과는 합병등기 시에 발생한다(상법 제234조). 앞에서 본 자본시장법상 투자신탁의 합병은 금융위원회에 보고한 시점에 합병의 효과가 발생한다(자본시장법 제193조 제6항). 반면 신탁법은 신탁합병에 포괄승계효라는 강력한 효력을 부여하면서도 그 발생 시점에 대하여 별도로 규정하지 않는다. 수탁자가 제출한 합병계획서를 위탁자 및 수익자가 승인한 시점에서 신탁합병의 효과가 발생한다고 보는 견해도 있을 수 있으나,[72] 위 승인 이외에 채권자보호절차까지 마무리되어야 비로소 효과가 발생한다고 봄이 타당하다.[73] 그렇지 않으면 신탁채권자의 보호에 허점이 발생할 수 있다. 입법적으로는 주식회사의

71) 법무부, 앞의 책(주 23), 711면.

72) 鈴木正具/大串淳子 編集, 앞의 책(주 31), 413면은 채권자보호절차는 신탁합병의 성립요건이 아니라고 본다.

73) 회사합병 시에는 합병등기 시 첨부서류로서 채권자보호절차를 밟았음을 증명할 서면을 제출하도록 되어 있고(상업등기법 제70조 제2호, 제77조, 제94조 제3호, 제107조 제3호), 만약 회사합병 시 채권자보호절차를 결여하면 합병무효사유가 된다〔이철송, 회사법 강의(제21판), 박영사, 2013, 125면 ; 송옥렬, 상법강의(제3판), 홍문사, 2013, 1196면〕.

주식병합 시 그 효력이 채권자 이의절차종료 후 비로소 발생하게 한 상법 제441조 단서와 같은 조항을 두는 것이 바람직하다고 하겠다.

VI. 신탁의 분할, 분할합병 및 관련 문제

개정 신탁법은 합병의 반대현상이라고 할 수 있는 분할에 대하여도 마찬가지로 네 개의 조문을 두고 있다(제94~97조). 그중 분할은 하나의 신탁이 둘 이상으로 분화하는 것이고, 분할합병은 동일한 수탁자의 관리하에 있는 수 개의 신탁 중 어떤 신탁의 재산 일부가 다른 신탁으로 승계되는 것이다. 수익자 간에 견해가 엇갈리거나 신탁재산을 보다 세분화 · 전문화하여 운영할 필요가 있는 경우 등에 활용될 수 있다. 수탁자가 동일한 경우에 한해 활용될 수 있다는 점 등 기본적인 절차 및 효과는 합병과 유사하다. 즉 신탁재산을 분할하려면 수탁자는 분할계획서를 작성하여 위탁자 및 수익자에게 승인을 받아야 하고, 신탁재산을 분할합병하려면 수탁자는 분할합병계획서를 작성하여 각 신탁의 위탁자 및 수익자에게 승인을 받아야 한다(제95조). 반대수익자의 수익권매수청구권도 인정되고(제95조 제3항), 채권자보호절차도 신탁합병에 준하여 규정되어 있다(제96조). 분할 또는 분할합병은 포괄승계효를 갖는다.

이하에서는 먼저 분할 · 분할합병에 특유한 조항인 제97조 제2항에 따른 신탁채권자보호 문제를 살펴본 다음, 신탁의 합병 · 분할 · 분할합병 모두에 관련된 문제로서 (i) 유한책임신탁의 합병 · 분할, (ii) 수탁자의 합병 · 분할에 관하여 살펴보기로 한다.

1. 신탁분할, 분할합병 시의 신탁채권자보호

신탁분할 또는 분할합병의 경우 수탁자 고유재산에 대한 일반 채권자에 대하여 별다른 보호절차를 마련할 필요가 없다는 것은 신탁합병의 경우와 마찬가지이다. 문제 되는 것은 수탁자에 대한 신탁채권자이다. 분할합병의 예를 들어 설명한다(아래의 쟁점은 단순한 분할의 경우에도 마찬가지로 발생한다).

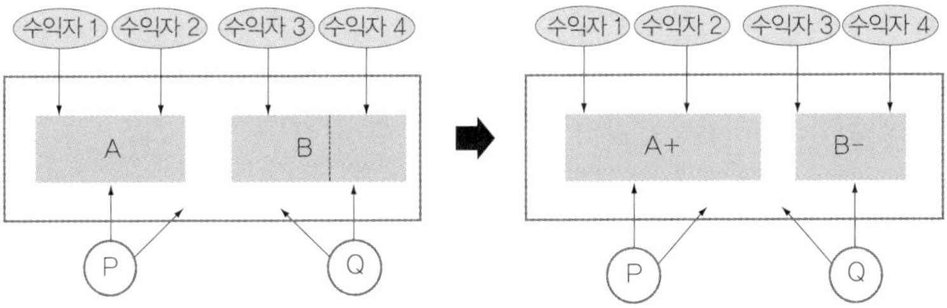

〔그림 2〕 신탁분할합병 시 신탁채권자보호

〔그림 2〕에서 A신탁의 신탁채권자를 P, B신탁의 신탁채권자를 Q라고 가정한다. '수탁자 고유재산에 대한 청구' 관점에서는 분할합병을 전후하여 P, Q의 지위에 큰 차이가 발생하지 않으므로 '신탁재산에 대한 청구' 관점에서만 살펴본다. B신탁의 우량재산 중 상당 부문이 A신탁에 분할합병된다고 가정한다. 그 결과 기존 A신탁에 대한 신탁채권자 P는 그 담보력이 강화된 반면, 기존 B신탁에 대한 신탁채권자 Q는 불이익을 입을 우려가 있다. 이에 따라 신탁법은 합병의 예에서처럼 수탁자가 P와 Q에 대하여 공고 · 통지하고 이의를 제출한 채권자에 대하여는 변제 · 담보제공 등을 하도록 하고 있다(제96조).

나아가 제97조 제2항은 "수탁자는 분할하는 신탁재산의 채권자에게 분할된 신탁과 분할 후의 신설 신탁 또는 분할합병신탁의 신탁재산으로 변제할 책임이 있다"고 하여 분할된 신탁의 채권자에 대한 두터운 보호를 규정한다. 이에 따르면 Q는 종래 B 신탁재산에 대하여 청구권을 행사할 수 있었지만, 분할합병 이후에는 B− 신탁재산뿐 아니라 A+ 신탁재산에까지 청구권을 행사할 수 있는 강력한 지위를 갖는다(한편 분할의 경우라면 분할된 신탁의 채권자는 신설신탁의 재산에까지 청구권을 행사하게 된다). 이 같은 강력한 지위는 설사 수탁자가 Q에 대하여 위 제96조에 따른 채권자보호절차를 진행하였다 하더라도 마찬가지로 부여된다. 입법 취지는 신탁채권자가 분할로 인해 책임재산이 감소되는 등 불이익을 입지 않도록 보호하는 것이라고 하나,[74] 위 그림에서 보듯이 Q는 오히려 책임재산이 늘어나는 이익을 볼 수 있다. 물론 채권자보호절차가 부실하게 이루어지는 경우에 Q가 피해를 볼 여지가 있으나, 이에 대한 적절한 대응은 채권자보호절차가 실효적으로 이루어질 수 있도록 하는 것이다. 책임재산의 범위를 일률적으로 넓히는 것은 과도한 면이 있다. 일반적으로 신탁을 분할할 때에는 이를 각기 분리된 신탁으로 영위하고자 하는 목적이 있을 텐데, 항상 기존 신탁채권자들이 분할된 신탁재산에까지 강제집행을 할 수 있도록 한 것은 신탁분할제도의 도입 목적과도 어울리지 않는 면이 있다.[75]

조문상 다소 불명확한 점이 있으나 제97조 제2항은 분할합병을 통해 그 권리가 이전된 신탁채권자에게도 적용된다고 보아야 한다. 즉 위 예에서 Q는 분할합병 이후에도 계속 B신탁(엄밀히 말하면 분할합병 후에는 B−신탁)의 신탁채권자 지위를 갖는 것을 전제로 제97조 제2항

74) 법무부, 앞의 책(주 23), 731면.

75) 주식회사의 분할 시에도 연대책임을 원칙으로 하면서도 일정 요건하에 연대책임의 분리를 인정하고 있다. 상법 제530조의9 제2항, 제3항.

을 적용하였다. 나아가 Q가 분할합병계획서에 따라 A+신탁의 채권자가 되는 경우에도 A+신탁과 B−신탁 전부를 책임재산으로 주장할 수 있다고 볼 것이다.

2. 관련 문제

(1) 유한책임신탁의 합병 · 분할

신탁법 제122조는 "유한책임신탁에 속하는 채무에 대해서는 합병 후에도 합병 후 신탁의 신탁재산만으로 책임을 진다"는 특칙을 두고 있다. 수탁자가 복수의 유한책임신탁을 관리하고 있던 경우는 별 문제가 없으나, 유한책임신탁과 통상의 신탁을 관리하다가 이를 합병하려는 경우는 위 조문을 어떻게 적용할지가 문제 된다.

우선적으로 검토해야 할 것은 유한책임신탁과 통상의 신탁이 합병하는 경우 어떠한 형태의 신탁이 될 것인지 여부이다. 하나의 신탁이 동시에 유한책임신탁과 통상의 신탁의 성질을 겸유할 수는 없다.[76] 유한책임신탁과 통상의 신탁이 합병하는 때 존속하는 신탁은 반드시 유한책임신탁이어야 하는가? 합병 후 존속하는 것이 유한책임신탁이라면 굳이 신탁법 제122조를 둘 필요가 없다는 점, 신탁법 제129조는[77] 유한책임신탁이 합병으로 인해 통상의 신탁이 되는 경우를 상정하고 있다는 점을 고려할 때 결국 존속하는 신탁은 유한책임신탁일 수도,

76) 물론 통상의 신탁이면서 일부 채권자들과의 특약을 통해 부분적으로 유한책임을 규정할 수는 있을 것이지만, 이는 통상의 신탁의 한 유형이지 독자적인 제3의 유형이라고 볼 수는 없다.

77) 유한책임신탁이 합병하거나 분할한 후에도 유한책임신탁을 유지하는 경우, 그 등기에 관하여는 제126조부터 제128조까지의 규정을 준용한다.

통상의 신탁일 수도 있다고 하겠다.

먼저 유한책임신탁이 통상의 신탁에 흡수되는 형태를 살펴본다. 이때 통상의 신탁의 기존 신탁채권자들은 합병 이전과 동일하게 수탁자의 고유재산에 대하여도 채권을 행사할 수 있다. 유한책임신탁의 기존 신탁채권자들은 어떠한가? 신탁법 제122조는 이때 적용되는 것이고, 따라서 이미 발생한 신탁채권을 근거로 수탁자 고유재산에 책임을 물을 수 없다.[78] 한편 합병으로 통상의 신탁이 되었으므로, 합병 이후 발생하는 신탁채권에 관하여는 수탁자의 고유재산에 책임을 물을 수 있는 것은 당연하다.

다음으로 통상의 신탁이 유한책임신탁에 흡수되는 경우이다. 이때 유한책임신탁의 기존 신탁채권자는 합병 이후에도 수탁자의 고유재산에 책임을 물을 수 없다. 통상의 신탁의 기존 신탁채권자들은 어떠한가? 합병 이전에 발생한 신탁채권에 대하여는 계속 수탁자의 고유재산에 책임을 물을 수 있다고 볼 것이다. 다만 일단 유한책임신탁이 된 이상 합병 이후에는 신탁재산에 대하여만 책임을 물을 수 있다. 신탁과 계속적으로 거래를 하여 채권 · 채무관계가 발생하고 있는 신탁채권자의 입장에서 볼 때, 이와 같은 신탁의 성격변경은 큰 이해관계를 갖는다. 신탁채권자의 보호는 앞에서 살펴본 채권자 이의절차를 통하여 이루어진다고 볼 것이다(제92조).[79]

---

78) 일본 신탁법 제154조도 유사한 취지이다.

79) 보다 근본적으로는 통상의 신탁이 유한책임신탁으로 전환할 경우(또는 그 반대의 경우) 절차규정이 정비될 필요가 있다. 앞에서 언급한 바와 같이 개정법의 해석상 이러한 전환이 허용된다고 이해되지만, 별다른 절차조항이 없어 그 전환은 일반적인 신탁변경절차에 의하게 된다. 이에 따라 신탁채권자보호도 전형적인 보호절차 없이, 단순히 "신탁의 변경은 제3자의 정당한 이익을 해하지 못한다"는 신탁법 제88조 제2항의 추상적 조항에 의거하게 된다.

결국 이렇게 볼 때 신탁법 제122조는 신탁재산만을 책임재산으로 한다는 전제하에 거래했던 신탁채권자가 단지 신탁합병을 이유로 기존 신탁채권에 관한 책임재산의 범위를 수탁자 고유재산에까지 늘리지 못하도록 제한하는 의미가 있다. 분할 및 분할합병에 관한 제123조도 동일한 취지이다.[80)]

(2) 수탁자의 합병 · 분할

신탁의 합병 · 분할과 구분되어야 할 것으로 수탁자의 합병 · 분할이 있다. 법인 형태인 수탁자는 일반적인 법인의 합병 · 분할절차를 밟아 합병 · 분할을 실행할 수 있다. 신탁법은 합병 · 분할의 효과를 규정할 뿐이다. 즉 신탁법에 따르면 수탁자의 합병은 당연한 수탁자 임무종료사유는 아니고(제12조 제1항 제4호), 합병 · 분할의 경우 존속법인 · 신설법인 또는 분할 시 수탁자로 정해진 법인은 계속하여 수탁자의 권리와 의무를 갖는다(제12조 제5항).[81)] 합병 · 분할의 실행절차는

---

80) 다만 신탁합병계획서와 달리 신탁의 분할 · 분할합병계획서에는, 유한책임신탁의 채무를 승계하는 분할 후 신설신탁 또는 분할합병신탁이 있는 경우 그 취지 및 특정된 채무의 내용을 기재하도록 되어 있다. 제95조 제1항 제7호.

81) 미국의 경우에도 회사인 수탁자가 합병된 경우 존속법인은 자동적으로 기존의 신탁법률관계를 승계하게 된다. George G. Bogert/Dallin H. Oaks/H. Reese Hanse/Stanley D. Neeleman, Cases and Text on the Law of Trusts (7th ed.), Foundation Press (2001), p.67. 반면 우리나라의 구법 제11조 제1항은 법인 해산의 경우를 임무종료사유로 보면서 합병으로 인한 해산에 관한 별도의 예외를 두지 않았다. 따라서 구법하에서 수탁자의 임무가 종료하면 이해관계인의 청구에 의하여 법원이 신수탁자를 선임하는 방식으로 진행되었다(구법 제17조 제1항). 현행 자본시장법 제116조 제2항은 "신탁법 제12조, 제21조 제2항 및 제3항은 신탁업자의 합병에 관하여 이의를 제기한 수익자가 있는 경우 그 신탁업자의 임무종료 및 새로운 신탁업자의 선임 등에 관하여 준용한다"고 되어 있다. 이에 따르면 개정 신탁법에도 불구하고

해당 법인의 일반적인 합병 · 분할절차규율에 의하게 될 것이다. 이하는 주식회사인 수탁자가 합병하는 경우, 상법 제527조의5에 따른 채권자보호절차가 어떻게 적용될 것인지를 중심으로 살펴본다. 유사한 쟁점은 분할 · 분할합병의 경우에도 문제 될 수 있다.

X수탁자가 Y수탁자에 흡수합병된 경우를 가정해 본다. 일반적인 신탁채권자는 각기 X와 Y의 고유재산에 대하여도 채권을 행사할 수 있으므로 그 고유재산의 통합을 뜻하는 위 흡수합병에 큰 이해관계를 갖게 되고 당연히 상법에 따른 채권자보호절차를 받게 된다. 그러나 X가 관리하는 신탁의 수익권자인 P와 Y가 관리하는 신탁의 수익권자인 Q는 어떠한가? 신탁합병 시에는 수익자의 승인이 당연히 요청되는 데(제91조 제2항) 반해, 수탁자의 합병 시에는 일반적인 채권자보호절차만이 문제 된다.

수탁자의 합병에도 불구하고 별도의 신탁합병이 없는 이상 각 신탁은 독립적으로 분별하여 관리된다. 각기 다른 신탁의 채권자가 타방의 신탁재산에 대하여 강제집행하는 것이 금지될 뿐 아니라 수익자 P와 Q도 타방의 신탁재산에 대하여 수익권을 주장할 수 없다. X와 Y의 고유재산이 통합되기는 하지만 원래 수익자는 수탁자의 고유재산에 대하여는 그 권리를 행사할 수 없으므로(제38조), 큰 이해관계가 있는 것은 아니다. 이렇게 볼 때 수탁자합병절차에서 수익자인 P, Q에 대하여는 채권자보호절차를 굳이 밟을 필요가 없다는 주장이 제기될 수 있다.[82] 그러나 다음과 같은 점을 고려할 때 수익채권을 갖는 수익자

자본시장법상 신탁업자에 대한 수익자는 신탁업자의 합병에 대하여 이의를 제기하여 그 임무를 종료시킬 수 있다.

82) 개정 신탁법의 입법과정에서 수익자의 지위가 채권자는 아니라는 견해가 제기된 바 있다. 법무부 법무실, 신탁법 개정 특별분과위원회 회의록 1, 2010, 347면.

도 상법 제527조의5의 채권자의 범주에 포함된다고 봄이 타당할 것이다. (i) 수익채권은 수익자가 수탁자에게 신탁재산에 속한 재산의 인도와 그 밖의 신탁재산에 기한 급무를 요구하는 청구권으로 정의되는바(제62조), 수탁자에 대하여 이러한 청구권을 갖는 이상 수탁자에 대한 채권자가 아니라고 보기는 어렵다. (ii) 대부분의 경우 수탁자 간의 합병에도 불구하고 신탁재산 및 수익권의 실질적 내용이 보전될 것이지만, 예외적으로 수탁자가 신탁재산에 대해 원상회복의무 등을 지고 있는 경우에는 수탁자 소유 고유재산의 질과 양이 신탁재산에 곧바로 영향을 미친다.[83)]

VII. 맺으면서

개정 신탁법은 신탁의 전개에 따라 신탁을 변화시킬 필요성을 인식하고 다양한 조항을 신설하였다. 그 흐름의 중심에는 가급적 신탁 당사자, 특히 수익자의 의사를 존중하려는 입장이 내재되어 있는 것으로 보인다. 일례로 일반적 신탁변경의 경우 구법에서는 법원에 의하여 제한적으로만 관리방법을 변경할 수 있었으나(구법 제36조), 개정법에 따르면 수익자 · 수탁자 · 위탁자의 합의로 광범위한 변경이 가능하다(제88조). 구법하에서 수탁자를 교체하려면 원칙적으로 법원의 관여가 필수적이었는바(구 수탁자 해임에 관하여 구법 제15조, 신수탁자 선임에 관하여 제17조 제1항), 개정법은 위탁자와 수익자가 합의하여 만약

83) 法務省民事局參事官室, 앞의 자료(주 65), 95면은 이를 고려하여 수탁자의 고유재산에 대하여 갖는 손해배상채권에 대하여만 채권자보호절차를 인정할 것을 제안한 바 있다.

위탁자가 없는 경우 수익자 단독으로 구 수탁자 해임 및 신수탁자 선임절차를 진행할 수 있다(제16조 제1항, 제21조 제1항). 개정법이 수익자 · 수탁자 · 위탁자의 합의로 실행할 수 있도록 규정한 신탁합병 · 분할 · 분할합병은 구법이 알지 못했던 제도이다. 이러한 개정 신탁법의 방향은 가급적 법원 등 외부의 관여를 최소화한다는 측면에서 볼 때 타당한 것이라고 하겠다.

개정 신탁법은 많은 경우에 신탁의 변동에 관해 신탁행위에서 달리 정할 수 있도록 허용한다. 일반적 신탁변경(제88조 제1항 단서), 구 수탁자 해임 및 신수탁자 선임(제16조 제1항 단서, 제21조 제1항 단서)의 경우가 대표적이다. 다만 다수의 이해관계자가 관련될 수 있는 신탁합병, 분할의 절차는 대부분 강행규정이다. 신탁행위는 위탁자의 의사에 따라 이루어지므로 신탁의 성립 이후의 변동까지 위탁자의 실질적인 의도에 따라 작동될 여지가 있는 셈이다. 또한 위에서 보았듯이 위탁자가 생존하는 이상 원칙적으로 위탁자의 승인 없이 신탁을 변동시키기 어렵다. 다만 위탁자 사후에는 수익자 단독으로 신탁을 변동시킬 여지가 커진다(구 수탁자 해임 및 신수탁자 선임은 수익자 단독 가능, 일반적 신탁변경은 수익자가 수탁자와 협의하여 실행 가능). 위탁자가 생존한 경우에만 비교적 강한 관여를 인정함으로써 위탁자의 권한과 수익자의 권한 사이의 조화를 꾀한 것이라고 볼 수 있을 것이다.

개정 신탁법이 신탁사채, 수익증권발행신탁과 함께 신탁합병 및 분할을 도입한 취지에는 향후 신탁법제가 회사법과 같은 조직법제로서 기능할 것을 염두에 둔 측면이 있다.[84] 다만 신설된 조항의 원형이라

84) 개정 신탁법의 조직법제로서의 성격에 관하여는 노혁준, "주식회사와 신탁에 관한 비교 고찰 : 재산분리 기능을 중심으로," 증권법연구 제14권 제2호(2013. 8), 629면 이하 참조.

고 할 수 있는 회사법제와 비교할 때 신탁합병, 분할, 분할합병의 효력 발생 시기, 신탁분할 및 분할합병 시의 신탁채권자보호 범위 등에서 입법적 보완이 필요한 부분도 있다.

04
관련 문제

제17장　신탁의 법률 문제

제18장　신탁과 국제사법

제19장　일본에서의 신탁 실무와 신탁법리의 전개

17

신탁의 법률 문제*

–신탁법과 세법–

김동수** · 마영민***

I. 서론

우리나라의 신탁제도는 신탁법의 신탁과 자본시장과 금융투자업에 관한 법률(이하 '자본시장법')의 집합투자기구인 투자신탁으로 대별해 볼 수 있다.

신탁법상 신탁이란 '위탁자와 수탁자 간의 신임관계에 기하여 위탁자가 수탁자에게 특정의 재산(영업이나 저작재산권의 일부를 포함)을 이전하거나 담보권의 설정 또는 그 밖의 처분을 하고 수탁자로 하여금 수익자의 이익 또는 특정의 목적을 위하여 그 재산의 관리, 처분, 운용, 개발, 그 밖에 신탁 목적의 달성을 위하여 필요한 행위를 하게 하는

* 이 논문은 BFL 제17호(2006. 5)에 게재된 글을 수정 · 보완한 것이다.

** 법무법인(유) 율촌 변호사

*** (주)나무코프 부사장

법률관계'를 뜻한다.[1)]

한편 자본시장법상 투자신탁은 '집합투자업자인 위탁자가 신탁업자에게 신탁한 재산을 신탁업자로 하여금 그 집합투자업자의 지시에 따라 투자 · 운용하게 하는 신탁형태의 집합투자기구'를 말한다.[2)] 집합투자란 '2인 이상에게 투자권유를 하여 모은 금전 등을 투자자로부터 일상적인 운용지시를 받지 아니하면서 재산적 가치가 있는 투자대상자산을 취득 · 처분 등의 방법으로 운용하고 그 결과를 투자자에게 배분하여 귀속시키는 것'을 의미한다.[3)] 흔히 펀드라고 불리는 집합투자기구는 집합투자를 수행하기 위한 기구, 즉 집합투자를 위한 재산의 집합체이다.

자본시장법상 투자신탁에 관한 법률관계는 신탁법상 신탁과 크게 다르지 않다. 오히려 양자를 아우르는 기본적인 원칙은 비슷하다. 다만 투자신탁이 갖는 고유한 특성을 감안하여 자본시장법은 투자신탁에 특화된 법리를 규정하고 있다. 예컨대 일반적으로 신탁은 위탁자와 수탁자의 신뢰관계를 바탕으로 각 건별로 운용되나, 투자신탁은 흔히 펀드 단위로 통합운용된다. 그리하여 동일한 펀드에 투자한 투자자 간에 동등한 권리를 갖는 수익자 평등의 원리와 운용 결과를 그대로 분배하는 실적배당원칙이 투자신탁에서는 중요한 의미를 갖는다.

이 글에서는 신탁과세의 기본적인 이론, 신탁거래에 대한 현행 개별 세법의 과세방법, 개별 신탁상품에 관한 세법상 쟁점을 살펴보고자 한다.

---

1) 신탁법 제2조.

2) 자본시장법 제9조 제18항 제1호.

3) 자본시장법 제6조 제5항.

II. 신탁거래에 관한 과세이론

우리 사법체계에서 권리 · 의무의 주체가 될 수 있는 인격을 가진 자는 자연인과 법인뿐이며, 사법상 일반적으로 신탁재산은 권리 · 의무의 주체가 될 수 있는 법인격이 없는 것으로 이해되고 있다. 그러나 신탁에 관한 일반법인 신탁법을 살펴보면, 신탁재산을 마치 신탁재산에 대한 권리와 구별되는 독립성을 갖는 것으로 취급하는 규정을 여럿 볼 수 있다.

예컨대 신탁법 제4조 및 제22조 이하에 규정된 신탁재산에 대한 관리처분권의 제한적 행사, 신탁재산의 상계금지, 수탁자의 파산 시 파산재단에서의 분리, 신탁재산의 불혼동, 신탁재산과 수탁자의 상속재산의 상호독립성 등을 그 예로 들 수 있다. 이러한 신탁의 독특한 사법상 성격으로 인하여 세법의 영역에서는 신탁재산 자체를 세법상 독립적인 과세 단위로 취급하여야 하는지의 본질적인 문제가 초래되는데, 신탁의 세법상 취급을 설명하는 이론으로는 전통적으로 신탁도관설과 신탁실체설 등이 있다.

1. 신탁도관설

이 견해는 신탁재산을 독립한 납세의무자가 아니라, 신탁을 통하여 발생한 소득을 수익자에게 분배해 주는 도관(導管, conduit)으로 본다. 이 견해에 따르면 신탁소득에 대한 과세는 분배하기 전의 운용과정에서 발생한 소득의 내용에 의해 결정되며, 세법의 적용에 있어서 신탁 자체는 아무런 의미를 가지지 않는다. 따라서 수익자의 소득의 성격은 신탁재산의 운용 내용별로 구분하고, 수익자가 받는 소득의 원천징수의무자는 신탁재산에 소득을 지급하는 자가 된다. 나아가 신탁보수를 차감하기 전의 금액을 신탁수익으로 보고, 주식이나 채권의 매매차익과 같이 수익자단계에서 비과세되는 소득에 대해서는 세금을 매길 수 없게 된다.[4)] 이 견해는 국세기본법 제14조, 법인세법 제4조의 '실질과세의 원칙'에 근거를 둔다.

그러나 신탁도관설에 의할 경우 신탁재산의 소득 실현의 시기와 수익자의 소득 실현 시기 사이에 차이가 발생하는 점을 설명하기 곤란하고, 수익자가 상당히 다수인 신탁의 경우 과세관청과 원천징수의무자에게 행정상 큰 부담을 준다는 점에서 신탁도관설은 비판을 받고 있다.

2. 신탁실체설

이 견해는 신탁재산 자체를 하나의 납세의무자로 인정하고 운용과정에서 발생한 소득과 수익자가 신탁재산으로부터 받는 분배금을 구별한다. 수익자가 신탁재산으로부터 받은 분배금은 신탁재산에 귀속되는 소득을 모두 통산하여 배당소득으로 과세된다. 이 견해를 일관하여 적용하면 신탁재산이 제3자로부터 소득을 지급받는 때와 수익자가 신탁재산으로부터 배당을 받을 때 모두 과세된다.

이때 수익자의 소득에 대한 원천징수의무자는 소득을 지급하는 제3자가 아니라 신탁재산의 수탁자가 된다. 원천징수의무자가 원천징수하여야 할 소득은 신탁재산이 받은 소득에서 신탁의 보수를 뺀 후의 금액이다. 또한 경제적으로 동일한 신탁소득에 대해서 신탁재산단계

4) 김재진 / 홍용식, 신탁과세제도의 합리화 방안, 한국조세연구원, 1998, 104면.

와 위탁자단계에서 두 번 과세가 되기 때문에 이중과세를 조정할 별도의 규정이 필요하다.

신탁실체설은 대체로 다음과 같은 논리를 근거로 든다.[5] 첫째, 신탁에 있어서의 법률적 소유권이 수탁자에게 있다. 둘째, 신탁재산에 귀속되는 모든 수입과 지출은 외견상 신탁재산에 귀속되는 것으로 나타난다. 셋째, 법인의 구성원인 주주 등 사원에게 법인의 이익을 분배해 주는 법인도 경제적 관점에서는 도관에 불과하다. 넷째, 신탁도관설에 비하여 세무처리가 훨씬 간단한 실용적 장점이 있다.

그러나 이에 대해서는 국세기본법 제14조와 법인세법 제4조의 실질과세의 원칙에 배치되고, 신탁재산을 법인과 동일시하는 것은 현행법의 신탁에 대한 일반적 취급과 불일치하는 문제가 있다는 비판이 있다.

III. 현행 세법상 신탁거래에 대한 과세제도의 개관

자본시장법 제정 이전에는 자본시장을 규율하기 위한 법률로 증권거래법, 선물거래법, 간접투자자산운용업법(이하 '간투법') 등이 있었다. 이후 자본시장의 활성화와 우리나라 금융산업의 발전을 위한 제도적 기반을 개선 · 정비하기 위하여 자본시장법이 제정되어 2009. 2. 4.부터 시행되었다. 이에 따라 '집합투자'에 대한 규정도 자본시장법으로 옮겨졌으며, 이러한 내용이 세법에도 반영되었다.

현행 세법은 신탁거래를 원칙적으로 신탁도관설에 입각하여 접근

5) 법령제정 실무작업반(김철배 / 박정훈 / 박철영 / 서종군 / 안창국 / 양중식 / 장봉기 / 정 철) 공저, 간접투자 해설, 박영사, 2005, 584면.

하고 있으나, 일부 신탁거래에 대해서는 정책적 목적과 과세의 효율성을 위하여 다르게 취급하고 있다. 즉 신탁의 일반적 성격은 도관으로 보아 소득귀속자 등을 파악하도록 규정하고 있으나, 예외적으로 일정한 요건을 충족하는 투자신탁 등의 경우에는 신탁을 거치는 동안 소득의 성격 및 수입 시기 등이 바뀌는 것으로 규정하고 있다.

이하에서는 신탁의 과세취급에 관하여 상세히 규정하고 있는 소득세법을 위주로 하여 법인세법, 부가가치세법, 지방세법, 상속세 및 증여세법 등 주요 세법에서 신탁거래에 대한 과세취급을 어떻게 하고 있는지에 대하여 살펴보도록 한다.

1. 소득세

(1) 신탁재산에 귀속되는 소득의 귀속자

소득세법은 신탁재산에 귀속되는 소득은 그 신탁의 이익을 받을 수익자(수익자가 특정되지 아니하거나 존재하지 아니하는 경우에는 그 신탁의 위탁자 또는 그 상속인)가 그 신탁재산을 가진 것으로 보고 있다.[6] 따라서 위탁자와 수익자가 동일한 자익신탁의 경우에는 수익자인 위탁자에게, 위탁자와 수익자가 별개로 존재하는 타익신탁의 경우에는 위탁자가 아니라 수익자에게 소득세가 과세된다.

이러한 규정은 신탁도관설에 입각한 것으로서, 신탁재산은 도관에 불과하므로 납세의무자가 될 수 없다는 것을 원칙적으로 확인하고 있는 것이다.

---

6) 소득세법 제2조의2 제6항.

(2) 수익자가 받는 신탁이익의 소득 구분

소득세법은 2008. 12. 26. 법 개정 시 자본시장법 시행에 따라 종전 투자신탁에서 집합투자기구로 간접투자기구의 유형을 확대하였다. 또한 신탁의 이익에 관한 소득세 과세체계를 개정하여 일반 신탁과 일정 요건을 갖춘 집합투자기구인 투자신탁을 구분하여 과세하고 있다.

1) 일반 신탁

소득세법에서는 일정 요건을 갖춘 집합투자기구인 투자신탁(이하 '투자신탁')에서 발생하는 이익(이하 '집합투자기구로부터의 이익')에 대해서는 일률적으로 배당소득으로 과세하도록 하는 반면, 투자신탁 외의 신탁(즉 일반 신탁)의 이익에 대해서는 수탁자에게 이전되거나 그 밖에 처분이 된 재산권에서 발생하는 소득의 내용에 따라 구분하여 과세하도록 규정하여 일반 신탁에 대한 과세를 명확히 하고 있다.[7)]

참고로 투자신탁과 투자회사는 동일한 집합투자기구이다. 그러나 투자신탁은 계약에 의하여 자금을 모집하나 투자회사는 형식상 주식(무액면)을 발행하여 자금을 모집한다. 현행 세법은 이와 같은 법률관계에 기초하여 투자회사를 일반 법인과 동일하게 보고 있다. 따라서 투자회사를 통한 간접투자는 세법상 직접투자(주식투자의 일종)로 취급된다.[8)]

---

7) 소득세법 제4조 제2항.

8) 홍범교 / 김재진 / 김진수 / 전병목, 간접투자세제의 개선방안, 한국조세연구원, 2008, 53면.

2) 투자신탁

소득세법은 다음의 요건을 모두 갖춘 집합투자기구로부터의 이익을 배당소득으로 보아 과세하고 있다.[9]

① 자본시장법에 따른 집합투자기구(자본시장법 제251조에 따른 보험회사의 특별계정[10]은 제외하되, 금전의 신탁으로서 원본을 보전하는 것을 포함)일 것

② 해당 집합투자기구의 설정일부터 매년 1회 이상 결산분배할 것. 다만 일부 이익[11]은 결산 시 분배를 유보할 수 있으며, 자본시장법 제242조에 따른 이익금이 0보다 적은 경우에도 분배를 유보할 수 있음(자본시장법 제9조 제22항에 따른 집합투자규약에서 정하는 경우에 한정)

③ 금전으로 위탁받아 금전으로 환급할 것(금전 외의 자산으로 위탁받아 환급하는 경우로서 해당 위탁가액과 환급가액이 모두 금전으로 표시된 것을 포함)

따라서 집합투자기구로부터의 이익은 그 소득의 원천과 상관없이 운용 결과를 다시 수익자에게 지급할 때에는 소득세법상 배당소득으로 취급된다. 이는 신탁실체설의 입장을 반영한 것으로 볼 수 있다.

종전에는 1회 이상 결산할 것을 요건으로 정하고 있었으므로 이익분배가 없는 경우 결산 시 과세 여부에 대해 논란이 있었다.[12] 이후 시행령 개정을 통해 매년 1회 이상 결산분배하도록 관련 규정을 명확히

9) 소득세법 제17조 제1항 제5호. 소득세법 시행령 제26조의2 제1항.

10) 자본시장법에서는 보험회사의 변액보험(즉 특별계정)을 동법의 적용 대상으로 보고 있으나, 소득세법 목적으로는 변액보험을 투자신탁의 범위에서는 제외하되, 보험차익으로 보아 이자소득으로 과세하고 있다. 소득세법 제16조 제1항 제9호.

11) 지수구성종목변경 등을 위한 상장지수집합투자기구(ETF)거래이익과 집합투자재산의 평가이익이 여기에 해당한다. 소득세법 시행령 제26조의2 제1항 제2호.

12) 구 소득세법 시행령(2009. 2. 4. 대통령령 제21301호로 개정되기 전의 것) 제23조 제1항 제3호.

하였다. 그리하여 투자자산의 평가차익에 대하여는 결산 시 과세 또는 환매 시 과세 중 하나를 투자자가 선택할 수 있게 되었다. 이는 과세대상이익의 변동에 따라 투자자의 세부담이 과중해지는 경우를 막기 위한 것이다.[13)]

다만 위의 투자신탁의 요건을 갖추었다고 하더라도 투자자가 거주자(비거주자나 외국 법인 포함) 1인이거나 거주자(비거주자나 외국 법인 포함) 1인 및 그와 특수관계에 있는 자로서 사실상 투자자가 자산의 운용에 관한 의사결정을 하는 사모집합투자기구에 대해서는 투자신탁을 이용한 조세회피를 방지하기 위하여 투자신탁으로 보지 않고 일반신탁으로 보아 과세한다.[14)]

3) 국외 투자신탁

소득세법은 국내법이 아닌 국외에서 설정된 집합투자기구에 대해서는 현실적인 관리의 어려움 등을 감안하여 국내 투자신탁과는 달리 요건을 갖추지 아니하는 경우에도 투자신탁으로 보아 그 국외 신탁으로부터 받는 신탁의 이익에 대해서는 배당소득으로 보도록 규정하고 있다.[15)]

(3) 신탁의 이익의 계산방법

소득세법상 신탁의 이익 및 분배금에는 신탁재산에 귀속되는 모든 소득이 포함되며, 그 계산 시 신탁운용에 따른 비용을 차감하는 것을

---

13) 기획재정부, 2008 간추린 개정세법, 2009, 78면 참조.

14) 소득세법 시행령 제26조의2 제8항.

15) 소득세법 시행령 제26조의2 제2항.

원칙으로 한다.

다만 소득세법은 신탁재산에 귀속되는 소득의 범위와 관련하여 투자신탁의 경우 직접투자와의 균형을 맞추기 위해 유가증권시장이나 코스닥시장에 상장된 유가증권 또는 이를 대상으로 하는 장내파생상품 그리고 벤처기업육성에 관한 특별조치법에 따른 벤처기업의 주식 또는 출자지분의 거래나 평가로 인하여 발생한 이익이나 손실은 과세되는 집합투자기구로부터의 이익에서 제외하는 것으로 하고 있다.[16]

그러나 채권 등의 거래 및 평가로 인한 손익은 제외하지 않아 집합투자기구로부터의 이익에 포함되어 과세된다. 이 부분은 직접투자와 비교할 때 신탁을 통한 간접투자가 과세상 불리한 취급을 당하는 부분이다.

투자신탁의 경우 신탁운용에 따른 비용으로 자본시장법에 따른 각종 보수수수료 등이 차감되며, 특정금전신탁인 일반 신탁에 대해서도 신탁의 이익은 보수수수료 등을 차감한 금액으로 한다.[17]

(4) 수익자가 받는 소득의 수입 시기

신탁이 도관에 불과한 경우 수익자가 받는 소득의 수입 시기는 신탁재산에 소득이 귀속되는 시기와 같다. 일반 신탁의 경우에는 이와 같이 보아야 할 것이다.

그러나 투자신탁의 경우에는 신탁재산에 소득이 귀속되는 시기와 다르게 수익자의 소득의 수입 시기를 별도로 규정하고 있으므로, 이에 따라야 한다. 투자신탁의 경우 집합투자기구로부터의 이익을 지급

16) 소득세법 시행령 제26조의2 제4항.
17) 소득세법 시행령 제4조의2 제3항.

받은 날을 수입 시기로 하며, 원본에 전입하는 뜻의 특약이 있는 분배금은 그 특약에 의하여 원본에 전입된 날로 규정하고 있다.[18)]

(5) 원천징수

소득세법상 일반 신탁의 경우 도관에 불과한 것으로 보고 있으므로, 신탁재산이 제3자로부터 소득을 지급받는 때 원천징수대상이라면 소득지급자가 그에 따라 원천징수를 해야 한다. 그러나 소득지급자가 개별 수익자 또는 신탁소득의 지급 시점을 알기 어렵다. 이와 같은 문제를 해결하기 위하여 소득세법 제127조 제2항의 원천징수를 하여야 할 자를 대리하거나 그 위임을 받은 자의 행위는 수권 또는 위임의 범위에서 본인 또는 위임인의 행위로 보아 원천징수규정을 적용하도록 실무상 해석하기도 하였다. 그리하여 실무에서는 위 해석에 따라 신탁업자가 원천징수를 하였다.

이후 2010. 12. 27. 법 개정 시 자본시장법에 따른 신탁업자는 신탁재산을 운용하거나 보관 · 관리하는 경우에는 해당 신탁업자와 해당 신탁재산에 귀속되는 소득을 지급하는 자 간에 원천징수의무의 대리 또는 위임의 관계가 있는 것으로 보아 원천징수하도록 개선하였다.[19)]

반면 일반 신탁의 경우에는 일반적인 원천징수방법에도 불구하고 원천징수를 대리하거나 위임받은 자가 소득이 신탁에 귀속된 날부터 3개월 이내의 특정일(동일 귀속연도 이내로 한정한다)에 원천징수하도록 하고 있다.[20)] 종전 실무처럼 신탁실체설에 근거하여 수익자에게 이익

18) 소득세법 시행령 제46조 제7호.

19) 소득세법 제127조 제4항.

20) 소득세법 제155조의2.

을 지급하는 날을 지급 시기로 보아 과세하면 과세이연 문제가 발생한다. 또한 신탁재산에 소득이 귀속될 때마다 원천징수하면 행정비용이 증가한다. 이러한 문제를 해결하기 위하여 3개월마다 원천징수할 수 있도록 개정한 것이다.[21)]

2. 법인세

(1) 신탁재산에 귀속되는 소득의 귀속자

법인세법은 신탁재산에 귀속되는 소득은 그 신탁의 이익을 받을 수익자(수익자가 특정되지 아니하거나 존재하지 아니하는 경우에는 그 신탁의 위탁자 또는 그 상속인)가 그 신탁재산을 가진 것으로 보면서, 자본시장법의 적용을 받는 법인의 신탁재산에 귀속되는 수입과 지출은 그 법인에 귀속되는 수입과 지출로 보고 있지 않는바 원칙적으로 신탁도관설의 입장을 취하고 있음을 알 수 있다.[22)]

한편 법인세법은 소득세법에서 규정하고 있는 투자신탁에 대해서는 소득의 구분 및 수입 시기 등에 관하여 소득세법을 준용하고 있으므로, 이러한 투자신탁 역시 신탁도관설의 예외로 운용되고 있음을 알 수 있다.

(2) 수익자가 받는 신탁이익의 소득 구분

법인세법은 신탁으로 인한 소득은 수익자가 그 신탁재산을 가진 것

21) 기획재정부, 앞의 책(주 13), 82면 참조.
22) 법인세법 제5조.

으로 보므로 일반 신탁의 경우 신탁재산의 운용으로 인한 소득의 성격 역시 바뀌지 않는다. 다만 법인세법은 소득세법상 배당소득의 정의를 준용하고 있으므로 집합투자기구로부터의 이익의 소득 구분 역시 소득세법규정에 따라 배당소득으로 보아야 할 것이다.[23)]

(3) 신탁의 이익의 계산방법

법인세법은 순자산증가설에 의하여 익금과 손금을 계산하므로 수익자인 법인의 과세소득을 계산할 때 신탁재산에 귀속되는 모든 수익이 익금에 산입되며 신탁운용에 따른 비용은 손금으로 차감한다.

(4) 수익자가 받는 소득의 수입 시기

법인세법은 신탁으로 인한 소득은 수익자가 그 신탁재산을 가진 것으로 보므로 신탁재산의 운용으로 인한 소득의 수입 시기 역시 신탁재산에 소득이 귀속되는 시점이라고 보아야 할 것이다.

다만 법인세법은 소득세법상 집합투자기구로부터의 이익에 대해서는 소득 구분뿐 아니라 그 수입 시기 역시 준용하고 있으므로, 실제 신탁재산에 소득이 귀속되더라도 신탁재산으로부터 분배받기 전까지는 과세되지 아니한다. 법인세법은 2008. 12. 26. 법 개정 시 이를 반영하여 소득이 자본시장법에 따른 투자신탁재산에 귀속되더라도 해당 소득금액은 어느 누구에게도 지급된 것으로 보지 아니한다고 명확히 하였다.[24)]

---

23) 법인세법 제73조.

24) 법인세법 제73조 제2항.

(5) 원천징수

법인세법은 수익자가 신탁의 재산을 가진 것으로 보므로, 신탁재산이 제3자로부터 소득을 지급받는 때 원천징수대상이라면 소득지급자가 그에 따라 원천징수해야 하지만 소득세법과 마찬가지로 실무상 어려움을 감안하여 신탁소득지급자와 신탁업자 간에 대리 · 위임관계가 있는 것으로 보아 신탁업자가 원천징수하도록 규정하고 있다.[25)]

법인세법은 소득세법 제17조 제1항 제5호에 따른 집합투자기구로부터의 이익 중 투자신탁의 이익에 대하여 배당소득 가운데 유일한 원천징수대상으로 규정하고 있다. 수익자인 내국 법인이 신탁재산으로부터 소득을 받을 때 신탁업자가 법인세를 원천징수해야 한다.[26)]

또한 신탁재산에 귀속되는 채권을 만기 이전에 중도 매매하는 경우 채권 보유 기간 이자상당액도 원천징수대상 이자소득에 포함되므로 원천징수해야 한다. 이때 수익자의 원천징수의무를 신탁업자가 대리 · 위임받은 것으로 본다.[27)]

반면 종전에는 신탁재산에 귀속되는 소득 중 소득세법 제46조의 '채권 등의 이자'에 대해서는 해당 신탁재산을 내국 법인으로 보아 신탁업자가 법인세를 원천징수하여 왔다.[28)] 그러나 2008. 12. 26. 세법 개정 시 관련 조항을 폐지하여 채권이자소득에 대해 원천징수대상에서 제외하였다.

신탁과세이론의 입장에서 보면 투자신탁에 대해서 원천징수하던

25) 법인세법 시행령 제111조 제7항.

26) 법인세법 제73조 제1항 제2호.

27) 법인세법 시행령 제113조 제1항 및 제14항.

28) 구 법인세법 시행령(2009. 2. 4. 대통령령 제21302호로 개정되기 전의 것) 제112조.

종래 입장은 신탁실체설에 입각한 것이다. 그런데 개정 세법은 투자신탁재산에 귀속되는 시점에는 해당 소득금액이 어느 누구에게도 지급되지 아니한 것으로 본다고 규정하였다. 이와 같은 개정 내용은 신탁도관설의 입장을 강화한 것으로 풀이할 수 있다.[29)]

(6) 투자신탁의 외국 납부세액공제 특례

법인세법은 자본시장법에 따른 투자회사 등의 국외 자산투자에 따른 국제적 이중과세를 방지하기 위하여 간접투자회사 등의 외국 납부세액공제 특례제도를 적용하고 있다.[30)]

이러한 특례제도는 투자신탁의 경우에도 적용되는데, 투자신탁의 경우에는 투자신탁을 내국 법인으로 보아 국외 자산에 투자하여 얻은 소득에 대해서 납부한 외국 납부세액은 공제받을 수 있는 것으로 하되, 해당 투자신탁의 회계 기간의 외국 납부세액이 해당 투자신탁의 법인세액을 초과하는 경우에는 해당 투자신탁의 결산일부터 3개월 이내에 외국 납부세액환급신청서 등을 첨부하여 납세지 관할 세무서장에게 환급신청을 할 수 있도록 규정하고 있다. 다만 이 경우 투자신탁재산을 운용하는 집합투자업자는 해당 투자신탁을 대리하는 것으로 본다.[31)]

29) 이중교, "신탁법상의 신탁에 관한 과세상 논점," 법조 제58권 제12호(2009. 12), 333면 부분 인용.

30) 법인세법 제57조의2 제1항.

31) 법인세법 제57조의2 제3항 및 제5항.

3. 부가가치세

부가가치세법은 자본시장법에 따른 투자신탁업, 투자회사업, 집합투자업(다만 집합투자업자가 투자자로부터 자금 등을 모아서 부동산, 실물자산 및 부동산의 사용에 관한 권리, 어업권, 광업권, 그 밖에 이와 유사한 재산 가치가 있는 자산에 운용하는 경우를 제외한다), 신탁업 등에 해당하는 역무에 대해서는 금융보험용역으로 보아 면세로 규정하고 있어, 집합투자업자의 자산운용과 관련한 행위는 면세용역임을 명확히 하고 있다.[32)]

예외적으로 자본시장법에 따른 집합투자업자라 하더라도 부동산 임대용역의 제공은 면세하는 금융보험용역에서 제외하고 있다.[33)]

다만 신탁재산이 공급하는 재화에 대해서도 면세인지는 명확하지 않다. 부가가치세법은 주식이나 채권거래에 대해서는 부가가치세 과세대상으로 보고 있지 않으므로, 이 부분에 대해서는 특별히 문제가 제기되지 아니한다.[34)] 그러나 부동산(토지 제외) 등 실물자산에 투자하는 경우에는 부가가치세 과세대상이 되는 재화의 공급으로 취급되어 부가가치세가 과세될 수 있다.

이와 관련하여 주로 문제가 되는 것은 신탁재산의 운용 등과 관련한 사업자의 등록 및 세금계산서 교부의 주체일 것인데, 부가가치세법은 이에 대해서는 특별한 규정을 두고 있지 않는 까닭에 실무적으로는 유권해석에 의존하고 있다.

현재까지의 유권해석 및 판례에 따르면 신탁재산의 운용 등과 관련

32) 부가가치세법 시행령 제40조 제1항 제2호.

33) 부가가치세법 시행령 제40조 제4항 제3호.

34) 부가가치세법 기본통칙 6-14-2.

한 사업자의 등록 및 세금계산서 교부에 대해서는 자익신탁의 경우에는 신탁재산이나 수탁자가 아닌 위탁자가 사업을 하는 것으로, 타익신탁의 경우에는 수익자가 사업을 하는 것으로 보아 사업자등록도 하고 세금계산서도 교부하여야 하며, 같은 논리로 수익증서를 매도한 경우에는 수익증서가 표창하는 재산에 따라 수익증서 매도가 부가가치세 과세대상이 될 수 있다고 해석하고 있다. 예를 들어 임대용 부동산 소유자(위탁자)가 동 부동산을 부동산신탁회사(수탁자)에 신탁하고 신탁회사가 이를 임대 · 운영하는 경우 해당 부동산 소유자는 부동산 등기부상의 소재지를 사업장으로 하여 사업자등록을 해야 하는 것이고,[35] 타익신탁의 경우 그 우선수익권이 미치는 범위 내에서는 신탁재산의 관리 · 처분 등으로 발생한 이익과 비용도 최종적으로 수익자에게 귀속되므로 사업자 및 부가가치세 납세의무자는 위탁자가 아닌 수익자로 보아야 한다.[36] 또한 부동산신탁회사(수탁자)로부터 수익증서를 교부받은 위탁자가 이를 수익자에게 매각한 경우 신탁의 이익이 수익자에게 귀속되는 등 부동산에 대한 통제권이 이전된 것으로 볼 수 있는 경우 재화의 공급으로 보아 부가가치세가 과세된다.[37]

유의할 것은 자본시장법에 따른 부동산집합투자기구로 활용되는 부동산투자신탁의 경우에는 과세관청은 수익자인 투자자가 아니라 위탁자인 자산운용회사(집합투자업자)를 부가가치세 납세의무자로 보고 있다는 점이다. 이때 해당 부동산 소재지를 집합투자업자의 지점으로 보아 사업자등록을 하되, 해당 사업자등록증의 대표자는 집합투자업자가 금융투자협회에 운용전문인력으로 등록한 자를 요건으로

35) 부가 22601-18, 1993. 1. 8.

36) 대법 2005두2254, 2006. 1. 13.

37) 서면3팀-1599, 2005. 9. 23, 부가-425, 2011. 4. 20. 외.

한다.[38] 이러한 유권해석은 실무상 수익자인 투자자를 부가가치세 납세의무자로 보는 경우 예상되는 집행상 어려움을 고려하여 나온 해석으로 보인다.

4. 지방세

(1) 취득세

1) 납세의무자

지방세법 제7조 제1항의 '부동산의 취득'이란 부동산의 취득자가 실질적으로 완전한 내용의 소유권을 취득하는가의 여부에 관계없이 소유권 이전의 형식에 의한 부동산 취득의 모든 경우를 포함한다.[39] 취득세는 취득행위를 과세 객체로 하여 부과하는 행위세로서 취득세의 납세의무자는 취득세 과세물건의 취득자가 된다. 따라서 수탁자인 신탁회사에 귀속된 신탁재산인 토지 위에 건축물을 신축하여 지목이 변경된 경우 동 건축물에 대한 취득세의 납세의무자는 수탁자이다.[40]

2) 형식적인 소유권의 취득에 따른 취득세 비과세

지방세법은 신탁으로 인한 신탁재산의 취득으로서 (i) 위탁자로부터 수탁자에게 신탁재산을 이전하는 경우의 취득, (ii) 신탁의 종료로 인하여 수탁자로부터 위탁자에게 신탁재산을 이전하는 경우의 취득, (iii) 수탁자가 변경되어 신수탁자에게 신탁재산을 이전하는 경우의 취

38) 서면3팀-1497, 2004. 7. 26.
39) 대법원 2002. 6. 28. 선고 2000두7896 판결.
40) 지방세운영-2124, 2008. 11. 11.

득은 형식적인 소유권의 취득으로 보아 취득세를 비과세하고 있다. 예외적으로 신탁재산의 취득 중 주택조합 등과 조합원 간의 부동산 취득 및 주택조합 등의 비조합원용 부동산 취득은 제외한다.

다만 이 경우 신탁이라 함은 신탁법에 의한 신탁으로서 신탁등기가 병행되는 것에 한하는 것이고 명의신탁해지를 원인으로 하는 취득은 과세대상으로 보고 있다.[41] 또한 타익신탁에서 신탁의 종료 또는 해지로 인하여 수탁자로부터 수익자에게 신탁재산을 이전하는 경우에도 위의 비과세거래에 해당하지 아니하므로 취득세가 과세된다.

3) 수익증권의 취득세 과세

실무적으로 지방세와 관련하여 위탁자가 부동산을 신탁하고 교부받은 수익권증서를 타인에게 이전하는 경우 수익권증서를 매수한 자가 실질은 부동산을 취득한 것으로 보아 취득세를 부과할 수 있는지에 대해 문제가 될 수 있다.

종전의 과세관청 입장에 의하면, 신탁수익권 중 취득세의 과세대상 물건이 있는 경우 해당 물건은 취득세 과세대상이 될 수 있다.[42] 이후 기존 입장을 바꾸어 취득세 과세대상에서 제외하였다. 즉 신탁부동산의 지분이 표시된 수익권증서를 양수한 것은 신탁부동산에서 발생되는 수익을 우선적으로 받을 수 있는 권리를 양수한 것일 뿐 수익권증서에 표시된 신탁부동산을 취득한 것은 아니므로 취득세 과세대상이 될 수 없다고 해석한 것이다. 현재 변경된 해석이 통용되고 있다.[43]

41) 지방세법 제9조 제3항.
42) 세정13407-297, 2001. 9. 6.
43) 세정13407-323, 2003. 4. 23, 세정-4636, 2004. 12. 20, 세정-1919, 2007. 5. 25.

(2) 재산세

원칙적으로 재산세 납세의무자는 과세기준일 현재 재산을 사실상 소유하고 있는 자가 재산세 납세의무자이다. 그러나 종전 지방세법은 신탁법에 따라 수탁자 명의로 등기등록된 신탁재산에 대하여 예외적으로 위탁자를 납세의무자로 규정하였다.[44)]

2014. 1. 1. 지방세법 개정 시 신탁재산에 대한 재산세 납세의무자 예외규정을 삭제하여 납세의무자를 사실상 소유자인 수탁자로 변경하였다. 또한 신탁재산과 고유재산을 구분하고 신탁재산은 위탁자별로 구별하되 구분된 재산에 대한 납세의무자는 각각 다른 납세의무자로 보도록 규정하였다.[45)] 누진과세체계에 따른 불이익이 수탁자에게 가지 않도록 신탁재산과 고유재산을 구분하고, 구분된 재산에 대한 납세의무자를 각각 달리 보도록 한 것이다.

또한 신탁법에 따라 수탁자 명의로 등기된 신탁재산에 대한 재산세가 체납된 경우에는 재산세가 체납된 해당 재산에 대해서만 압류할 수 있고, 재산세가 체납된 재산이 속한 신탁에 위탁자가 동일한 다른 재산이 있는 경우에는 그 재산에 대하여도 압류할 수 있도록 규정하고 있다.[46)] 신탁재산의 경우 법률상 소유자는 수탁자이나 재산세 납세의무자는 위탁자로 되어 있어, 납세의무자가 재산세를 체납하더라도 다른 재산이 없는 경우 신탁재산에 대하여 체납처분을 이행할 수 없는 경우가 있었다. 위 규정은 이와 같은 문제를 해결하기 위한 것으로 이해할 수 있다.

---

44) 구 지방세법(2014. 1. 1. 법률 제12153호로 개정되기 전의 것) 제107조 제2항 제5호.

45) 지방세법 제107조 제1항 제3호.

46) 지방세법 제119조의2.

5. 상속세 및 증여세

(1) 상속재산으로 보는 신탁재산

상속세 및 증여세법은 피상속인이 신탁한 재산은 상속재산으로 보되, 타인이 신탁의 이익을 받을 권리를 가지고 있는 경우에는 그 부분을 상속재산가액에서 제외하도록 하고 있다. 반대로 피상속인이 타인으로부터 신탁의 이익을 받을 권리를 소유하고 있는 경우에는 그 부분은 상속재산에 포함하도록 하고 있다.[47)]

(2) 신탁이익의 증여

상속세 및 증여세법은 신탁계약에 의하여 위탁자가 타인을 수익자로 지정하여, 원본의 이익을 받을 권리를 소유하게 한 경우에는 수익자가 그 원본을 받은 경우에, 수익의 이익을 받을 권리를 소유하게 한 때에는 수익자가 그 수익을 받은 경우를 증여세 과세 계기로 보아서 수익자로 하여금 증여세를 납부하도록 규정하고 있다. 이 경우 수익자가 특정되지 아니하거나 아직 존재하지 아니하는 경우에는 위탁자 또는 그 상속인을 수익자로 보고, 수익자가 특정되거나 존재하게 된 경우에 새로운 신탁이 있는 것으로 본다.[48)]

이때 신탁의 이익의 증여의 시기는 원본 또는 수익이 수익자에게 실제 지급되는 때로 한다. 다만 예외적으로 원본 또는 수익을 수회로 분할하여 지급하는 때에는 해당 원본 또는 수익의 최초 분할지급일이

47) 상속세 및 증여세법 제9조.

48) 상속세 및 증여세법 제33조.

증여 시점이 되며, 신탁계약을 체결하는 날에 원본 또는 수익의 이익이 확정되지 아니한 경우로서 이를 분할하여 지급하는 때에는 해당 원본 또는 수익의 실제 분할지급일이 원칙적인 증여 시점이 된다. 증여 시기에 대한 예외로서는 수익자가 그 이익을 받기 전에 신탁재산의 위탁자가 사망한 경우는 그 사망일, 신탁계약에 의하여 원본 또는 수익을 지급하기로 약정한 날까지 원본 또는 수익이 수익자에게 지급되지 아니한 경우에는 그 지급 약정일이 증여 시점이 된다.[49]

Ⅳ. 개별 신탁상품 관련 세법상 쟁점

1. 자본시장법에 따른 부동산집합투자기구의 경우

(1) 문제의 소재

자본시장법에서는 부동산투자신탁을 부동산집합투자기구로 허용하고 있다. 부동산집합투자기구와 관련하여서는 투자자가 얻는 부동산집합투자기구로부터의 이익에 대하여 어떻게 과세할 것인가 하는 문제와 부동산의 이전에 따른 취득세 등 거래세에 대한 부담 등이 문제 될 수 있다. 이와 관련하여 조세특례제한법은 자본시장법에 따른 부동산집합투자기구의 집합투자재산으로 2014. 12. 31.까지 취득하는 부동산에 대하여 취득세를 30퍼센트 감면하고 있는데, 집합투자재산의 조달의 원천에 따라 감면 여부가 달라지는지가 문제 될 수 있다.

49) 상속세 및 증여세법 시행령 제25조 제1항.

또한 소득세법은 부동산집합투자기구로부터의 이익에 대해서는 배당소득으로 과세하면서 부동산투자신탁을 이용한 조세회피를 방지하기 위하여 일정 요건을 충족하는 사모집합투자기구에 대해서는 투자신탁이 아닌 일반 신탁으로 보도록 하고 있는데, 일반 신탁으로 보는 요건과 관련하여서도 논란이 있는 듯하다.

(2) 지방세 감면 문제

자본시장법에 따른 부동산집합투자기구는 부동산을 담보로 제공하는 등의 방법으로 자금을 차입하는 것이 허용되므로 투자자로부터 조달한 투자재원과 차입금을 합하여 부동산을 취득할 수 있다.[50] 감면의 근거가 되는 조세특례제한법 관련 규정(동법 제120조 제4항 제2호)은 2004. 12. 31.자로 '부동산간접투자기구의 신탁재산으로 취득하는 부동산'에서 '부동산간접투자기구의 간접투자재산으로 취득하는 부동산'으로 개정되었다. 지방세 과세당국에서는 개정되기 이전의 부동산거래에 대하여는 차입금을 재원으로 한 취득에 대하여는 감면이 적용되지 않으나, 개정 후의 규정하에서는 취득세가 감면되는 간접재산으로 취득하는 부동산의 범위에는 부동산투자신탁이 금융기관으로부터 차입한 차입금과 투자자들의 투자재원을 합한 금액을 말한다고 해석하였다.[51] 결국 조세특례제한법규정이 빌려 사용하고 있는 자본시장법상 부동산집합투자기구의 신탁재산이나 집합투자재산의 개념을 어떻게 해석할 것인가 하는 문제로 귀착될 것이나, 부동산집합투자기구가 차입한 돈도 자본시장법상 신탁재산에 포함된다고 해석되는바, 개

50) 자본시장법 제94조 제1항.
51) 지방세정팀-1481, 2006. 4. 12.

정 전의 부동산취득거래의 경우에 차입금을 취득재원으로 하였다고 하더라도 동일한 감면 혜택을 부여하는 것이 타당할 것이다.

한편 부동산집합투자기구 등록일 전에 집합투자재산으로 취득한 부동산의 취득세 감면 여부가 유권해석에서 다루어진 적이 있다. 위 유권해석에 의하면 신탁형태의 집합투자기구의 경우 이를 설정하고자 하는 집합투자업자가 신탁업자와 신탁계약을 체결함으로써 설립되며, 이와 별도로 자본시장법에 의한 등록 여부는 집합투자기구로서 인정되는 데 영향을 미친다고 볼 수 없다.[52)]즉 과세관청은 해당 사안이 취득세 감면대상임을 확인하였다.

(3) 일반 신탁으로 보는 사모집합투자기구의 요건

소득세법은 일반 신탁으로 보는 사모집합투자기구의 요건으로 (i) 투자자가 거주자(비거주자 및 외국 법인 포함) 1인 또는 거주자(비거주자 및 외국 법인 포함) 1인 및 특수관계자만으로 구성되어 있고, (ii) 투자자가 사실상 자산운용에 관한 의사결정을 하는 경우를 들고 있다.[53)] 일반 신탁으로 취급되는 경우에는 부동산의 운용 현황에 따라 운용수익(임대료), 처분수익 등을 직접 수익한 것으로 보아서 과세되므로 구별의 실익이 크다.

법문의 해석론으로는 위 2가지 요건이 모두 충족되어야 일반 신탁으로 취급되는 것으로 보인다. 그런데 실무적으로 (i) 요건의 충족 여부와 관련하여 논란이 될 수 있다. 예를 들어 전체 투자액의 대부분을 투자한 투자가와 형식상 소액의 투자를 한 자로 구성된 투자신탁은

52) 세제-13119, 2013. 10. 16.

53) 소득세법 시행령 제26조의2 제8항.

과연 일반 신탁이냐 아니냐 하는 문제 제기가 있을 수 있다(극단적인 예를 들면 2인 투자자로서 갑은 99.99퍼센트, 을은 0.01퍼센트 투자 시). 기본적으로는 각 사안의 사실관계에 따라 개별적으로 판단할 문제로 보인다. 만약 소액 투자자가 형식만 투자행위를 한 것이고 실질적으로는 소액 투자자의 투자에 따른 위험과 효익을 다액 투자자가 부담하는 것이라면 이는 사실상 다액 투자자가 전적으로 투자하는 것에 불과하다고 할 것이나, 실상이 소액 투자자가 자신의 책임과 계산으로 투자한 것이라면 그러한 투자는 인정되어야 할 것이다. 다시 말해 시행령 문구가 거주자(비거주자 및 외국 법인 포함) 1인 및 특수관계자만이 투자자일 경우를 요건으로 하고 있고 특수관계 없는 2인 이상 투자자들 간 투자비율에 대해서는 별도의 요건을 두고 있지 않으므로 만약 특수관계 없는 다른 투자자가 경제적 비중상으로는 형식상에 그친 투자를 하는 경우라고 하더라도 일반 신탁이 아닌 투자신탁으로 보아야 할 것이다.

2. 집합투자증권의 전환과 이자 · 배당소득의 과세 계기

(1) 문제의 소재

투자자가 자본시장법에 따른 투자신탁에 신탁원본을 투자하면 집합투자업자는 '수익증권 또는 주식'(이하 '집합투자증권'이라 한다)을 발행해 준다.[54] 그런데 신탁 기간 중에 기존의 집합투자증권이 새로운 집합투자증권으로 전환되는 경우가 있다. 그 대표적인 예로 (i) 종류형

54) 자본시장법 제189조.

집합투자기구의 집합투자증권의 전환, (ii) 전환형 집합투자기구의 집합투자증권의 전환, (iii) 투자신탁의 합병으로 인한 집합투자증권의 전환이 있다.

그런데 이와 같은 집합투자증권의 전환을 세무상 과세 계기로 볼 수 있는지, 즉 종전 집합투자증권의 환매 및 새로운 집합투자증권의 취득으로 보아야 하는지 여부가 문제 된다. 이는 곧 기존의 집합투자증권과 전환된 집합투자증권 사이에 동일성이 인정되는지 여부의 문제로 귀결된다. 위 논의가 중요한 의미를 갖는 이유는 집합투자증권의 환매로 볼 경우 투자자가 환매일에 이자소득 · 배당소득을 받은 결과가 되어 소득세 또는 법인세가 원천징수되기 때문이다.[55]

(2) 집합투자증권의 동일성 판단기준

기존의 집합투자증권과 전환된 집합투자증권의 동일성 여부는 각 집합투자증권이 표창하는 신탁거래의 실체가 서로 동일한지를 기준으로 판단하여야 할 것이다. 집합투자라는 신탁거래의 실체를 판단하는 요소로는 여러 가지가 있겠으나, 그 핵심은 집합적으로 공동운용되는 신탁재산의 동일성 여부이다. 집합투자증권은 이익분배금 지급청구권 및 상환금 지급청구권, 환매청구권, 수익자 총회소집요구권, 수익증권 매수청구권 등과 같은 수익자의 권리 전체를 표창하는 재산권이며, 이러한 권리는 신탁재산 자체 또는 그를 원천으로 하는 이자 또는 배당소득을 대상으로 하기 때문이다. 따라서 집합투자증권이 전환되더라도 신탁재산의 동일성이 인정된다면, 세무상 기존의 집합투자

55) 개인 투자자의 경우 소득세법 시행령 제46조 제7호. 법인 투자자의 경우 법인세법 시행령 제70조 제2항.

증권을 환매한 것으로 취급하는 것은 적절하지 아니할 것이다.[56)]

(3) 종류형 집합투자기구의 경우

종류형 집합투자기구란 투자자에게 부과되는 '판매보수'의 차이로 인하여 '기준가격'이 다르거나 판매수수료가 다른 여러 종류의 집합투자증권(수익증권 또는 주식)을 발행하는 집합투자기구를 말한다.[57)] 본래 하나의 펀드에 신탁보수와 수수료에 대한 투자자의 다양한 요구를 받아들여 신탁재산을 늘림으로써 펀드운용 시 규모의 경제를 실현하기 위한 것이다. 최근에는 투자자의 신탁금액과 신탁 기간에 따라 신탁보수와 수수료를 차등화함으로써 투자자로 하여금 더 많은 금액을 더 오랜 기간 동안 하나의 펀드에 신탁하도록 유도하는 역할을 하고 있다. 따라서 종류형 집합투자기구는 하나의 신탁재산을 전제하고 있다. 나아가 실무에서는 종류형 집합투자기구의 집합투자증권이 투자자의 의사와는 상관없이 신탁 기간의 경과에 따라 신탁보수 및 수수료가 더 낮은 수익증권으로 자동전환되고 있다.

그렇다면 종류형 집합투자기구에서 집합투자증권의 전환은 기존의 집합투자증권의 환매 및 새로운 집합투자증권의 취득으로 보기는 어

---

56) 한만수/이미현/오 윤, 간접투자시장 활성화를 위한 바람직한 세제지원 방향, 한국예탁결제원, 2005, 22면에서는 신탁재산의 동일성 외에 투자자가 자산운용회사에게 이전한 투자자산의 동일성도 그 판단기준으로 언급하고 있다.

57) 자본시장법 제231조 제1항. 달리 말하면, 적어도 두 개 이상의 하위펀드를 보유하면서 각 하위펀드가 발행한 주식 · 수익증권의 보유자로 하여금 그들의 주식 · 수익증권의 전부 혹은 일부를 한 하위펀드에서 다른 펀드로 자유롭게 전환(switch)할 수 있는 기회를 제공하는 단일한 집합투자기구이다. 이중기, "엄브렐라펀드의 사법적 구조와 규제감독에 관한 비교법적 연구," 증권법연구 제4권 제1호(2003), 63면.

렵다. 따라서 집합투자증권이 전환되더라도 이자소득 또는 배당소득을 인식하여서는 안 될 것이다.

(4) 전환형 집합투자기구의 경우

전환형 집합투자기구(umbrella fund)란 복수의 집합투자기구 간에 각 집합투자기구의 투자자가 소유하고 있는 집합투자증권을 다른 집합투자기구의 집합투자증권으로 전환할 수 있는 권리를 투자자에게 부여하는 구조의 집합투자기구를 뜻한다.[58] 본질적으로 신탁재산을 달리하는 여러 개의 하위펀드를 가지고 있으며, 각 하위펀드는 각자 자신의 집합투자증권을 발행한다. 그리고 이들 각 집합투자증권은 전환형 집합투자기구의 독립된 하위펀드를 표창하는 역할을 한다는 점에서 종류형 집합투자기구와 다르다. 따라서 보수 · 수수료의 차이로 인하여 환매/판매가격이 달라지는 종류형 집합투자기구의 수 종의 집합투자증권과는 달리, 운용자산 자체가 달라지는 의미를 갖는다.[59]

그렇다면 전환형 집합투자기구에서 집합투자증권의 전환은 세무상으로는 기존의 집합투자증권의 환매 및 새로운 집합투자증권의 취득으로 보아야 하고, 이때 이자소득 또는 배당소득이 인식되는 것이 타당할 것이다. 실무에서도 수익자의 전환절차는 구체적으로 기존의 집합투자증권의 매도 주문 및 결제, 새로운 집합투자증권의 매수 주문 및 결제절차를 차례로 거친다. 국세청도 하위펀드 간 전환이 가능한 펀드에 관한 질의회신에서 같은 입장을 밝힌 바 있으며, 추가로 전환 전 발생한 매매 또는 평가손실과 전환 후 발생한 이익은 상계할 수 없

58) 자본시장법 제232조 제1항.

59) 이중기, 앞의 논문(주 57), 68면.

는 것으로 해석하였다.[60)]

(5) 투자신탁의 합병의 경우

투자신탁을 설정한 집합투자업자는 자신이 운용하는 다른 투자신탁을 흡수하는 방법으로 투자신탁을 합병할 수 있다. 집합투자업자가 자신의 투자신탁들을 합병할 경우 소멸투자신탁의 신탁재산은 존속투자신탁의 신탁재산에 흡수된다. 이때 소멸투자신탁은 해지된 것으로 보며, 소멸투자신탁의 수익자는 신탁재산을 전혀 달리하는 존속투자신탁의 수익증권을 발행받는다.[61)]

따라서 소멸투자신탁의 수익자가 새로이 수익증권을 발행받는 경우 이는 소멸투자신탁의 수익증권의 환매 및 새로운 집합투자증권의 취득으로 보아야 하며, 이자 · 배당소득을 인식하여야 한다. 이는 존속투자신탁의 수익자도 마찬가지이다. 다만 과세관청은 소멸하는 투자신탁의 주권을 존속하는 투자신탁으로 이전하는 경우 증권거래세가 과세되지 않는다는 유권해석을 내린 바 있다.[62)]

3. 간접투자와 직접투자의 조세 중립성 문제

(1) 문제의 소재

소득세법 시행령 제26조의2 제4항에 의하면, 자본시장법에 따라 유

60) 서이46013-11020, 2003. 5. 21. 법규소득2011-374, 2011. 12. 28.
61) 자본시장법 제192조 제2항 제3호, 제193조.
62) 증권, 소비세과-361, 2012. 10. 30.

가증권시장 또는 코스닥시장에 상장된 유가증권 등의 양도손익이나 평가손익을 집합투자기구로부터의 이익에서 제외하고 있다. 이는 개인 납세자가 자본시장법에 따라 유가증권시장 또는 코스닥시장에 상장된 유가증권 등에 직접 투자할 경우 그 양도소득을 비과세하는 것과 균형을 맞추기 위함이다.[63)]

한편 조세특례제한법 제91조의2 제1항은 집합투자기구가 자기의 집합투자증권을 환매하는 경우 해당 집합투자기구에 대한 투자자의 집합투자증권 이전은 소득세법 및 증권거래세법에 따른 양도로 보지 아니한다. 즉 소득세법과 조세특례제한법은 위 규정들을 통하여 간접투자와 직접투자의 조세 중립성을 유지하고 있는 것이다. 이와 관련하여서는 재간접집합투자기구의 경우에도 해당 규정들을 적용할 것인가에 대한 논란이 있다.

(2) 재간접집합투자기구의 경우

재간접집합투자기구란 다른 집합투자기구가 발행한 집합투자증권(외국 법령에 의하여 발행된 증권으로서 집합투자증권의 성질을 가진 것을 포함한다)에 집합투자재산의 100분의 40을 초과하여 대통령령이 정하는 비율 이상을 투자하는 집합투자기구를 말한다.[64)] 실무에서는 흔히

63) 예컨대 상장법인코스닥상장법인과 벤처기업 육성에 관한 특별조치법에 의한 벤처기업의 주식 또는 출자지분의 양도소득은 소득세법 시행령에서 정하는 일부 대주주에 대해서만 과세된다. 소득세법 제94조 제1항 제3호 가목, 동법 시행령 제157조 제4항.

64) 간투법에서는 법적 펀드 종류로 분류되었다. 그러나 자본시장법에서는 별도의 펀드 종류로 구분하지 않고 펀드재산의 20퍼센트까지 단일 종목 펀드에 투자하고, 50퍼센트까지 동일 자산운용사의 펀드에 투자할 수 있으므로 최소한 5개의 펀드, 2개 이상의 운용사 조합으로 구성하는 등 운용제한만을 두고 있다. 재간접펀드의

'펀드 오브 펀드(fund of funds)'라고 부른다.

개정 전 소득세법 시행령(2010. 12. 30. 대통령령 제22580호로 개정되기 전의 것) 제26조의2 제4항은 집합투자기구가 직접 취득한 증권으로서 각 호에 해당하는 증권 등의 거래나 평가로 발생한 손익을 집합투자기구로부터의 이익에 포함하지 아니한다고 규정하였다. 그러나 각 호 규정에는 상장주식 등이 규정되어 있을 뿐, 상장주식 등에 투자하는 집합투자기구의 집합투자증권은 열거되어 있지 않았기 때문에 다른 집합투자기구의 집합투자증권에 투자하면서 각 호의 증권을 간접적으로 취득한 경우에도 이 규정이 적용되는지에 있어 해석상 논란이 있었다.

그러나 현행 소득세법 시행령 제26조의2 제4항은 '집합투자기구가 직접 취득한 증권'을 '집합투자기구가 직접 또는 집합투자증권에 투자하여 취득한 증권'으로 개정하였다. 즉 집합투자기구가 다른 집합투자증권에 투자하여 각 호의 상장주식 등을 취득한 경우에도 동 증권의 매매평가손익을 집합투자기구로부터의 이익에서 제외된다는 점을 명확히 밝힌 것이다. 이는 직접투자와 간접투자의 조세 중립성 도모라는 입법 취지에 비추어 볼 때 타당하다.

투자대상이 되는 펀드지분을 발행한 펀드의 운용자는 재간접펀드의 운용자와 동일하지 않아도 되며, 집합투자증권 이외의 투자증권에도 투자할 수 있다. 금융감독원, 금융용어사전(http://www.fss.or.kr/fss/kr/info/financial/financedic.JSP).

4. 해외 투자와 국내 투자의 조세 중립성 문제

(1) 문제의 소재

자본시장법 제80조에서 투자신탁재산은 국내 자산에 한정되는 개념이 아니므로 국내 집합투자업자는 투자신탁재산을 해외 투자자산으로 구성하여 운용할 수 있다. 이와 같이 신탁재산을 외국 유가증권 등 해외 투자자산으로 구성하여 운용하는 집합투자기구를 흔히 '해외 투자펀드'라고 부른다. 해외 투자펀드의 수익자가 받는 이익에 대한 과세취급은 집합투자업자가 국내 자산에 투자하는 경우와 같다.

일반적으로 거주자나 내국 법인이 해외 투자자산에 직접투자를 하여 국외 원천소득을 얻고 그에 대하여 외국 법인세액을 납부하였거나 납부할 것이 있는 때에는, 외국 법인세액을 세액공제할 수 있다. 그런데 간접투자의 경우 외국 과세관청이 해외 투자펀드의 수탁회사가 해외 투자자산으로부터 받는 소득에 대하여 원천징수하였을 때, 수탁회사가 한국에서 어떠한 방법으로 위 원천징수세액을 외국 납부세액으로 공제받을 수 있는지가 그동안 문제 되었다. 왜냐하면 투자신탁은 법인세법의 납세의무자가 아니므로, 수탁회사가 외국에서 세액을 납부했더라도 법인세법 제57조의 외국 납부세액공제를 받을 수 없기 때문이다.

결국 해외 투자자산에 대한 직접투자와는 달리, 해외 투자펀드의 경우에는 외국 납부세액공제를 받지 못하고 이중과세되어 국내 투자자산에 투자하는 펀드보다 더 무거운 세금 부담을 지게 되었다. 이로 인하여 해외 투자자산에 대한 직접투자와 간접투자 사이의 조세 중립성은 물론, 국내 투자자산에 대한 간접투자와 해외 투자자산에 대한 간접투자 사이의 조세 중립성도 해치는 결과를 낳았다.

(2) 투자신탁 등의 외국 납부세액공제제도 도입

법인세법은 이러한 문제를 해결하기 위하여 20005. 12. 31. 법 개정 시 집합투자회사 및 투자신탁 등에 대한 외국 납부세액공제 특례규정을 신설하여 적용하고 있다. 투자신탁의 외국 납부세액공제 특례에 대해서는 앞서 살펴본 III. 2. (6)의 투자신탁의 외국 납부세액공제 특례를 참조하기 바란다.

(3) 역외펀드의 경우

자본시장법은 외국 집합투자기구의 외국 집합투자업자 등이 외국 집합투자증권을 국내의 판매회사를 통하여 판매하는 것을 허용하고 있으며, 실무에서는 이를 '역외펀드'라고 부른다.[65] 소득세법 시행령 제26조의2 제2항은 역외펀드도 소득세법상 집합투자기구로 보고 있다.

반면 개정 전 소득세법 시행령(2005. 2. 19. 대통령령 제 18705호로 개정되기 전의 것) 제23조 제4항 제3호는 국외에서 발행되어 국외에서 거래되는 유가증권의 거래나 평가로 인한 손익도 투자신탁의 이익 및 분배금에서 제외하였다.[66] 그런데 이러한 비과세규정은 자산운용회사가 내국 법인인 경우에만 적용되는 것으로 해석되었는바, 이로 인하여 결과적으로 외국 유가증권에 투자하는 국내 펀드와 외국계 펀드 사이

---

65) 자본시장법 제280조.

66) 구 조세특례제한법(2005. 7. 13. 법률 제7577호로 개정되기 전의 것) 제91조의2 제1항 제4호는 투자회사의 배당소득금액에 대해서 같은 취지의 규정을 두었다.

의 조세 중립성을 침해하는 문제가 있었다. 즉 개정 전 소득세법 시행령에 의하면, 국내 자산운용회사가 외국 주식에 투자한 경우에는 그 양도 · 평가손익이 비과세되는 반면, 역외펀드가 외국 주식에 투자하여 생긴 소득은 수익자가 환매 등을 통하여 투자이익을 실현할 때에 모두 과세되는 불균형이 생겼다.

그러나 현행 소득세법 시행령 제26조2 제4항은 국내 자산운용회사가 투자하는 외국 유가증권도 비과세대상에서 제외함으로써 이러한 불균형 문제는 해결되었다. 또한 동 시행령은 국외 투자신탁을 통하여 취득한 주식 등이 국내 증권시장 또는 코스닥시장에 상장되더라도 그 주식의 거래나 평가로 인하여 발생한 손익을 비과세대상에서 제외하는 것으로 규정하고 있다.[67] 이는 역외펀드를 통하여 취득한 국내 주식에 대하여 과세함으로써 역외펀드를 통하여 해외 주식에 투자하는 경우 과세하는 것과 균형을 맞추기 위하여 2008. 2. 22. 개정된 것이다.

V. 맺음말

지금까지 신탁과세의 기본적인 이론, 현행 세법에서의 신탁과세에 대한 내용, 구체적인 개별 신탁상품에 관한 세법상 쟁점을 살펴보았다.

사법적으로 신탁재산의 법률상 소유자는 수탁자임에도 현행 과세제도하에서는 수익자를 납세의무자로 보는 등 대체로 도관이론에 근거하고 있음을 알 수 있다. '실질과세'라는 대원칙의 지배를 받는 세법이 바라보는 신탁거래는 신탁의 사법적 효력과는 상충되는 모습을

67) 소득세법 시행령 제26조의2 제4항 제1호 나목.

보일 수밖에 없다. 다만 오늘날 신탁거래가 차지하는 중요성이 점점 더해 가고 있는 만큼 신탁이라는 사법적 관계에 대하여 세법이 어느 정도까지 관여할 것인지를 조율해 나갈 필요가 있다.

반면 자본시장법 제정과 함께 신탁에 관한 세법 개정이 지속적으로 진행되고 있으나 아직은 이에 관한 명확한 규정을 두지 못하고 있어 법적 예견 가능성을 충분히 달성하였다고 보기 어렵다. 그리하여 구체적인 신탁거래에 대한 세법상 취급이 문제 될 때마다 납세자들은 과세관청의 질의회신이나 예규 등에 주로 의존하고 있으나, 질의회신 또는 예규는 납세의무자의 구체적인 질의에 대해 과세관청의 입장을 밝힌 것에 불과하며 일부 질의회신은 동일한 사안에 대하여 엇갈리는 결론을 내리고 있어 혼란이 있다. 그 결과 실무적으로 여러 다양한 신종의 신탁상품이 개발되고 등장하더라도 세법상 문제가 명확하지 않아 당사자들이 신탁거래를 하는 데 주저하는 경우가 있게 된다.

이러한 문제를 해결하고 거래 당사자들에게 법적 예측 가능성을 부여하기 위해서는 우선 신탁거래에 대한 일관된 과세원칙을 분명히 입법화할 필요성이 있고 다양한 신탁상품의 특수성을 반영한 특칙들을 계속 다듬어 나갈 수밖에 없을 것이다.

이를 위해서는 신탁제도가 우리보다 앞서 발달되어 있는 일본의 입법례를 참고할 필요가 있다. 일본 소득세법과 법인세법은 본문과 단서의 형식으로 신탁도관설이 적용되는 신탁과 신탁실체설이 적용되는 신탁을 분명히 구별하고 있다. 즉 일본 소득세법 제13조 제1항 본문과 일본 법인세법 제12조 제1항 본문에서는 신탁도관설을 원칙으로 규정하면서, 각 항 단서에서 신탁실체설이 적용될 신탁을 구체적으로 열거하고 있다. 그 예로는 (i) 합동운용신탁, (ii) 투자신탁(일반 신탁은 제외), (iii) 법인세법 제84조 제1항에 규정된 신탁으로 후생연금기금계약 등과 관련되는 신탁 등이 있다. 그리고 이러한 구별을 기초로 하여 소득의 분류, 납세의무자의 결정, 이중과세의 조정, 원천징수 등을 체계적으로 규정하고 있다. 이러한 일본의 입법례는 장차 신탁에 관한 세법규정을 정비해야 할 우리에게 많은 점을 시사하고 있다.

18

신탁과 국제사법*

석광현**

I. 머리말

1. 신탁

영국의 메이틀랜드(F. W. Maitland)는 신탁(trust)이 아마도 앵글로색슨 법 전통의 '가장 특유한 업적(the most distinctive achievement)'일 것이라고 하였으나, 독일의 기르케(O. F. von Gierke)는 단적으로 영국법의 신탁을 이해할 수 없다고 하였다.[1] 이렇듯 신탁법제는 영미법계와 대륙법계

* 이 논문은 "국제금융에서의 신탁과 국제사법"이라는 제목으로 BFL 제17호(2006. 5), 서울대학교 금융법센터, 60면 이하와 국제사법과 국제소송 제4권, 박영사, 2007, 551면 이하에 수록한 글을 다소 수정 · 보완한 것으로 그 사이 간행된 우리 문헌들과 개정 신탁법을 반영하였다. 필자의 몇 가지 질문에 친절하게 회신해 주신 김 · 장 법률사무소 김용호 변호사께 감사드린다.

** 서울대학교 법과대학 · 법학전문대학원 교수

1) 전자는 Henry Hansmann / Ugo Mattei, The Functions of Trust Law : A Comparative

의 차이가 선명하게 드러나는 법의 영역의 하나라고 할 수 있다.[2] 신탁은 기본적으로 재산에 대하여 관리 · 처분권을 가지는 법적 주체와 실질적(또는 경제적) 주체의 분열을 인정하는 제도인데, 이를 통하여 법인을 설립하지 않으면서도 일정한 재산을 출연자와 관리자의 도산으로부터 절연된 독립한 재산(segregated funds 또는 ring fenced funds)으로 전환할 수 있는 장점이 있으므로 현재 전 세계적으로 자선신탁, 증권투자신탁, 부동산신탁과 자산유동화 또는 유산계획(estate planning) 등을 위한 신탁 등 다양한 형태로 활용되고 있다.

여기에서 논의하는 신탁은 영미법계에 특유한 신탁(trust)을 말한다. 예컨대 독일에서도 신탁(Treuhand)의 개념이 존재하지만[3] 영미의 신탁과는 다른데, 가장 큰 차이는 영미법상은 소유권(또는 기타 권리)이 신탁의 설정에 의하여 분할됨으로써 '법적 권리(legal title)'는 수탁자에게,

---

Legal and Economic Analysis, 73 N.Y.U. L. Rev. 434, 470 (1998)에서, 후자는 Peter Czermak, Der express trust im internationalen Privatrecht, Peter Lang, 1986, S.1에서 각 재인용.

2) Czermak, 앞의 책(주 1), S.2, 주 2에 소개된 문헌들 참조. 대륙법계 국가에서도 영미의 신탁을 계수해야 한다는 주장도 있는데, 프랑스는 2007년 영미식 신탁을 도입하였다. 정태윤, "프랑스 신탁법," 비교사법 제19권 제2호(2012), 941면 이하 참조.

3) 독일의 신탁법이론에는 로마법적 신탁이론, 독일법적 신탁이론과 수권신탁 개념이 있다고 한다. 상세는 Kai Schulte-Bunert, Das Vertragsstatut der Treuhand im internationalen Privatrecht, Peter Lang (2005), S.11ff. 참조. 新井誠, "比較信託法 — 實質法," 國際信託の實務と法理論, 有斐閣, 1990, 7면은, 독일에는 로마법적 신탁이론과 독일법적 신탁이론이 있고 후자에 해제조건부신탁과 수권신탁이 있다고 한다. 유럽 국가들의 신탁법의 차이를 보여 주는 자료는 예컨대 Michele Graziadei / Ugo Mattei / Lionel Smith (eds.), Commercial Trusts in European Private Law, Cambridge University Press (2005) ; D. J. Hayton / S. C. J. J. Kortmann / H. L. E. Verhagen, Principles of European Trust Law, Kluwer Law International (1999)의 Part II (pp.1-64) 참조. 영국법, 대륙법 및 혼합법계 신탁법의 비교는 Maurizio Lupoi (Translated by Simon Dix), Trusts : A Comparative Study, Cambridge University Press (2000)을 참조. 유럽 학자들은 유럽신탁법원칙을 작성한 바 있다. 위 Hayton / Kortmann / Verhagen, 앞의 책, Part I(pp.65-215) 참조.

'형평법상의 권리(equitable title)'[4]는 수익자에게 각각 귀속하는 데 반하여, 대륙법계에서는 이러한 소유권(또는 기타 권리)의 분열을 인정하지 않는 데 있다.[5] 유럽공동체의 1980년 "계약채무의 준거법에 관한 협약(Convention on the Law Applicable to Contractual Obligations)"(이하 '로마협약'. 제1조 제2항 g호)과 이를 대체한 "계약채무의 준거법에 관한 2008. 6. 17. 유럽의회 및 이사회의 No.593/2008 규정"(이하 '로마 I'. 제1조 제2항 h호)은 신탁의 설정과 위탁자, 수탁자와 수익자 간의 관계를 적용 범위로부터 제외하는데, 여기의 신탁은 영미법 국가의 개념에 따른 신탁만을 의미하고, 대륙법상의 신탁은 계약관계로 이해되므로 원칙적으로 제외되지 않는다.[6] 그러나 신탁법이라는 성문법을 제정하여 일본 민법과의 조화를 도모하면서 영미의 신탁제도를 도입한 일본[7]과, 또한 이를 받아들인 우리나라의 지위는 독특하다. 즉 우리나라는 기본적으로 대륙법계에 속하지만, 신탁법에 관한 한 영미의 신탁을 도입하여 양 법계의 법리가 혼재하는 혼합법계에 속한다. 우리 신탁법상 신탁이라 함은 신탁을 설정하는 자(위탁자. 이를 '신탁자' 또는 '신탁설정자'라고 부르기도 한다. 여기에서는 위탁자와 신탁설정자를 호환적으로 사용

---

4) 이를 'proprietary interest' 또는 'beneficial interest'라고 부르기도 한다.

5) Czermak, 앞의 책(주 1), S.8 참조. 같은 취지로 방석호, "저작권 신탁관리계약의 법적 의미와 분석," 민사판례연구 제27집(2005), 651면. 물론 공익신탁의 경우 수익자가 존재하지 않는다. 독일법상의 신탁과 영미법상의 신탁의 비교는 Hein Kötz, Trust und Treuhand, Vandenhoeck & Ruprecht (1963)과 Czermak, 앞의 책(주 1), S.185, 주 594에 인용된 문헌들 참조. 이러한 이유로 영미의 신탁을 'proprietary trust', 대륙의 신탁을 'obligational trust'라고 부르기도 한다. David Hayton, "Trust" in Private International Law, Recueil des Cours 2013 (2014), p.18.

6) 이 점은 석광현, 국제사법과 국제소송 제1권, 박영사, 2001, 63면에서도 지적하였다. 이 점은 계약 외 채무 (또는 법정채무)의 준거법에 관한 2007. 7. 11. 유럽의회 및 이사회의 No.864/2007 규정(이하 '로마 II'. 제1조 제2항 e호)에서도 마찬가지다.

7) 최동식, 신탁법, 법문사, 2006, 35면 ; 이재욱/ 이상호, 신탁법해설, 한국사법행정학회, 2000, 45-46면.

한다)와 신탁을 인수하는 자(수탁자) 간의 신임관계에 기하여 위탁자가 수탁자에게 특정의 재산(영업이나 저작재산권의 일부를 포함한다)을 이전하거나 담보권의 설정 또는 그 밖의 처분을 하고 수탁자로 하여금 일정한 자(수익자)의 이익 또는 특정의 목적을 위하여 그 재산의 관리, 처분, 운용, 개발, 그 밖에 신탁 목적의 달성을 위하여 필요한 행위를 하게 하는 법률관계를 말한다(제2조). 더욱이 우리나라는 1961년 제정된 신탁법을 2012년에 전면 개정한 결과[8)] 다양한 형태의 신탁구성 및 설정이 가능해짐으로써 신탁의 활용도가 높아질 것으로 예상되며, 기업의 자산유동화 수단 및 상속의 대용제도 등으로도 적극 활용될 것으로 기대되는데,[9)] 그에 따라 국제사법적 논점의 중요성 역시 커질 것으로 예상된다. 우리 신탁법의 개정은 2006년 12월 공포된 일본의 개정 신탁법에 의하여 크게 영향을 받았다.[10)]

2. 논의의 범위

투자신탁(신탁형태의 집합투자기구),[11)] 부동산의 개발이나 처분 · 관리신탁(REITs), 연금신탁과 자산유동화의 예만을 보더라도 우리의 경

8) 개정 신탁법은 2012. 7. 26. 발효되었다. 개정 신탁법에 관하여는 우선 법무부, 신탁법 해설, 도서출판 동강, 2012 참조. 기타 BFL 제39호(2010. 1) ; BFL 제62호(2013. 11)와 민사판례연구 제30집(2008)에 수록된 특집 논문들도 참조.

9) 법무부, 앞의 책(주 8), 23면.

10) 일본 개정 신탁법의 상세는 최수정, 일본 신신탁법, 진원사, 2007 참조. 조문의 국문번역은 최수정, 앞의 책, 231면 이하 참조.

11) 자본시장과 금융투자업에 관한 법률(제9조 제18항 제1호)에 따르면, 투자신탁이란 집합투자업자인 위탁자가 신탁업자에게 신탁한 재산을 신탁업자로 하여금 그 집합투자업자의 지시에 따라 투자 · 운용하게 하는 신탁형태의 집합투자기구를 말한다.

제 현실에서도 신탁은 매우 중요한 기능을 수행하고 있고,[12] 국제금융에서도 담보권의 신탁, 사채신탁 등의 형태로 이용되고 자산유동화에서도 신탁이 이용된다. 신탁에 따른 법률관계에 외국적 요소(foreign element)가 없는 경우, 즉 순수한 국내신탁의 경우와 달리 외국적 요소가 있는 신탁('국제신탁')의 경우 국제재판관할과 준거법의 결정이라는 국제사법적 문제가 발생한다. 우리 국제사법은 국제재판관할의 결정에 관하여 총칙만을 두고 있을 뿐 신탁에 관하여 특칙을 두고 있지 않고, 준거법에 관하여도 신탁에 관하여 아무런 규정을 두지 않으며, 신탁법에도 양자에 관한 아무런 규정이 없다. 여기에서는 국제신탁에서 제기되는 국제사법상의 논점을 간단히 논의한다.

국제사법의 관점에서는 첫째 임의신탁(voluntary trust)[13]과 법률상의 신탁(trust created by operation of law), 둘째 생전신탁(*inter vivos* trust, living trust)과 유언신탁(testamentary trust)[14] 구별이 의미가 있는데, 국제거래의 관점에서 바라보는 우리의 관심은 영미의 전통적인 신탁, 즉 '증여성

---

12) 최동식, 앞의 책(주 7), 4-6면. 방석호, 앞의 논문(주 5), 654-655면은 신탁법 자체는 그다지 빛을 보지는 못했다고 하고, 더 나아가 구 신탁법은 영미신탁법을 그대로 받아들였다고 하지만 외형만을 받아들였을 뿐 내용상으로는 정작 로마법상의 'Fiducia'라는 개념이 내포하는 수탁자와 수익자의 특별한 관계 대신 독일 민법학이… 발전시킨 신탁행위이론(Treuhandtheorie)을 오히려 더 많이 담고 있다고 할 수 있다고 하였으나 이는 지나치게 나간 것이다.

13) 우리나라에서는 이를 '설정신탁'이라고 하는데, 외국에서는 '명시신탁(express trust)'이라고 부르기도 한다. Czermak, 앞의 책(주 1), S.22, 주 72.

14) 유언신탁은 위탁자의 유언에 의하여 설정되는 것으로 우리 민법상 유언은 유언자가 사망한 때 효력이 발생하므로 위탁자의 사망 시 효력이 발생한다. 한편 근자에 관심의 대상이 되고 있는 유언대용신탁은 위탁자가 생전에 수탁자와 신탁계약을 체결하고 수탁자에게 재산을 위탁하는 동시에 사망 이후 재산 배분을 목적으로 하는 신탁을 말한다. 위탁자가 자신의 의사로 생전에 사망 후 상속재산의 귀속을 정하는 점에서 민법상 유증과 동일한 효과를 낼 수 있다. 이중기, 신탁법, 삼우사, 2007, 50면 ; 법무부, 앞의 책(주 8), 487면. 즉 유언대용신탁은 유언신탁과 달리 위탁자의 생전에 이미 효력이 발생하는 생전신탁이다.

신탁(gratuitous trust)'이 아니라 '상업성 신탁(commercial trust)'[15]에 있으므로, 여기에서는 당사자의 의사표시 그중에서도 신탁계약[16]에 의하여 설정되는 생전신탁을 주된 대상으로 한다.[17] 구체적으로 국제신탁의 준거법에 관한 헤이그신탁협약(II), 국제신탁의 준거법에 관한 우리 법의 해석론(III)과 국제신탁의 국제재판관할(IV)을 살펴본 뒤 국제거래의 실무상 문제 되는 국제신탁의 사례(V)의 순서로 논의한다. 논리적으로는 국제재판관할의 결정이 준거법의 결정에 선행하지만, 여기에서는 준거법의 결정에 비중을 두어 이를 먼저 다룬다. 이 주제에 관한 필자의 연구도 아직 부족하므로 보다 깊이 있는 연구는 다른 기회로 미룬다.

II. 국제신탁의 준거법—헤이그신탁협약

신탁의 실질법에 관한 법계의 차이에 상응하여 국제사법규칙 또한

15) 우리나라에서는 신탁의 인수가 영업인가의 여부에 따라 민사신탁과 상사신탁을 구분하나, 본문의 상업성 신탁은 상사신탁을 의미하는 것이 아니라, 증여성신탁과 대비되는, 협상에 의한 거래(bargained-for exchange)를 실행하기 위한 신탁을 의미한다. John H. Langbein, The Secret Life of the Trust : The Trust as an Instrument of Commerce, 107 Yale L. J., 165, 167 (1997).

16) 신탁을 설정하는 당사자의 행위를 '신탁행위' 또는 '신탁설정행위'라고 하는데, 신탁행위에는 신탁계약, 유언과 신탁선언(declaration of trust)이 있다. 구 신탁법하에서는 신탁선언이 허용되지 않는다는 것이 통설이었으나〔최동식, 앞의 책(주 7), 53면, 60면〕, 개정 신탁법(제3조)은 신탁선언을 허용하면서 제한을 두고 있다.

17) 논자에 따라 차이가 있으나 대체로 영미에서는 신탁을 그 근거에 따라 첫째, 당사자의 의사표시에 기한 명시적 신탁, 둘째, 당사자의 추정적 의사에 기한 복귀신탁과, 셋째, 당사자의 의사에 관계없이 정의를 위하여 법원이 인정하는 의제신탁으로 구분하는 것으로 보인다. 여기에서는 복귀신탁도 논의의 대상에서 제외한다. 다른 분류의 예는 임채웅, 신탁법연구, 박영사, 2009, 40면 참조.

차이가 있는데, 국제사법규칙을 통일하기 위한 국제적인 노력의 결과 1984년 10월 개최된 헤이그국제사법회의의 제15차 회기에서 "신탁의 준거법과 승인에 관한 1985. 7. 1. 협약"(이하 '협약')이 채택되었다. 협약은 1992. 1. 1. 영국, 호주와 이탈리아 등지에서 발효되었고 그후 캐나다와 네덜란드 등이 가입하였는데, 대륙법계 국가인 이탈리아와 네덜란드가 가입한 점이 특기할 만하다. 그에 이어 역시 대륙법계 국가인 스위스도 협약에 가입함으로써 2007. 7. 1.부터 스위스에서도 발효되었음은 주목할 만하다.[18)·19)] 2010. 8. 17. 현재 체약국은 12개국이다.[20)] 협약을 살펴보는 것은 그 자체로서도 의미가 있고, 우리 법상 신탁의 준거법에 관한 해석론을 전개하는 데도 도움이 되며, 우리 기업들이나 은행들이 관여하는 국제금융거래에서 신탁의 준거법이 영국 법이 되는 일이 빈번하므로 영국의 국제사법규칙을 이해할 현실적인 필요가 있

18) 스위스는 협약에 가입하면서 국제사법을 개정하여 2007. 7. 1. 신탁에 관한 조문(제9a장. 제149a조~제149e조)을 추가하였다. 1989. 1. 1. 시행된 스위스 국제사법에 관하여는 석광현, 앞의 책(주 6), 479면 이하 참조. 스위스에서 실질법으로서 신탁법이 제정된 바는 없는 것으로 보이나, 스위스 국제사법은 신탁의 공시에 관한 특별규정(제149d조)을 신설함으로써, 토지등기부, 선박등기부와 항공기등록부에 수탁자의 명의로 등기된 신탁재산에 신탁관계를 표시하거나, 스위스에 등록된 지식재산권에 관하여도 신탁관계를 관련 등록부에 등록할 수 있도록 하고 이러한 공시가 이루어지지 않으면 신탁관계는 선의의 제3자에 대해 효력이 없다고 규정한다. 이는 실질규범의 성질을 가진다. 우리 신탁법(제4조 제1항)은 등기 또는 등록할 수 있는 재산권에 관하여는 신탁의 등기 또는 등록을 함으로써 그 재산이 신탁재산에 속한 것임을 제3자에게 대항할 수 있다고 명시한다.

19) 중국은 협약에 가입하지는 않았으나 2011년 4월 발효된 '섭외민사관계법률적용법'에서 신탁의 연결원칙을 명시한다. 즉 동법 제17조는 신탁의 준거법에 관하여 당사자자치를 허용하고, 객관적 준거법으로서 신탁재산 소재지법 또는 신탁관계의 발생지법에 선택적으로 연결한다. 그러나 신탁관계 발생지법의 의미가 불분명하고, 어떤 기준에 의해 선택적 연결을 하라는 것인지 이해하기 어렵다. 실질법인 중국의 신탁법은 2001. 10. 1. 발효되었다.

20) http://www.hcch.net/index_en.php?act=conventions.status&cid=59 참조.

다. 미국은 협약에 서명하였지만 비준하지 않았고, 미국에서 신탁법은 각주의 입법관할권에 속하는 사항이며 통일적인 국제사법규칙은 존재하지 않으므로 뉴욕주 법이 신탁계약의 준거법이 되는 경우 미국, 보다 정확히는 뉴욕주의 국제사법규칙을 이해할 필요가 있다.[21)]

여기에서는 스위스의 오버베크(Alfred E. von Overbeck) 교수가 작성한 협약의 공식적인 해설보고서(Explanatory Report, 이하 '보고서')를 기초로 협약을 간략히 소개한다.[22)]

1. 협약의 특징과 체제

협약은 다음과 같은 특징을 가진다. 첫째, 협약은 다른 협약들과 달리 신탁(trust) 또는 그와 유사한 제도를 가지고 있는 영미법계 국가들

21) 독일, 영국과 미국의 연결원칙은 池原季雄 編, 國際信託の實務と法理論, 有斐閣, 1990, 24-67면 참조. 미국 법상의 연결원칙은 통일신탁법전(Uniform Trust Code 제107조와 제403조 등)과 미국의 Restatement Second on Conflict of Laws 제267조 이하 참조. 동산의 생전신탁의 유효성은 제270조, 사무처리는 제272조 참조. 간단한 소개는 織田有基子, "アメリカ統一信託法典における裁判管轄と準據法," 大塚正民 / 樋口範雄 編, 現代アメリカ信託法, 有信堂, 2002, 33-53면을 참조. Restatement에 관하여는 道垣內正人, "アメリカ國際私法における信託の準據法," 池原季雄 編, 앞의 책(주 21), 47면 이하 참조.

22) 보고서는 http://www.hcch.net/index_en.php?act=publications.details&pid=2949&dtid=3 참조. 협약의 상세는 Jonathan Harris, The Hague Trusts Convention, Hart Publishing (2002) ; Hayton, 앞의 책(주 5), p.58 이하 참조. 국내 문헌은 홍유석, "상사신탁에 관한 국내법 및 섭외사법적 고찰," 안동섭교수 화갑기념논문집, 1995, 770면 이하 ; 석광현, 국제사법과 국제소송 제4권, 박영사, 2007, 551면 이하 참조. 협약의 국문 발췌번역은 석광현 앞의 책, 584면 이하 참조. 일본 문헌으로는 池原季雄 編, 앞의 책(주 21), 149-219면 참조. 필자는 협약에 대하여 다른 기회에 상세히 논의할 생각이었으나 이필복, "헤이그신탁협약 분석 및 협약 가입에 관한 검토," 서울대학교대학원 법학석사학위 논문(2014. 8)이 간행되었으므로 이를 참조하기 바란다.

과 대체로 그러한 제도가 없는 대륙법계 국가들을 가교하기 위한 것이다. 협약이 신탁의 준거법만이 아니라 신탁의 승인을 함께 규율하는 것은 이 때문이다.[23] 둘째, 영미법계 국가들의 경우 그들의 법에 따라 설립된 신탁이 대륙법계 국가에서 승인되는 데 일차적인 이익이 있으나, 그들 간에도 국제사법규칙을 통일하는 의미가 있다. 한편 대륙법계 국가들의 경우 판사들에게 신탁이라는 법적 장치를 파악하는 데 적절한 수단인 국제사법규칙을 제공하는 의미가 있다.[24]

협약은 전문(前文), 범위(제I장. 제1~5조), 준거법(제II장. 제6~10조), 승인(제III장. 제11~14조), 일반 조항(제IV장. 제15~25조)과 최종 조항(제V장. 제26~32조) 등 모두 5개의 장으로 구분된 32개의 조문으로 구성된다.

2. 협약의 범위(제I장)

협약의 목적상 신탁(trust)이라는 용어는, 어떤 자 즉 위탁자(settlor)가 (생존자 간에 또는 사망 시에) 수익자의 이익을 위하여 또는 특정한 목적을 위하여 자산(편의상 '자산'과 '재산'을 호환적으로 사용한다)을 수탁자의 지배하에 둔 때에 창설되는 법률관계를 말한다(제2조). 이는 법적 권리와 형평법상의 권리의 구분에 착안하는 영미법계의 전통적인 신탁의 개념의 범위를 넘는 광범위한 기능적인 정의이다. 이처럼 법적 권리의 수탁자에의 이전과 '신임의무(fiduciary duty)'[25]의 존재를 요구하지 않는 협약상의 신탁 개념은 전통적인 영국의 신탁 개념과는 상

23) 보고서, para.12.

24) 보고서, para.14.

25) 이를 '신인의무' 또는 '충실의무'라고 번역하기도 하나, 위에서 본 것처럼 신탁을 정의하는 신탁법 제2조가 "신임관계에 기하여"라는 표현을 사용하므로 여기에서는 신임의무라고 번역한다.

이하다.[26] 협약은 생전신탁과 유언신탁을, 그리고 동산신탁과 부동산 신탁을 구별하지 않고 동일한 원칙에 따르도록 하는 데 특색이 있는데, 협약(제2조 제2항)은 협약이 적용되는 신탁이 되기 위한 요건을 열거한다.

협약은 서면에 의해 증명되는 임의신탁에만 적용되므로 법률상의 신탁과 사법(司法)상의 신탁(trust created by judicial decision)에는 적용되지 않는다.[27] 따라서 의제신탁(constructive trust)[28]에는 협약이 적용되지 않는데, 복귀신탁(resulting trust)에 협약이 적용되는지에 관하여는 견해가 나뉜다. 체약국은 선언에 의하여 법률상 신탁과 사법상의 신탁을 협약의 적용 범위에 포함시킬 수 있으나(제20조), 어느 체약국이 그러한 선언을 하더라도 다른 체약국이 선언을 한 체약국의 그러한 신탁을 승인할 의무를 지는 것은 아니다.

제II장과 제III장 모두 체약국 간에 한정되지 않고 일반적으로 적용된다. 다만 체약국은 제III장을 신탁의 유효성이 체약국법에 의하여 규율되는 신탁에만 적용되도록 유보선언을 할 수 있다(제21조). 선언을 할 경우 협약의 적용 범위는 제II장과 제III장 간에 차이가 발생한다. 제II장에 의하여 지정된 신탁의 준거법이 신탁(또는 관련된 유형의 신탁)을 규정하지 않는 범위 내에서는 협약은 적용되지 아니한다(제5조). 신탁승인의 경우에도 유사하다(제13조). 협약은 신탁에 관한 국제사법규칙의 통일을 목적으로 하고, 재무사항 특히 어느 국가의 세법에는 영

26) 이러한 이유로 협약의 신탁을 'shapeless trust'라고 비판하기도 한다. Maurizio Lupoi, "The Shapeless Trust," Trusts & Trustees, 15 (1995. 1). 양자의 차이는 Hayton, 앞의 책(주 5), p.68 이하 참조.

27) 보고서, para.49.

28) 일본에서는 이를 '구성신탁' 또는 '해석신탁'이라고도 번역한다. 임채웅, 앞의 책(주 17), 38면 주 4.

향을 미치지 않는다(제19조).

3. 신탁의 준거법(제II장)

협약의 제II장은 신탁의 준거법의 결정원칙을 두고 있다. 이는 실질법을 지정하는 이른바 사항규정 지정이고 반정(*renvoi*)은 배제된다(제17조).

(1) 당사자 자치(제6조)

신탁은 위탁자가 선택한 법에 의하여 규율되는데, 다만 그 선택은 신탁을 설정하는 증서 또는 신탁을 증명하는 서면의 조건에 명시되거나 묵시되어야 한다. 선택될 수 있는 법의 범위는 제한이 없다. 협약의 성안과정에서 선택된 법과 신탁 간에 (실질적) 관련이 존재해야 한다는 제안이 있었지만 채택되지 않았다.[29] 그러나 선택된 준거법이 신탁제도 일반 또는 관련된 유형의 신탁을 규정하지 않는 경우에는 선택은 효력이 없고 그 경우 제7조에 따라 객관적 준거법이 적용된다(제6조 제2항). 신탁의 일부에 대해 준거법을 선택한 경우 그 준거법이 신탁을 규정하지 않는 경우에도 선택은 무효이다.[30] 협약은 명시하지 않지만 외국적 요소가 있는 신탁에 적용되는 것을 전제로 하고 있다.

29) 보고서, para.65.
30) 보고서, para.70.

(2) 객관적 연결(제7조) — 가장 밀접하게 관련된 법

신탁의 준거법이 선택되지 않은 경우 또는 선택이 있지만 그의 효력이 인정될 수 없는 경우 신탁은 그것이 가장 밀접하게 관련된 법(the most closely connected law)에 의하여 규율된다(협약 제6조 제2항). 신탁이 가장 밀접하게 관련된 법을 확정하는 데 있어서는 특히 다음 네 가지 요소들, 즉 (i) 위탁자가 지정한 신탁사무[31)]의 수행지, (ii) 신탁자산의 소재지,[32)] (iii) 수탁자의 거소 또는 사업소 소재지와 (iv) 신탁의 목적과 그것이 달성되는 장소를 고려하여야 한다(제7조). 가장 밀접한 관련이라는 기준이 예견 가능성을 해하는 것은 사실이지만, 이 조항은 예외적인 경우에만 적용되며, 신탁의 개념에 친한 영미법계에서도 아직 만족할 만한 객관적 연결의 연결점을 발전시키지 못한 점에서 이를 지나치게 강조할 것은 아니라는 견해도 있다.[33)]

(3) 준거법의 분열(*dépeçage*)과 준거법의 변경

신탁의 준거법을 정함에 있어서, 분리할 수 있는 신탁의 부분, 특히 신탁사무에 관한 사항은 다른 법에 의하여 규율될 수 있다(제9조). 신탁은 장기간 존속하므로 존속 기간 중 신탁의 준거법을 변경할 필요

31) 이는 'administration'의 번역인데 이하 편의상 '신탁사무', '신탁의 사무처리'와 '신탁의 관리'를 호환적으로 사용한다.

32) 이는 신탁자산이 부동산인 경우에 특히 의미가 있을 것이다.

33) Luc Thévenoz, "Purpose, Content and Implementation of the Hague Convention on Trusts : Contracting States' Room for Manoeuvre," Alexander R. Markus/Andreas Kellerhals/Greiner Monique Jametti (Hrsg.), Das Haager Trust-Übereinkommen und die Scheweiz, Schulthess (2003), S.13. 더욱이 이는 생전신탁을 염두에 둔 것으로 유언신탁에는 부적절하고 그 경우 유언자의 주소지가 중요하다는 견해도 있다.

가 있는데, 협약(제10조)에 의하면 준거법의 변경이 가능한지, 만일 가능하다면 어떤 조건하에 가능한지는 신탁의 유효성의 준거법에 따른다. 즉 협약은 준거법을 변경할 수 있다는 실질법상의 원칙을 규정하는 대신, 준거법의 변경은 신탁의 유효성의 준거법에 의한다는 저촉적 원칙을 규정하는 방식을 취한다.

(4) 신탁의 준거법이 규율하는 사항과 규율하지 않는 사항—선결 문제

제8조는 신탁의 준거법이 신탁의 유효성,[34)] 해석 및 효력과 신탁의 사무처리를 규율함을 명시하고, 또한 신탁의 준거법이 규율하는 사항을 예시한다. 이는 (i) 수탁자들의 선임, 사임 및 해임, 수탁자로 행위할 수 있는 능력과 수탁자의 지위이전, (ii) 수탁자들 간의 권리 · 의무, (iii) 신탁재산의 관리 · 처분, (iv) 수탁자들의 투자권한, (v) 신탁의 존속 기간과, 신탁의 수익을 유보(또는 축적)하는 권한에 대한 제한, (vi) 수탁자들과 수익자들 간의 관계와 (vii) 신탁재산의 분배 등이다. 협약은 신탁의 존재의 준거법을 언급하지 않으나 유효성과 동일한 법에 따른다고 보

34) 여기에서 말하는 유효성은 실질적 유효성을 말하는데, 선결 문제는 협약의 적용범위로부터 제외되므로 그에 포함되지 않는다. 영구축적금지(rule against accumulation) 또는 영구권금지규칙(rule against perpetuities. 또는 영구불확정금지의 원칙)은 실질적 유효성에 포함될 것으로 보이나, 경우에 따라서는 신탁 자체가 아니라 설정행위에 관한 것이라고 한다. 보고서, para.56. 그 밖에도 David Hayton, The Law of Trusts, Thomson Sweet & Maxwell (2003), p.74 이하는 영국법상 신탁의 유효요건인 '3대 확실성', 즉 신탁설정의사(intent), 신탁의 대상물(subject-matter)과 신탁수익자(beneficiaries 또는 objects라고도 한다)의 확실성과 관리의 실행 가능성(administrative workability) 등을 다룬다. 영국법상 과거에는 영구권금지규칙에 따라 최장 21년 이내에 이익이 부여되어야 했으나 "2009년 영구권과 축적에 관한 법률(The Perpetuities and Accumulation Act 2009)"에 의하여 기간이 125년으로 연장되었다.

므로,[35] 협약상 신탁의 준거법은 원칙적으로 신탁에 관한 모든 사항을 규율한다.

그러나 협약은 유언 또는 기타 자산을 수탁자에게 이전하는 기타 행위의 유효성에 관한 선결 문제에는 적용되지 않는다(제4조). 신탁이 협약의 요건을 구비하기 위하여서는 신탁자산이 수탁자에게 유효하게 이전되어 수탁자의 지배하에 놓여야 하지만, 이는 협약의 적용 범위로부터 배제된다. 즉 협약에 따른 신탁의 준거법은 신탁의 성립(creation) 또는 설정(establishment)과 신탁 자체의 유효성을 규율하지만, 신탁설정의 원인이 되는 유언 또는 그 밖의 수탁자로의 자산이전행위의 유효성을 규율하지는 않는다는 것이다. 보고서는 이러한 구별을 '로켓(rocket)'과 '발사대(launcher)'라는 이미지를 사용하여 비유적으로 설명하는데, 즉 신탁이라는 로켓을 일단 궤도에 진입시키기 위하여 예컨대 유효한 유언, 증여 또는 기타 법적 효력을 가지는 행위라는 발사대가 필요하지만 협약은 로켓만을 규율하고 발사대는 규율하지 않는다는 것이다.[36] 협약이 규율하지 않는 쟁점은 일반 원칙으로 돌아가 법정지의 국제사법에 의하여 결정되는 준거법에 따른다.

4. 신탁의 승인(제III장)

협약은 신탁의 승인에 관하여 준거법과 별도의 장(제III장)을 둔다. 국제사법이론에 따르면 어느 국가의 법을 준거법으로 지정하는 것은 해당 준거법을 적용한 결과를 인정하는 것이므로 준거법의 지정과 준

35) Harris, 앞의 책(주 22), p.233.

36) 보고서, para.53.

거법 적용의 효과의 승인을 구별하여 파악할 필요는 없다.[37] 그러나 신탁의 개념 자체를 알지 못하는 대륙법계 국가들(영미의 신탁을 도입한 우리나라는 이에 해당하지 않는다)이 있으므로 협약은 별도의 장을 두어 신탁의 승인의 함의와 효력을 명시한다.

(1) 승인의 효력 — 일반 원칙(제11조)

협약에 의하여 지정된 준거법에 따라 설정된 신탁은 다른 체약국에서도 신탁으로서 승인되는데, 승인의 최소한의 효력으로서 (i) 신탁재산은 수탁자의 고유재산과 독립한 별개의 재산이 되고, (ii) 수탁자는 수탁자의 자격으로 소송 당사자가 될 수 있으며, (iii) 수탁자가 공증인 또는 공적 자격에서 행위하는 모든 사람 앞에 수탁자로서 출석하거나 행위할 수 있다(제11조). 나아가 신탁의 준거법이 요구하거나 규정하는 한 외국 법에 따른 신탁의 승인의 효력으로 특히 첫째, 수탁자의 채권자들은 신탁재산에 대해 권리를 행사할 수 없고, 둘째, 신탁재산은 수탁자의 도산 시 수탁자의 도산재단의 일부가 되지 않으며, 셋째, 수탁자가 신탁을 위반하여[38] 신탁재산을 그 자신의 재산과 혼합(또는 혼화)하거나, 신탁재산을 양도한 때에는 신탁재산은 회복될 수 있다(제11조 제3항). 셋째는 수익자의 추급권과 관련되는데, 추급(tracing) 대상 B의 권리와 의무는 신탁의 준거법이 아니라 법정지의 국제사법에 의하여 결정되는 준거법에 따르므로(제11조 제3항 d호 2문), 추급 대상인 재산이 신탁 개념을 알지 못하거나 추급권을 알지 못하는 국가에 있는 경

37) 澤木敬郎, "ハーグ信託條約について," 池原季雄 編, 앞의 책(주 21), 166면.

38) 이를 "신탁의 목적에 위반하여" 또는 "신탁의무에 위반하여"라고 하나 여기에서는 일단 본문과 같이 표현한다.

우 추급권은 제한될 수 있다. 여기에서 재산의 소지인인 제3자는 수탁자로부터 신탁재산을 이전받은 자가 아니라 수탁자와의 계약에 기하여 신탁재산을 소지하는 은행 등을 말한다는 견해도 있으나,[39] 그뿐만 아니라 그러한 계약관계가 없이 신탁을 위반한 수탁자로부터 신탁재산을 양수한 자도 포함한다고 보는 것이 문언에 부합한다.[40]

(2) 신탁승인의 배제

준거법의 선택, 신탁사무의 처리장소와 수탁자의 상거소를 제외하고 신탁의 중대한 요소들이 신탁제도 또는 관련된 유형의 신탁을 알지 못하는 국가와 더 밀접하게 관련된 경우에는, 어느 국가도 이러한 신탁을 승인할 의무가 없다(협약 제13조). 신탁의 중대한 요소들이라 함은, 관련된 사람들의 상거소 또는 국적 또는 재산의 소재지 등을 의미한다.[41] 이는 문면상 모든 국가들의 판사가 사용할 수 있으나, 이는 특히 신탁제도를 알지 못하는 국가들의 판사들을 위한 회피조항(escape clause)이다.[42]

(3) 신탁의 승인과 등록

수탁자가 자산, 동산 또는 부동산 또는 그에 대한 권원증서(documents

39) Alfred E. von Overbeck, "Law Applicable to, and Recognition of Trusts in Switzerland : The Possible Future under the Hague Convention," Trusts & Trustees, 7 (1996. 2).

40) Harris, 앞의 책(주 22), p.323. 참고로 영국법상으로도 수익자는 선의의 양수인에 대하여는 추급권을 행사할 수 없다.

41) 보고서, para.122.

42) 보고서, para.123.

of title)를 등록하고자 하는 경우, 등록하고자 하는 국가의 법에 의하여 금지되거나 그의 법에 저촉되지 않는 한, 그는 수탁자의 자격에서 등록하거나, 신탁의 존재를 공시하는 다른 방법으로 등록할 권한이 있다(제12조). 제12조는 공부에 한정되는 것은 아니고 주주명부와 같이 공적 기능을 가지는 사적 장부에도 적용된다.[43)]

5. 신탁의 준거법 및 승인에 대한 강행법규와 공서에 의한 제한

협약에 따라 외국 법이 신탁의 준거법이 된 경우, 또는 협약에 따라 외국 법에 의하여 설립된 신탁이 승인된 경우에도 외국 법의 적용과 신탁의 승인에는 다음의 제한이 있다.

(1) 관련된 분야의 강행법규에 의한 제한

협약에 의하여 신탁의 준거법이 결정되거나 외국 법에 따른 신탁이 승인되더라도 특히 (i) 미성년자와 무능력자의 보호, (ii) 혼인의 신분적 및 재산적 효력, (iii) 유언에 의하거나 의하지 않은 경우의 상속권, 특히 배우자와 친족의 유류분(the indefeasible shares), (iv) 재산의 소유권의 이전과 담보권,[44)] (v) 도산사건에서의 채권자의 보호[45)]와 (vi) 그 밖에 선

43) 보고서, para.121.

44) 협약의 성안과정에서 독일 대표단은 담보권이 아니라 '물권'이라고 규정하자고 제안하였으나 이는 지나치게 넓고 승인에 관한 협약의 규정에 반한다는 이유로 거부되었다. 보고서, para.143. 그러나 소유권의 이전과 담보권, 즉 담보물권에 한정한 이유는 이해하기가 쉽지 않다. Harris, 앞의 책(주 22), p.374는 이는 형평법상의 권리가 수익자에게 귀속하는지 등의 형평법상의 권리에 관한 문제를 의미한다고 한다.

45) 수탁자의 도산 시 신탁재산의 처리는 신탁의 준거법에 의하여만 결정되는 것은

의의 제3자의 보호[46] 등에 관하여는 법정지의 국제사법에 의하여 지정된 강행법규의 적용이 배제되지 아니한다(제15조 제1항). 주의할 것은 이러한 강행법규는 법정지의 강행법규가 아니고, 법정지의 국제사법에 의하여 결정되는 위 쟁점의 준거법(즉 신탁의 준거법이 아니라)의 강행법규라는 점이다. 물론 법정지법이 준거법이 되는 경우에는 법정지의 강행법규도 이에 포함된다.

신탁의 기능은 매우 다양하므로 신탁의 준거법에 의하여 또는 외국법에 따른 신탁법에 의하여 규율되는 사항이더라도, 법정지의 국제사법에 따르면 신탁이 아닌 다른 제도들의 준거법에 따르는 사항일 수 있는데(여기에서 우리는 신탁과 기타 인접한 제도들과의 접점의 목록의 일부를 본다)제15조는 그러한 다른 제도들에 적용되는 준거법이 강행법규인 경우, 즉 당사자들이 미리 적용을 배제할 수 없는 성질의 것인 경우 그 준거법인 외국의 실질법이 신탁의 준거법에 우선하여 적용되도록 하기 위한 것이다.[47] 만일 제15조 제1항에 의하여 신탁의 승인이 배제되는 경우에는, 법원은 예컨대 적응(adaptation)과 같은 다른 수단에 의하여 신탁의 목적을 달성하도록 노력해야 한다(제15조 제2항). 이는 제1항이 초래할 수 있는 매우 엄격한 결과를 완화하기 위한 것이다.[48]

다만 위 사항들의 일부는 선결 문제로서 해결된다. 예컨대 유류분제도가 프랑스 법에서 인정되는 것처럼 엄격한 것이어서 피사망자의

아니고, 도산법정지법(*lex fori concursus*)이 그에 우선하여 적용된다. 결국 신탁재산이 본래의 독립성을 관철하자면 신탁의 준거법과 도산법정지법이 모두 이를 긍정해야 한다. 우리나라에서는 이를 인정하는 데 문제는 없다.

46) 이에 따라 수탁자로부터 신탁재산을 매수한 선의의 제3자가 수익자의 권리에 의한 제한 없이 완전한 권리를 취득하는가는 재산의 이전에 관한 통상의 준거법에 따른다. Harris, 앞의 책(주 22), p.234.

47) 보고서, para.137.

48) 보고서, para.147.

유언신탁설정 시 그것이 타인의 유류분을 침해하는 범위 내에서 무효가 되는 경우라면 이는 선결 문제로서 해결된다. 그러나 설정자가 신탁을 설정한 뒤 일정 기간 경과 후 사망한 경우 신탁의 준거법과 상속의 준거법 간에 충돌이 발생할 수 있는데 이 경우 제15조의 결과 신탁의 준거법에도 불구하고 재산의 소유권의 이전의 준거법의 강행규정의 적용이 관철된다.[49)]

(2) 국제적 강행법규에 의한 제한

법정지의 국제적 강행법규 또는 직접적용법(*lois d'application immédiate*)은 협약에도 불구하고 적용된다(제16조 제1항). 국내적 강행법규는 당사자의 합의에 의해 그 적용을 배제할 수 없는 법규를 말하는 데 반하여, 국제적 강행법규는 당사자의 합의에 의해 적용을 배제할 수 없을 뿐만 아니라, 더 나아가 준거법이 외국 법이라도 적용되는 강행법규를 말한다.[50)] 신탁과 관련한 국제적 강행법규의 예로는 통화와 문화유산의 수출을 금지하는 법을 든다. 나아가 법원은 밀접한 관련이 있는 제3국의 국제적 강행법규에 효력을 부여할 수 있으나, 각 체약국은 이 원칙의 적용을 유보할 수 있다(제16조 제2항, 제3항).

(3) 공서에 의한 제한

협약의 규정들은 그의 적용이 공서에 명백히 반하는 때에는 무시될 수 있다(제18조).

---

49) Hayton, 앞의 책(주 34) (RdC), p.92 참조.

50) 국제적 강행법규는 석광현, 국제사법 해설, 박영사, 2013, 140면 이하 참조.

III. 국제신탁의 준거법—우리 법의 해석론

1. 논점의 정리

위에서 밝힌 바와 같이 여기에서는 신탁계약에 의하여 설정되는 생전신탁에 논의를 한정하여 신탁의 준거법에 관한 우리 법의 해석론을 살펴본다.[51] 우리 국제사법은 신탁의 준거법을 명시하지 않으므로 신탁의 준거법은 우리 국제사법의 대원칙, 즉 해당 법률관계 또는 쟁점과 가장 밀접한 관련이 있는 국가의 법이 된다. 종래 우리나라에서는 신탁의 성질결정과 준거법에 관하여는 논의가 별로 보이지 않고 필자

---

51) 협약은 생전신탁과 유언신탁을 통일적으로 연결한다. 유언의 준거법을 정한 우리 국제사법 제50조의 해석상 유언 자체의 성립과 구속력은 동조에 의하여 결정되는 준거법에 따르나, 유언에 의하여 인지나 후견인의 지정, 유증을 하는 경우 유언의 실질적 내용의 문제, 즉 인지나 후견인의 지정, 유증은 해당 법률관계의 준거법에 따른다고 본다. 석광현, 앞의 책(주 50), 561면 참조. 즉 유언에 의하여 법정상속에 따른 효과를 변경할 수 있는가와 그 결과는 제50조에 따른 유언의 준거법이 아니라 제49조에 따른 상속의 준거법에 의한다. 이러한 논리에 따르면 유언의 실질적 내용의 문제인 유언신탁은 상속법적으로 성질결정하여 상속의 준거법에 따를 사항이 될 것이다. 참고로 독일에는 신탁의 종류에 따라 준거법을 달리 정하는 견해와 유언신탁과 생전신탁을 통일적으로 연결하는 견해가 있으나, 유언신탁 내지 설정자의 사망 후에 존속하는 생전신탁을 통일적으로 상속법적으로 성질결정하는 데는 큰 논란이 없다고 한다. Münchener Kommentar zum BGB, Band 11, 5. Auflage C. H. Beck, 2010, EGBGB Art.43, Rn.49(Wendehorst 집필 부분). 이와 달리 스위스의 Luc Thévenoz, Trusts in Switzerland : Ratification of the Hague Convention on Trusts and Codification of Fiduciary Transfers, Schulthess (2001), p.204는 발사대와 로켓의 비유를 여기에서도 이용하여 유언신탁 중 유언에 의한 재산처분과 신탁의 유효성은 상속 준거법에 따를 사항이나, 일단 신탁이 설정된 뒤 신탁의 문제는 신탁의 준거법에 따를 사항이라고 본다. 예컨대 피사망자의 유언신탁설정 시 그것이 타인의 유류분을 침해하는 것이면 그 범위 내에서 효력이 없을 것이나 이는 선결문제라고 할 수 있고 그후 신탁의 해석 및 효력과 신탁의 사무처리 등은 신탁의 준거법에 따를 수 있다는 것이다. 그러나 유류분제도에도 다양한 유형이 있으므로 항상 선결 문제로 해결되는 것은 아니다.

는 다른 기회에 간단한 견해를 피력한 바 있는데[52] 아래에서는 이를 좀 더 진전시켜 본다.

2. 신탁의 성질결정의 일반 이론

신탁의 준거법의 결정은 신탁의 성질결정을 어떻게 하는가에 따라 좌우된다. 국제사법학에서 '성질결정(characterization, classification, Qualifikation)'이라 함은 어떤 사안을 적절한 저촉규정에 포섭할 목적으로 독립한 저촉규정의 체계 개념을 해석하는 것 또는 그의 사항적 적용 범위를 획정하는 것을 말한다.[53] 성질결정을 함에 있어서는 우선 법정지법으로부터 출발하되, 연결의 대상을 법정지법상의 체계 개념(Systembegriff)으로 이해할 것이 아니라 비교법적으로 획득된 기능 개념(Funktionsbegriff)으로 이해하면서 해당 저촉규범의 기능과 법정책적 목적을 고려해야 한다. 이것이 요즈음 독일의 다수설인 '기능적 또는 목적론적 성질결정이론(funktionelle oder teleologische Qualifikation)' 또는 '넓은

---

52) 신탁을 하나의 독립적 연결 대상으로 보아 일원적으로 연결할지, 아니면 채권법적 측면과 물권법적 측면을 구분하여 별도로 연결할지가 우선 문제 되고, 일원적으로 연결하는 경우에도 협약와 같은 접근방법을 취할지, 아니면 독일의 일부 학설이 취하듯이 재단에 준하여 취급할지가 문제 된다. 나아가 필자는 만일 우리나라가 협약에 가입하였다면 일원적 처리가 가능하겠지만〔다만 그 경우에도 신탁의 설정을 위한 신탁재산의 수탁자에의 이전은 신탁재산의 준거법(물건이라면 소재지법)에 의한다〕국제사법에 명문의 규정이 없는 현재로서는 신탁의 준거법에 관하여 채권법적 측면과 물권법적 측면을 구분하여 보는 것이 설득력이 있다고 보면서도 조심스럽게 우리나라는 영미의 신탁을 도입하였으므로 신탁을 통일적으로 연결하는 협약의 태도를 우리 법의 해석론으로서 수용하는 방향이 바람직하다는 견해를 피력한 바 있는데〔석광현, 앞의 책(주 22), 568면〕, 지금도 기본적으로는 이러한 태도를 유지한다.

53) 석광현, 앞의 책(주 50), 30-31면 ; 이호정, 국제사법, 경문사, 1983, 102-103면.

의미의 법정지법설'인데[54] 필자도 이것이 타당하다고 본다. 따라서 국제사법의 체계 개념은 실질법의 개념을 기초로 형성되지만 그보다 넓은 개념이다.

신탁의 성질결정은 이러한 이해를 출발점으로 삼아야 한다. 이는 우리 저촉규범을 해석하고, 외국 법의 의미와 목적에 따른 신탁의 내용을 파악하여, 이를 저촉규범의 기능과 목적을 고려하면서 저촉규범에 귀속시키는 작업을 거치게 된다. 독일에서는 이 경우 신탁에 대해 새로운 연결원칙을 도입할 것이라는 견해도 있으나 이는 기존의 연결원칙의 적용이 불가능한 경우에 한정할 것이고, 또한 아직 설득력 있는 독자적인 연결원칙을 제시하고 있지 못하므로, 지금으로서는 기존의 연결원칙을 적절히 활용하는 것이 더 적절하다고 한다.[55] 구체적인 성질결정은 아래에서 연결원칙과 함께 논의한다.

3. 신탁계약에 의하여 설정되는 생전신탁의 준거법[56]

우리나라에는 별 논의가 없지만, 독일에는 영미 신탁의 성질결정에 있어서는 회사법적(또는 단체법적)으로 성질결정하는 견해, 채권법적·물권법적으로 성질결정하는 견해 등이 있는데 그에 따라 신탁의 연결원칙이 상이하게 된다.

54) Jan Kropholler, Internationales Privatrecht 6. Auflage, Mohr Siebeck (2006), S.126ff ; 석광현, 앞의 책(주 50), 30면 이하.

55) 신탁의 성질결정에 관하여는 Czermak, 앞의 책(주 1), S.99 이하 참조.

56) 이 부분은 석광현, 앞의 책(주 50), 271면 이하와 유사하다.

(1) 회사법적(또는 단체법적) 연결

독일에서는 신탁과 회사(또는 단체)의 기능적 유사성에 착안하여 신탁을 회사법적(또는 단체법적)으로 또는 재단(Stiftung)으로 성질결정하는 견해가 있는데,[57] 이는 신탁의 준거법을 정함에 있어서 회사의 설립 또는 법적으로 조직된 특별재산의 설립에 관한 연결원칙을 유추적용한다. 이에 따르면 신탁의 설정과 신탁의 사무처리를 분할하여 각각 상이한 준거법에 따르도록 하는 것은 허용되지 않는다. 이에 대하여는, 신탁은 법인격이 없고 또한 위탁자(자익신탁의 경우) 또는 수익자(타익신탁의 경우)의 이익을 추구하는 것이지 위탁자와 수탁자 및 수익자의 공동의 이익을 추구하는 것은 아니므로 회사법적 연결은 근거가 없다는 비판이 있다.

(2) 채권(법)적 법률관계와 물권(법)적 법률관계를 구분하는 견해

독일에서는 독일 법상의 신탁(Treuhand)을 채권적 측면과 물권적 측면으로 구분하여 채권법적 측면은 국제계약의 준거법에 따르도록 하고, 신탁재산의 이전 등은 그 종류에 따라 물건소재지법, 채권의 준거법, 사원권의 준거법에 따른다는 견해가 유력하고, 이는 영미법계의

57) 우리나라에도 실질법의 맥락에서 신탁을 단체적 법률관계로 보는 견해가 있는데, 이는 신탁은, 위탁자가 출연한 목적재산을 매개로 수탁자와 수익자가 유기적으로 결합된 단체관계이므로 "신탁재산이 수탁자 명의로 나타나고(수탁자의 인격을 차용해 형성되고), 수탁자가 충실의무자로서 수익자를 위해 신탁재산을 관리 · 운용할 권리와 의무를 갖는 단체적 관계"라고 설명한다. 이중기, 앞의 책(주 14), 5면. 신탁과 회사의 비교는 노혁준, "주식회사와 신탁에 관한 비교 고찰," 증권법연구 제14권 제2호(2013), 627면 이하 참조.

신탁에도 같은 법리를 적용하는데 영미법계의 신탁에 상응하는 법제도는 독일 법에는 없으므로 이러한 구분이 불가피하다고 한다.[58] 이에 따르면 채권법적 측면의 준거법은 계약에 관한 일반 원칙[59]에 따른다. 즉 당사자 자치가 타당하고, 준거법 지정이 없으면 계약과 가장 밀접한 관련이 있는 국가의 법이 준거법이 되는데, 이는 신탁재산의 관리지 또는 소재지, 수탁자의 본거지 또는 당사자 간에 존재하는 법률관계의 준거법이다. 한편 물권법적 측면은 물건소재지법에 따른다.

일본에서도 과거 구 법례(이는 법적용통칙법의 경우도 같다)는 우리 국제사법과 마찬가지로 신탁을 독립한 단위법률관계(달리 말하자면 연결 대상)로서 규정하지 않는데, 예컨대 이시구로 가즈노리(石黑一憲) 교수[60]는 과연 준거법 선택상 항상 신탁이라고 하는 것을 독자의 것으로서 취급하여 다른 문제와 구별하여 별도의 준거법을 정해야 할 것인가에 대해 의문을 표시하고 협약에 대해 다소 비판적인 태도를 취하면서, 구 법례의 해석상 제7조(법률행위), 제10조(물권)와 제11조(법정채권) 등의 규정에 의하여 적절히 준거법을 정하고 실질법 차원에서 다른 문제와 함께 신탁의 문제를 취급하면 충분하다고 한다. 즉 이에 따르면 신탁의 준거법 결정은 그것이 국제사법이 정한 기존의 단위법률관계에 관한 저촉법규칙에 어떻게 포섭되는가의 문제로 해소된다.[61]

58) Münchener Kommentar zum BGB, 5. Auflage, C.H. Beck, 2010, Band 11, IntGesR, Rn.310ff.(Kindler 집필 부분). 이하 'MünchKomm/집필자'로 인용한다.

59) 이는 과거에는 독일 민법시행법률(EGBGB) 제27조 내지 제37조에 규정되었으나 2009. 12. 17. 로마 I의 발효를 계기로 동 조문들은 삭제되었고 다만 제29a조는 조금 개정되면서 제46b조가 되었다.

60) 石黑一憲, 國際私法 新版, 有斐閣, 1990, 316면.

61) 櫻田嘉章/道垣內正人 編著, 注釋國際私法 第1卷, 有斐閣, 2012, 348면(神前禎 집필 부분)도 이러한 접근방법을 전제로 논의한다. 예컨대 신탁계약의 객관적 준거법에 관하여는 특징적 급부를 행하는 당사자의 상거소지법이 가장 밀접한 관련이 있는

한편 독일에는 위와 유사하지만, 법률행위에 의한 생전신탁에 관한 한 이를 채권법적으로 성질결정하여 통일적으로 연결하려는 견해도 유력한데,[62] 이는 신탁에 관한 다양한 쟁점을 통일적으로 연결하는 협약에 접근한 것이고, 신탁의 준거법결정에 있어 당사자자치의 원칙이 적용되는 것을 쉽게 설명할 수 있다. 그러나 신탁의 설정은 신탁재산의 이전을 포함하므로 그 점에 대해서까지 채권법적 성질결정을 관철하여 당사자자치를 허용할 수는 없다. 또한 채권법적 측면에 대해 국제계약의 법리를 적용하는 데 대하여는 영미법상 신탁은 반드시 신탁계약에 의하여가 아니라 신탁설정자의 일방적인 행위에 의하여도 설정될 수 있으므로 부적절하다는 비판이 있다.[63]

(3) 내부 관계와 외부 관계를 구별하는 견해

독일에서는 신탁의 내부 관계(신탁설정자, 수탁자와 수익자 간의 관계)와 외부 관계를 구별하면서 내부 관계 및 그와 밀접하게 관련된 관계에서는 채권법적인 통일적 연결을 관철하고, '수탁자 및 수익자'와 제3자에 대한 관계, 즉 외부 관계를 별도로 연결하는 견해가 있다.[64] 이 견해는 수탁자와 수익자 간의 관계를 채권법적으로 통일적으로 연결하는 점에서, 위에서 본 채권/물권을 구별하는 견해와 다르다. 즉 이는 내부 관계에서 물권적 측면을 물권의 준거법에 따르도록 하는 데 반대하고 채권의 준거법에 의할 것이라고 한다. 이 견해도 신탁에 의

것으로 추정되는데(제8조) 이 경우 수탁자를 특징적 급부를 행하는 당사자로 본다. 櫻田嘉章/道垣內正人 編著, 앞의 책, 363면.

62) Georg Wittuhn, Das internationale Privatrecht des trust (1987), S.120ff. 참조.

63) Staudinger/Stoll, Int SachenR (1996), Rn.174.

64) MünchKomm/Wendehorst, Band 11, Art. 43 Rn.49 참조.

해 발생하는 물권적인 지위는 물권의 소재지법에 반할 수는 없음을 인정한다. 그러나 이는 신탁에만 특유한 것은 아니고 개별 준거법이 총괄 준거법을 깨는 현상이라고 설명한다.[65]

한편 '수탁자 및 수익자'와 제3자 간의 관계, 즉 외부 관계에 대하여는 두 가지 가능성이 있는데 그중 하나는 이를 물권법적으로 성질결정하여 신탁의 준거법이 아니라 물권의 준거법에 따를 것이라는 견해이고, 다른 하나는 영미의 신탁을 그에 상응하는 기능을 하는 독일법상의 제도, 즉 'fiduziarische Verwaltungstreuhand'로 보고 독일 법에 따라 채권적으로 성질결정하는 견해이다.[66]

(4) 사견

지금으로서는 둘째 견해가 설득력이 있으나 셋째 견해와 실제로 큰 차이는 없어 보이나 차이가 전혀 없는 것은 아니다. 우선 영미 신탁에 따라 수익자가 가지는 형평법상의 권리 또는 실질적 소유권의 준거법 결정 시 차이가 있다. 예컨대 영국 법이 준거법인 신탁을 구성하는 재산이 한국에 소재하는 경우 수탁자가 신탁에 반하여 신탁재산을 제3자에게 양도한 사안에서, 수익자의 추급의 가부와 범위 그리고 추급권을 실현하는 수단인 의제신탁의 성립 여부는 준거법에 따라 달라질 수 있다. 예컨대 수탁자가 의무에 반하여 신탁재산을 처분한 경우 독일법상 추급권이 인정되지 않으나, 영국 법상은 넓은 범위 내에서 추급권이 인정되고, 신탁재산이나 그 대위물에 대해 의제신탁이 성립

65) MünchKomm/Wendehorst, Band 11, Art.43 Rn.52.

66) MünchKomm/Wendehorst, Band 11, Art.43 Rn.53 참조. 유럽연합에서는 신탁재산을 침해한 제3자에 대한 수익자의 불법행위채권은 로마 II에 의하여 규율된다.

하는 데 반하여, 우리 법상은 영미의 그것보다는 좁은 범위 내에서 추급(신탁 위반 법률행위의 취소에 관한 제75조와, 신탁재산의 범위에 관한 제27조 참조)이 허용되지만 의제신탁은 허용되지 않는다.[67] 그러나 신탁의 준거법이 영국 법이더라도 신탁재산이 우리나라에 있는 한 그 적용을 관철할 수는 없고 우리 신탁법상의 수익자에 상응하는 권리를 행사할 수 있다고 보아야 할 것이다. 왜냐하면 우리 민법(제185조)이 물권법정주의(principle of *numerus clausus*)를 취하고 있으므로 물권의 준거법 변경 시에는 치환(置換, Transposition)[68]의 법리가 적용되는데, 수익자의 권리가 물권적으로 성질결정된다면 이 경우에도 그 법리가 유추적용될 여지가 있기 때문이다.[69] 이렇게 보면 결국 채권법적 성질결정과 물권법적 성질결정의 차이는 상당히 축소된다. 그렇다면 우리 법의 해석론도 협약에 접근한다. 따라서 장래에는 협약 가입을 전향적으로 고려하고, 그전에는 해석론으로도 신탁을 하나의 독립한 연결 대상으로 파악하여 통일적으로 연결하는 협약의 태도를 수용하는 방향이 바람직하다. 신탁법이라는 단행법을 두어 신탁의 실체를 인정하는 우리로서는 이것이 자연스러운 접근방법이다. 물론 그전에 협약(제11조 및 제15조)을 고려하면서 당사자자치에 맡기는 대신 별도의 연결원칙을 적용해야 하는 쟁점과 범위를 보다 명확히 검토할 필요가 있다.[70]

---

67) 이연갑, 신탁법상 수익자 보호의 법리, 경인문화사, 2014, 201면. 제27조에 상응하는 구 신탁법 제19조의 제목은 물상대위성이었으나 이는 부적절하다는 이유로 변경되었다. 법무부, 앞의 책(주 8), 227면과 592면 이하 참조. 수탁자가 제3자와 한 행위를 수익자가 취소할 수 있는지가 신탁재산의 준거법에 따르지 아니면 신탁의 준거법에 따르지가 논란이 있으나 일본 최고재판소 1994. 3. 8. 판결은 전자를 취하였다고 한다. 櫻田嘉章/道垣內正人 編著, 앞의 책(주 61), 358-359면(神前禎 집필 부분).

68) Harris, 앞의 책(주 22), p.330은 이를 'translating'이라고 한다.

69) 치환의 법리에 관하여는 석광현, 앞의 책(주 50), 237면 이하 참조.

70) 요컨대 협약 가입 시 제15조에 의하여 해결되는 논점은 현행 법상 상당 부분 해석

신탁법에 관한 한 현재 우리나라는, 국제사법이론이 실질법이론에 뒤진 상태이다. 실질법은 신탁의 실체를 인정하는 데 반하여, 국제사법은 (특히 위 둘째 견해를 따를 경우) 이를 채권과 물권으로 해체하여 각각 상이한 연결원칙을 지정하기 때문이다.

또한 실무상 제기되는 문제는 예컨대 한국 내 소재하는 물건을 신탁재산으로 하여 영국 법이 준거법인 신탁을 설정한 경우 당사자자치의 원칙이 타당할 수 있는지, 나아가 동 원칙이 수익권 그 밖의 어떤 사항에까지 미치는가라는 점이다. 이는 수익권의 성질결정[71]과 연결되는 문제로서 수익권의 준거법, 나아가 수익권에 대한 담보권의 준거법결정에 영향을 미친다(국제사법 제23조).[72] 수익권을 채권과 물권 중 어느 것으로 성질결정하든 간에 담보권의 준거법은 수익권의 준거법이 될 것이나 이를 물권으로 성질결정하는 경우, 당사자자치가 허용되지 않고 신탁재산의 소재지 법이 준거법이라는 견해가 주장될 수 있다.[73] 개정 신탁법(제78조 이하)이 수익증권발행신탁제도를 도입하였

론으로 해결할 수 있을 것이나 더 면밀하게 검토할 필요가 있다.

71) 실질법상의 수익권의 성질에 관하여 이연갑, 앞의 책(주 67), 60면 이하는 다양한 학설을 소개한 뒤 이를 결국 채권, 그러나 물권에 가깝게 강화된 채권이라고 본다. 신탁을 단체적 법률관계로 보는 견해는, 수익자의 지위는 회사에서 사원의 지위와 유사한 사원권의 성질을 지니지만, 수익자가 1인인 경우에는 실질적으로 수탁자에 대한 채권과 신탁재산에 대한 물권을 가진다고 본다. 이중기, 앞의 책(주 14), 448면.

72) 제23조에 따르면 채권(債權) · 주식 그 밖의 권리 또는 이를 표창하는 유가증권을 대상으로 하는 약정담보물권은 담보 대상인 권리의 준거법에 의한다.

73) 통일적 접근을 한다면 영미식 신탁의 준거법결정 시 당사자자치를 허용하므로 수익권의 준거법에도 동 원칙을 적용하면서 다만 그의 한계가 문제 되는데 그 경우 협약 제11조와 제15조가 참고가 되는 데 반하여, 비통일적 접근방법을 취한다면 수익권의 성질결정에 따라 이를 채권적으로 성질결정한다면 통일설과 같으나, 물권적으로 성질결정한다면 당사자자치는 허용되지 않으며, 독자적 권리로 성질결정한다면 당사자자치의 허용 여부를 검토해야 한다. 또한 수탁자가 신탁을 위반하여 신탁재산을 처분한 경우 취소 가부의 준거법도 달라질 수 있다.

으므로 수익권의 준거법도 더 큰 의미를 가지게 되었다. 이와 관련하여 주식예탁증서(depositary receipts.[74] 예컨대 한국결제원이 발행하는 KDR 등)가 표창하는 권리의 성질이 수익권인지도 논란이 있다. 필자는 영미 신탁의 수익권을 채권과 물권의 중간에 있는 독자적 성질의 권리라고 보고, 이를 전제로 문제 되는 각각의 논점에 관하여 적절한 해결방안을 도출하는 것이 현실적 접근방법이라고 생각한다. 나아가 수익권은 신탁의 준거법에 따르는 권리이고 그에 대하여는 당사자자치를 허용할 수 있다고 본다.[75] 다만 추급권과 같은 수익권의 효력이 미치는 범위는 더 검토할 필요가 있다.

Ⅳ. 국제신탁의 국제재판관할

국제신탁과 관련하여 국제재판관할의 문제가 제기된다. 여기에서는 국제신탁에 관한 우리 국제사법상의 국제재판관할규칙을 검토한다.

1. 국제사법에 따른 국제재판관할규칙

우리 국제사법(제2조)에 따르면 우리 법원은 당사자 또는 분쟁이 된

74) 자본시장과 금융투자업에 관한 법률(제4조 제8항)은 증권예탁증권이란 제2항 제1호부터 제5호까지의 증권을 예탁받은 자가 그 증권이 발행된 국가 외의 국가에서 발행한 것으로서 그 예탁받은 증권에 관련된 권리가 표시된 것이라고 정의한다. 학설로는 주식예탁증서가 수익권을 표창한다는 견해도 있으나 채권을 표창한다는 견해도 있다.

75) 일본에는 신탁재산의 변경에도 불구하고 준거법의 동일성을 유지할 수 있는 장점이 있음을 근거로 수익권은 신탁의 준거법에 의할 것이라는 견해가 있다. 櫻田嘉章 / 道垣內正人 編著, 앞의 책(주 61), 358면(神前禎 집필 부분).

사안이 한국과 실질적 관련이 있는 경우 국제재판관할권을 가지는데, 법원은 실질적 관련의 유무를 판단함에 있어 국제재판관할 배분의 이념에 부합하는 합리적인 원칙에 따라야 하고, 국내 법의 관할규정을 참작하여 국제재판관할권의 유무를 판단하되 국제재판관할의 특수성을 충분히 고려하여야 한다. 그런데 국제사법은, 소비자계약과 근로계약의 경우를 제외하면 국제재판관할에 관하여 단편적인 규정만을 두므로, 종래 판례에 의해 발전되어 온 접근방법, 특히 토지관할규정으로부터 국제재판관할규칙을 도출하려는 노력은 국제사법하에서도 상당 부분 유지될 수 있다. 다만 일단 '국제재판관할규칙=토지관할규정'으로 보고 결론이 부당한 경우 특별한 사정을 근거로 관할이 없다고 판단하는 대신, 국내의 관할규정을 참작하여 국제재판관할의 특수성을 고려해서 올바른 국제재판관할규칙을 정립해야 한다. 국제재판관할의 배분에 있어 지도적 판결이라고 할 수 있는 도메인 이름에 관한 대법원 2005. 1. 27. 선고 2002다59788 판결도 이러한 취지를 따른 바 있다.[76] 위 대법원 판결은 다음과 같이 추상적 법률론을 설시하였고 이는 점차 확산되고 있다.[77]

> 국제재판관할을 결정함에 있어서는 당사자 간의 공평, 재판의 적정, 신속 및 경제를 기한다는 기본 이념에 따라야 할 것이고, 구체적으로는 소송 당사자들의 공평, 편의 그리고 예측 가능성과 같은 개인적인 이익뿐만 아니라 재판의 적정, 신속, 효율 및 판결의 실효성 등과 같은 법원 내지 국가의 이익도 함께

76) 평석은 석광현, 앞의 책(주 22), 85면 이하 참조.

77) 대법원 2008. 5. 29. 선고 2006다71908, 71915 판결, 대법원 2010. 7. 15. 선고 2010다18355 판결과 대법원 2013. 7. 12. 선고 2006다17539 판결 참조. 또한 징용 사건에 관한 대법원 2012. 5. 24. 선고 2009다22549 판결은 간접관할의 맥락에서도 추상적 법률론으로서 동일한 설시를 하고 있다.

고려하여야 할 것이며, 이러한 다양한 이익 중 어떠한 이익을 보호할 필요가 있을지 여부는 개별 사건에서 법정지와 당사자의 실질적 관련성 및 법정지와 분쟁이 된 사안과의 실질적 관련성을 객관적인 기준으로 삼아 합리적으로 판단하여야 할 것이다.

국내 법의 관할규정을 참작하여 국제재판관할권의 유무를 판단하라는 것은 적절한 관할규정이 있는 경우를 가리키므로, 국내법의 관할규정(또는 재판적)이 없다는 이유로 국제재판관할을 인정할 수 없는 것은 아니고, 그 경우 제2조 제1항의 원칙으로 돌아가 실질적 관련 원칙에 따라 국제재판관할의 유무를 판단해야 한다.[78] 위 대법원 판결도 국내 법의 관할규정이 아니라 실질적 관련에 기하여 우리나라의 국제재판관할을 긍정하였다. 그런데 신탁에 관한 소송에 대하여는 민사소송법이나 신탁법에 토지관할(또는 재판적)에 관한 아무런 규정이 없으므로[79] 결국 신탁에 관한 소송에 대하여는 실질적 관련을 기초로 국제재판관할의 유무를 판단해야 하는데 그 과정에서 위에서 본 신탁의 성질결정이 중요한 의미를 가진다.[80] 종래 우리 법상은 신탁의 국제재판관할은 별로 논의되고 있지 않은데, 사견으로는 아래와 같이 경우를 나누어 볼 필요가 있다.[81]

78) 석광현, 앞의 책(주 50), 68면 ; 석광현, 국제민사소송법 : 국제사법(절차 편), 박영사, 2012, 82-83면.

79) 다만 예컨대 수탁자의 사임허가, 해임, 신탁재산관리인선임 등 신탁과 관련한 비송사건의 관할법원에 관하여는 비송사건절차법(제39조 이하)이 규정하고 있다.

80) 국제재판관할의 맥락에서의 성질결정은 Albrecht Conrad, Qualifikationsfragen des Trusts im Europäischen Zivilprozessrecht, Peter Lang (2001), S.74ff. 참조.

81) 이러한 쟁점의 정리는 Jonathan Harris, "The Trust in Private International Law," in Reform and Development of Private International Law Essays in Honour of Sir Peter North, Edited by James Fawcett, Clarenden Press (2002), p.205 이하 참조.

2. 수익권에 관한 소—특히 신탁재산이 부동산인 경우

우리 민사소송법(제20조)에 따르면 부동산에 관한 소를 제기하는 경우에는 부동산이 있는 곳의 법원에 제기할 수 있다. 부동산에 관한 소는 부동산에 관한 권리를 목적으로 하는 소인데, 그에는 부동산의 소유권의 존부확인, 소유권에 기한 인도청구와 같은 부동산상의 물권에 관한 소와, 계약에 기한 부동산의 이전등기나 인도를 구하는 소와 같은 부동산에 관한 채권의 소가 포함되지만, 이는 부동산 자체에 관한 소에 한정되므로 부동산의 매매대금 또는 임대료의 지급을 구하는 소는 이에 포함되지 않는 것으로 해석된다.[82] 이러한 토지관할규칙을 국제재판관할규칙을 정함에 있어 참작할 수 있다.

그런데 예컨대 부동산신탁의 수익자가 그가 가지는 형평법상의 권리(equitable interest)를 주장하기 위하여 소를 제기하는 경우 이것이 부동산 자체에 관한 위 물권에 관한 소 또는 채권의 소에 포함될 수 있는가가 문제 된다. 사견으로는 수익자의 수익권을 부동산에 관한 물권이라고 볼 수는 없고,[83] 나아가 부동산에 관한 채권의 소도 부동산 자체에 관한 소에 한정되므로 이를 긍정하기는 어렵다.

---

82) 이시윤, 신민사소송법 제6증보판, 박영사, 2012, 98면. 이처럼 제20조는 부동산 자체에 관한 소에 한정되므로, 제3자에 대한 관계에 있어서 영미법의 신탁에 따른 수익권을 물권법적으로 성질결정하더라도 동일한 결론이 될 것으로 생각한다.

83) 아래에서 언급하는 브뤼셀협약(제16조 제1호)에 따르면, 부동산에 대한 물권이나 부동산에 대한 임차권을 목적으로 하는 소에 대하여는 부동산이 소재하는 체약국의 법원이 전속관할을 가지는데, 유럽법원의 1994. 5. 17. Webb v. Webb 사건 판결(Case C-294/92 Webb v Webb 〔1994〕 ECR I-1717)은 수익자가 수탁자에 대하여 수익권(beneficial interest)을 주장하는 소, 보다 정확히는 아들이 아버지의 수탁자로서 프랑스 소재 부동산을 소유하는 사실의 확인과 아버지인 위탁자에게 부동산의 법적 소유권을 귀속시키기 위하여 필요한 문서의 작성을 명하는 소는 부동산에 관한 물권에 관한 소에 해당하지 않는다고 판시하였다.

3. 신탁의 외부 관계

아래에서 논의하는 신탁의 내부 관계(즉 위탁자, 수탁자와 수익자들 간의 관계)와 달리 외부 관계는 국제재판관할에 관한 일반 원칙에 따른다.[84] 대외적인 관계에서 수탁자는 신탁재산의 소유자의 지위에 서서 신탁재산의 계산으로 권리를 양도하고 취득할 수 있으므로 수탁자와 제3자 간의 관계는 통상적인 원칙에 따른다는 것이다. 예컨대 제3자가 수탁자에 대하여 신탁재산과 관련하여 소를 제기하는 경우 수탁자에 대해 일반 관할을 가지는 국가의 법원, 또는 예컨대 계약에 관한 사건이라면 그에 대하여 특별관할을 가지는 국가의 법원에 소를 제기할 수 있다.

4. 신탁의 내부 관계

신탁의 내부 관계에서는 우리 국제사법상 피고의 주소지 국가가 일반관할을 가질 것이지만 신탁을 위한 특별관할의 근거는 존재하지 않는다. 그런데 유럽공동체의 1968년 "민사 및 상사사건의 재판관할과 재판의 집행에 관한 협약(Convention on Jurisdiction and the Enforcement of Judgments in Civil and Commercial Matters)"(이하 '브뤼셀협약')을 대체한 유럽연합의 "민사 및 상사사건의 재판관할과 재판의 집행에 관한 규정"

84) 브뤼셀협약과 브뤼셀 I에 관하여 Jan Kropholler/Jan von Hein, Europäisches Zivilprozeß-recht 9. Auflage, Verlag Recht und Wirtschaft (2011), Art.5 Rz.117 ; 브뤼셀협약에 대한 Schlosser 보고서, para.110 ; Reinhold Geimer/Rolf A. Schütze, Europäisches Zivilverfahrensrecht : Kommentar 3. Auflage, C.H. Beck (2010), A.1 Art.5 Rn.327 ; Thomas Rauscher (Hrsg.), Europäisches Zivilprozess- und Kollisionsrecht EuZPR/EuIPR Kommentar, Sellier (2011), Art.5 Rn.111, Rn.113(Stefan Leible 집필 부분).

(이하 '브뤼셀 I')[85)]과 헤이그국제사법회의 차원에서 1999년 작성된 "민사 및 상사사건의 국제재판관할과 외국 재판에 관한 협약"의 예비초안에는 특별관할에 관한 규정이 있으므로 이를 간단히 살펴보고 우리법의 해석론을 논의한다.

브뤼셀 I은 내부 관계의 특별관할을 별도로 명시한다. 즉 체약국에 주소를 가진 피고가 신탁의 위탁자, 수탁자 또는 수익자로서 제소되는 경우 신탁이 주소를 가지는 국가의 법원이 특별관할을 가진다(제5조 제6호).[86)] 제6호가 적용되는 신탁은 법령, 즉 제정법에 의한 신탁과, 명시적으로 설정된 신탁에 한정되고, 묵시적 신탁(implied trusts 또는 resulting trusts)과 의제신탁(constructive trusts)은 포함하지 않는다.[87)] 신탁이 법정지에 주소를 가지고 있는가는 법원이 자국의 국제사법을 적용하여 결정한다(브뤼셀 I 제60조 제3항).[88)] 이는 영국에서는 신탁과 가장 밀접한 관련이 있는 국가의 법이고 이는 통상, 신탁의 유효성의 준거법 소속국이다.[89)] 이러한 조항을 둔 이유는 신탁은 법인격이 없으므로 신탁 자체를 상대로 그의 주소지에 소를 제기할 수 없는데, 만일 수탁자

85) 브뤼셀 I은 2015. 1. 10.부터 이미 공표된 '브뤼셀 I Recast'에 의해 대체될 예정이다. 이를 "브뤼셀 I bis" 또는 "Recast Regulation"이라고도 부른다.

86) 이는 브뤼셀 I bis 제7조 제6호에 상응한다. 스위스 국제사법 제149b조 제3항 b호도 신탁 본거지의 특별관할을 인정한다. 스위스와 유럽공동체 국가들 간에는 브뤼셀협약의 병행협약인 1988년 루가노협약이 적용되었는데 이는 브뤼셀 I의 시행과 더불어 2007년 개정되었다. 소개는 석광현, 국제사법과 국제소송 제5권, 박영사, 2010, 339면 이하 참조.

87) 위에 언급한 유럽법원의 Webb v. Webb 사건 판결. Kropholler/von Hein, 앞의 책(주 84), Art.5 Rz.120 ; Rauscher (Hrsg.), 앞의 책(주 84), Art.5 Rn.112a(Leible 집필부분). 브뤼셀 I과 브뤼셀협약에 관하여는 석광현, 국제사법과 국제소송 제3권, 박영사, 2004, 368면 이하 ; 석광현, 국제사법과 국제소송 제2권, 박영사, 2001, 321면 이하 각 참조. 그러나 신탁의 분류에 관하여는 논란이 있다.

88) 이는 브뤼셀 I bis 제63조 제3항에 상응한다.

89) Hayton, 앞의 책(주 34)(RdC), p.46.

의 주소지에서만 소를 제기할 수 있다면 수탁자가 주소지를 변경함으로써 신탁에 관한 소의 제기를 어렵게 할 우려가 있기 때문이다.[90] 다만 문면상 알 수 있듯이 이는 위 당사자들이 피고가 되는 경우에 한정되고 원고가 되는 경우를 포함하지 않는다.[91]

또한 헤이그국제사법회의의 1999년 예비초안(제11조 제2항)[92]도 신탁의 유효성, 해석, 효력, 관리 또는 변경에 관한 소송에서 신탁증서에 지정된 법원이 없는 경우, 신탁사무가 주로 행해지는 국가, 신탁의 준거법이 속하는 국가[93] 또는 소송 목적상 신탁이 가장 밀접한 관련을 가지는 국가에 특별관할을 인정한다. 이는 위탁자, 수탁자 및 수익자 간의 분쟁, 즉 신탁의 내부적인 분쟁을 가리키는데[94] 문면상 이는 그러한 자들이 피고가 되는 경우에 한정되는 것은 아니라는 점에서 브뤼셀I과는 다르다.[95]

다만 브뤼셀I의 해석상 수탁자들 간의 관계, 수탁자와 수익자들 간의 관계가 계약적 성질을 가지는지는 논란이 있다.[96] 계약적 성질을 부정하는 견해는 신탁이 반드시 신탁계약에 기초한 것은 아니라는 점

90) Kropholler/von Hein, 앞의 책(주 84), Art.5 Rz.114 ; Geimer/Schütze, 앞의 책(주 84), A.1 Art.5 Rn.325.

91) Schlosser 보고서, Rn.112.

92) 2001년 초안도 대체로 이를 유지하나 조금 변경되었다. 1999년 초안과 2001년 초안에 관하여는 석광현, 앞의 책 제2권(주 87), 396면 이하 ; 석광현, 앞의 책 제3권(주 87), 429면 이하 각 참조.

93) 이 경우 준거법과 법정지의 병행이 가능하므로 매우 실용적이다. Harris, 앞의 책(주 81), p.207.

94) Peter Nygh/Fausto Pocar, Report (Preliminary Document No.11 of August 2000), p.62. 2001년 초안의 제11조 제3항은 괄호에서 이를 명시한다.

95) 예비초안은 신탁의 개념을 정의하지 않는데, 이에 관하여는 협약이 도움이 될 것이라고 한다. Peter Nygh/Fausto Pocar, 앞의 자료(주 94), p.61.

96) Kropholler/von Hein, 앞의 책(주 84), Art.5 Rz.114는 이를 부정하나, Geimer/Schütze, 앞의 책(주 84), A.1 Art.5 Rn.37은 계약관할과의 경합을 긍정한다.

과, 신탁의 내부 관계에서 발생하는 분쟁에 대해 위에서 본 바와 같이 별도의 관할규정을 두기 때문이 아닐까 생각된다.[97)]

여기에서 우리의 관심사는, 첫째 우리 국제사법의 해석론으로 실질적 관련을 기초로 브뤼셀 I이나 1999년 예비초안과 유사한 국제재판관할규칙을 도출할 수 있는지와, 둘째 신탁의 내부 관계를 채권적인 계약관계로 성질결정하고 민사소송법(제8조)을 참작하여 의무이행지의 국제재판관할을 인정할 여지가 있는지이다. 이 점은 앞으로 더 검토할 사항이지만, 우선 둘째의 논점에 관하여 위에서 본 것처럼 신탁의 내부 관계를 채권법적으로 성질결정한다면 여기에서 논의하는 신탁계약의 경우 의무이행지의 국제재판관할을 긍정할 수 있을 것이다. 한편 첫째의 논점도 실질적 관련에 근거한 관할로서 긍정할 여지가 있으나, 브뤼셀 I의 그것과 1999년 초안의 그것 중 선택할지 아니면 그 밖의 어떤 규칙이 적절한지는 연구할 과제이다. 입법론으로서는 2014년 12월 현재 법무부에서 진행 중인 국제사법 개정작업과정에서 신탁에 관한 특별관할을 두는 것도 고려할 필요가 있다.[98)]

5. 신탁계약상의 관할합의

국제신탁의 경우에도 신탁계약에서 국제재판관할합의를 할 수 있다. 신탁계약의 당사자들, 즉 위탁자와 수탁자가 관할합의에 구속됨은 물론이나 수익자도 그에 구속된다. 종래 우리 법상으로도 이러한 관

97) 또한 영국의 경우 1999년 '계약(제3자의 권리)법'을 제정함으로써 제3자를 위한 계약을 도입한 지금은 다르지만, 과거 전통적으로 이를 허용하지 않았던 영국 법은 수익자와 수탁자 간의 관계를 계약관계로 파악하지 않는 점도 고려되었을지 모른다.

98) 실제로 국제사법학회가 법무부에 제출한 용역보고서는 신탁의 특별관할을 논의하고 있다.

할합의가 가능하다고 본다.[99)]

브뤼셀 I(제23조 제4항)[100)]은 위탁자, 수탁자 또는 수익자를 상대로 제기하는 모든 소송에서, 신탁에 따른 위 당사자들 간의 관계나 그들의 권리 또는 의무가 문제 되는 때에는 신탁증서에 의해 관할을 부여받은 회원국의 법원이 전속관할을 가짐을 명시한다.[101)] 이는 반드시 신탁계약만이 아니라 위탁자에 의하여 일방적으로 작성된 신탁증서에 포함된 관할조항의 효력이 수탁자와 수익자들에게 미치도록 하는 데 의의가 있으나, 이는 제5조 제6호의 경우처럼 신탁의 내부 관계에 한정된다.[102)]

헤이그국제사법회의의 1999년 예비초안(제11조 제1항)도 임의로 설정되고 서면에 의해 증명되는 신탁의 유효성, 해석, 효력, 관리 또는 변경에 관한 소송에서 신탁증서에 지정된 체약국의 법원은 신탁증서가 달리 규정하지 않는 한 전속관할을 가진다고 규정한다. 이는 위탁자, 수탁자 및 수익자 간의 분쟁, 즉 신탁 내부적인 분쟁을 가리킨다.

헤이그국제사법회의는 2005. 6. 30. "재판관할합의에 관한 협약(Convention on Choice of Court Agreements)"을 채택하였는데, 동 협약은 신탁에 관하여 별도의 규정을 두지 않는다.[103)] 신탁계약상의 관할합의에

99) 종래 예컨대 사채신탁의 경우 수익자인 사채권자가 발행회사 또는 수탁자에 대하여 사채원리금의 지급을 구하는 소에 관하여 신탁계약에서 관할합의를 하고 이러한 합의를 사채의 조건에도 명시한다.

100) 이는 브뤼셀 I bis 제25조 제3항에 상응한다.

101) 스위스 국제사법 제149b조 제1항도 신탁증서에서 정한 법원이 국제재판관할을 가짐을 명시하는데, 달리 정하지 않으면 이는 전속관할이다. 이는 원칙적으로 서면으로 지정해야 한다. 그러나 당사자 또는 신탁이 스위스와 관련이 없으면 법원은 관할을 거부할 수 있다.

102) Kropholler/von Hein, 앞의 책(주 84), Art.23 Rz.29 ; Rauscher (Hrsg.), 앞의 책(주 84), Art.23 Rn.49(Leible 집필 부분).

103) 위 협약에 대하여는 석광현, "2005년 헤이그 재판관할합의협약의 소개," 국제사

도 동 협약이 적용될 수 있을 것이다.

V. 국제신탁에 관한 실무상의 몇 가지 논점

국제금융거래에서 신탁은 다양한 맥락에서 이용되고 있으나 여기에서는 사채신탁, 담보부사채신탁, 담보권의 신탁과 증권투자신탁의 경우를 간단히 살펴본다.

1. 사채신탁

(1) 재무대리인과 수탁자

종래 우리 기업이 유로채(eurobonds)를 발행하는 경우 통상 재무대리인(fiscal agent)을 두고 수탁자(trustee)를 두지 않으나, 전환사채(CB), 교환사채(EB) 또는 신주인수권부사채(BW)와 같은 주식연계사채(equity linked bonds)를 발행하는 경우에는 수탁자를 둔다. 그 밖에도 담보부사채나 후순위채(subordinated bonds)의 경우 또는 관련 법률[104] 또는 사채가 상장될 증권거래소의 규정이 요구하는 경우 수탁자를 둔다. 재무대리인을 둘 경우 발행인은 재무대리인과 재무대리인계약서를 체결하나, 수

법연구 제11호(2005), 법영사, 192면 이하 ; 박정훈, "헤이그 재판관할합의협약," 국제사법연구 제18호(2012), 법영사, 233면 이하 참조.

104) 예컨대 미국의 1939년 신탁증서법(Trust Indenture Act of 1939, 제306조)에 따르면, 채무증서의 청약 또는 매매가 미국의 우편 또는 기타 주간통상의 수단을 사용하는 경우 그 채무증서는 신탁증서법의 요건을 구비한 신탁증서에 따라 발행되어야 하고 동법의 요건을 구비해야 한다.

탁자를 둘 경우 발행인은 수탁자와 신탁계약(trust deed. '신탁증서'라고도 한다)을 체결한다. 수탁자는 발행인의 대리인이 아니라 사채권자들의 대표자로서 그들에 대해 사채계약 및 그의 준거법이 부과하는 충실의무를 부담하고, 발행인은 수탁자 또는 그가 지시하는 자에게 지급함으로써 사채원리금의 지급의무를 면한다. 발행인의 사채원리금의 미지급 기타 채무불이행(event of default)이 발생한 경우 사채권자들을 위하여 조치를 취할 권리와 책임이 수탁자에게 귀속한다.

(2) 신탁계약과 신탁의 준거법

유로채의 발행과 관련된 계약서들과 사채의 준거법으로는 통상 영국 법 또는 뉴욕주 법이 지정되고, 준거법에 상응하여 런던 또는 뉴욕주의 법원이 관할법원으로 지정된다. 따라서 우리 기업이 유로채를 발행하는 경우 신탁계약의 준거법도 당사자가 지정한 영국 법 또는 뉴욕주 법이 된다.[105] 위 계약서들, 예컨대 인수계약서, 재무대리인계약서, 대리은행계약서, 간사단간계약서 등은 통상의 채권계약이므로 우리 국제사법(제25조 이하)의 국제계약의 준거법에 관한 법리에 따르고, 사채도 채권적 권리를 표창하는 증권이므로 동일한 법리가 적용된다.[106] 신탁계약도 종래 동일한 법리, 특히 당사자자치의 원칙에 따르는 것으로 이해되고 있으나, 신탁계약 특히 영미법에 따른 신탁계약의 경우 다음의 논점을 검토할 필요가 있다.

105) 영국법이 준거법이면 1925년 수탁자법(Trustee Act 1925)이, 뉴욕주법이 준거법이면 1939년 신탁증서법(Trust Indenture Act of 1939)이 적용되는데, 물론 이는 동법의 적용요건이 구비되는 경우에 한한다.

106) 유로채의 준거법에 관한 상세는 석광현, 앞의 책(주 6), 611면 이하.

1) 우리 상법의 수탁회사에 관한 규정의 적용 여부

구 상법은 사채모집의 위탁을 받은 회사를 수탁회사라고 하였는데, 수탁회사는 사채권자를 위하여 사채의 상환을 받음에 필요한 재판상 또는 재판 외의 모든 행위를 할 권한이 있었다(구 상법 제484조 제1항).[107) 상법상 수탁회사는 사채권자의 법정대리기관이지 신탁의 법리에 의한 수탁자로 이해되지는 않으므로, 이는 준거법이 영국법(또는 뉴욕주법)인 신탁계약상의 유로채의 수탁자의 지위와는 차이가 있었다. 그 결과 종래 일본 또는 한국의 기업들이 유로채를 발행하면서 관련 계약의 준거법을 일본 법이나 한국 법으로 하는 경우 수탁자가 아니라 재무대리인을 두는 방식을 취하였다. 우리 기업이 유로채를 발행하면서 신탁계약의 준거법을 영국 법 또는 뉴욕주 법으로 지정한 경우에는 우리 상법의 수탁회사에 관한 규정은 적용되지 않는 것으로 이해되었다.[108) 신탁계약의 준거법이 외국 법임에도 불구하고 상법의 규정을 강행적으로 적용하려는 입법자의 의지를 간취할 수 있는 근거가 없으므로 이는 국제적 강행규정이 아니다. 그런데 우리나라는 일본 회사법의 예를 따라 2011년 4월 상법 개정을 통하여 '수탁회사제도'를 폐지하고 '사채관리회사제도'를 도입하였다.[109) 상법상으로는 사채관리회사의 선임이 강제되는 것은 아니고 발행회사의 재량사항이

107) 그러나 종래 국내 사채발행의 실무는 수탁자를 두 가지 기능으로 나누어 사채모집의 위탁을 받은 증권회사를 주간사회사라고 하고, 사채권자를 위하여 사채의 상환을 받음에 필요한 모든 행위를 할 권한이 있는 수탁회사를 그와 구별하고, 그에 따라 주간사회사는 발행회사와 '인수 및 매출계약'을 체결하고 사채모집과 납입 등의 발행절차만을 책임지는 데 반하여, 수탁회사는 발행회사와 '모집위탁계약'을 체결하고 사채원리금의 상환을 관리하였다. 이철송, 사채발행제도, 한국상장회사협의회, 1990, 98-99면.

108) 석광현, 앞의 책 제3권(주 87), 591면 참조.

109) 우리가 수탁회사제도를 개선함에 있어서 깊은 고민 없이 일본 법을 따른 것 같다.

지만(제480조의2),[110] 공모로 발행하는 무보증사채의 경우에는 금융위원회의 발행공시규정이나 금융투자협회의 증권인수업무규정에 의하여 그 선임이 사실상 강제되고 있다.[111] 그 경우에는 사채발행회사는 사채관리회사를 선임하고 사채관리위탁계약[112]을 체결해야 할 것이다. 그러나 우리 기업이 유로채 기타 해외사채를 발행하면서 준거법이 영국 법 또는 뉴욕주 법인 신탁계약을 체결하는 경우 우리 상법상의 사채관리회사에 관한 규정은 적용되지 않는다고 본다.

2) 사채신탁은 신탁인가

통상의 신탁에서는 위탁자가 수탁자에게 재산을 이전하고 그 재산을 중심으로 신탁관계가 형성되는 데 반하여, 사채신탁의 경우 위탁자인 사채의 발행인이 수탁자에게 이전하는 권리, 즉 신탁재산이 없는 것이 아닌가라는 의문이 있다. 더욱이 실무상 유로채의 경우 원칙적으로 사채권자가 발행회사에 대한 직접적인 채권자이고 원리금의 지급도 지급대행자를 통하여 사채권자에게 직접 이루어지며, 수탁자는 채무불이행이 발생한 경우에 비로소 발행회사에 대하여 자기에게 직접 지급할 것을 청구할 수 있는 권리를 가지는 것으로 규정하기도 한다.

이러한 이유로 담보부사채신탁의 경우와 달리 무담보사채신탁이

110) 이 점에서 사채관리회사의 설치를 원칙적으로 강제하는 일본의 회사법(제702조)과는 다르다고 한다. 권종호, "사채관리회사제도의 운영상의 쟁점과 과제," 상사법연구 제31권 제2호 통권 제75호(2012), 182면.

111) 권종호, 앞의 논문(주 110), 182면.

112) 동 계약의 법적 성질에 관하여는 논란이 있으나 제3자를 위한 계약이라는 견해도 있고 신탁계약에 유사한 계약이라는 견해도 있다. 권종호, 앞의 논문(주 110), 206면 참조.

통상의 신탁의 성질을 가지는지 관하여는 영국에서도 논란이 있다. 만일 사채권자를 단순한 수익자로만 본다면 그는 수익권만을 가지는 것이 되고 사채권자로 취급되기가 어렵다.[113] 그러나 담보부사채의 경우와 달리 담보권의 위탁은 없지만, 수탁자가 사채원리금의 지급을 요구할 수 있는 권리를 위탁받은 것으로 구성한다면 이러한 채권을 신탁재산으로 볼 수 있을 것이다. 특히 채무불이행의 발생 후에는 문제가 없고, 문제는 채무불이행이 발생 전인데, 그 경우 수탁자도 발행인에게 사채원리금의 지급을 요구할 수 있는 권리를 가지는 것으로 구성함으로써 문제를 해결하는 것으로 보인다. 실무상 먼저 체결되는 다른 계약서들과 달리 신탁계약은 사채원금의 납입일(즉 closing 일)자로 체결되는데 이는 신탁을 설정하자면 신탁재산이 수탁자에게 귀속되어야 하기 때문이다.

3) 신탁의 승인과 관련하여

신탁의 승인과 관련하여 흥미로운 것은, 영국에서는 영국 법에 따라 설정된 신탁이 대륙법계 국가에서 승인될지를 논의하는 점인데, 이는 사채신탁뿐만 아니라 신탁 일반에 관련된 문제이다. 위에서 언급한 바와 같이 협약은 이러한 문제를 해결하기 위한 국제적인 노력의 산물이다. 그러나 이미 지적한 것처럼[114] 영미의 신탁을 도입한 우리나라에서는 영국 법 또는 뉴욕주 법에 따라 설정된 신탁은 승인될 수 있고, 신탁의 준거법의 선택도 유효하다. 그 결과 예컨대 수탁자(신탁사무와 관련 없는)의 채권자들은 신탁재산에 대하여 집행할 수 없고,

113) Ravi C. Tennekoon, The Law & Regulation of International Finance, Butterworths (1991), p.226.

114) 석광현, 앞의 책 제3권(주 87), 591면 참조.

수탁자의 파산 시 신탁재산은 파산재단을 구성하지 않는다. 이는 협약(제11조)이 규정하는 승인의 효력과 같다.

우리 기업의 유로채 발행 시 신탁계약의 준거법이 영국 법 또는 뉴욕주 법이 되는데, 실무를 뒷받침하기 위하여 종래 우리 변호사들은 법률의견서(legal opinion)에서 그러한 준거법의 선택이 유효하고 따라서 만일 한국에서 소송이 제기된다면 한국 법원은 당사자들이 지정한 신탁계약의 준거법을 적용할 것이라는 점을 확인하는데, 실무상으로는 신탁계약도 통상의 국제계약, 즉 채권계약과 동일시하는 것이 아닌가 생각된다. 물론 한국 변호사가 내는 법률의견서의 주안점은 발행인의 신탁계약상의 의무에 있고 신탁 자체의 준거법을 문제 삼는 것은 아니므로(예컨대 수탁자의 의무와 수탁자가 신탁에 반하여 신탁재산을 처분한 경우의 문제에 대하여는 한국 변호사가 법률의견을 내지 않는다) 실무상 큰 문제는 없겠지만, 우리 법률가들도 '신탁 자체의 준거법'이 문제 된다는 사실을 인식할 필요가 있다. 즉 위에서 언급한 바와 같이 수탁자가 신탁에 반하여 재산을 처분한 경우 추급의 문제가 있으므로 법률의견의 범위를 적절히 제한하고 경우에 따라서는 혹시 유보사항을 더 추가할 필요성도 검토할 필요가 있다.[115] 또한 협약(제4조)에서 보듯이 신탁의 설정단계에서 재산권이 수탁자에게 이전되는 것은 신탁의 준거법에 의할 사항이 아님을 유념해야 한다.

4) 신탁계약의 준거법이 규율하는 사항의 범위

신탁계약의 준거법은 위탁자와 수탁자 간의 계약관계뿐 아니라 수

115) 물론 법률의견서에는 준거법이 외국 법이더라도 강행적으로 적용되는 한국 법이 있다는 취지의 유보는 예외 없이 포함된다.

탁자와 수익자들(즉 사채권자들)의 관계도 규율한다. 사채신탁의 경우 신탁계약의 채권법적 측면만이 강조되고 있지만, 사채신탁을 신탁으로 보는 한 신탁계약의 준거법 지정은 신탁(trust) 자체의 준거법을 지정하는 의미가 있다. 우리나라에서는 신탁계약의 준거법이 규율하는 사항의 범위에 관하여 논의가 없으나 협약(제8조)이 참고가 된다. 즉 우리 국제사법의 해석론으로도 신탁의 유효성, 해석 및 효력과 신탁의 사무처리와, 그 밖에 동조가 열거하는 사항들이 신탁의 준거법에 의하고, 수익자가 형평법상의 권리(equitable interest)를 가지는지도 신탁의 준거법에 의한다고 본다.[116)]다만 협약(제4조)에서 보듯이 신탁의 설정을 위하여 수탁자가 사채권 기타 재산권을 취득하였는지는 해당 재산의 준거법에 따를 사항이다.

5) 신탁의 준거법이 신탁의 개념을 모르는 국가의 법인 경우

신탁계약이 신탁의 개념을 알지 못하는 국가의 법을 준거법으로 지정하거나 신탁의 준거법 소속국의 법이 인정하는 것보다 광범위한 권한을 수탁자에게 인정할 경우 그 효력이 문제 될 수 있는데, 이에 관한 유명한 사건이 룩셈부르크 법원의 1971년 Four Seasons 사건 판결이다.[117)] 위에서 본 바와 같이 협약상으로도 전자의 경우 체약국은 신탁을 승인할 의무가 없다. 그러나 근자에는 신탁의 법리를 모르는 대륙

116) 이 점은 협약(제8조 제2항 g호)도 같다. 영국에서는 영국법에 따른 사채신탁의 경우 수익자들의 권리는 수탁자가 대한 채권적 권리(debtor-creditor claim in contract)가 아니라 물권적 권리(proprietary right)라고 하고, 그 결과 수탁자의 파산 시에도 신탁재산은 파산재단을 구성하지 않으며, 수탁자가 신탁에 반하여 신탁재산을 처분한 경우 수익자는 선의취득의 경우를 제외하고 제3자에게까지 추급할 수 있다는 점을 그의 논리적 결과로 본다.

117) Faillite Four Seasons Overseas N.V. v. S. A. Finimtrust. 소개는 석광현, 앞의 책(주 22), 579면 주 90 참조.

법계 국가에서도 영미법을 신탁의 준거법으로 지정하는 것을 유효하다고 보고 신탁구성에 의한 수탁자의 사채관리의 효력을 인정하는 것이 일반적이라고 한다. 우리의 경우 이러한 문제는 없다.

(3) 발행회사가 도산한 경우 도산채권의 신고

사채의 발행인인 우리나라 회사가 도산한 경우 사채권자의 채권을 어떻게 신고할지가 문제 된다. 과거 회사정리법(제161조)은 담보부사채에 관하여만 수탁회사가 총사채권자를 위하여 정리채권의 신고, 의결권의 행사, 그 밖의 정리절차에 관한 모든 행위를 할 수 있고, 그 경우 개별 사채권자를 표시할 필요가 없다는 취지의 규정을 두었고 이는 채무자회생 및 파산에 관한 법률(제143조)도 동일하나, 무담보사채의 경우에도 수탁회사가 수탁회사의 자격에서 자기의 이름으로 사채원리금 전체의 신고를 할 수 있는 것으로 이해되고 있다. 이는 신탁계약 또는 사채의 준거법을 묻지 아니하고 그렇게 취급하였던 것으로 보인다. 사채관리회사의 경우에도 유사한 문제가 제기된다. 그러나 엄밀하게는 이는 관련 준거법에 따라 수탁자 또는 수탁회사가 과연 그러한 지위를 가지는지를 판단하고, 그가 수탁자의 지위에서 법적인 권리자로서 신고하는지 아니면 사채권자의 대표자로서 신고하는지를 명확히 하여야 할 것이다. 사채권자가 수탁자와 별도로 채권을 신고할 수 있는지는 신탁계약과 신탁의 준거법에 따라야 할 것이다.

2. 담보부사채신탁

담보부사채신탁법이 적용 범위를 명시하지는 않지만, 이미 지적한 바와 같이[118)] 우리 기업이 해외에서 발행하는 담보부사채에 담보부사채신탁법이 적용되기 위하여는 사채, 담보권 및 신탁계약의 준거법이 모두 한국 법이어야 할 것으로 생각된다. 실무적으로는 신탁에 의한 담보권설정계약이 하나의 계약으로 체결되더라도 담보권의 준거법과 신탁의 준거법은 논리적으로는 구별된다. 어쨌든 이러한 견해를 따른다면 담보부사채신탁법이 대폭 개정되지 않는 한 현재로서는 활용될 가능성은 크지 않다. 참고로 근자에는 국내에서 종종 담보부사채가 발행되는 사례들이 있다.

다만 담보목적물이 한국에 있는 재산이어서 담보권의 준거법이 한국 법이 되더라도, 예컨대 영국 법을 사채와 신탁의 준거법으로 하는 담보부사채의 발행이 가능한지가 문제 된다. 담보부사채신탁법이 이를 금지하는 것은 아니고, 사채와 담보의 준거법은 상이할 수 있으며, 한국에 있는 재산에 대해 외국 법을 준거법으로 하는 신탁의 설정이 가능하다고 하였으므로 이것이 불가능한 것은 아니나, 그 경우 담보부사채신탁법은 적용되지 않는다고 본다. 종래 실무상으로는 담보부사채신탁법에 의하지 아니하고 사채권자와의 개별 계약으로 담보권을 설정하기도 하는데, 이는 유효한 것으로 보고 있다.[119)] 이른바 커버드본드법, 즉 "이중상환청구권부 채권발행에 관한 법률"은 기초자산집합(cover pool)에 관하여 도산절연효과를 부여하지만 신탁을 설정한다거나 신탁의 법리를 적용하지는 않는다. 위 법률은 담보부사채신탁법의 적용을 명시적으로 배제한다(제3조 제1항). 2014. 4. 15. 시행된 커버드본드법에 따라 발행된 커버드본드는 아직 없다고 하나 한국주택

118) 석광현, 앞의 책 제3권(주 87), 582면 주 8 참조.

119) 이에 관하여는 우선 김용호/선용승, "국제금융을 위한 담보수단 — 개관 및 몇 가지 관련 문제 —," BFL 제10호(2005. 3), 서울대학교 금융법센터, 113면 이하 참조.

금융공사법에 따라 발행된 준거법이 영국 법인 주택저당채권담보부채권(MBB)과 2009년도에 발행된 국민은행의 구조화커버드본드(structured covered bond)의 경우에는 수탁자를 두었다고 한다.

3. 담보권의 신탁

담보권의 신탁이라 함은, 예컨대 다수의 금융기관들로 구성된 차관단(syndicate)이 담보부대출을 하면서 모든 대주들을 담보권자로 하는 대신 대리은행을 수탁자로 하여 담보권을 설정하는 경우와 같이, 차주 또는 물상보증인인 제3자가 담보권자를 수탁자로 하고 대주들을 수익자로 하여 담보권을 설정하는 것을 말한다.[120] 즉 일반 채권에 관하여 담보부사채신탁의 경우와 유사한 방법을 이용하는 것으로 이 경우 담보권이 신탁재산이 된다. 이는 담보권의 설정 시에도 편리하고, 사후적으로 일부 대주가 변경되더라도 담보계약을 양도하거나 변경할 필요가 없어 담보관리가 용이하다는 장점이 있다. 1인의 대주만이 있는 경우에도 채권자 이외의 자를 담보수탁자로 지정할 필요가 있을 수 있다. 담보권의 신탁에도 위에서 논의한 신탁의 법리가 적용된다. 따라서 예컨대 아래에서 언급하는 우리 담보법상의 제한이 없다면, 우리나라에 있는 재산에 대하여도 외국 법을 신탁의 준거법으로 하는

120) 이를 '담보신탁'이라고 부르기도 하나, 대체로 담보신탁(또는 담보목적신탁)은 채권담보를 위하여 예컨대 자기 소유의 부동산 등을 신탁재산으로 하여 자익신탁을 설정한 뒤 수탁자가 채권자에게 예컨대 수익권증서를 담보로 제공하는 것을 말한다〔김용호/선용승, 앞의 논문(주 119), 116면 ; 광장신탁법연구회, 주석신탁법, 박영사, 2013, 18면 주 3〕. 양자의 비교는 이중기, "담보신탁과 담보권신탁," 증권법연구 제14권 제2호(2013), 659면 이하 참조. 담보신탁의 구체적인 내용은 임채웅, 앞의 책(주 17), 108면 이하 참조.

담보권의 신탁을 설정할 수 있다.[121)] 실제로 신탁의 준거법을 영국 법으로 하여 우리 법에 따른 담보권을 수탁자에게 귀속시키는 거래에서, 우리 변호사는 담보권이 한국 법상 필요한 요건을 구비하여 수탁자에게 귀속되었다는 점에 대하여만 법률의견을 내기도 하는 것으로 보인다.

다만 신탁의 준거법이 외국 법이더라도, 수탁회사에게 담보권을 설정하는 것과, 기타 담보권에 관한 사항은 신탁이 아니라 법정지인 우리나라의 국제사법에 의하여 결정되는 담보권의 준거법(예컨대 담보목적물이 물건이라면 소재지법)에 따른다. 협약상으로도 담보권에 대하여는 신탁의 준거법이 아니라 법정지의 국제사법에 의하여 지정된 준거법의 강행규정이 적용된다(제15조 제1항 d호). 그런데 우리 법상 신탁의 법리에 따라 대리은행을 담보권부채권(즉 채권과 담보권 양자)의 수탁자로 지정할 수는 있지만, 피담보채권과 분리하여 담보권만을 신탁하는 것은 과거 실무상 담보권의 부종성 때문에 어려운 것으로 보았다. 이는 신탁의 법리 때문이 아니라 담보권의 법리에 따른 제한이었다. 다만 개정 신탁법(제2조 등)은 담보권신탁을 명시적으로 언급함으로써 이러한 문제점을 입법적으로 해결하고 있다.[122)] 그러나 그것이 부종성에 대한 예외를 인정한 것인지, 아니면 실질적으로 부종성에 반하지 않는다고 볼지는 논란이 있고, 그에 따라 예컨대 담보권신탁 수익권의 양도가 피담보채권의 양도에 수반되지 않는 경우 또는 피담보채권

121) 협약의 성안과정에서 담보권의 신탁을 적용 범위로부터 아예 제외하자는 제안이 있었으나 채택되지 않았다.

122) 광장신탁법연구회, 앞의 책(주 120), 19면 참조. 과거에는 채권이 제3자에게 실질적으로 귀속되었다고 볼 수 있는 특별한 사정이 있는 경우에는 채권자가 아닌 제3자 명의의 근저당권설정등기도 유효하다고 본 대법원 2001. 3. 15. 선고 99다48948 전원합의체 판결을 둘러싸고 논란이 있었다.

이 보존재하는 경우에도 담보권신탁을 인정할지 등 담보권신탁의 인정 범위가 달라질 수 있다고 한다.[123)]

4. 투자신탁(신탁형태의 집합투자기구)

과거 1981년 이후 우리 자본시장을 외국인들에게 개방하는 초기 단계에서 당시의 증권투자신탁업법[124)]에 따른 계약형 투자신탁(unit trust)의 형태로 우리나라 증권투자신탁회사들은 '외국인 전용수익증권(beneficial certificates)'을 발행하였다. 이는 외국인 투자자들로부터 자금을 모아 우리나라의 주식과 채권에 투자하기 위한 것이었는데, 신탁약관의 당사자는 우리나라의 증권투자신탁회사인 위탁자와 우리나라의 은행이 수탁자였지만 수익자들은 외국인 투자자들이었다. 물론 증권투자신탁의 법적 구조를 어떻게 이해할지에 관하여는 논란이 있으나, 그 당시 신탁계약(trust deed)[125)]의 준거법은 한국 법으로 하고 서울지방법원을 관할법원으로 합의하였으므로 우리의 관점에서 보아 국제사법적인 문제는 별로 없었다. 이 경우 신탁재산은 주로 한국에 소재하고 한국 법에 따른 주식과 채권이지만 수익자들이 외국인 투자자들이라는 점에서 논리적으로는 신탁의 준거법을 영국 법으로 지정하는 것도 가능하지 않았을까 생각된다. 다만 그 경우 위 담보신탁에서 본

123) 상세는 한민, "신탁제도 개혁과 자산유동화," BFL 제50호(2011. 11), 서울대학교 금융법센터, 58면 이하 참조.

124) 이는 간접투자자산운용업법을 거쳐 2009. 2. 4. 자본시장과 금융투자업에 관한 법률에 통합되었다.

125) 과거 증권투자신탁업법과 간접투자자산운용업법은 이를 '신탁약관'이라고 하였으나 자본시장과 금융투자업에 관한 법률(제9조 제22항)은 이를 '신탁계약'이라 한다.

바와 같이 신탁의 준거법인 영국 법이 규율하는 사항과 신탁재산에 관한 물권법적(또는 사원권적 또는 준물권법적) 측면의 구별이라는 까다로운 문제가 제기되었을 것이다. 필자는 과거 한국 법을 준거법으로 합의한 이유를 정확히 알지 못하지만, 당시 정부인가를 받기 위해 그런 것일 수도 있고, 위와 같은 어려움을 피하기 위해 한국 법을 준거법으로 지정하면서 영국 법에 따른 내용을 신탁계약에 반영한 것일 수도 있다.

VI. 맺음말—장래의 과제

지금까지 신탁과 관련된 국제사법적 논점을 살펴보았다. 2006년 당초 이 글을 발표할 때와 마찬가지로 신탁의 실질법과 국제사법에 대한 필자의 연구가 아직도 부족한 탓에 신탁법의 개정을 반영하고 참고문헌만 일부 보충하면서 업데이트하였을 뿐이고 내용적으로 크게 진전된 논의를 하지 못한 점은 아쉽다. 과거 우리나라에서는 신탁의 실질법에 관한 연구가 매우 부족하였는데 2012년의 신탁법 개정을 계기로 실무가와 학자들이 신탁법에 많은 관심을 가지게 된 것은 다행스러운 일이지만, 아직도 국제적 신탁거래에서 제기되는 국제사법적 논점에 대하여는 문제의식조차 부족한 상태이며, 필자가 당초 이 글을 발표할 때와 비교해서도 별로 개선된 바가 없는 것 같다. 이 점은 유감스러운 일이다. 그러나 국제거래에서 신탁이 점차 널리 이용되는 추세를 고려할 때 앞으로는 신탁을 둘러싼 국제사법적 쟁점, 그중에서도 특히 준거법의 결정이 실제로 제기될 것으로 예상되므로 그에 대비하기 위해 국제신탁법 내지 신탁법분야의 국제사법에 더 큰 관심을 기울여야 할 것이다. 협약 가입에 관하여는 스위스에서의 논의가 크게 도움이 될 것이다.

19

일본에서의 신탁 실무와 신탁법리의 전개

안성포*

I. 들어가며

우리나라의 구 신탁법이 1922년에 제정된 일본 신탁법의 내용을 대부분 그대로 사용하고 있었다는 것은 주지의 사실이고, 2011년에 전면 개정된 바 있는 우리나라의 현행 신탁법 역시, 2006년에 이미 개정된 일본의 현행 신탁법에 영향을 받아 그 기본 구조와 주요 내용에 있어서 일본의 신탁법과 큰 차이가 없다. 그럼에도 불구하고 상대적으로 일본에 비해 신탁의 이용이 제한적이었던 우리나라에서는 신탁법리에 관한 독자적인 논의가 활발하지 못하였던 것 또한 사실이다. 우리나라에 보다 다양한 신탁을 보급하고 신탁 활용의 발전을 위한 단초로서, 일본의 신탁 실무를 바탕으로 신탁법제와 신탁법리의 발전과

* 전남대학교 법학전문대학원 교수

정을 검토해 보는 것은 의미가 있다고 생각한다.

일본의 경우 80년에 걸친 신탁법리의 축적으로서 입법화된 신탁법을 갖고 있지만, 다양한 관점에서 표출되는 신탁 실무상의 문제들을 해결할 수 있는 일률적이고 체계적인 방안을 제시하지 못하는 부분도 있다. 그것은 일본의 신탁법제가 신탁 실무와 비정합적이기 때문이라고 한다. 예를 들면 신탁법에서 민사신탁의 발전의 필요성을 강조하여도, 이를 가로막는 것은 신탁업법이고, 특히 민사신탁에 어울리는 수탁자의 모습과 신탁업법의 규율은 어울리지 않는다. 상사신탁의 경우에도 현행 신탁법이 수탁자 책임을 임의규정화하였다 하더라도 신탁업법상의 수탁자의 책임은 강행규정으로 해석된다. 더욱이 금융상품거래법(이하 '금상법'이라고 한다)에서는 수익권이 유가증권으로 취급되어 금융거래와 아무런 관련이 없는 신탁도 금상법의 규제를 받게 된다. 이러한 상황을 회피하기 위하여 특히 민사신탁의 분야에서 생기는 현상으로, 실질은 신탁이면서도 그리 부르지 않으려고 한다거나 또 굳이 신탁으로 구성하지 않으려는 경우도 생기게 된다. 이하에서는 먼저 일본 신탁제도의 규율체계의 발전사를 정리하여 보고, 그에 기초한 신탁 실무상의 문제점과 그 해결을 위한 신탁법리에 대한 논의를 정리해 본다.

II. 일본 신탁제도 규율체계의 전개

1. 신탁제도의 도입 배경

일본에서 신탁이라는 용어가 법문상 처음 등장한 것은 1900년 일본

흥업은행법(日本興業銀行法) 제9조 제4항이었다. 이 조항은 일본흥업은행업무의 하나로서 지방채증권, 사채권 및 주권에 관한 신탁의 업무를 기재한 것으로 법형식상 일본이 신탁업무를 도입한 것이다. 그러나 실질적으로 이 신탁조항이 기능하였는지는 분명하지 않지만, 적어도 활발하게 기능하고 있었다고 말할 수는 없는 것으로 보인다.[1)]

따라서 일본에 본격적으로 신탁제도가 도입된 것은 1905년 담보부사채신탁법(擔保附社債信託法)이라고 할 수 있다. 이 법률이 제정될 당시 일본은 러일전쟁이 종료되어 경제부흥기에 있었고 보다 나은 산업발전을 위하여 외자도입이 중요한 국가적 과제였다. 당시 정부는 외자도입을 목적으로 하는 법정책의 일환으로, 담보부사채신탁법과 재단저당법을 제정하여 담보부사채신탁제도와 재단저당제도를 도입하였다.[2)] 담보부사채신탁에서는 수익자인 사채권자를 위하여 위탁자인 사채발행회사가 지정하는 재산에 수탁자가 담보권을 설정하여, 그 담보권의 보전과 실행을 관리하게 하였다. 결국 사채는 그 발행회사의 재산을 담보로 하므로 신용력이 높아지고, 외국인에 의한 사채인수도 기대할 수 있게 되었다.

2. 신탁업계의 규제와 신탁법 및 신탁업법의 제정

그후 순조로운 경제발전의 흐름에 따라 일본에는 '신탁붐'이라고 불리는 사회현상이 출현하게 된다. 당시의 일본 사회에서 신탁이라는 용어는 매우 신기하고 매력적인 것으로 여겨졌다. 부동산중개, 사채업,

---

1) 山田昭, 信託立法過程硏究, 勁草書房, 1981, 1-3면 ; 田中實/山田昭(雨宮孝子 補訂), 改訂信託法, 學陽書房, 1998, 23면 참조.

2) 池田寅二郎, 擔保附社債信託法, 法律學事典 III, 岩波書店, 1936, 1812면 참조.

투자 등 여러 가지 영업활동이 모두 신탁이라는 이름 아래 이루어지고 있었다. 그 결과 1921년 실제로 514명의 신탁업자와 487개의 신탁회사가 난립하였다. 그러나 신탁이라는 명칭을 사용하고 있다 할지라도 실질적으로 본래의 법적인 신탁 관념과는 전혀 관계가 없는 업자가 적지 않았다. 이른바 '신탁의 남용'이 생겼던 것이다.

이러한 신탁업계의 혼란에 대처하기 위해 당시의 대장성〔大藏省, 현 재무성(財務省)〕은 신탁업계의 규제에 나서게 되었다. 즉 악질업자의 통제, 신탁업무 개념의 내용 정리, 건전한 신탁업계의 보호와 육성 등을 목적으로 신탁업계에 대한 규제법을 제정하려고 시도하였다. 그러나 당시 일본에는 규제의 대상이 되는 신탁 그 자체의 개념에 대하여도 명확한 법적 정의조차 존재하지 않았다. 따라서 먼저 신탁의 일반적인 법적 개념, 신탁관계의 법적 기본 구조 등을 명확히 하기 위하여 신탁에 관한 기본법을 제정할 필요가 있었다. 대장성은 사법성과 함께 신탁관계의 일반법이 될 신탁법과 업계규제법인 신탁업법에 대한 입법화 작업을 병행적으로 추진하였다. 구체적으로 신탁법은 사법성이, 신탁업법은 대장성이, 각각 주도하는 형식으로 나누어 진행되었다. 1920년 신탁법안과 신탁업법안은 법제심의회의 논의를 거쳐 1921년에 동시에 공포되고, 1922년 동시에 시행되었다.

여기에서 주목할 것은 먼저 신탁법과 신탁업법이라는 두 개의 법률이 입법과정에서 의도적으로 한 묶음으로 입법되었다는 점이다. 두 개 법의 공포일(1921. 4. 21)과 시행일(1922. 1. 1)이 모두 같은 날에 이루어졌다는 외형적인 사실에서도 이 점은 명백하다. 그리고 보다 중요한 점은 입법의 중심이 어디까지나 본래는 각론적인 성격을 띠는 업법인 신탁업법 쪽에 놓였던 것이며, 본래 기본이 될 일반법인 신탁법은 오히려 보충적인 위치에 놓이게 되었다는 사실이다. 결국 일본 최초의 본격적인 신탁입법은 업계규제의 필요성에 쫓긴 당시의 대장성이 주도권을 잡고 실행하였던 것이다. 따라서 개인의 신탁에 대한 사회적 요구를 보호하려는 발상이 아니라, 어떻게 하면 업자를 규제하고 통제해 갈 것인가라는 발상이 근본이었다. 이 점은 이용자 측의 사회적 요구에서 이른바 자생적으로 신탁이 성립한 영미의 사정과는 대조적이다. 이처럼 일본의 신탁법제는 업자규제법(또는 업자통제법)으로 출발한 것이며, 이 사실은 뒷날에 이르기까지 신탁제도에 큰 영향을 미치게 된다.

3. 겸영법의 성립

일본의 신탁 실무에서는 신탁법과 신탁업법이라는 두 개의 기본 법률에 더하여 또 하나의 수탁자에 대한 규제법이 중요한 역할을 하고 있다. 그것은 금융기관의 신탁업무의 겸영에 관한 법률(金融機關の信託業務の兼營に關する法律, 1943년), 이른바 '겸영법'이다.

이 법률은 당시 경영상 약체였던 신탁회사를 은행과 합병시켜 그 경영기반을 안정시킬 목적으로 보통은행 등의 저축은행업무 또는 신탁업무의 겸영 등에 관한 법률(普通銀行等ノ貯蓄銀行業務又ハ信託業務ノ兼營等ニ關スル法律)이라는 명칭으로 1943년 입법된 것이다[본법의 명칭은 그후 1981년 은행법의 전면 개정에 따라 보통은행 등의 신탁업무의 겸영 등에 관한 법률(普通銀行等ノ信託業務ノ兼營等ニ關スル法律)로 개명되었다가 다시 1992년 개정 시에 현재의 명칭으로 재변경된 것이다]. 그러나 이 법률은 명칭과 상관없이 신탁업법을 제치고 실질적으로는 신탁은행법으로서의 기능을 수행하게 된다. 왜냐하면 신탁업법이 본래 업법으로서의 기능을 제대로 수행하지 못하는 현실적인 사정이 있었기 때문이다.

제2차 세계대전 후의 엄청난 인플레이션에 의하여 경영이 악화된 당시의 신탁회사들은 1948년 일제히 은행업무와 신탁업무를 겸영하는 신탁은행으로 그 형태를 전환하였다. 이로 인하여 전업신탁회사는 소멸해 버렸고, 신탁업법에 의하여 영업면허를 취득하여 신탁업무를 실시하고 있는 기업은 전혀 존재하지 않으므로 신탁업법은 사실상 사문화되고 말았다. 2004년 신탁업법이 개정되기 전까지 일본에서 활동하고 있는 신탁은행들은 모두 겸영법에 의하여 면허를 취득하고 동법을 근거법으로 하여 신탁업무를 수행하던 것이다. 따라서 은행이 신탁업무를 겸영적으로 영위함에 필요한 면허취득을 규제한 법률임에 불과한 겸영법이 일본 신탁업법의 영역에서 핵심적인 지위를 차지하기에 이르렀다.

이처럼 일본 신탁법제의 특징(특히 실무 수준의 특징)은 겸영법이 신탁 실무의 핵을 차지하는 현상이고, 이것은 어느 정도 일본 고유의 특수한 사정에 의한 것이라고 할 수 있다. 결국 신탁수탁자가 은행계정과 신탁계정의 쌍방을 보유하는 신탁은행이라는 특수한 사정으로 인하여 일본의 신탁제도는 은행의 매우 큰 영향을 받고 있다. 이러한 사실은 신탁제도의 운영이나 해석상의 문제점을 생각하는 경우에도 항상 염두에 두어야 한다.[3)]

3) 新井誠, 信託法 第2版, 有斐閣, 2005, 20면.

4. 신탁을 이용한 집단투자스킴

(1) 집단투자스킴의 분류

집단투자스킴(scheme)은 그 기능에 따라 자산유동화형과 자산운용형으로 분류할 수 있다. 자산유동형은 특정 자산에서 발생하는 현금흐름(cash flow)을 전문가인 각색자(arranger)들이 조합을 해서 다수의 투자자들에게 증권 등으로 판매함으로써 자금을 조달하는 스킴이다. 즉 특정 자산에 의해 자금조달을 한다는 점에 중점을 두고, 단순한 자금의 파이프인 도관의 성격이 강조된다. SPC법과 특정 채권법을 통한 증권화상품 등이 이에 해당된다. 자산운용형은 다수의 투자자의 자금을 풀(pool)해서 전문가인 펀드매니저가 각종 자산에 투자하거나 운용하여 얻은 현금 흐름을 투자자에게 배분하는 것으로, 투자신탁, 상품펀드, 실적배당형 합동운용지정금전신탁 등이 이에 해당한다. 이 중 신탁을 이용한 대표적인 집단투자스킴은 합동운용지정금전신탁(대부신탁, 금전신탁, 개인연금신탁 등이 포함된다. 대부신탁은 대부신탁법에 의한다)과 투자신탁이다.

(2) 합동운용지정금전신탁

합동운용지정금전신탁은 현재 신탁은행의 주력상품이고, 다수의 투자자의 자산을 유가증권 등에 합동운용하는 것이며, 수탁자인 신탁은행이 운용재량을 갖는 틀이다.

1) 누가 위탁자인가

합동운용지정금전신탁에서는 투자자가 위탁자 겸 수익자로 구성되고, 신탁은행이 수탁자가 된다. 합동운용지정금전신탁에서의 신탁계약은 다수의 투자자와 수탁자와의 사이에서 약관에 의하여 체결되나, 약관에 대한 감독당국의 허가나 인가 등은 요구되지 않는다. 다만 그 변경은 감독당국의 인가를 얻으면, 다른 수익자의 동의를 얻지 아니하여도 시행할 수 있다(겸영법 제5조의3 참조).

2) 신탁계약의 수

합동운용지정금전신탁에서 다수의 투자자(위탁자 겸 수익자)와 수탁자와의 사이에는 투자자의 수만큼의 신탁계약이 존재한다. 수탁자는 이들 다수의 신탁계약에 의하여 받아들인 신탁재산(당초 신탁재산은 금전)을 투자자별이 아니라 합동하여 운용한다.

3) 발전 배경

일본에서 합동운용지정금전신탁이 발전하게 된 배경으로 다음 3가지를 들 수 있다. 첫째, 종래 일본의 위탁자 겸 수익자가 가지고 있는 자산의 규모가 소규모였다는 것이다. 일본 국민 대다수의 경제력은 어느 정도의 금전을 저축해 둘 정도의 여유는 있어도, 거액의 자산운용을 행할 정도의 여력은 없었다. 따라서 신탁업자(신탁은행)의 입장에서 본다면, 개인의 소액자산을 개별운용하는 것은 비용만 들고 또한 그것을 대상으로 영업하기에는 곤란하였다. 위탁자 겸 수익자 측에서도 자기가 가지고 있는 소액의 자산만을 원본으로 운용하여서는 이익을 크게 기대할 수 없었다. 따라서 개별적으로 출자된 소액자산을 일괄하여, 대형 단위로 모아서 관리 · 운용함으로써 영업신탁으로서의 장점을 만들어 내려는 경제적 배경이 작용한 것이다.

둘째, 종래 일본에서는 기업에 의한 자금조달방법이 간접금융 중심이었다. 기업이 자금조달 목적으로 신탁은행으로부터 대출받는 경우에, 양자 간에 안정된 자금조달관계를 구축하기 위해서는 대량의 자금융통을 계속적으로 행할 수 있는 것을 조건으로 할 필요가 있었다. 신탁은행 측에서 보면, 소액의 개별 신탁재산을 운영하여서는 이 조건을 만족시킬 수 없기 때문에 대출하기에 알맞은 대형펀드를 만들기 위해 소액의 신탁재산을 대형펀드로 만들 필요성이 있었다.

셋째, 산업자금의 육성(산업진흥)에 대한 요청, 즉 일본의 정책적 요인이다. 본래 신탁에서는 수탁자 유한책임의 원칙(구 신탁법 제19조)의 귀결로서, 운용성과가 그대로 수익자에게 귀속하는 이른바 실적배당주의가 채용되었다. 그러나 구 신탁업법 제9조는 예외적으로 원본보전특약이나 이익보전계약을 체결할 수 있는 경우를 인정하였던 것이다.[4] 이러한 예외 사례로서 구체적으로 상정된 것이 합동운용지정금전신탁의 형태이다. 이러한 예외가 인정된 데에는 구 대장성의 정책적 배려가 있었다. 즉 구 대장성은 합동운용지정금전신탁에 대하여 일본의 기간산업에 대한 자금공급수단으로 삼아 이것을 사회에 널리 활용하기 위하여, 실적배당주의를 배제하여 원본보전부의 안전한 금융상품화하여 세제 면의 우대나 신탁업법과 신탁법상 수탁자의 충실의무

4) 안성포, "집합투자기구로서 신탁제도의 적합성에 관한 고찰—일본의 자산운용형 신탁을 중심으로—," 법제연구 통권 제33호(2007. 12), 한국법제연구원, 179면. 2004년 일본 개정 신탁업법에서는 신탁상품의 실적배당원칙 때문에 신탁회사에 의한 원본보전계약 및 계약체결 후 손실보전을 금지하고 있다(신탁업법 제24조 제1항 제4호 참조). 원본보전계약부신탁은 예금과 유사한 상품이기 때문에 수익자보호를 위해 예금취급금융기관으로서의 건전성규제를 받는 신탁겸영금융기관만이 판매할 수 있도록 하고 있다.

를 면제하는 등 각종의 특전을 부여하였다.[5)]

(3) 투자신탁

1) 투자신탁의 유형

투자신탁이란 다수(법제상 2인 이상)의 투자자로부터 받은 신탁재산을 유가증권이나 부동산 등에 운용하는 신탁의 틀이며, 신탁법이나 겸영법 외에 특별법인 투자신탁 및 투자법인에 관한 법률(이하 '투신법'이라 한다)의 규율을 받는다.

이 투자신탁제도는 종래 운영대상이 주로[6)] '유가증권'에 한정되어 있어 '증권투자신탁'이라는 명칭(규제법률 명칭도 증권투자신탁 및 증권투자법인에 관한 법률이었다)으로 불리었으나, 2000년 11월 30일부터 시행된 특정목적회사에 의한 특정 자산의 유동화에 관한 법률 등의 일부를 개정하는 법률[7)]에 의하여 그 운용대상이 부동산으로 확대되어 부동산투자신탁(일본판 REIT)도 가능해졌기 때문에 현재는 '투자신탁'으로 불리고 있다. 또한 이 개정에 의하여 종래의 증권투자신탁에서 사

5) 新井誠, 信託法, 有斐閣, 2002, 89면 이하.

6) 펀드(투자신탁, 투자법인) 자산의 50퍼센트 이상은 유가증권에 투자되어야 한다.

7) 본법에 의하여, 특정목적회사에 의한 특정 자산의 유동화에 관한 법률(이른바 SPC법)도 개정되어 자산유동화의 촉진을 도모하기 위하여 종래의 특정목적회사제도 외에 새로이 신탁의 스킴(즉 신탁수익권을 유가증권화하여 일반 투자자에게 판매하고 신탁재산화된 자산의 유동화를 도모하는 구조)을 이용한 '특정목적신탁제도(SPT)'를 추가로 도입하고 있다. 이 조직에서는 주주총회에 상당하는 권리자집회라는 새로운 기관(권리행사기관)이 창설되고 있다. 그러나 이 기관은 종래 신탁의 관념과는 어울리지 않는 것이므로, 이의 존재를 신탁법리상 어떻게 이해할 것인가는 의논의 여지가 많다고 할 것이다(또한 권리행사를 위하여 불특정 다수의 투자자를 소집한다는 이 구도는 실무상 실효성의 관점에서 문제가 적지 않다고 생각되나 그 운용의 추이를 주시하고자 한다). 신신탁법에서는 권리자집회에 해당하는 것으로 수익자집회(신신탁법 제106~122조)가 신설되었다는 점에 유의할 필요가 있다.

용되고 있던 '위탁자지도형'의 스킴 이외에 '위탁자비지도형'의 스킴이 도입되었다.

① 위탁자지도형 투자신탁

종래 위탁자지도형 투자신탁에 관한 2000년의 법 개정 중 중요 사항은 다음과 같다.

첫째, 투자신탁위탁업자에 대하여, 위탁자지도형 투자신탁의 수익자에 대한 선관주의의무를 규정하였다(투신법 제14조 제2항). 이 선관주의의무에 대하여는 구 신탁법 제20조와는 달리, 적어도 공모형의 투자신탁의 경우에는 계약으로 경감할 수 없는 것으로 해석한다. 종래 일본의 투자신탁은 영국의 유니트 트러스트를 모범으로 하고 있다. 그러나 영국의 유니트 트러스트에 있어서 일본의 위탁회사(현재는 위탁업자)에 상당하는 업자는, managing trustee(운영수탁자)로서 일본에서의 수탁자에 상당하는 custodian trustee(보관수탁자)와 나란히 신탁법리와의 관계에서는 수탁자로 취급되고 있다. 일본에서도 학설상 실질적으로 같은 위치를 부여하자는 견해가 주장[8)]되기도 하였으나, 실정법상의 제약이 있어 위탁회사는 법문상으로 신탁법과의 관계에서 위탁자에 그치고 있다. 그 결과 경제 실체를 중시하여 1967년 개정 시 입법담당관의 설명에 의하면 위탁회사가 수익자에 대하여 선관주의의무를 부담하는가에 대하여는 "위탁회사에 선관의무를 과하는 것도 생각하였으나, 위탁회사에 선관의무를 부과하면, 신탁재산의 운용을 지도함에 있어, 전문가로서의 주의능력을 전제로 하여, 신탁재산의 이익을 도모하도록 지도하지 않으면 안 된다. 이 경우에 실제 문제로, 어느 정도의 배려를 하면 그 의무를 다한 것이 되는가가 명확하지

8) 西宮和夫, 信託法, 有斐閣, 1989, 50면.

않고, 다수의 자금을 예치하여 그 신용의 지도권을 완전히 일임하고 있는 위탁회사가, 수익자의 신임에 대하여 부담하는 의무로서는 그 운용의 지도를 행함에 있어 수익자의 이익을 위하는 것에만 전념하고, 자기 또는 제3자의 이익을 도모하여서는 아니 된다는 충실의무가 가장 바람직하다고 생각하여 본조를 입법한 것이다"고 말한다. 이 설명에 의하면 1967년 개정의 취지는 위탁회사는 수익자에 대하여 충실의무를 부담하나 선관주의의무는 부담하지 않는다는 해석이 성립되는 것처럼 생각되나, 충실의무는 있고 선관주의의무가 없다는 것은 이론적으로나 실제에서도 이상하다. 따라서 위탁회사는 수익자에 대하여 충실의무는 물론 선관주의의무도 부담하는 것이라고 해석하여야 했다.

둘째, 투자신탁위탁업자의 행위준칙에 대하여, 운용대상자산의 확대에 따른 규정의 정비가 이루어지고(투신법 제15조), 투자신탁위탁업자는 운용의 지도를 행하는 투자신탁재산에 대하여 특정 자산(유가증권 등을 제외)의 취득 또는 양도 등이 이루어질 때, 제3자에게 자산의 가격 등을 조사시켜야 하고(투신법 제16조의2), 또 투자신탁위탁업자는 특정 자산(유가증권 제외)에 대하여 이익상반의 위험이 있는 거래가 행하여진 때에는 해당 거래에 관계 있는 사항을 기재한 서면을 해당 운용의 지도를 행하는 투자신탁재산에 관한 수익자 등에 대하여 교부하여야 한다(투신법 제28조).

셋째, 투자신탁약관의 변경에 대하여 이의신청절차에 관한 규정이 정비되고, 이의를 진술한 수익자에게 수익증권의 매수청구권을 부여하였다(투신법 제30조, 제30조의2, 매수는 신탁재산에서 행하여진다).

이외에 투자신탁위탁업자는 일정한 범위에서 택지건물거래업, 부동산특정공동사업 등을 경영할 수 있고(투신법 제34조의10), 또 투자신탁

위탁업자가 투자신탁위탁업 및 투자법인자산운용업 이외의 업무를 경영하는 경우의 행위준칙에 관한 규정이 정비되었다(투신법 제34조의12 내지 제34조의15).

② 위탁자비지도형 투자신탁

2000년 개정에 의하여 운용지도를 하는 위탁업자가 존재하지 않고, 즉 수탁자가 운용을 하는 형태의 투자신탁이 처음으로 투신법상 도입되었다. 이것은 1개의 신탁약관에 의하여, 수탁자가 복수의 위탁자와 체결하는 신탁계약에 의하여 받은 금전을 합동하여, 위탁자의 지도에 의하지 않고 주로 특정 자산에 대한 투자로 운용할 것을 목적으로 하는 것이며, 위탁자비지도형 투자신탁이라 불리고 있다(투신법 제2조 제2항 참조). 이 제도는 종래부터 존재하던 겸영법상의 합동운용지정금전신탁과 구조 면에서 차이가 없다. 따라서 위탁자지도형 투자신탁에서는 투자자가 위탁자 겸 수익자이며, 약관은 하나이고 신탁계약은 위탁자 겸 수익자의 수만큼 존재하게 된다(투신법 제2조 제2항 참조).

이 위탁자비지도형 투자신탁계약은 하나의 신탁회사 등을 수탁자로 하는 것이 아니면 이를 체결하여서는 안 되며, 또 원본의 보전이나 이익의 보충은 인정하지 않는다(투신법 제49조의2). 그리고 업무 분야의 조정 면에서 수탁자는 위탁자비지도형 투자신탁의 신탁재산의 50퍼센트를 초과하여 유가증권에 대한 투자로서 운용하는 것을 목적으로 하는 위탁자비지도형 투자신탁계약을 체결하지 못한다(투신법 제49조의3).

그리하여 위탁자비지도형 투자신탁에 대하여서도 위탁자지도형 투자신탁과 같이, 위탁자비지도형 투자신탁계약의 체결이나 수익증권, 분별운용 등에 관한 규정이 정비되었다(투신법 제49조의4 내지 제49조의7). 또 위탁자비지도형 투자신탁에 관한 업무를 경영하는 신탁회사 등에 대하여 투자신탁위탁업자와 같이, 충실의무 및 선관주의의무, 행위준칙, 운용권한의 위탁, 가격조사의무, 신탁회사 등의 책임 등에 관한 규정이 정비되었다(투신법 제49조의8 내지 제49조의11).

5. 2006년 신탁법 제정 및 신탁업법의 개정

(1) 2006년 신탁법과 그 주요 내용

1) 제정 경위

1922년 구 신탁법은 그 규율하는 내용이 단순하고, 주로 민사신탁(예컨대 개인 간의 재산관리)을 염두에 두었기 때문에, 수익자가 복수인 신탁이나 자산유동화 목적의 신탁, 또는 고령자나 장애인의 생활지원을 목적으로 하는 복지형 신탁 등, 다양한 유형의 신탁에 적절하게 대응하기에는 부족한 점이 많은 것으로 평가되어 왔고, 개정론이 수차에 걸쳐 제기된 바 있다.[9)] 일본 법무성은 민사 기본 법제의 일익을 담당하는 신탁법에 대하여 전면적인 현대화를 도모할 필요가 있다는 것을 인식하고, 이른바 상사신탁의 분야를 중심으로 하여, 규정의 임의법규화, 수익자 권리의 보호와 강화, 신탁의 다양한 이용을 위한 대응이라는 3개 기본 이념하에 개정하였다.[10)]

2) 주요 내용

① 수탁자의 의무에 관한 규정의 임의법규화

개인의 부 축적이 비약적으로 발전함에 따라 신탁의 본질적 기능인

9) 寺本昌廣 外 4人, "新信託法の解説(I)," NBL 제850호(2007. 2), 16-17면.
10) 寺本昌廣 外 4人, 앞의 논문(주 9), 19면.

재산관리기능에 대한 기대가 높아지는 오늘날에 있어 수탁자의 엄격한 의무가 강행규정이 되면, 거래나 관리가 원활히 실행될 수 없는 등의 폐해가 생겨날 수 있다. 그래서 신신탁법은 관계된 수탁자의 의무에 대해 기본적으로 임의규정화와 완화의 방향으로 개정되었다.

즉 개별적으로는 (i) 선관주의의무에 대해서 임의규정이라는 것을 명문화, (ii) 자기집행의무에 있어서 대리인 사용의 원칙금지에서 원칙허용으로 완화, (iii) 합수적 행동의무의 폐지, (iv) 충실의무에 대해서 그 규정대상의 명확화와 임의규정화, (v) 공평의무의 명문화, (vi) 분별관리의무의 임의규정화, (vii) 서류비치의무에 대해서는 오히려 의무의 확충이 각각 도모되었다.

② 수익자 권리의 보호 · 강화

(i) 제한할 수 없는 수익자의 권리 등

신신탁법은 수익자의 이익과 권리를 강화하기 위해 수익자의 권리행사와 관련한 규정들을 합리적으로 조정하였다. 우선 신탁행위에 의해서도 제한할 수 없는 수익자의 권리, 즉 법원에 대한 신청권, 장부 등의 열람 등사청구권 또는 신탁 위반행위의 유지청구권 등을 명시하고 이를 강행규정으로 하였다(제92조). 그리고 신탁의 중요한 변경에 관해 의결에 반대한 수익자에게는 수익권취득청구권을 부여함으로써 그 이익을 보호하고자 하였다(제103조).

(ii) 수익자가 다수인 신탁

수익자가 다수인 신탁의 경우 수탁자에게는 공평의무가 부과된다(제33조). 그리고 다수 수익자 간의 의사결정은 원칙적으로 전원일치에 의하지만, 신탁행위에 의해 다수결에 의할 수 있도록 하였다(제105조). 이와 더불어 수익자집회제도를 도입하였다(제106조 이하).

(iii) 수탁자를 감시 · 감독하는 제도

구 신탁법에서는 수익자가 불특정 또는 부존재 시 수익자에 갈음하여 권리를 행사하는 신탁관리인제도를 두었는데, 신신탁법은 이러한 신탁관리인에 관한 규정들을 보다 상세히 하였다(제123조 이하). 그리고 수익자에 갈음하여 권리를 행사하면서 수탁자를 감독하는 신탁감독인제도를 창설하였다(제131조 이하). 이와 더불어 다수의 수익자의 권리행사를 대리하는 수익자대리인제도를 새로 정하였다(제138조).

③ 새로운 신탁유형의 창설

(i) 신탁선언

채권자를 변경하지 않고 채권의 유동화를 도모하는 것, 회사가 자기의 사업부문을 자기신탁함으로써 스스로 해당 사업부문을 운영하여 해당 부문의 수익력을 토대로 하여 자금조달을 도모하고, 미성년자의 아들을 위하여 특정의 재산을 자기신탁하여, 자기의 경제적인 파탄 등에 대비하는 것을 가능하게 하기 위하여, 위탁자가 스스로 수탁자가 되는 자기신탁을 허용하고 있다(제3조).

(ii) 수익증권발행신탁

신탁은 다양한 형태로 이용되는 것이므로, 수익권을 유가증권화하는 use는 특별법에 의하여 유가증권의 발행이 인정되고 있는 투자신탁이나 대부신탁에 한정되는 것이 아니라, 신탁행위에 정함을 두는 것에 의하여 수익권을 표시하는 유가증권(수익증권)을 발행하는 것을 가능하게 하고 있다(제185조 이하).

(iii) 한정책임신탁

신탁사무에 관한 거래에서 생긴 채무에 대하여는 수탁자의 고유재산과 신탁재산이 모두 책임재산으로 되는 것이 원칙이나, 이른바 벤처사업 등을 행하는 사업신탁의 이용의 촉진을 도모하기 위하여 특별한 유형의 신탁으로서, 수탁자의 책임이 신탁재산에 한정되는 신탁을 창설하고 있다(제216조).

(iv) 목적신탁

공익신탁을 제외하고 수익자의 정함이 없는 신탁은 인정되고 있지 않으므로, 엄밀한 의미에서 공익 목적이라고 할 수 없는 시민활동이나 봉사활동 등의 사회활동의 인수 등으로서 신탁의 이용을 가능하게 하기 위하여, 특별한 유형의 신탁으로서 공익신탁 이외에도 수익자의 정함이 없는 신탁을 허용하고 있다(제258조).

(v) 상속수단으로서의 신탁

민사신탁의 활성화와도 관련하여 신신탁법은 유언대용신탁(제90조, 제148조)과 연이은 유증형의 수익자연속신탁(제91조)을 인정하고 그 효력과 효과를 정하였다. 종래에 연이은 유증형의 수익자연속신탁에 대해서는 민법상 연이은 유증의 효력을 부정하는 다수의 입장과 신탁제도로서의 민법상 연이은 유증의 효력을 부정하는 다수의 입장과 신탁제도로서의 효력을 인정하는 입장이 대립하였으나 이를 명시적으로 허용하였다.

(2) 2004년, 2006년 신탁업법의 개정

1) 2004년 신탁업법의 개정

① 개정 배경

신탁은 재산을 여러 가지로 관리 · 처분하고, 다양한 상품을 조성할 수 있는 유연한 제도라는 특성으로 인하여, 경제산업구조의 변화에 대응하는 금융체계의 기본적인 하부구조로 활용되고 경제의 활성화에 기여할 수 있는 제도로 기대되고 있다. 이러한 신탁의 다양한 기능과 그 활용의 의의에 비추어 보다 기능을 발휘할 수 있는 제도의 정비를 요구하는 실무계의 목소리가 높아 신탁법의 개정에 앞서 우선 신탁업법에 대한 개정작업이 진행되었다. "규제개혁추진 3개년 계획"(재개정, 2003. 3. 28. 각의결정)에서 수탁가능재산제한의 완화나 신탁회사의 일반 사업법인으로의 해금 등을 검토하였고, 금융심의회 금융분과회 제2부회 신탁업의 존재방안에 관한 중간보고서(2003. 7. 28.)에서 최근 요구가 높아지고 있는 지적재산권의 신탁활용이나, 자산유동화 및 자금조달수단으로서의 신탁기능의 활용 등에 대하여 긴급한 과제로 조치할 필요성이 제기되었다. 이상의 경위를 거쳐서 2004년 개정 신탁업법은 신탁의 활용에 대한 요구에 유연하게 대응하기 위하여 금융자본시장의 정비를 통하여 국민경제의 건전한 발전에 기여하는 관점에서 2004년 3월 5일 국회에 제출되었다. 같은 해 4월 22일 중의원 재무금융위원회의 심의를 거쳐 제161회 임시국회에 이르게 되었다. 동 법안은 2004년 11월 26일에 가결성립하였다(시행일은 2004. 12. 30).

② 주요 내용

(i) 수탁가능재산의 범위 확대

2004년 개정법에서는 지적재산권 등에 대한 신탁요구 증대를 목적으로 수탁가능재산의 범위제한을 철폐하여 재산권 일반이 수탁 가능한 재산이 되었다. 따라서 신탁법에 따라 요건을 갖춘 재산이면 모두 신탁재산이 될 수 있는 포괄주의로 변경되었다.

(ii) 신탁업의 진입규제 완화

신탁회사의 조직형태에 대해서는 업무의 안정적인 지속성 및 회사기관 간의 상호감시기능이 뛰어나다고 생각되는 주식회사형태를 원칙으로 하고 있다. 그러나 2004년 개정으로 신탁기관의 유형이 확대되었다. 이에 주식회사가 아닌 회사를 비롯하여 회사가 아닌 법인까지 신탁업으로의 진입이 가능하게 되었다.

신탁회사가 하고자 하는 관리 또는 처분행위의 양태는 다양한 까닭에 기존의 신탁회사 이외에 2004년 개정법은 관리형 신탁회사제도를 도입하였다. 이에 신탁회사가 하는 신탁업무의 기능 및 업무 내용을 기준으로 할 때 신탁업법상 신탁회사는 관리형 신탁회사와 그렇지 않은 신탁회사, 즉 운용형 신탁회사로 나눌 수 있다.

(iii) 재무구조규제

신탁회사는 신탁업무를 건전하게 수행하는 데에 필요한 재산적인 기초가 있어야 하므로 개정법은 신탁기관의 최저자본금과 영업보증금 등 재무구조에 관하여 법률로 정하고 있다. 신탁회사는 수익자보호 견지에서 최저자본금을 상회하는 순자산액을 유지할 것을 의무화하였다(신탁업법 제5조 제2항, 동조 제3항, 제10조).

(iv) 수탁자의 제3자 위탁에 관한 규정 정비

금융의 분업화와 전문화, 자산운용에 있어서의 글로벌화 등이 진행중인 오늘날 신탁업무의 전부를 수탁자가 행하여야 한다는 것은 신탁업무의 효율적 내지 적절한 수행의 관점에서 볼 때 현실성이 떨어진다. 이에 개정법은 신탁회사가 신탁업무의 일부를 제3자에게 위탁하는 것을 허용하고 있다. 구 신탁법은 외부위탁을 원칙으로 금지하였으나, 개정법은 일정한 요건을 갖춘 경우를 전제로 하여 원칙적으로 자유롭게 외부위탁이 가능하다. 따라서 개정법은 외부위탁에 관한 입법상의 입장을 변경하였다.

(v) 지도권자의 충실의무 및 행위준칙 마련

개정법상 지도권자(指圖權者)라 함은 신탁재산의 관리 또는 처분의 방법에 대하여 지시를 실시하는 업을 영위하는 자를 말한다(신탁업법 第65조). 위탁자가 지도권을 수탁자에게 부여하지 않고 유보하는 경우에 해당 위탁자 또는 그 위탁자로부터 지도권을 위임받은 제3자가 신탁재산의 관리 또는 처분의 방법에 대해 업으로서 지도를 한다면 위탁자 또는 제3자는 지도권자에 해당한다.

개정법은 지도권자에 대하여 충실의무를 부여하고 있을 뿐 아니라(신탁업법 제65조), 그의 행위에 대한 준칙도 마련하고 있다(신탁업법 제66조). 이러한 신탁업법상의 지도권자의 대표적인 예는 투자고문업자이다. 투자고문업자에 대해서는 투자고문업법에 대해 행위준칙이 정해져 있기 때문에 원칙으로서 투자고문업법이 적용된다(투자고문업법 제31조의5, 제31조의6). 하지만 투자고문업법에 규정이 없는 사항에 대해서는 신탁업법이 적용된다. 왜냐하면 신탁업법과 투자고문업법은 일반법과 특별법의 관계에 있기 때문이다.

2) 2006년 신탁업법의 개정

① 개정 배경

2006년 개정 신탁업법[11]은 신탁법의 시행에 따르는 관계 법률의 정비 등에 관한 법률에 따라 개정한 것이다. 이 법은 기본적으로 2004년 개정 신탁업법에서의 위탁자 · 수익자보호의 필요성 및 규칙 본연의 자세를 유지하면서 (i) 새로운 신탁유형에 대하여는 적절한 진입요건을 만들고, 신탁회사와 같은 수탁자의무를 부담시킴으로써 수익자보호를 도모하고, (ii) 수탁자의 의무에 대하여는 수익자보호의 요청을 감안하여, 실무상 부조리가 생기는 부분에 대하여 조치를 취하고 있다.

11) 小出卓也 / 及川富美子, "改正信託業法の概要(上), (下)," 金融法務 제1799호(2007), 7-12면 참조.

② 수탁자 등의 의무

(i) 수탁자가 신탁재산을 관리 · 운용할 때의 선관주의의무, 분별관리의무, 충실의무 등에 대하여 2006년 신탁법에서는 원칙적으로 당사자 간의 계약에 의하여 경감하는 것이 가능하지만, 신탁업법에서는 수탁자와 위탁자 · 수익자 간의 정보량 등의 격차를 감안하여 기본적으로 종래대로 수탁자에게 의무가 부과된다. 다만 신탁 실무의 효율화라는 관점에서 수익자보호상 문제가 없는, 예컨대 동산, 유가증권 등에 대하여는 신탁법과 같이 물리적 분별관리의 대체 방법으로 신탁행위의 정함에 의하여 장부상의 관리가 인정된다.

(ii) 신탁업무를 수탁자가 제3자인 위탁처에게 위탁하는 경우에 기본적으로 종래와 같고, 다음과 같은 규제가 부과된다. ⓐ 위탁처는 수탁자와 같이 선관주의의무 등의 의무를 직접 부담한다(위탁처의 업무가 신탁재산의 보관에 그치는 경우 등을 제외한다). ⓑ 수탁자는 위탁처의 행위에 대하여 엄격한 손해배상책임을 부담한다(위탁자가 자기의 관계자를 지명한 경우 또는 수익자의 지시에 의한 경우를 제외한다).

③ 새로운 신탁유형(자기신탁)에 대한 규제

수익자보호의 필요성은 통상의 신탁과 같으므로 다음의 규제가 과하여진다. (i) 불특정 다수의 수익자를 예정하고 있는 경우에는 규제대상이 된다. (ii) 규제 내용은 기본적으로 통상의 신탁과 같다. (iii) 위탁자＝수탁자가 되는 것을 감안하여, 신탁설정이 진정하게 이루어진 것을 제3자에게 확인시키는 등 통상의 신탁의 경우에 추가적인 의무가 과하여진다.

④ 소결

이처럼 수탁자의 의무에 관한 규정의 임의법규화, 새로운 신탁유형의 창설에 대하여는 신탁업법에 의하여 엄격한 규정이 과해져 있고,

2006년 신탁법의 기본 이념이 그대로 실현되는 것은 아니다. 따라서 신탁법의 기본 이념과 신탁업법의 규제 사이에 조화 있는 균형이 존재하고 있다고는 말하기 어렵다. 신탁법의 기본 이념이 유지 가능한 것은 신탁업법의 규제를 받지 않는 수탁자들이라는 점을 유의해야 한다.

6. 2006년 금융상품거래법의 제정

2006년 증권거래법이 이른바 투자서비스법제 정비의 일환으로, 즉 금상법으로 법명이 변경되는 개정에 있어서 신탁 분야에 있어서도 큰 변화가 있었다. 첫째, 신탁수익권은 원칙적으로 금상법 제2조 제2항 후단의 유가증권에 포함된다. 둘째, '투자성이 강한 신탁상품'('특정신탁계약'이라고 부른다)에 대해서는 금상법상 판매권유규칙을 준용한다(신탁업법 제24조의2 및 겸영법 제2조의2).

여기에서 '투자성이 강한 신탁(특정신탁계약)상품'이란 은행상품이나 보험상품과 달리, 투자성이 강하지 않은 신탁상품을 제외한 신탁으로 정의되고, 다음의 5가지 유형의 펀드가 투자성이 강하지 않은 신탁상품이다. (i) 공익신탁, (ii) 원금전부보전부신탁, (iii) 신탁재산을 보통예금 등에만 운용하고 신탁보수 등의 수수료가 운영수익의 범위 내에서 결정되는 신탁, (iv) 관리형 신탁(신탁업법 제2조 제3항), (v) 금전, 유가증권 등 이외의 물 · 권리의 관리 · 처분 목적의 신탁(이상 신탁업법 시행규칙 제30조의2 참조). 이러한 5가지 유형의 펀드를 제외한 펀드는 모두 투자성이 강한 신탁이며, 수탁자는 금상법의 업자규제 특히 판매 · 권유규칙의 준용을 받게 된다. 셋째, 2004년 신탁업법의 수익권판매업자는 모두 금융상품거래업자가 되고, 그에 대한 규제도 금상법을 적용하게 된다.

III. 신탁법제와 신탁 실무의 부정합성과 그 해결법리

1. 신탁법과 신탁업법의 관계

(1) 민사신탁과 신탁업법의 관계

판단 능력이 감퇴하였거나 병약한 고령자와 장애자가 재산을 둘러싼 분쟁에 휘말리지 않기 위해서는 적절한 수탁자를 통하여 신탁을 이용하고, 재산을 관리 · 보전하는 것이 필요하다. 이러한 복지형 신탁의 이용이 유효하다고 생각되는 사례로서 (i) 고령자 · 장애자의 재산관리를 위한 신탁, (ii) 배우자 사후 생존배우자와 부모 사후 아이의 생활보장을 위한 신탁, (iii) 양육비의 신탁, (iv) 사후의 사무처리를 위한 신탁 등을 상정할 수 있다. 또한 이러한 사회적 약자를 대상으로 하는 복지 목적의 신탁에 국한하지 않고 개인의 재산관리 면에서도 신탁의 이용가치는 높으며, 신탁을 이용한 세대 간 재산이전을 둘러싼 문제해결 등 신탁은 생존 중에도 다양한 기법을 유연하게 제공할 수가 있다. 이러한 신탁을 통틀어서 민사신탁이라고 부른다면, 그 수탁자로서 변호사와 복지 관련 단체 등을 상정할 수 있는데, 여기에서 문제가 되는 점은 신탁업법에 있어서 업(業) 개념이다.

2006년 신탁법과 동시에 개정된 신탁업법에서는 "신탁업이란 신탁의 인수(다른 거래와 관련한 비용에 충당하여야 하는 금전의 예탁을 받는 것 그 외에 다른 거래에 부수하여 행하여지는 것으로서, 그 내용 등을 감안하여 위탁자 및 수익자의 보호를 위해서 지장이 생기는 일이 없다고 인정되는 것으로서 법령이 정하는 것을 제외한다)를 행하는 영업을 말한다"(신탁업법 제2조 제1항)고 정의한 뒤, "신탁업은 내각총리대신의 면허를 취득한 자가 아니면 운영할 수 없다"(동법 제3조)고 하며, 또한 면허를 취득할 수 있는 자를 주식회사로 한정하고 있다(동법 제5조 제2항 제1호). 또 영업이란 영리 목적을 가지고 계속 반복적으로 행하는 것으로서 이 경우 영리의 목적이란 적어도 수지가 균형이 맞는 것을 예정하고 있다고 할 수 있다. 그렇다면 변호사가 의뢰를 받은 법률업무에 있어서 변호사보수를 얻고 수탁자가 되는 업무를 계속 반복적으로 행하는 경우, 이러한 변호사업무가 '영업'에 해당하여 신탁업법을 위반할 우려가 있다고 할 수 있다. 이러한 상황은 변호사가 법률업무의 일환으로서 행하는 민사신탁의 설정을 위축시키는 효과를 초래하고 있다.

또한 신탁업법 시행령에서는 '변호사 또는 법무법인이 행하는 변호사업무에 필요한 비용을 충당하기 위한 목적으로 의뢰인으로부터 금전의 예탁을 받는 행위, 그 외 위임계약에 있어서 수임자가 행하는 위임사무에 필요한 비용을 충당하는 목적으로 위임인으로부터 금전의 예탁을 받는 행위'(제1조의2 제1호) 및 '청부계약에 있어서 청부인이 행하는 일에 필요한 비용을 충당할 목적으로 주문자로부터 금전의 예탁을 받는 행위'(동조 제2호)로서, '신탁의 인수에 해당하는 것'을 신탁업법의 적용대상에서 제외하고 있다. 이 시행령을 있는 그대로 읽으면 복지형 신탁에서는 각종의 위임계약에 수반하여 금전을 맡는 것이 통례임에도, 이 경우 신탁업법의 적용이 없는 반면, 금전 이외의 신탁재산의 경우에는 신탁업법의 적용이 있다는 것이 된다. 또 이 점은 변호사가 맡은 금전도 마찬가지로 수탁금이 신탁업법의 적용을 받지 않는 점은 명백하고, 그 외의 의뢰인으로부터 받은 자산에 대해서는 신탁업법의 적용이 있을 수 있다는 것이 된다.

(2) 신탁법과 신탁업법의 관계

일본 신탁제도의 규율체계를 신탁 실무라는 관점에서 보면, 신탁법에서 아무리 좋은 내용을 담고 있다 하더라도 업법인 신탁업법 또는 겸영법에서 그것을 할 수 있다라는 규정이 없다면, 그것을 업으로서 행할 수 없게 되어 있다. 또한 신탁을 업으로 하는 경우 원칙적으로 금상법의 업자규제인 적합성원칙과 설명의무의 적용을 받는다. 즉 일본에서는 신탁법만 봐서는 신탁으로 무엇을 할 수 있다는 것인지 알 수가 없다. 신탁법과 신탁업법 또는 겸영법 2개를 함께 살펴보아야만, 그리고 종종 금상법까지 총 3개의 법률을 함께 검토하여야 신탁으로 무언가를 할 수 있음을 알게 된다.

또한 신탁법은 신탁에 관한 기본적인 법률관계를 규율하고 있는 사법이고, 신탁업법 및 겸영법은 업법이지만, 신탁업법 등 업법에는 신탁법이 정하고 있는 기본적인 사법규정에 대한 특별 규정으로 볼 수 있는 것들이 적지 않게 규정되어 있다. 예를 들면 수탁자의 선관주의의무를 규정하고 있는 신탁업법 제28조 제2항, 충실의무를 규정하고 있는 신탁업법 제28조 제1항, 분별관리체제정비의무를 규정하고 있는 신탁업법 제28조 제3항, 신탁업무의 위탁을 규정하고 있는 신탁업법 제22조 등은 각각 동일한 내용을 담고 있는 신탁법 제29조, 신탁법 제30조 내지 제33조, 신탁법 제34조, 신탁법 제35조 등과의 관계를 어떻게 설정할 것인가 하는 문제가 있다.

그러나 모든 영업신탁에 적용되는 일반법인 신탁업법에는 수탁자의 일반 의무(예컨대 충실의무)가 규정되어 있고, 상세한 행위준칙(예컨대 신탁업법 제29조)을 두고 있는 상황에서, 신탁법에서 2006년 개정 시에 이들 규정을 임의법규화했다 하더라도 영업신탁의 경우 그러한 신탁법의 개정 내용은 의미가 없다는 것이다. 즉 수탁자가 신탁재산을 관리 · 운용할 때의 선관주의의무, 분별관리의무, 충실의무 등에 대하여 2006년 신탁법에서 원칙적으로 임의법규화하였지만, 신탁업법에서는 수탁자와 위탁자, 수익자 간의 정보량 등의 격차를 감안하여 기본적으로 종래대로 수탁자의 의무는 강행규정으로 해석되어, 그것을 당사자 간의 계약으로 경감할 수 없다는 의미이다. 어쨌든 업법 쪽에서는 선관주의의무든 충실의무든 그에 대한 수탁자의 행위준칙을 상세하게 규정한 구체적인 규칙이 중요하며, 이러한 규칙이 실제로 신탁실무의 방식에 큰 영향을 미치는 것이다.

(3) 영업신탁으로서의 민사신탁과 상사신탁

일반적으로 신탁은 신탁인수행위의 영업성 유무에 따라 민사신탁(비영업신탁)과 상사신탁(영업신탁)으로 구별되고 있다. 그러나 이러한 구분법에 의하면, 위에서 언급한 복지형 신탁과 같은 민사신탁을 변호사나 복지단체가 아닌 신탁은행이나 신탁회사가 인수하는 경우, 그 복지형 신탁을 민사신탁이라고 할 수 있는가? 또한 2006년 신탁법은 민사신탁의 활성화와 관련하여 유언대용신탁(제90조, 제148조)과 유증형의 수익자연속신탁(제91조)을 인정하고 있다. 이들 신탁을 신탁은행이 영업으로 인수를 한다면, 유언대용신탁과 수익자연속신탁을 민사신탁이라고 할 수 있는가?

이러한 문제 제기에 대하여 도쿄대 간다 히데키(神田秀樹) 교수는 상사신탁이라는 개념을 다음과 같이 정의함으로써 답하고 있다. 즉 영업신탁에 있어서 수탁자의 역할이 신탁재산의 수동적인 관리 또는 처분을 넘어 재산을 운용하고 증식하는 데까지 이르는 신탁을 상사신탁이라고 한다. 이와 달리 수탁자의 역할이 수동적인 재산의 관리 또는 처분에 그치는 경우를 민사신탁이라고 한다.[12] 이렇게 신탁의 개념을 정의하면, 신탁의 인수를 업으로 행하는 영업신탁에는 상사신탁과 민사신탁 양자가 포함되는 개념이 된다.

간다 교수에 의하면, 민사신탁의 본질은 '신탁재산의 존재'와 '위탁자의 의사'에 있고, 이와 달리 상사신탁에는 이 두 가지 요소의 존재가 필수조건이 아니라고 한다. 상사신탁의 본질적 요소는 '어떤 상사성을 보유하는 arrangement'이고, 그 'arrangement의 관리 · 실행 주체'가 수탁자가 되고, 'arrangement에 대한 실질적인 출연자 겸 arrangement로부터 생기는 이익의 향유 주체'가 수익자라는 것이다.

또한 상사신탁에 있어서 중요한 요소는 위탁자의 의사가 아니고 오히려 '시장(market)의 의사'라고 한다. 상사신탁에 있어서 위탁자는 시장의 의사에 따라 성립하는 신탁관계에 있어서 상대적으로 결정되는 존재에 지나지 않으며, 상사신탁에 있어서 신탁 목적도 위탁자의 의사에 따라 정해진다기보다는 '시장의 의사에 따라 또는 시장의 요구(needs)에 적합한 arrangement의 관리 및 실행'으로 이해하여야 한다고 한다.

2. 의제신탁법리에 의한 신탁행위의 외연 확장

(1) 의의

영미에서의 의제신탁(constructive trust)이란, 당사자의 의사와는 관계

12) 落合誠一 / 江頭憲治郎 / 山下友信 編, 現代企業立法の軌跡と展望, 商事法務研究會, 1995, 583-603면(神田秀樹 집필 부분) ; 神田秀樹, "商事信託の法理について," 信研 제22호(1998), 49-79면.

없이 일정한 재산의 권리자를 법률상 수탁자로 의제하는 신탁관계이다. 예컨대 타인의 재산을 횡령하여 처분한 돈으로 투자를 하였는데, 그 투자자산의 가격이 크게 올라 이득을 본 자는, 법률상 수탁자로서 원금은 물론 이득도 피해자에게 반환하여야 한다는 이론이다. 이는 의제신탁이라는 법기술에 의하여 부당한 이득을 얻은 자는 그 이득을 반환해야 한다는 법리인데, 대륙법의 부당이득제도와 유사하다.

(2) 일본에서의 논의

1) 의제신탁인가, 추정신탁인가

일반적으로 일본에서는 신탁설정의 요건으로 계약 내지 유언이라는 당사자의 법률행위가 필요하다. 즉 신탁의 성립에는 신탁설정을 위한 당사자의 구체적인 의사표시가 필요하다. 그러나 당사자 자체가 법률관계를 신탁관계로 명확히 이해하고 있지 않아도, 객관적 시점에서는 해당 관계가 신탁관계와 같은 것으로 정할 수 있는 경우가 일본에서도 조금씩 나타나고 있다.

예컨대 변호사에 의한 예금계좌, 손해보험대리점이 보유하는 보험료관리계좌, 집단주택관리조합이 보유하는 수선비 등을 위한 적립계좌, 공공공사의 선급금보증제도에 의한 도급인 명의의 전용 계좌 등이 문제가 되고 있다. 이러한 사안에 대하여 해당 법률관계를 신탁으로 자리매김하여 문제의 해결에 있어 신탁법리를 적용하여 가는 것이 가능한지 여부는 일본의 신탁법 해석론에 있어서 앞으로의 큰 쟁점이라고 할 수 있다.

또한 이들 사안의 유형은 영미의 의제신탁과는 취지를 달리하고 있다는 점에 유의할 필요가 있다. 즉 의제신탁은 당사자가 '신탁을 설정한다'는 의사를 가지고 있지 않은(있지 않았다는)데도 불구하고 신탁법리를 적용하는 것임에 대하여, 일본의 사례들은 당사자가 '신탁을 설정한다'는 명시적 문구(특히 '신탁'의 문언)를 사용하지 않은(않았던) 것에 불과하다는 것이다. 신탁으로 의제하는 경우, 절취물이나 편취물에 관련된 피해자의 물권적 보호가 전형이 된다. 피해자를 위탁자 겸 수익자, 범인을 수탁자, 관련된 절취물과 편취물을 신탁재산이라고 의제하는 것이다. 피해자나 범인에게 '신탁을 설정한다'는 의사가 존재할(존재했을) 리가 없을 것이다. 이것에 비하여 일본의 사례들은 당사자가 '신탁'이라는 문언을 사용하지 않았지만 '신탁을 설정한다'라는 당사자의 계약의사가 존재 또는 합의한 법률관계가 신탁관계가 되는 것임에도 불구하고, 그것을 신탁으로 이해하고 있지 않은 것에 불과하다라고 추정하는 여부를 문제로 하는 것이다.

2) 주관적 의도 없는 객관적 신탁의 성립과 관련된 판례

① 공공공사 선급금에 관한 판결(도쿄고등법원 2000. 10. 25)[13)]

(i) 사안의 개요

A사는 발주자인 지방공공단체 B와의 사이에서 공영주택 관련 설비공사를 내용으로 하는 공공공사 도급계약을 체결하였다. 한편 Y-1

13) 본 판결에 대한 평석으로 亀井洋一, "公共工事請負業者が工事未成のうちに破産した場合の前拂金の歸屬 — 東京高判 平成 12. 10. 25.を素材に," 銀法 제593호(2001), 72면이 있다. 또 원심인 도쿄지방법원 平成 11. 11. 29. 판결(金判 제1087호, 40면)을 다루는 것으로 道垣內弘人, "最近信託法判例批評(7)," 金法 제1597호(2000), 70면 ; 道垣內弘人, "最近信託法判例批評(8)," 金法 제1598호(2000), 42면 ; 宮川不可止, "公共工事の前拂金保嵩制度における前拂金專用口座の法的性格 — 請負者の破産と信託法理の適用可能性について," 金法 제1627호(2001), 42면이 있다.

보증회사는 A사와 공사대금의 선급금에 관한 보증계약을 체결함과 동시에 본건 보증계약에 관하여 Y-2은행에게 선급금 예금취급의뢰를 하였다. 이것을 받아들인 Y-2은행은 A사와 합의하여 A사 명의의 선급금 전용 계좌(보통예금계좌)를 개설하고, B가 동 계좌에 선급금을 이체 송금하였다(그후 그 선급금의 일부가 A에게 지출되었다). 수개월 후, A사는 B에게 본건 공사의 속행 불능을 통지하고 B는 본건 도급계약을 해제하였다. 또 Y-1사는 본건 보증계약에 의한 보증채무의 이행으로 선급금에서 지출된 금액 상당분을 B에게 지급하였다. 그후 A사는 파산선고를 받아 파산관재인으로 X가 선임되었다. X는 Y-1사에게 X가 본건 예금의 채권자임의 확인을 구함과 동시에 Y-2은행에게 본건 예금의 지출을 구하는 소송을 제기하였다.

(ii) 원심 판결

본건에 대하여 원심인 도쿄지방법원 1999년 11월 29일 판결(金判 제1087호, 40면)은 구 신탁법 제16조 취지의 유추적용이라는 법률구성을 채용하고 본건 예금에 관한 신탁법 유사관계에 의한 환금권이 Y-1사에게 있다고 인정하여 X의 청구를 기각하였다. 본 판결은 먼저 공공공사의 선급금을 둘러싼 법률관계에 대하여 법제도상 선급금이 도급인의 일반 재산에서 매우 강한 독립성을 가지고 있다는 것을 이유로, 발주자 B를 위탁자 겸 수익자, 도급인 A사를 수탁자로 하는 자익신탁과 유사한 관계로 보았다. 또한 선급금은 도급인인 A사의 파산재단에 귀속하지 않는 것을 구 신탁법 제16조를 유추적용한 결과로 보았다. 그리고 보증채무를 이행한 Y-1사는 B의 A에 대한 선급금에 대한 환금권을 대위 취득한 것이라고 판단하였다.

(iii) 항소심 판결

항소심인 위 도쿄고등법원 2000년 10월 25일 판결도 원심의 견해를 유지하였다. 즉 공공공사의 선급금에 관하여는 법제도상 그 용도에 관한 엄격한 법규제가 부과되고 있는 것으로 계좌명의인(=도급인)의 고유재산에서 완전히 분별관리되는 구조가 확립되어 있다는 사실 등을 고려하면, 선급금은 그 용도가 공사의 필요경비에 한정된 신탁재산으로서 이해하는 것이 상당하다고 판시하고 있다. 그리고 본건에서 B가 A사 명의의 전용 계좌에 이체한 선급금의 신탁재산성에 대해서는 분별관리의 사실을 통하여 파산관재인 X를 포함한 제3자에게 대항 가능하다고 결론짓고 있다. 또 신탁의 성립에 대하여도 당사자가 법률적인 의미에서 신탁재산으로서의 재산이전행위라는 인식은 필요하지 않다고 하며, 신탁설정으로 향하는 당사자의 주관적 의도가 없어도 특정의 재산을 둘러싼 객관적인 관계가 신탁관계로 이해되는 경우에는 신탁관계의 성립을 인정하고, 신탁법의 적용 내지 유추적용을 할 수 있다는 입장을 채용하고 있다.

(iv) 검토

공공공사의 선급금 사례에 있어서 신탁법리 적용의 근거로는 무엇보다 공공공사의 선급금보증제도의 조직이 객관적으로 신탁의 기본적 조직과 정합적인 것이라는 것을 들 수 있다. 먼저 신탁의 설정에 있어서는 일정한 재산권의 이전이 필요하게 되지만, 이 점은 도급인 명의의 선급금 전용 계좌에 발주자가 선급금을 이체하면 충족된다고 할 수 있다. 또한 신탁의 본질이라고 할 수 있는 타인에 의한 재산관리라는 요소인데, 이 점에 대하여도 공공공사의 선급금보증제도에서는 ⓐ 도급인의 고유재산으로부터의 독립성과 ⓑ 선급금의 분별관리가 법제도상 담보되어 있어, 신탁재산 독립성과 신탁재산의 분별관리라는 기본 스킴과 병렬적으로 파악하는 것이 가능하다. 이것도 공공공사의 선급금에 관하여는 각 보증계약 한 건당 별도의 선급금 전용 계좌를 개설하여 관리하는 것이 도급인의 의무이고, 그 계좌 내의 선급금의 지출은 어디까지나 해당 공공공사의 정당한 지출임이 예탁은행에 의하여 확인된 경우만이 실행 가능한 것으로(지출제한특약의 존재) 도급인이 자유롭게 할 수 있는 것은 아니기 때문이다.[14] 문제는 당사자에게 적어도 명시적인 신탁설정의 의도가 존재하고 있지 않다는 점이지만 공공공사가 가진 공공성이나 법에 의한 제도적 뒷받침이라는 요소를 고려하면, 본건과 같은 공공공사의 선급금에 관한 한, 당사자 간의 추정적인 신탁관계(추정적 신탁의 성립)를 인정하여도 무방한 것이다.

최고재판소도 2002년 1월 17일 판결(民集 제56권 제1호, 20면)에서 공공공사의 도급자가 보증회사의 보증하에 지방공공단체로부터 지급받은 선급금에 대하여 지방공공단체와 도급자 간에 신탁계약의 성립을 인정하고 있다.[15] 또한 본 사안처럼 당사자가 법률적 의미에서 신탁재산으로서의 재산이전행위에 해당하는 것까지의 인식은 불필요한 것으로 하고, 신탁설정에 관련된 당사자의 주관적 의도가 없어도 특정재산을 둘러싼 객관적인 관계가 신탁관계로 이해될 수 있는 경우에 신탁관계의 성립을 인정하는 것을, 위에서 설명한 의제신탁과 구별하기 위해 추정신탁(당사자의 신탁설정의사를 추정한다는 의미)이라고 부르기도 한다.[16]

---

14) 자금제공자인 발주자가 별도 계좌의 설정을 이용하여 특정 재산의 특정 목적 사용으로의 구속을 담보함과 동시에 도급자의 도산위험으로부터 특정 재산을 보호하려고 한다. 이 스킴은 영국 등에서 금융기관에 의하여 이용된 'quistclose trust' 구도와도 유사성이 인정된다. 'quistclose trust'에 대해서는 Donovan. W. M. Waters/新井誠 編訳, 信託の昨日・今日・明日, 日本評論社, 2000, 17-20면 참고.

15) 雨宮孝子, "公共工事の請負者が、保証事業會社の保証の下に地方公共團體から支拂を受けた前拂金について地方公共團體と請負者との間の信託契約の成立が認められた事例," 判評 제525호(判時 제1794호, 2002), 37면.

16) 新井誠/안성포 역, 신탁법, 전남대학교출판부, 2011, 213면.

② 보험대리점이 수령한 보험료에 관한 판결(최고재판소 2003년 2월 21일)

(i) 사안의 개요

X손해보험회사의 보험대리점 A는 보험계약자로부터 수령한 보험료만을 입금할 목적으로 전용 보통예금계좌를 Y신용조합에 'X사 대리점 A' 명의로 개설하고, 해당 계좌에서 대리점 수수료를 공제한 금액을 매월 일괄해서 X사에 송금하였다. 그후 A사는 2차 부도를 막지 못하고 해당 예금계좌의 통장과 인감을 X에게 교부하고, X가 환급을 청구하였으나, 최고재판소는 신탁에 관하여 특별히 언급하지 않으면서, 해당 예금은 대리점 A에게 귀속하는 것이라고 판단하고, 손해보험회사 X의 청구를 기각하였다.

(ii) 검토

재판 당사자가 예금채권의 귀속만을 가지고 다투었기 때문에 이러한 판결이 나왔지만, 당사자(손해보험회사)가 예금채권에 대한 강제집행의 가부 또는 예금채권이 손해보험대리점의 파산재단을 구성하는지 여부를 다투었다면 보다 심도 있는 판결을 기대할 수 있었을 것이다.

본 사안에 신탁을 적용하여 ⓐ 위탁자 겸 수익자를 손해보험회사, 수탁자를 손해보험대리점, 당초 신탁재산을 보험료로 하는 신탁구조와 ⓑ 위탁자를 보험계약자, 수탁자를 손해보험대리점, 수익자를 손해보험회사, 당초 신탁재산을 보험료로 하는 신탁구조가 검토되었다. 그러나 ⓐ의 경우 "처음에는 보험회사에 귀속되어 있던 자금(재산권)이 손해보험대리점에 이전하였다"라는 의미의 재산권이전이 인정되지 않으므로 신탁의 성립을 긍정하는 데에 있어서 장애[17]라는 주장이 강

17) 渡邊博巳, "專用普通預金口座の預金者と預金者破綻時の預金の歸屬," 金融法務事情 제1690호(2002), 73면 외.

력하게 개진되었고, ⓑ의 경우에도 보험계약자의 신탁설정의사를 묵시적으로도 인정하기 어렵다[18]는 난점이 있었다. 또 ⓒ 위탁자 겸 수익자를 손해보험회사, 수탁자를 손해보험대리점, 당초 신탁재산을 보험료채권(보험계약자에 대한 보험료청구권)으로 하는 구성도 시도되었지만, 보험료채권의 신탁양도를 받은 수탁자인 손해보험대리점은 어디까지나 보험료채권이 손해보험회사에게 귀속하는 것을 전제로 보험료를 수령하게 되어 있어, 보험료 수령에 관한 손해보험대리점의 대리권과 손해보험회사가 손해보험대리점에게 한 신탁양도가 양립하지 않는다는 지적[19]이 있었다. 그리고 간이인도를 관념하는 것으로 위탁자인 손해보험회사로부터 수탁자인 손해보험대리점에 대한 재산권 이전이 없다는 비판을 극복하고 위에서 설명한 ⓐ의 구도하에 추정신탁을 인정하는 견해[20]도 있다.

③ 변호사의 예금에 관한 판결(최고재판소 2003년 6월 12일 판결)

(i) 사안의 개요

변호사 A는 X회사로부터 채무정리를 위탁받고, 그 사무수행을 위한 비용을 받아, B은행에 A개인 명의로 보통예금계좌를 개설하고 입출금을 행하고 있었다. 그후 X회사의 채권자 Y(세무서장)가 체납처분으로 이 보통예금을 압류하였다.

최고재판소는 예금계약자는 A이므로 Y의 압류는 무효라고 판시하였으나, 보충의견에서 "재산권의 이전 및 관리 · 처분의 위탁이라는 면에서, 신탁법이 규정하는 신탁계약의 체결로 이해할 수 있는 여지

---

18) 天野圭洋, "預金者の認定と信託法理(中)," 銀法 제623호(2003), 51면.

19) 森川隆, "損害保険代理店が保険料保管のために解説した専用口座の預金債権が保険會社に歸屬するとされた事例," 早法 제75권 제1호(1999), 332면.

20) 岸木雄次郎, 信託制度と預り資産の倒産隔離 — 金錢の混和を中心に —, 日本評論社, 2007, 216면.

가 있는 경우에는 위임과 신탁이 혼합된 계약을 체결한 것으로 이해할 수도 있다" 고 하면서 신탁성립의 가능성을 시사하고 있다.

(ii) 검토

의뢰인은 변호사법이나 변호사회에서 제정한 변호사직무규정의 내용과 변호사가 그것을 위반한 경우에 제재를 받는다거나, 예금을 취급함에 있어서 규제가 가해지고 있다는 사항에 대해서 구체적으로 인식하지 못하는 것이 통상적일 것이다. 그러나 그러한 규정들은 의뢰인을 보호하는 취지이기 때문에 해당 규정을 내용으로 하는 신탁의 성립을 인정하여도 의뢰인의 입장에서는 불이익이 없으므로, 의뢰인이 예금에 관한 제도 내용을 구체적으로 인식하지 않고 금전을 예탁했어도 신탁의 성립을 의제하는 것이 사안의 해결에 유익할 수 있을 것이다.

3) 신탁법상 의제신탁의 성립요건

일본 신탁법 제2조 신탁의 정의에 의하면 "이 법률에서 신탁이란, 다음 각 조 각 항에 든 방법 중의 하나로, 특정인이 일정한 목적(오로지 그 자의 이익을 도모하기 위한 목적은 제외한다. 이하 동일하다)에 따라 재산의 관리 또는 처분 그리고 그 외에 해당 목적의 달성을 위하여 필요한 행위를 하는 것을 말한다." 그리고 신탁의 방법으로는 계약, 유언 그리고 자기신탁이 제3조에 규정되어 있다. 즉 신탁의 요소는 (i) 수탁자의 특정, (ii) 일정한 목적의 존재(오로지 그 자의 이익을 도모하기 위한 목적은 제외한다), (iii) 수탁자가 재산의 관리 등을 하기 위해 필요한 행위에 관한 정함, (iv) 신탁법 제3조에서 규정하고 있는 방법(계약, 유언, 자기신탁)에 의할 것 등이다.

그동안 신탁행위의 적용 범위에 관한 최고재판소의 판례들을 검토해 보면, 신탁법상 신탁의 각 요소를 어디까지 필요로 하는 것인지에 대해 일반적인 기준을 예측하는 것은 어렵지만, 2002년 판결의 경우를 본다면 수탁자에 의한 신탁재산이 적절하게 관리 · 처분되도록 법령이나 약정에 수탁자의 의무와 감독에 관한 규정이 있는 것을 전제로 하고 있음을 알 수 있다.

또한 의제신탁의 성립요건으로서 신탁재산의 관리에 관한 분별관리를 요구하는 견해가 있다.[21] 신탁재산의 특정성의 확보와 함께, 일본에서는 의제신탁이 문제가 된 사안이 전부 제3자와의 관계에서, 즉 도산격리의 문제가 있었기에 분별관리를 요건으로 하는 것은 합리성이 있고, 의제신탁의 성립을 인정하는 경우의 중요한 지표가 되는 것으로 보인다.[22]

3. 신탁법상 임의규정에 관한 법해석의 한계

(1) 문제의 제기

당사자가 신탁임을 명백하게 밝히지 않은 경우에도 신탁으로 인정할 수 있는가? 이때 의제신탁의 법리로써 신탁관계가 인정되는 경우 신탁법이 규정하는 수탁자의 책임규정을 적용할 수 있다. 또 굳이 관계당사자의 신탁설정의사를 탐구할 필요도 없이 신인관계(fiduciary relationship)가 인정되는 경우 혹은 신탁관계 이외의 법률관계에서 선관주의 의무, 충실의무, 공평의무, 분별관리의무 등 신탁법상 수탁자책임을 구현하는 제 의무의 몇 가지가 부과되어 있는 경우에도 당사자 사이에 이미 신인관계가 있는 것으로 보아 민법법리와는 다른 신탁법상의 수

21) 道垣内弘人, "最近信託法判例批評(9)," 金融法務事情 제1600호(2001), 84면.
22) 亀井洋一/新井誠 · 神田秀樹 · 木南敦 編, 信託法制の展望, 日本評論社, 2011, 462면.

탁자책임을 부과하게 될 것이다.

한편 의제신탁의 법리나 신인관계가 인정되는 경우가 아니고, 처음부터 신탁관계라 하더라도 신탁 자체가 가지고 있는 다양한 기능성과 구조설계의 유연성으로 인하여 그 내용은 천차만별이다. 예를 들어 연금신탁에 있어서 비적격 퇴직연금인 단체연금에 있어서는 자익신탁의 형태를 취하여 사업주가 위탁자 겸 수익자이며, 연금수급자는 신탁법상 수익자가 아니다. 하지만 수탁자책임의 법리를 적용함으로써 사업주가 최종적인 수익자인 연금수급자에 대해서 신탁법과 같은 수준의 수탁자책임을 부담하게 된다. 이 경우 단순히 신탁법리로써 수탁자책임만으로는 부족하고, 사업주의 위험으로부터 신탁재산을 지키기 위해서는 재신탁을 가정하여 이중의 신탁구조도 검토할 필요가 있다. 또 최종적인 수익자의 이익에 반하는 위탁자 겸 수익자인 사업주로부터의 지시가 있는 경우, 수탁자로서는 어떻게 행동하여야 하는가 등 민법에서의 논의와는 질적으로 다른 수탁자책임에 대한 논의가 필요하게 된다.

또한 인적인 신뢰관계가 중심이 되는 사인 간의 신탁에 있어서는 전형적인 수탁자와 수익자의 관계라는 것을 전제로 한 수탁자책임이며, 또 신탁은행처럼 신탁 간 거래가 빈번하게 예상되는 수탁자인 경우에는 이익상반과 통상거래성에 보다 중점을 두고 있는 수탁자책임이라고 할 수 있을 것이다. 결국 신탁법에 있어서 수탁자책임의 임의규정화에 대한 논의는 일반적으로 선관주의의무의 경감 가부에 대한 것으로 모이는 것이고, 신탁으로 인정되는 경우와 신인관계가 인정되는 경우에, 신탁법이 정하는 수탁자책임이 디폴트룰(default rule)로써 적용되는 때에는 수탁자책임은 신탁의 목적과 수탁자와 수익자의 관계에 대응하는 다양한 의미를 함축하게 되며, 디폴트룰에 대해서도 같은 취지로 이해하여 당사자 간의 신인관계의 정도와 그 질에 대응하여 다른 해석을 할 필요가 있다. 즉 디폴트룰로써 수탁자책임의 내용은 개개의 신인관계에 대응하여 다른 내용이어야만 하며, 그러기 위해서도 신탁법리는 더욱 심화될 필요가 있다.

(2) 선관주의의무 경감의 정도

1) 신탁법의 명문규정

신탁법 제29조 2항 단서는 "신탁행위에 별도의 정함이 있는 때에는 그 정하는 바에 따른 주의를 가지고"라고 규정하여 수탁자의 선관주의의무의 기준에 대해서 임의규정임을 명문화하고 있다. 이처럼 신탁법에서 수탁자의 선관주의의무의 기준을 명문으로 임의규정이라고 하였지만, 어느 정도까지 주의의무를 경감할 수 있는가에 대해서는 반드시 명확하지 않다. 구 신탁법하에서 노미 요시히사(能見善久) 교수는 "고의 · 중과실이 있는 경우에만 신탁의무 위반에 대하여 책임을 진다"는 별도의 정함은 유효하다고 하고 있다.[23] 이 견해를 근거로 선관주의의무를 전부 면제하는 것도 가능하다고 해석하고 있는 듯하다. 그렇다고 한다면 신탁법 제29조 제2항 단서에 이른바 '별도의 정함 … 정하는 바에 따른 주의'는 '자기의 재산에 대한 것과 동일한 주의'로의 경감까지 포함한다고 해석할 여지가 있다. 그러나 위의 견해는 책임의 문제이며, 의무의 경감과는 차원을 달리한다. 즉 의무 위반이 있어도 책임을 지지 않는다는 취지인 것이다. 그렇다면 위반하여도 책임을 지지 않는 것을 의무라고 부를 수 있을까라는 의문이 생길 수도 있

23) 能見善久, 現代信託法, 有斐閣, 2004, 75면.

다. 그러나 신탁법 제42조 제1호도 수익자는 수탁자의 임무태만에 의한 손실전보책임을 면제할 수 있다고 하고 있으며, '의무'와 '의무 위반에 관한 책임'은 일응 나누어 생각하고 있다. 그래서 신탁법 제29조 제2항 단서에 의하여 어느 정도까지 주의의무를 경감할 수 있는가에 대한 검토가 필요하다.[24)]

선관주의라는 것은 그 직업이나 지위에 있는 자로서 통상 요구되는 주의를 의미한다. 예컨대 직업이나 지위에 관하여 레벨 1(L1)에서 레벨 5(L5)로 나누어, L1이 막 20세가 된 일반적인 (무직의) 대학생의 수준, L5가 판사까지 경험한 저명한 변호사의 수준이라고 하자.[25)] L5로 평가되는 수탁자가 신탁법 제29조 제2항 단서에 의하여 경감되는 주의의무의 하한이 L1의 선관주의의무인지, 자기재산에 대한 것과 동일한 주의의무인지 또는 더 낮은 정도의 주의의무까지 허용되는 것인지가 문제 된다. 생각하건대 수탁자는 적어도 타인의 재산을 관리하는 것이므로 하한은 L1이라고 보아야 한다. 신탁의 수탁자가 "의무 없이" 타인을 위하여 사무의 관리를 시작한 '관리자'(민법 제697조 제1항)와 동일한 주의의무를 가진다고 하는 것에는 위화감을 느끼지 않을 수 없다. 따라서 L1이라고 평가되는 수탁자의 경우에는 선관주의의무의 경감은 없다고 보아야 한다. 처음부터 위와 같은 선관주의의무의 레벨을 별도로 정하는 것은 곤란할 것이다. 신탁법 제29조 제2항 단서는 포괄적으로 수탁자의 선관주의의무의 정도를 경감하는 것을 예정하는 것이 아니

24) 新井誠/안성포 역, 앞의 책(주 16), 275면 이하.

25) 또한 자기의 재산에 대한 것과 동일의 주의에 관하여서는 L1이라고 평가되는 자라도, L5로 평가되는 자라도 그 정도에 차이는 없다. 또 최하한이라고 여겨지는 L1의 선관주의의무마저도 자기의 재산에 대한 것과 동일한 주의의무로는 부족하고, 보다 고도의 주의의무가 부과되는 것에도 유의하기 바란다.

라, 신탁사무를 구체적인 범위까지로 경감하는 것을 의도하고 있는 것이라고 해석하여야 한다. 또한 동항 단서에 의한 주의의무의 경감도 선관주의의무의 범주 아래 두는 것은 불가능할 것이다. 그러나 신탁법이 제42조 제1호의 규정을 신설한 것은 수탁자의 책임을 사후적으로 면제함으로써 선관주의의무가 자기재산에 대한 것과 동일한 주의의무를 면제한 것과 같은 법적 효과를 이끌어 내는 것을 가능하게 한다. 즉 자기재산에 대한 동일한 주의의무마저 면제하는 것과 같은 법적 효과를 일으킬 수 있게 되었다.

2) 신탁업법상의 규제

신탁업법 제28조 제2항은 신탁회사에 선관주의의무를 부과하고 있다. 그리고 신탁법과는 달리 동항은 수탁자로서 신탁회사의 선관주의의무 경감을 인정하는 규정으로는 되어 있지 않다. 따라서 신탁회사가 업으로써 수탁자가 되는 경우에 신탁법상으로는 선관주의의무를 경감할 수 있다고 하여도, 신탁업법상으로는 신탁회사로서 선관주의의무의 경감은 허용되지 않는다. 결과적으로 신탁회사가 업으로써 수탁자가 되는 경우에는 신탁법 제29조 제2항 단서를 이용하여 선관주의의무의 경감을 도모하는 것은 불가능하게 된다.[26)]

그렇다고 하여 신탁회사가 업으로써 수탁자가 된 경우 신탁법 제29조 제2항 단서가 적용되지 않는다는 것은 아니다. 단지 신탁법 제29조 위반과 신탁업법 제28조 위반은 효과가 다를 뿐이다. 전자는 신탁법 제40조에 의한 손실전보책임 내지 원상회복책임이 생기는 것에 비하여, 후자는 100만 엔 이하의 과태료가 부과된다는 차이가 있다. 신탁회사

26) 新井誠/안성포 역, 앞의 책(주 16), 276면.

가 신탁법 제29조 제2항 단서의 별도의 정함을 가지고 선관주의의무를 경감한 것에 따라 신탁재산에 손실 · 변경이 생긴 경우 신탁법상으로 어떤 책임도 물을 수 없지만, 신탁업법상은 과태료처분을 받는다. 별도의 정함 없이 같은 상황이 발생한 경우에, 신탁회사는 신탁법상 손실배상 내지는 원상회복의 책임을 지고, 또한 신탁업법상으로도 위와 같은 과태료처분을 받게 된다.

(3) 충실의무규정의 원칙과 예외

1) 신탁법상 충실의무

① 일반적 충실의무의 명문화

신탁법은 제30조에서 일반론으로서 수탁자에게는 충실의무가 부과된다는 취지를 규정하고 충실의무 위반행위로서 금지행위가 되는 대상에 대해서는 제31조 제1항에서 이익상반행위를, 제32조 제1항에 경합행위를 규정하고 유형화를 도모하였다. 다음으로 경직된 강행규정성에 관하여서는 제31조 제2항 및 제32조 제2항에 위의 두 가지 유형에 대하여 각각 예외적 허용요건을 마련하였다.

② 예외적 허용

구 신탁법에서의 강행규정성에 의한 충실의무의 경직성에 대한 비판에 따라, 현행 신탁법은 이익상반행위와 경합행위의 예외적 허용요건을 규정하고 있다. 신탁법 제31조 제2항은 이익상반행위의 예외적 허용요건으로 (i) 신탁행위에 허용하는 취지의 정함이 있을 때, (ii) 수탁자가 하는 이익상반행위에 대하여 중요한 사실을 개시하여 수익자의 승인을 얻은 때(단 신탁행위에 그것을 허용하지 않는 취지의 정함이 있

〈표〉 이익상반행위와 경합행위의 제한과 위반효과

구분	제한(금지) 내용		위반의 효과
이익상반 행위 제31조 제1항	수탁자의 단독행위	자기거래(제1호) 신탁재산 간 거래 (제2호)	원칙으로서 무효(제31조 제4항) 수익자의 추인에 의하여 유효 (제31조 제5항)
	제3자와의 거래	쌍방대리적 거래(제3호) 간접거래(제4호)	제3자가 악의 · 중과실의 경우는 취소 가능(제31조 제6항)
경합행위 제32조 제2항	수탁자로서 부여된 권한을 고유재산(포함 이해관계인)의 계산으로 행사하여, 수익자의 이익을 해하는 것		유효. 제3자의 권리를 해하지 않는 한 신탁재산을 위하여 한 것으로 볼 수 있다(제32조 제4항).

는 경우는 다르다), (iii) 상속 등의 포괄승계에 의하여 신탁재산에 관한 권리가 고유재산으로 귀속한 때, (iv) 신탁 목적의 달성을 위하여 합리적으로 필요하다고 인정될 때 또는 정당한 이유가 있을 때를 열거하고 있다.

신탁법 제32조 제2항은 경합행위의 예외적 허용요건으로 (i) 신탁행위에 허용하는 취지의 규정이 있을 때, (ii) 경합행위를 고유재산 또는 수탁자의 이해관계인의 계산으로 하는 것에 대하여 중요한 사실을 개시하여 수익자의 승인을 얻은 때(단 신탁행위에 그것을 허용하지 않는다는 취지의 규정이 있는 경우는 다르다)를 열거하고 있다.

또한 이익상반행위, 경합행위의 어느 편에도 해당되지 않는 충실의무 위반행위에 대해서는 제30조에 규정이 없으므로 예외적 허용은 인정되지 않는다고 보아야 할 것이다.[27]

27) 寺本昌廣, 逐條解說 新しい信託法, 商事法務, 2007, 118-119면은 "제30조도 임의규정이다"라고 이해하고 있다. "충실의무를 완전히 면제한다는 신탁행위의 규정 및 그 경우 신탁의 유효성에 대해서는 특별 규정을 두는 것으로 하지 않고, … 해석에 맡기는 것으로 하고 싶다"고 하여 "수탁자의 충실의무를 완전히 면제한다는 규정이 신탁행위에 설치되어 있는 때에는 위탁자는 신탁을 설정한다는 의사를 처음부

③ 위반행위의 효과

규정 위반에 의한 자기거래 및 신탁재산 간 거래의 효력은 무효이다(신탁법 제31조 제4항). 이 유형은 수탁자가 가장 용이하게 할 수 있는 충실의무 위반행위의 전형적 행위이므로, 이것을 무효로 하는 것이 이러한 행위의 억제에 도움이 된다고 생각되기 때문이다. 예를 들어 신탁재산인 동산 X를 신탁행위의 정함에 위반하여 자신의 고유재산으로 하고, 분별하여 관리하지 않고 이용 · 처분 등을 하려고 하는 경우가 전형적인 위반사례이며, 이 사례에 있어서 수익자는 동산이 신탁재산임을 주장하고 신탁재산을 분별하여 관리할 것을 요구할 수 있다. 또한 수익자의 추인도 가능하다(동조 제5항). 그리고 규정 위반에 의한 자기추인 또는 신탁재산 간 거래 후에 수탁자가 해당 자산에 대하여 제3자와의 사이에서 행한 거래의 효력은 거래의 안정을 염려하여 제3자가 이익상반행위에 대하여 악의 · 중과실이 있는 경우에만 수익자는 그 거래를 취소할 수 있도록 하고 있다(동조 제6항). 규정 위반에 따른 쌍방대리적 행위 및 간접거래의 효력에 대해서는 제3자가 그 위반에 대하여 악의 · 중과실이 있는 경우에만 수익자는 그 거래를 취소할 수 있다(동조 제7항).

규정 위반에 의한 경합행위의 효과에 대해서는 수익자는 해당 행위를 신탁재산을 위하여 행해진 것으로 볼 수 있다(신탁법 제32조 제4항). 거래효과를 신탁재산에 귀속시키게 하는 것이 가장 수익자의 구제에 도움이 된다고 생각하기 때문이다. 다만 제3자의 권리를 해하지는 못한다(동항 단서). 또 그 (신탁재산을 위하여 한 것이라고 보는) 권리는 1년의 소멸시효에 걸린다(동조 제5항).

터 가지고 있지 않았던 것으로 보고, 신탁 자체의 무효를 초래한다고 해석하는 것이 합리적이라고 인정되는 경우도 있을 것이다"라고 한다.

규정 위반에 의한 이익상반행위 및 경합행위를 취소할 수 없는 경우의 수익자의 구제수단으로서는 신탁법 제40조 소정의 수탁자에 대한 손실전보청구권이 인정된다. 이 경우 수탁자 또는 그 이해관계인이 이익상반행위 내지 경합행위로 인하여 얻은 이익액을 신탁재산에 발생한 손실액으로 추정한다(신탁법 제40조 제3항).

2) 신탁업법의 충실의무

① 규정 내용

신탁업법이 원칙으로 금지하는 이익상반행위는 (i) 자기거래, (ii) 신탁재산 간 거래, (iii) 쌍방대리적 거래이다(제29조 제2항). 또한 자기거래에 대하여 신탁법이 신탁재산과 수탁자 사이의 거래만이 자기거래에 해당한다고 하는 것에 반하여, 신탁업법은 신탁재산과 수탁자의 이해관계인 사이의 거래도 원칙으로 금지되는 이익상반행위에 포함하고 있다(동항 제1호). 또 간접거래에 대하여 신탁업법 제29조 제2항은 명문상 규제의 대상으로는 하고 있지 않다. 처음부터 신탁법이 적용되므로 영업신탁의 수탁자는 신탁업법에서 규제되어 있지 않다고 하여 무조건 간접거래를 행하는 것은 아니다. 또 동법 제28조 제1항("신탁회사는 신탁의 본지에 따라 수익자를 위하여 충실하게 신탁업무와 기타 사무를 행하여야 한다")의 규제 대상이 될 가능성도 지적되고 있다.

신탁업법도 위의 이익상반행위에 관하여 예외적 허용요건을 정하고 있다. 즉 (i) 신탁행위에서 그 거래를 행하는 취지 및 그 개요에 대하여 정함이 있는 경우, (ii) 이익상반거래에 관한 중요한 사실을 개시하여 새롭게 서면 등에 의하여 수익자의 승인을 얻은 경우이다(해당 거래를 할 수 없다는 취지의 신탁행위의 정함이 있는 경우를 제외한다). 또한 어느 편도 수익자보호에 지장을 주지 않는 경우로 내각부령으로 정하는 것으로 한정한다(동법 제29조 제2항).

② 예외적 허용의 한계

신탁법 제31조 제2항의 이익상반행위의 허용, 동법 제32조 제2항의 경합행위의 허용은 둘 다 규정으로서는 예외적이지만, 실질적으로는 그 허용에 제동장치가 없다. 따라서 신탁법은 신탁행위에 의하여 이익상반 또는 경합행위의 전부를 허용하는 취지를 정하는 것도 가능한 것으로 해석하기 때문이다.[28] 이에 관하여 일부의 학설은 충실의무의 전부를 배제하는 것은 신탁 본질에 반한다고 보아, 그 한계를 정하는 노력이 필요하다고 하면서도 허용되는 한계를 명확히는 밝히지 않는다.

가령 현행법상 근거를 구한다고 한다면, 신탁업법 제29조 제2항의 '수익자의 보호에 지장을 주지 않는 경우로 내각부령으로 정한 경우'라고 하여 내각부령(신탁업법 시행규칙) 제41조 제3항에서 들고 있는 아래의 경우 중 제1~3호가 될 것이다.

> 제1호 수탁자 또는 위탁자로부터 지시권한 위임을 받은 자 또는 수익자 또는 수익자로부터 지시권한의 위임을 받은 자만의 지시에 의하여 거래를 하는 경우
>
> 제2호 신탁의 목적에 비추어 합리적으로 필요하다고 인정되는 경우로 유가증권의 매매, 거래소 금융선물 등의 거래, 부동산 매매나 기타 거래를 (거래소)유가증권시장이나 금융선물시장에서 행하는 경우 또는 전일 공표한 최종가격에 의하여 산출한 가격이나 감정평가에 의하여 조사한 가격 또는 통상 거래조건과 비교하여 수익자에게 불리하지 않은 조건으로 행하는 경우
>
> 제3호 개별 거래마다 해당 거래에 대하여 중요한 사실을 개시하여, 수익자 동의를 얻어 거래를 한 경우

28) 寺本昌廣, 앞의 책(주 27), 118-119면.

제4호 기타 수익자보호에 지장을 주지 않는 것으로 금융청 장관 또는 재무국장의 승인을 받아 거래를 하는 경우

위의 내각부령은 신탁회사를 규제하는 것이지만 신탁은행, 신탁회사가 일본 신탁업의 주된 담당자라는 것을 고려한다면, 모든 신탁유형에 관한 대강의 지침(guide line)으로 하는 것이 타당하며, 이것을 무시하고 모든 충실의무를 일률적으로 배제하는 특약은 무효라고 해석하여야 한다.[29)]

4. 신탁의 실질을 반영한 타익신탁과 자익신탁의 구분

(1) 문제의 소재

수탁자의 수익자에 대한 비용보상청구권에 관하여, 구 신탁법 제36조 제2항은 수탁자는 신탁사무의 처리에 관한 비용에 대하여 수익자에게 보상을 청구할 수 있었다고 규정하였지만, 2006년 신(현행) 신탁법은 채무의 부담에 관한 일반 원칙에 비추어 신탁행위의 당사자로 되어 있지 않은 수익자가 신탁행위의 효력에 의하여 당연히 보상청구권에 관한 채무를 부담하여야 한다고 할 정도까지의 필요성은 적다고 보아, 수익자는 비용의 보상에 대하여 책임을 지지 않는 것으로 하고, 수탁자와 수익자 간에 개별적으로 비용보상의 합의를 하는 것은 무방하다고 규정하고 있다(신탁법 제48조 제5항). 이처럼 수탁자의 수익자에 대한 신탁비용보상청구권의 유무에 대해서 현행 신탁법과 구 신탁법

29) 新井誠/안성포 역, 앞의 책(주 16), 299면 이하.

은 정반대의 디폴트룰을 규정하고 있어, 실무에 대한 영향을 고려하는 경우 단절되지 않는 제도의 이행이 필요하며, 관련 관점에서 사고의 정리가 필요하다.[30)]

수익자에 대한 보상청구권을 인정했던 구 신탁법의 규정(제36조 제2항)은 수탁자와 수익자를 신탁채무와의 관계에서 연대채무자적인 역할을 하는 구조로 보는 것이고, 신신탁법에서는 그 구조 자체에는 변경이 없으면서도 한편으로는 한정책임신탁의 도입과 신탁재산책임한정특약(제21조 제2항 제4호)의 유효성의 확인을 포함하여 수탁자의 책임한정성을 보다 폭 넓게 인정하는 방향이라고 할 수 있다. 한편 디폴트룰은 신탁계약이 불비 또는 존재하지 않는 사인 간의 민사신탁과 신탁으로 인정되는 의제신탁과 같은 경우에 있어서 중요한 의미를 가진다. 역으로 디폴트룰을 번복하는 묵시의 합의를 인정하는 경우에도 마찬가지이다. 더욱이 묵시의 합의는 신탁재산책임한정특약의 묵시의 합의라고 하는 관계에서 중요하게 된다. 따라서 이 신구 정반대의 디폴트룰은 현실적으로는 묵시의 합의(구 신탁법하에서는 수익자는 보상채무를 부담하지 않는다고 하며 신신탁법하에서는 보상채무를 부담한다고 하는 내용)를 어떠한 정황하에서 인정하여야 하는가라는 문제로 귀착하게 된다.[31)] 또한 구 신탁법하에서 금융상품과 투자의 대상으로서 판매된 수익권의 경우 상품성의 성격 때문에서라도, 또 투자자인 수익자는 신탁계약에 관여하는 기회가 없었다는 점에서도, 원 신탁계약에

30) 신탁을 둘러싼 최근의 재판에서도 토지신탁을 둘러싼 부동산개발과 그 유지 · 관리에서 생긴 채무에 대해서 수탁자가 수익자에게 보상청구를 할 수 있는지가 다투어지고 있다. 通口範雄, "土地信託公有地信託 — 大阪高判 平成 22. 5. 14," NBL 제937호(2010), 10면 참조.

31) 木村仁, "受託者のをめくる費用償還請求權一考察," 法律時報 제82권 제11호(2010), 134면 참조.

수익자보상의 면책규정이 명시되어 있지 않더라도 그러한 묵시의 합의는 보다 적극적으로 인정되어야 할 것이다. 한편 구 법하에서 위탁자 겸 수익자로서 신탁계약 당사자인 경우에는 그 면책이 인정되는 상황은 특수한 사정이 있는 경우로 한정된다고 보아야 할 것이다.

이러한 문제들은 신탁을 자익신탁과 타익신탁으로 구분하여 신탁의 실질을 반영한 법 적용을 함으로써 해결책을 강구할 수 있을 것이다.

(2) 양 개념의 구분과 정의[32)]

타익신탁과 자익신탁을 구분하는 특징은 2가지가 있다. 하나는 '신탁수익의 수령자'(주관적이고 목적지향적인 특징)이고, 다른 하나는 '신탁에서 위탁자 지배력의 존재 여부'(객관적이고 구조적인 특징)이다.

먼저 전자는 타익신탁과 자익신탁의 정의와 직접 연관되어 있고, 어떤 의미에서 가장 근본적인 분류기준이다. 신탁은 무엇보다 타인의 수익을 위한 재산운용체계의 한 형태이다. 분석을 누구의 수익을 위해 운용하는가의 관점에서 행한다면 신탁은 두 가지로 분류할 수 있다. 즉 "수탁자에 의한 재산의 운용과 처분이 위탁자 자신을 위한 것이 아니고 수탁자와 위탁자가 아닌 수익자를 위해 수행되는" 타익신탁과 "수탁자에 의한 재산의 운용과 처분이 동일인인 위탁자 겸 수익자의 수익을 위한" 자익신탁이 그것이다.

나아가 신탁설정에서의 주관적 목적에 따른 이러한 종류의 분류는 신탁의 객관적이고 외부적인 형식에 대해서도 구체적인 영향을 미친

32) 新井誠 / 안성포 역, 앞의 책(주 16), 74면 이하.

다. 그 결과 '신탁수익의 수령자' 및 '신탁에서 위탁자 지배력의 존재 여부'의 문제는 밀접하게 상호 연관되어 있다. 다시 말해 타익신탁에서 신탁을 설정한 위탁자는 기본적으로 신탁설정과 동시에 신탁관계로부터 분리되고, 따라서 위탁자가 직접 신탁관계에 개입하여 신탁사항에 대해 지배력을 행사하려는 상황은 일어나지 않는다. 위탁자는 신탁설정의 방법에 의해 신탁운영에 대한 기본적인 지시를 발하고, 운용방법에 대한 일반적 체계를 결정하지만, 설정 후에는 신탁의 구체적인 운용은 원칙적으로 수탁자의 재량에 맡겨진다. 따라서 타익신탁의 핵심적 형태는 재량신탁(discretionary trust)이라고도 불린다(이러한 형태에서 수탁자의 재량권 남용은 허용되지 않지만 그럼에도 불구하고 수탁자는 완전한 재량권을 갖는다).

반면에 자익신탁에서는 위탁자는 위탁자 자신의 수익을 위해 재산운영체계를 설정한다. 따라서 위탁자 겸 수익자와 수탁자 사이의 인간관계는 신탁이 설정된 이후에도 신탁관계의 핵심요소로서 작동하고, 이러한 신탁의 내부관계에서 가장 중요한 점은 신탁운영에 대한 근본적 지침을 제공하는 위탁자의 의사에 있게 된다. 궁극적으로 신탁재산은 위탁자의 실질적인 영향권 내에 잔존하는 것으로 파악될 수 있다. 여기에서 오해를 피하기 위해 자익신탁이라고 불리는 것도 신탁인 한에서 그 신탁재산은 독립성이 있다(이것 때문에 자익신탁은 대리나 위임과는 다르다)는 점을 명심해야 한다. 하지만 자익신탁의 경우 그 독립성은 위탁자 겸 수익자가 신탁재산으로부터 수익하기 위한 목적으로 설정되었다. 이러한 의미에서 신탁재산은 여전히 실질적으로 위탁자 겸 수익자에게 속한다고 해석하지 않을 이유가 없고, 신탁재산의 등기가 수탁자의 명의로 된 후에도 위탁자의 지배력으로부터의 분리는 적절히 달성되지 않았다고 볼 수 있다. 더욱 엄격히 말하면 개별적인 구체적 자익신탁의 수익 행태를 검토하는 것이 필요하지만, 위탁자가 지시권을 유보하고 언제든지 취소권을 행사할 수 있는 경우, 위탁자의 지배력으로부터의 분리는 인정되지 않고, 신탁으로서의 성질은 부정될 수 있다. 즉 다음과 같은 공식이 적용되는 것처럼 보인다. 위탁자의 지시권과 설정자의 취소권이 더 한정적이거나 더 제한될수록 위탁자의 지배력으로부터의 분리는 더 달성된다.

일본의 신탁 실무상 대부분의 신탁은 자익신탁의 형태로 설정되고 있다. 가장 전형적인 것이 대부신탁이다. 예컨대 위탁자는 자신의 재산으로부터 수익을 증대시킬 목적으로 신탁을 설정하고, 이 신탁은 금전증식의 수단으로 기능한다. 나아가 일본에서의 압도적 다수인 신탁설정의 법적 형식은 관련 두 당사자(수익자인 위탁자와 수탁자) 사이의 '신탁계약'이다. 당사자의 인식의 관점에서도 계약적 측면이 신탁으로서의 특수성보다 강하기 때문에, 위탁자가 계약 당사자로서의 지위에 기하여, 신탁설정 후에도 강한 지배력을 행사하는 것이 가능하다.

(3) 신탁법규정의 분류

일본 신탁법은 타익신탁과 자익신탁에 관한 규정들은 일차적으로 이들 간에 구별하지 않고, 오히려 두 가지 신탁을 일관된 전체로서 규정하고 있기 때문에 타익신탁을 위한 규정과 자익신탁을 위한 규정들이 혼재되어 있다. 따라서 아래에서는 다양한 특정 조문의 예들을 인용하면서, 이 조문들이 신탁법규정의 특징의 관점에서 어떻게 분류되는가를 검토해 본다.

먼저 신탁법 제88조인데, 이 조항은 자익신탁에는 적용되지 않는 것으로 보이는 타익신탁 관련 규정이다. 이 조항은 수익자로 지정된 당사자를 보호하기 위한 조항인데, 수익자지정자는 "법률의 규정에 의해 수익권을 취득한다"고 규정한다. 이 조항은 계약의 직접 당사자가 아닌 수익자가 수익권을 취득하기 위해서는 수익자의 의사표시가 필요하다(민법 제537조 제3자를 위한 계약, 제3문)는 민법상 원칙을 신탁에 대해 변경한 것으로 볼 수 있다. 수익자가 무능력자이어서 수익의사의 표시가 어렵거나 불가능한 상황을 고려하면, 이 조항은 매우 유용한 조항으로 판단될 수 있다(이러한 맥락에서 타익신탁의 채용은 성년후견 및 미성년후견제도를 보충하는 사회적 기능을 수행하는 것으로 파악될 수 있다). 하지만 자익신탁의 경우 수익권은 수익자 자신의 주도로 계약의 체결을 통해 적극적으로 '취득'되므로, 이 조항을 적용하는 것은 의미가 없다. '수익자로 지정된 자'에 대한 언급도 문언해석의 관점에서 타익신탁에 적절한 언어로 생각된다. 타익신탁에서는 설정자가 제3자를 수익자로 '지정하기' 때문이다.

다음은 신탁법 제15조이다. 이 조항도 기본적으로 타익신탁을 전제하고 있고 자익신탁에 대한 적용은 거의 의미가 없다. 그 이유는 이 조항은 "수탁자는 신탁재산의 점유에 관하여 설정자의 점유의 하자를 승계한다"고 규정하고 있고, 자익신탁은 위탁자 자신의 이익을 위해 설정되기 때문에 신탁재산의 특수성을 인정할 필요가 없기 때문이다.

또 신탁의 종료에 관한 규정인 신탁법 제164조와 제165조도 있다. 제164조는 구 신탁법 제57조의 문구를 따랐는데, 이것은 자익신탁규정이다. 제165조는 구 신탁법 제58조의 문구를 따랐는데, 이 조항은 타익신탁규정이었다.

신신탁법에서 자익신탁과 타익신탁은 둘 사이를 구별하지 않고 통일적으로 취급되고, 제164조와 제165조는 자익신탁과 타익신탁 모두에 적용되는 것으로 이해된다. 하지만 제3자를 위한 계약과 관련하여 민법 제538조가 "제3자의 권리가 발생한 후에는 당사자는 이 권리를 변경하거나 소멸시킬 수 없다"고 규정하고 있고, 또 위임과 관련하여 민법 제651조 제1항이 "위임은 각 당사자가 언제든지 해지할 수 있다"고 규정하고 있음을 고려해야 한다. 이 조항 및 다른 조항에 비추어 보면, 자익신탁 및 타익신탁도 신탁의 해지에 관해 다르게 취급되어야 한다. 제164조 제1항는 "위탁자와 수익자는 언제든지 합의를 통해 신탁을 종료시킬 수 있다"고 규정한다. 이 규정의 명령적인 성질을 고려하면 타익신탁에 대한 적용이 배제되지는 않지만, 원칙적으로 자익신탁에 대한 명령으로서 해석될 수 있다. 그렇다면 여기서 민법 위임계약의 경우와 같이(제651조 제1항 참조), 위탁자의 해지의 자유는 신탁의 목적을 설정한 당사자 및 신탁수익을 수령하는 당사자(즉 위탁자 및 수익자)가 신탁종료를 원하는 경우, 그것을 반대할 이유가 없기 때문에 인정되는 것이라고 말할 수 있다.

반면에 제165조 제1항은 "신탁행위 당시 예견하지 못한 특별한 사정의 발생으로, 신탁을 종료시키는 것이 신탁의 목적, 신탁재산의 지위, 기타 관련 상황을 고려할 때 수익자에게 가장 이익이 되는 것이 명백한 경우, 법원은 위탁자, 수탁자 혹은 수익자의 청구로 신탁의 종료를 명할 수 있다"라고 규정한다. 여기서는 위의 경우와 반대로, 종료에 대해 엄격한 제한이 가해져 있다. 다시 말해 이 조항은 타익신탁의 특징에 따른 것으로 이해되는데, 타익신탁에서는 신탁재산이 위탁자의 지배에서 이탈하고 제3자인 수익자의 보호가 가장 우선한다. 하지만 이 조항의 명령적인 성질을 고려하면 앞서 살펴본 것처럼 자익신탁에 대한 적용도 배제되지는 않는다.

'수익권의 포기'에 관한 신탁법 제99조는 신탁관계의 해소에 관한 조항과 유사하게 검토될 것이다. 제99조 제1항 단서에 의하면 자익신탁 수익자는 수익권을 포기할 수 없다. 자익신탁은 언제든지 종료될 수 있는데, 왜냐하면 해지권이 인정되고(신탁법 제164조 참조) 또 스스로 자신의 수익권을 적극적으로 취득한 수익자가 일방적으로 포기할 수 있다고 보기도 어렵기 때문이다. 수익자가 자익신탁의 해산을 원한다면 해지권을 행사해야 하고 수익권을 포기하는 방법은 허용되지 않는다.

이와 대조되는 타익신탁의 경우, 신탁법 제88조에 의하면 수익권은 수익자가 수익을 원하지 않는 경우에도 '법률의 규정에 의하여' 수익자에게 속하게 된다. 나아가 타익신탁의 종료는 원칙적으로 제165조의 엄격한 제한을 받으므로, 수익자가 신탁관계에서 물러나는 것은 신탁종료의 경우에도 간단하지 않다. 따라서 수익자는 언제든지 보상의무를 지지 않으면서 수익권을 포기할 수 있다고 규정한 제99조 제1항의 본문은 이러한 상황에 대한 교정수단으로서 추가되었다고 이해되어야 한다.

마지막으로 자익신탁과 타익신탁은 수탁자의 신탁사무처리에 대한 비용 손실의 부담에 관한 신탁법 제48조의 적용에 대해서도 다른 결과를 초래한다. 자익신탁의 경우 설정자의 수익을 위한 재산운용 메커니즘이 설정되고, 따라서 설정자가 수익 목적의 신탁을 설정하면 설정자는 연관된 위험도 같이 부담한다. 따라서 자익신탁의 경우 수탁자가 신탁재산으로부터 상환을 요구했으나 상환이 부족한 때 수탁자는 수익자로부터 상환을 요구할 수 있는데, 이는 수탁자와의 합의에 근거한 것이다(신탁법 제48조 제5항). 이에 비해 타익신탁에서는 신탁재산은 수탁자로부터 독립될 뿐 아니라 위탁자 및 수익자로부터도 독립된 것으로 보인다. 따라서 수탁자가 신탁사무처리상 발생한 비용 손실은 신탁재산이 부담하고 그것에 한정된다(제48조 제1항). 따라서 수익자로부터의 상환을 요구하는 제48조 제5항은 타익신탁에 적용할 것은 아니라고 본다.

5. 신탁수익권에 대한 금상법규제의 문제점

(1) 신탁수익권과 유가증권의 개념

금상법 제2조 제1항과 제2항에서는 본법의 개시규제와 업규제를 받는 유가증권들을 열거하고 있는데, 신탁수익권 중 수익증권발행신탁(신탁법 제185조)에 의한 수익증권과 특별법에 의한 투자신탁, 대부신탁 및 특정목적신탁의 수익증권은 유가증권에 해당하고(금상법 제2조 제1항 제10호, 제12~14호), 이를 '제1항 유가증권(본래의 유가증권)'이라 한다. 이외에 수익증권이 발행되지 않은 신탁수익권도 금상법 제2조 제2항 제1호에서 유가증권으로 보아, '제2항 유가증권(간주유가증권)'으로 취급된다. 따라서 신탁수익권에 대해서는 신탁의 내용이나 신탁재산과 관계없이, 또 수익증권이 발행되는지 여부와 관계없이 유가증권으로 취급되고 금상법의 규제 대상이 된다.

그러나 '규제의 유연화'를 도모하고 있는 금상법에서는 유동성의 높낮이에 따라 규제의 방향에 차이를 두고 있으며, 금상법의 규제가 대상이 된다고 해도, '제1항 유가증권'인지 '제2항 유가증권'인지에 따라 적용되는 규제의 내용은 크게 다르다. 즉 신탁수익권의 경우 수익증권이 발행되어 정형적으로 유동성이 높은 것은 '제1항 유가증권'으로 취급되고, 수익증권이 발행되지 않는 신탁수익권은 '제2항 유가증권'으로 취급되고 있으며, 적용되는 규제의 내용이 다르다.

(2) 신탁수익권을 일률적으로 유가증권으로 취급하는 입법태도의 타당성

금상법상 신탁수익권은 일률적으로 유가증권에 해당하고 금상법의 규제 대상이 되고 있다. 그러나 신탁은 부양 목적의 신탁, 재산관리 목적의 신탁, 지적재산관리신탁, 에스크로목적신탁, 담보권신탁(security trust) 등과 같이 다양하게 이용되고 있어, 그 모든 수익권을 투자상품으로 보기 어려운 신탁유형도 적지 않음은 주지의 사실이다. 따라서 신탁수익권을 일률적으로 금상법의 규제 대상으로 삼는 것에 대하여 많은 비판의 목소리가 있다. 즉 규제대응의 부담으로 신탁의 활용 가능성을 제약할 우려가 있다는 것이다.

그 대안으로 제시되는 것 중에는 금상법상 조합의 지분 등 이른바 집단투자스킴의 지분에 대해서는 투자성에 관한 일정 요건을 충족한 것에 한해서 유가증권으로 취급하고 있는데, 입법론으로써 신탁수익권도 일정한 요건을 충족하는 것에 한해서 유가증권으로 취급하여야 한다는 견해가 있다.[33)]

또한 신탁은 형식적으로 소유와 경영이 제도적으로 분리되는 구조이며, 회사로 보자면 합명회사나 합자회사가 아닌 주식회사와 같은 것이므로, 주식에 대해 실질기준을 마련하지 않고 법형식 하나로 유가증권으로 하는 것처럼, 신탁수익권도 법형식 하나로 유가증권으로 해야 한다는 견해도 있다.[34)]

확실히 법형식 측면에서 주식과 신탁수익권의 공통점은 인정되지만, 현행 금상법하에서도 유동성의 차이 등에 따라 주식은 '제1항 유

33) 有吉尙哉/新井誠 · 神田秀樹 · 木南敦 編, 信託法制の展望, 日本評論社, 2011, 104면.
34) "金融商品去來法セミナー — 第7會, 有價證券概念," ジュリスト 제1386호(2009), 127-128면.

가증권'이 되고, (수익증권이 발행되지 않은) 신탁수익권은 '제2항 유가증권'으로 취급하는 차별을 두고 있으므로, 이용 실태의 차이에 따라 신탁수익권에 대해서만 실질요건을 병용할 수 있다는 견해도 있다.[35)]

Ⅳ. 여론

2006년 일본 신탁법의 개정에 대하여 지나치게 유동화 · 증권화에 중점을 둔 것이라는 비판도 있지만, 신탁의 자산관리기능을 특화한 것으로 본다면, 투자신탁, 펀드 등의 관리가 다액의 시스템투자에 의하여 대규모로 행해지는 커스터디언 트러스트의 예와 같이 새로운 것은 아니라고 할 수 있다. 그러나 그것들과 달리 유동화라는 측면에서

35) 小野傑/新井誠 · 神田秀樹 · 木南敦 編著, 信託法制の展望, 日本評論社, 2011, 521면, 주 7, 藤田友敬 교수는 금상법은 입법기술적으로 법형식과 포괄조항의 조합의 방법을 채택하고 있으나 "신탁수익권과 같은 다양한 실질을 가지는 것을 형식에만 착안하여 정의한다고 하면 본래라면 불필요한 것을 취하게 되는 것은 아닌가 하는 의문이 생긴다"고 하면서, 구체적인 예로 당사자가 신탁이라고 의식하지 않았지만 이후 신탁이라는 성질결정을 받은 신탁, 외국에서 설정된 신탁, 담보권신탁, 지적재산관리신탁, 고령자의 부양 목적의 신탁 등을 거론한다. 또 일반 사단법인의 사원권과 유사하게 수익권을 파악하여 금상법상의 취급에 있어서 합리성을 도출하는 방법도 논의되고 있으나, 해외에 있어서 비즈니스 트러스트와 같이 신탁 그 자체가 회사에 준하는 법 주체성이 인정되는 경우에는 참고가 될지언정, 천차만별의 신탁 모두를 그와 같이 성격 지우는 것은 곤란하다. 또 수익권이전을 재산권이전과 병렬적으로 파악하는 의론도 있으나, 그것은 신탁에 한정되지 않고 모든 권리에도 해당하는 것이며, 재산의 관리를 제3자에게 맡기고 있다는 지적도 금전운용의 경우라면 모를까 실물에 관해서는 일반적인 일이어서 어느 것을 보아도 유가증권화를 정당화하는 근거가 되지는 않을 것이다. 한편 담보권신탁과 관련하여 금융청은 "신탁수익권이 론(loan)과 불가분 일체에 해당하는 것이 신탁행위 등에 의해서 확보되고 있다면, 그 수익권의 취급은 제2종 금융상품거래업에 해당하지 않는다고 풀이된다"고 실질적인 해석을 내놓았다. 앞의 논문(주 34), 126면.

평가한다면, 신탁의 도산격리기능을 활용하여 자산보유자로부터 대상자산을 분리시키는 것을 목적으로 신탁을 도구(vehicle)로서 이용할 수 있게 한 것은 SPC와 신탁의 관계에서 신탁이 새로운 역할을 맡게 되었다는 것을 의미하는 것이고, 도구로서의 신탁에 실질적인 법 주체적인 기능을 기대하고 있는 것이라고 할 수 있다.

관련된 도구로서의 신탁의 이용을 상정해 본다면 수탁자책임의 임의규정화로부터는 보다 적극적인 의미를 도출할 수 있고, 또한 도구의 수탁자(관리자)에게는 한정책임특약과 이에 대한 묵시적 합의까지 폭 넓게 인정할 수 있으며, 나아가 한정책임신탁제도도 개선되어야 할 것이다. 그리고 더 나아가 도구성이 확립된 외국에서의 비즈니스 트러스트(business trust)제도의 도입에 관한 논의도 활성화될 것으로 기대한다.

미국에서 비즈니스 트러스트란 '수익자를 위해서 수탁자에 의하여 운영되는 기업조직'이며, '회사와 유사한 기능을 운영하는 신탁'을 일컫는 것이다. 하지만 일본에서는 비즈니스를 사업으로, 트러스트를 신탁으로 번역하여, 비즈니스 트러스트를 사업신탁이라는 것으로 주로 소개하고 있다. 종래의 토지신탁처럼 신탁은행 등이 신탁계정으로 사업을 운영하거나, M&A 등에서 사업신탁이 이용되어야 한다는 주장으로 연결되어, 이때의 수탁자가 신탁은행과 사업회사라는 것이다. 그러나 이것은 비즈니스 트러스트의 본래의 의미와는 다른 것이다.

미국 델라웨어주 법의 비즈니스 트러스트(2002년 business trust에서 statutary trust로 명칭을 변경하였다)는 많은 금융거래에 이용되기도 한다. 또 유동화에 있어서도 비즈니스 트러스트가 이용되는 경우가 많은데, 그것은 일본의 유동화에 있어서 신탁의 논의와는 다르다는 점을 유의할 필요가 있다. 그리고 델라웨어주법의 비즈니스 트러스트에서는 판례법상으로는 신탁재산의 명의는 어디까지나 수탁자인 반면 신탁의 법 주체성을 승인하고 신탁 주체의 권리 · 의무가 귀속하는 것으로 하여, 수탁자는 인적 책임을 부담하지 않는 신탁재산의 기관(관리인)이 될 뿐이다. 도구로서의 신탁에 관한 일본의 실무와 그 법리가 어떤 방향으로 전개되는지 그 귀추를 주시할 필요가 있다.

찾아보기

편저자 약력

》 정순섭

1987년 서울대학교 법과대학 사법학과 졸업

2002년 호주 멜버른대학교(Ph. D.)

2007년~현재 서울대학교 법과대학 · 법학전문대학원 교수

주요 저서 및 논문

「금융감독기관의 감독배상책임에 관한 연구」(상사법연구, 2013)

「자본시장법상 불공정거래와 보호법익 : 시세조종과 부당이득을 중심으로」(상사판례연구, 2012)

「금융시장환경의 변화와 금융규제체계의 정비(상)」(증권법연구, 2001)

『자본시장법』(공저, 2013)

》 노혁준

1994년 서울대학교 법과대학 공법학과 졸업

2002년 서울대학교 법학박사(Ph. D.)

2007년~현재 서울대학교 법과대학 · 법학전문대학원 교수

주요 저서 및 논문

「주식회사와 신탁에 관한 비교 고찰 : 재산분리 기능을 중심으로」(증권법연구, 2013)

『회사법』(공저, 2013)

『지주회사와 법』(공저, 2005)

BFL 총서 ⑩

신탁법의 쟁점(제2권)

초판 1쇄 발행 | 2015년 1월 20일

지은이 | 정순섭 · 노혁준 편저
발행인 | 고화숙
발행처 | 도서출판 소화
등록 | 제13-412호
주소 | 서울시 영등포구 영등포동 7가 94-97
전화 | 02-2677-5890
팩스 | 02-2636-6393
홈페이지 | www.sowha.com

ISBN 978-89-8410-475-4 94080
ISBN 978-89-8410-284-2 (세트)

값 26,000원

이 도서의 국립중앙도서관 출판예정도서목록(CIP)은
서지정보유통지원시스템 홈페이지(http://seoji.nl.go.kr)와
국가자료공동목록시스템(http://www.nl.go.kr/kolisnet)에서
이용하실 수 있습니다. (CIP제어번호 : CIP2014038424)